Springer-Lehrbuch

Wolfgang Mitsch

Recht der Ordnungs- widrigkeiten

Zweite, überarbeitete und aktualisierte Auflage

 Springer

Professor Dr. Wolfgang Mitsch
Universität Potsdam
Juristische Fakultät
Lehrstuhl für Strafrecht,
Jugendstrafrecht und Kriminologie
August-Bebel-Straße 89
14482 Potsdam
wmitsch@rz.uni-potsdam.de

Bibliografische Information Der Deutschen Bibliothek
Die Deutsche Bibliothek verzeichnet diese Publikation in der Deutschen Nationalbibliografie; detaillierte bibliografische Daten sind im Internet über <http://dnb.ddb.de> abrufbar.

ISBN 3-540-00026-7 Springer Berlin Heidelberg New York
ISBN 3-540-59159-1 1. Auflage Springer Berlin Heidelberg New York

Layoutarbeiten: Schreib- und Korrekturservice Manuela Ebert, Mannheim
Umschlaggestaltung: design & production GmbH, Heidelberg

SPIN 10729842   64/3153-5 4 3 2 1 0 – Gedruckt auf säurefreiem Papier

Vorwort

Ungefähr ein Zehntel des seit Erscheinen der ersten Auflage (1995) verstrichenen Zeitraums wurde genutzt, um die zweite Auflage vorzubereiten. Dabei ließ sich der Autor von Gesetzgebung, Rechtsprechung und Literatur, aber auch durch Kommentare von Lesern inspirieren. Hilfreich waren vor allem die freundlichen Kritiken, die zu Recht den zu spärlichen Verfahrensrechts-Teil beanstandeten. Dieser ist jetzt etwas ausgebaut, teilweise neu strukturiert und inhaltlich angereichert. Auch in den übrigen Bereichen des Buches wurden erforderliche Ergänzungen und Aktualisierungen vorgenommen. Die Randnummerierung hat sich dadurch in einigen Kapiteln geringfügig verändert.

Das reizvolle Projekt, ein umfassendes Kapitel zum Europäischen Bußgeldrecht einzubauen, wurde lediglich „angedacht" und für die nächste Auflage zurückgestellt. Ebenfalls erwägenswert, in der vorliegenden Auflage aber noch nicht realisiert ist ein Abschnitt „Ordnungswidrigkeitenrecht – Besonderer Teil", in dem ausgewählte Regelungs-Bereiche wie z. B. Straßenverkehr, Umwelt, Wirstchaft in ihrer bußgeldrechtlichen Erscheinung exemplarisch dargestellt werden könnten. Ich freue mich, wenn Leser mir mitteilen, was sie davon halten und was im übrigen an dem Buch verbessert werden könnte.

Wertvolle Hilfe bei der Materialsammlung, Formatierung des Manuskripts, Korrektur der Texte und bei der Bewältigung diverser EDV-Probleme leisteten Kathleen Bornmann, Luise Gründel, Sabine Lückel, Benjamin Tachau, Anja Uhlig und Christian Ullrich. Ihnen danke ich dafür an dieser Stelle herzlich.

Potsdam, Dezember 2004   Wolfgang Mitsch

Inhaltsverzeichnis

Abkürzungsverzeichnis

BGHZ	Entscheidungen des Bundesgerichtshofs in Zivilsachen
BImSchG	Bundesimmissionsschutzgesetz
BJagdG	Bundesjagdgesetz
BKatV	Bußgeldkatalog-Verordnung
BRAO	Bundesrechtsanwaltsordnung
BRAGO	Bundesrechtsanwaltsgebührenordnung
BRRG	Beamtenrechtsrahmengesetz
BStatG	Bundesstatistikgesetz
BT	Besonderer Teil
BtMG	Betäubungsmittelgesetz
BtMVV	Betäubungsmittelverschreibungsverordnung
BVerfGE	Entscheidungen des Bundesverfassungsgerichts
BVerfGG	Gesetz über das Bundesverfassungsgericht
BZRG	Bundeszentralregistergesetz
DAR	Deutsches Autorecht (Zeitschrift)
DB	Der Betrieb (Zeitschrift)
DDR	Deutsche Demokratische Republik
ders.	derselbe
d. h.	das heißt
dies.	dieselbe(n)
DRiG	Deutsches Richtergesetz
DRiZ	Deutsche Richterzeitung
EAGV	Vertrag zur Gründung der Europäischen Atomgemein-schaft
EG	Europäische Gemeinschaft(en)
EGGVG	Einführungsgesetz zum Gerichtsverfassungsgesetz
EGKSV	Vertrag zur Gründung der Europäischen Gemeinschaft für Kohle und Stahl
EGOWiG	Einführungsgesetz zum Gesetz über Ordnungswidrig-keiten
EGStGB	Einführungsgesetz zum Strafgesetzbuch
EGStPO	Einführungsgesetz zur Strafprozeßordnung
EGV	Vertrag zur Gründung der Europäischen Gemeinschaft
EU	Europäische Union
EuGRZ	Europäische Grundrechte-Zeitschrift
EWGV	Vertrag zur Gründung der Europäischen Wirtschafts-gemeinschaft
f.	folgende
FeV	Fahrerlaubnisverordnung
ff.	fortfolgende
Fn	Fußnote
FS	Festschrift
GA	Goltdammer´s Archiv für Strafrecht
GedSchr	Gedächtnisschrift
gem.	gemäß
GeschlKrG	Gesetz zur Bekämpfung der Geschlechtskrankheiten

GewArch	Gewerbearchiv (Zeitschrift)
GG	Grundgesetz
GKG	Gerichtskostengesetz
GmbH	Gesellschaft mit beschränkter Haftung
GmbHG	Gesetz betreffend die Gesellschaften mit beschränkter Haftung
GÜG	Grundstoffüberwachungsgesetz
GVG	Gerichtsverfassungsgesetz
GWB	Gesetz gegen Wettbewerbsbeschränkungen
GwG	Geldwäschegesetz
HGB	Handelsgesetzbuch
h. M.	herrschende Meinung
Hs.	Halbsatz
idR	in der Regel
i. S. d.	im Sinne des
i. V. m.	in Verbindung mit
JA	Juristische Arbeitsblätter (Zeitschrift)
JGG	Jugendgerichtsgesetz
JR	Juristische Rundschau
JuMoG	Justizmodernisierungsgesetz
Jura	Juristische Ausbildung (Zeitschrift)
JuS	Juristische Schulung (Zeitschrift)
JuSchuG	Jugendschutzgesetz
JVA	Justizvollzugsanstalt
JZ	Juristenzeitung
KG	Kammergericht, Kommanditgesellschaft
KGaA	Kommanditgesellschaft auf Aktien
km/h	Stundenkilometer
krit.	kritisch
KrW-/AbfG	Kreislaufwirtschafts- und Abfallgesetz
KUG	Kunsturhebergesetz
LBGBbg	Beamtengesetz für das Land Brandenburg
LG	Landgericht
LImSchG	Landesimmissionsschutzgesetz
LJagdGBbg	Brandenburgisches Landesjagdgesetz
LMBG	Lebensmittel- und Bedarfsgegenständegesetz
MDR	Monatsschrift für Deutsches Recht
Mio.	Million(en)
MOG	Marktordnungsgesetz
MRK	Konvention zum Schutze der Menschenrechte und Grundfreiheiten
NJW	Neue Juristische Wochenschrift
Nr.	Nummer
NRW	Nordrhein-Westfalen
NStZ	Neue Zeitschrift für Strafrecht
NVwZ	Neue Zeitschrift für Verwaltungsrecht

NZV	Neue Zeitschrift für Verkehrsrecht
öStGB	Österreichisches Strafgesetzbuch
OHG	Offene Handelsgesellschaft
OLG	Oberlandesgericht
OWiG	Gesetz über Ordnungswidrigkeiten
OWiGÄndG	Gesetz zur Änderung des Gesetzes über Ordnungs-widrigkeiten
RBerG	Rechtsberatungsgesetz
RGBl	Reichsgesetzblatt
RGSt	Entscheidungen des Reichsgerichts in Strafsachen
RPflG	Rechtspflegergesetz
Rn	Randnummer
RStGB	Reichsstrafgesetzbuch
RStPO	Reichsstrafprozeßordnung
S.	Seite
SG	Soldatengesetz
s. o.	siehe oben
StBerG	Steuerberatungsgesetz
StGB	Strafgesetzbuch
StPO	Strafprozeßordnung
StrEG	Gesetz über die Entschädigung für Strafverfolgungs-maßnahmen
StV	Strafverteidiger (Zeitschrift)
StVG	Straßenverkehrsgesetz
StVO	Straßenverkehrsordnung
StVollzG	Strafvollzugsgesetz
StVZO	Straßenverkehrszulassungsordnung
u. a.	unter anderem
UKG	Gesetz zur Bekämpfung der Umweltkriminalität
UrhG	Urheberrechtsgesetz
usw.	und so weiter
UZwG	Gesetz über den unmittelbaren Zwang bei Ausübung öffentlicher Gewalt durch Vollzugsbeamte des Bundes
VerwarnVwV	Allgemeine Verwaltungsvorschrift über die Erteilung einer Verwarnung bei Straßenverkehrsordnungswidrig-keiten
vgl.	vergleiche
VO	Verordnung
VOR	Zeitschrift für Verkehrs- und Ordnungswidrigkeiten-recht
VRS	Verkehrsrechtssammlung
VwGO	Verwaltungsgerichtsordnung
VwVfG	Verwaltungsverfahrensgesetz
VwVG	Verwaltungs-Vollstreckungsgesetz
WaffG	Waffengesetz
WDO	Wehrdisziplinarordnung

WHG	Wasserhaushaltsgesetz
WiKG	Gesetz zur Bekämpfung der Wirtschaftskriminalität
WiStG	Wirtschaftsstrafgesetz
wistra	Zeitschrift für Wirtschaft, Steuer, Strafrecht
WpHG	Gesetz über den Wertpapierhandel
WpÜG	Wertpapiererwerbs- und Übernahmegesetz
WStG	Wehrstrafgesetz
WuW	Wirtschaft und Wettbewerb (Zeitschrift)
z. B.	zum Beispiel
ZRP	Zeitschrift für Rechtspolitik
ZStW	Zeitschrift für die gesamte Strafrechtswissenschaft
z. T.	zum Teil

Teil I

Grundlagen

§ 1 Die Stellung des Ordnungswidrigkeitenrechts in der Rechtsordnung

I. Öffentliches Recht und Strafrecht

1. Öffentliches Recht

Das Ordnungswidrigkeitenrecht, das Gegenstand dieses Lehrbuchs ist, ist Teil des **1** nationalen[1] Öffentlichen Rechts[2]. Es normiert eine Rechtsbeziehung zwischen dem **Staat** und dem einzelnen Bürger auf der Grundlage der **Subordination**. Das Verhältnis der an der Rechtsbeziehung beteiligten Subjekte hat also nicht den für zivilrechtliche Beziehungen typischen Charakter der Gleichordnung, sondern den Charakter der Über- und Unterordnung[3]. Im Ordnungswidrigkeitenrecht tritt der Staat dem Bürger als Träger **hoheitlicher** Gewalt gegenüber. Daher sind die normativen Inhalte des Rechtsverhältnisses unmittelbarer Ausfluß staatlicher Rechtssetzungsmacht („ius puniendi"), nicht Erzeugnis privatautonomer Vereinbarung zwischen gleichberechtigten Partnern. Mit den Normen des Ordnungswidrigkeitenrechts oktroyiert der Staat dem Bürger Verhaltenspflichten, deren Erfüllung dem Staat geschuldet wird und deren Verletzung einen Konflikt zwischen Bürger und Staat begründet. Dabei ist die Pflichtenbindung einseitig. Verhaltenspflichten treffen allein den Bürger, der seinerseits vom Staat nichts Gleichwertiges verlangen kann und der seine Normtreue allein dadurch honoriert bekommt, daß er von staatlichem Zwang und hoheitlichen Eingriffen verschont bleibt. Auf Normübertretungen wird im Ordnungswidrigkeitenrecht in typisch hoheitlicher Manier reagiert[4]: Staatliche Stellen befassen sich von Amts wegen mit der Verfehlung des Normadressaten, verhängen ahndende oder vorbeugende Sanktionen und sorgen notfalls mit hoheitlichen Zwangsmitteln für ihre Durchsetzung. Die Regelungsaufgabe, die sich dem Ordnungswidrigkeitenrecht in einem Rechtsstaat stellt, ist also durch die Konfrontation eines strukturell übermächtigen Staates mit einem strukturell ohnmächtigen einzelnen determiniert: Legalisierung und Limitierung staatlicher Machtausübung, Schutz individueller Freiheit und Stärkung individueller Rechtswahrung.

---

[1]   Zum Europäischen Bußgeldrecht unten Rn 9, 10.
[2]   *Cramer*, Grundbegriffe, S. 16.
[3]   *Arzt*, Einführung in die Rechtswissenschaft, S. 61 f.; *Baumann/Weber/Mitsch*, § 3 Rn 68; *Maurach/Zipf*, AT 1, § 1 Rn 5, 6; *Jescheck/Weigend*, § 3 I; *Roxin*, AT 1, § 2 Rn 1.
[4]   *Berg*, DAR 1982, 105.

2. Strafrecht

2 Strafrecht ist Teil des Öffentlichen Rechts, nimmt in diesem Bereich aber eine Sonderstellung ein[5]. Das Ordnungswidrigkeitenrecht gehört zum Strafrecht im **weiteren** Sinn[6]. In seinem Mittelpunkt steht das rechtswidrige und schuldhafte **Fehlverhalten eines Menschen**, an welches das Ordnungswidrigkeitenrecht ahndende, also **repressive** Rechtsfolgen (Sanktionen[7]) knüpft[8]. Anlaß des Eingreifens von Ordnungswidrigkeitenrecht ist der Normverstoß eines Menschen, die Zuwiderhandlung gegen sanktionsbewehrte rechtliche Verbote oder Gebote, die zum Schutz von Gütern aufgestellt worden sind. Wie im (Kriminal-)Strafrecht im engeren Sinn sind diese übertretenen Verhaltensnormen durch hoheitlichen Rechtssetzungsakt in Kraft gesetzt und mit dem an den Normadressaten gerichteten Befehl zur Normbefolgung ausgestattet. Die Normübertretung ist die rechtliche Voraussetzung für die Sanktionsverhängung. Das Strafrecht im engeren Sinn nennt diese Sanktionsvoraussetzung „Straftat", das Ordnungswidrigkeitenrecht nennt sie „Ordnungswidrigkeit".

3   Wie im Strafrecht im engeren Sinn wird auch im Ordnungswidrigkeitenrecht das Fehlverhalten und seine ordnungswidrigkeitenrechtliche Qualität in einem rechtsförmigen - das heißt durch Gesetze geordneten und begrenzten - staatlichen Erkenntnisverfahren festgestellt. Im Falle einer Sanktionsverhängung schließt sich ein Vollstreckungsverfahren an. Als Parallele zum Strafverfahren gibt es also im Bereich des Ordnungswidrigkeitenrechts ein **Bußgeldverfahren**[9].

3. Abgrenzungen

4 Als Teilbereich des Öffentlichen Rechts unterscheidet sich das Ordnungswidrigkeitenrecht von Erscheinungsformen des **Privatrechts**, die ebenfalls die rechtliche Sanktionierung menschlichen Fehlverhaltens betreffen[10]. Die Rechte des Gläubigers bei vertraglichen Leistungsstörungen, der Schadensersatzanspruch des durch eine unerlaubte Handlung verletzten Rechtsgutsinhabers, die Vertragsstrafe, die Vereins- oder Verbandssanktion, die Abmahnung oder Kündigung des Arbeitgebers gegenüber dem Arbeitnehmer, der Ausschluß eines Gesellschafters aus einer OHG usw. sind Rechtsinstitute, die ihre Wurzel in Rechtsverhältnissen zwischen gleichgeordneten Rechtssubjekten haben. Die Erfüllung der verletzten Verhaltenspflichten wird daher nicht dem Staat, sondern einem anderen Privatrechtssubjekt geschuldet[11]. Ein Anspruch auf rechtliche Reaktion (im Bereich des Strafrechts

---

[5]   *Arzt*, Einführung in die Rechtswissenschaft, S. 168; *Röhl*, Allgemeine Rechtslehre, S. 403.

[6]   *Rebmann/Roth/Herrmann*, vor § 1 Rn 1; *Jakobs*, 3/6; *Jescheck/Weigend*, § 7 V 1.

[7]   Eingehend dazu unten §§ 14-20.

[8]   *Achenbach*, JuS 1980, 81 (82); *Weber*, ZStW 92 (1980), 313 (315).

[9]   Dazu unten §§ 21-33.

[10]   *Hirsch*, FS Engisch, S. 304 (314); *Jescheck/Weigend*, § 2 III; *Maurach/Zipf*, AT 1, § 1 Rn 23 ff.

[11]   *Hirsch*, FS Engisch, S. 304 (317).

„Strafanspruch") erwächst nicht dem Staat als Hoheitsträger, sondern dem verletzten Privatrechtssubjekt (das im konkreten Fall natürlich auch eine Körperschaft des Öffentlichen Rechts sein kann). Zur Legitimation der „Sanktionen" bedarf es nicht des Rekurses auf Recht und Pflicht des Staates zur Sicherung eines friedlichen Zusammenlebens aller Gesellschaftsmitglieder („ius puniendi").

Innerhalb des Öffentlichen Rechts ist das Ordnungswidrigkeitenrecht vor allem **5** vom Strafrecht im engeren Sinn, dem **Kriminalstrafrecht**, abzugrenzen (dazu unten § 3). Weiterhin sind hier als ähnliche, aber zu unterscheidende Rechtsbereiche zu nennen das **Disziplinarrecht** (z. B. der Beamten[12], Schüler[13], Studierenden[14], Soldaten[15], Strafgefangenen[16]), das **Standesrecht** (z. B. der Rechtsanwälte[17]) und das Recht der **Ordnungs- und Zwangsmittel** in behördlichen und gerichtlichen Verfahren (z. B. Art. 5 bis 9 EGStGB, §§ 51, 70, 95 II 1 StPO). Die Grenzen sind in diesem Bereich teilweise fließend, wie man z. B. beim Vergleich von § 178 GVG einerseits und § 111 OWiG andererseits erkennen kann.

II. Gesetzgebungskompetenz

1. Regelungskompetenz des Bundes

Im föderalen System der Bundesrepublik besteht die Rechtsordnung aus Bundes- **6** recht und Landesrecht. Daher gibt es Bundesgesetze und Ländergesetze. Das Grundgesetz verteilt in Art. 70 ff die Zuständigkeit zur Gesetzgebung auf die Bundesländer und den Bund. Dabei unterscheidet es vier Stufen: ausschließliche Gesetzgebung des Bundes (Art. 71, 73, 105 Abs. 1, 110), konkurrierende Gesetzgebung (Art. 72, 74, 74a, 105 Abs. 2), Rahmengesetzgebung des Bundes (Art. 75) und ausschließliche Gesetzgebung der Länder (Art. 70, 105 Abs. 2 a). Die Regelungszuständigkeit des Bundes ist entsprechend dem allgemeinen Subsidiaritätsgrundsatz (Art. 30 GG) durch Enumeration festgelegt und begrenzt. Danach hat der Bund die Zuständigkeit nur für die Regelungsmaterien, die in einem der Gegenstandskataloge in Art. 73, 74, 74a und 75 GG enthalten sind. Der Begriff „Ordnungswidrigkeitenrecht" ist in keinem der Kataloge zu finden. Gleichwohl ist das OWiG ein Bundesgesetz, gegen dessen Vereinbarkeit mit den grundgesetzlichen Regeln der Gesetzgebungszuständigkeit keine Einwände erhoben werden. Der Grund dafür ist die oben (Rn 2) angesprochene Zugehörigkeit des Ordnungswidrigkeitenrechts zum „Strafrecht im weiteren Sinn". Diese Zuordnung eröffnet dem **Bund** die **konkurrierende** Gesetzgebungszuständigkeit für das **mate-**

---

[12] Vgl. z. B. § 5 BbgLDG.
[13] Vgl. z. B. § 64 BbgSchulG.
[14] Vgl. z. B. § 31 BbgHG.
[15] Vgl. z. B. § 23 SG, §§ 7, 18, 54 WDO.
[16] Vgl. z. B. § 102 StVollzG.
[17] Vgl. § 113 BRAO.

rielle Ordnungswidrigkeitenrecht nach Art. 74 Nr. 1 2. Alt. GG[18]. In der Systematik des OWiG (näher dazu unten § 2 II) betrifft dies den Ersten Teil (§§ 1-34) und den Dritten Teil (§§ 111-130).

7   Etwas komplizierter ist die Rechtslage hinsichtlich des **Verfahrensrechts**, welches im Zweiten Teil des OWiG (§§ 35-110) normiert ist: Das Bußgeldverfahren gliedert sich in einen verwaltungsbehördlichen und einen gerichtlichen Teil (näheres in Teil IV dieses Lehrbuches). Nur für den gerichtlichen Verfahrensabschnitt läßt sich die Gesetzgebungszuständigkeit des Bundes eindeutig auf Art. 74 Nr. 1 5. Alt. GG stützen. Die Grundlage der Zuständigkeit des Bundes zur gesetzlichen Ausgestaltung des Verwaltungsverfahrens[19] wird wegen des sachlichen Zusammenhangs mit dem gerichtlichen Verfahren überwiegend ebenfalls in Art. 74 Nr. 1 GG gesehen[20], vereinzelt wird aber auch Art. 84 Abs. 1 GG herangezogen[21]. Die Ausübung der konkurrierenden Gesetzgebungsbefugnis ist zur Herstellung von Einheitlichkeit und Gleichheit im Ordnungswidrigkeitenrecht geboten (Art. 72 Abs. 2 Nr. 3 GG)[22].

2. Regelungskompetenz der Länder

8   Soweit der Bund von seiner konkurrierenden Gesetzgebungszuständigkeit Gebrauch gemacht hat, sind die Länder von der Gesetzgebung ausgeschlossen (Art. 72 Abs. 1 GG). Entgegenstehendes Landesrecht hat gemäß Art. 31 GG keine Gültigkeit. Gleichwohl verbleibt den Ländern eine **Restkompetenz**. Zum einen enthält das OWiG Vorbehaltsklauseln (z. B. §§ 10, 13 Abs. 2, 17 Abs. 1), die die Ermächtigung zur Schaffung von Regelungen, die vom OWiG abweichen, grundsätzlich auch dem Landesgesetzgeber verleihen[23]. Zum anderen kann sich ein Vorrang der Landesgesetzgebung aus dem engen Sachzusammenhang des Ordnungswidrigkeitenrechts mit einer Regelungsmaterie ergeben, die zur ausschließlichen Gesetzgebungszuständigkeit der Länder gehört[24]. Klassische Gegenstände ausschließlicher Gesetzgebungszuständigkeit der Länder sind z. B. das Schul- und das Hochschulrecht. Aus diesem Grund findet man in den Schul- und Hochschulgesetzen der Bundesländer auch Vorschriften über Ordnungswidrigkei-

---

[18]   BVerfGE 27, 18 (3); 31, 141 (144); *Eb. Schmidt*, JZ 1951, 101 (104); *Tiedemann*, AöR 89 (1964), S. 56 (83); *Weber*, FS Tröndle, S. 337 (348); *ders.*, ZStW 92 (1980), 313 (315); *Knapp*, JuS 1979, 609 (611); *Coeppicus*, DAR 1985, 97 (100); *Bohnert*, Grundriß, S. 3; *ders.*, OWiG, § 2 Rn 1; *R. Schmitt*, Ordnungswidrigkeitenrecht, S. 16.

[19]   *Jescheck*, JZ 1959, 457 (462): „Aburteilung von Ordnungswidrigkeiten ist nicht ... ureigenste Aufgabe der Verwaltung, sondern materiell eine der Strafrechtspflege ähnliche Rechtsprechungstätigkeit. Das ergibt sich schon daraus, daß bei der Schuld- und „Straf"frage dieselben Überlegungen angestellt werden müssen wie bei den kriminellen Strafsachen.".

[20]   *Bohnert*, OWiG, § 2 Rn 1; *Göhler*, § 2 Rn 3; KKOWiG-*Rogall*, § 2 Rn 6; *Lemke*, § 2 Rn 2; *Rebmann/Roth/Herrmann*, § 2 Rn 4.

[21]   *Knapp*, JuS 1979, 609 (611).

[22]   *Eb. Schmidt*, JZ 1951, 101 (104).

[23]   *Göhler*, § 2 Rn 7; KKOWiG-*Rogall*, § 2 Rn 9; *Rebmann/Roth/Herrmann*, § 2 Rn 6.

[24]   *Göhler*, § 2 Rn 9; KKOWiG-*Rogall*, § 2 Rn 10; *Rebmann/Roth/Herrmann*, § 2 Rn 5.

ten, die im Schul- und Hochschulwesen begangen werden können[25]. Entsprechendes gilt z. B. für das Rundfunkrecht[26] und für das Straßen- und Wegerecht[27].

3. Exkurs: Europäisches Bußgeldrecht

Vorläufer der mit dem „Maastricht-Vertrag" vom 7.2.1992 gegründeten – heute 25 **9**
Mitgliedstaaten umfassenden - Europäischen Union (EU) ist die Europäische Gemeinschaft (EG). Diese ist ein Zusammenschluß von ursprünglich sechs europäischen Staaten[28] auf der Grundlage der drei Gemeinschaftsverträge (Vertrag zur Gründung der Europäischen Gemeinschaft für Kohle und Stahl [„Montanunion"] – EGKSV – vom 18.4.1951, Vertrag zur Gründung der Europäischen Wirtschaftsgemeinschaft – EWGV – und Vertrag zur Gründung der Europäischen Atomgemeinschaft – EAGV – vom 23.3.1957, „Römische Verträge"). Bis „Maastricht" war die Gemeinschaft auf zwölf Mitgliedstaaten angewachsen[29], am 1.1.1995 kamen drei weitere Mitglieder hinzu[30].

Von Anfang an sah das primäre Gemeinschaftsrecht[31] die Möglichkeit der **10**
Sanktionierung von Wettbewerbsverstößen mit **Geldbußen** vor. Auf dieser
Grundlage war und ist der Rat zum Erlaß von Verordnungen ermächtigt, die ihrerseits der Kommission die Befugnis zur Verhängung von Geldbußen wegen Zuwiderhandlungen verleihen[32]. Ihrer Natur nach sind diese Geldbußen zwar punitive Maßnahmen, aber keine Strafen i. S. des Kriminalstrafrechts[33], sondern **Verwaltungssanktionen**. Die zugrundeliegenden Delikte sind daher keine Straftaten im Sinne des StGB, sondern entsprechen den Ordnungswidrigkeiten des OWiG[34]. Eine umfassende und geschlossene Kodifizierung des Europäischen Bußgeldrechts gibt es nicht, das OWiG ist nicht anwendbar[35]. Auch das Verfahrensrecht ist in den EG-Verordnungen nur sehr fragmentarisch normiert[36].

Das vorliegende Lehrbuch behandelt nur das nationale Ordnungswidrigkeitenrecht, geht daher auf das materielle und formelle Bußgeldrecht der EG bzw. EU nicht näher ein.

---

[25] Vgl. z. B. §§ 42, 128 BbgSchulG, § 21 BbgHG.

[26] BayObLG, NJW 1995, 2862 (2863).

[27] BGHSt 47, 181 (187).

[28] Belgien, Deutschland, Frankreich, Italien, Luxemburg, Niederlande.

[29] Dänemark, Griechenland, Großbritannien, Irland, Portugal, Spanien.

[30] Finnland, Österreich, Schweden.

[31] Zum Begriff vgl. *Lecheler*, Einführung in das Europarecht, S. 112 ff; *Hobe*, Europarecht, § 9 Rn 134 f.; zum Sekundärrecht *Lecheler*, aaO, S. 127 ff.; *Hobe*, aaO, § 9 Rn 138 ff.

[32] *Hellmann*, in: Europäische Union und nationales Recht, S. 39 (47).

[33] Nach h. M. besitzt die EG keine eigene Kriminalstrafgewalt, *Tiedemann*, Wirtschaftsstrafrecht, Rn 82.

[34] *Jescheck*, JZ 1959, 457 (462); *Tiedemann*, Wirtschaftsstrafrecht, Rn 252.

[35] *Tiedemann*, Wirtsachaftsstrafrecht, Rn 251 ff.; *Hellmann/Beckemper*, Rn 663 ff.; KKOWiG-*Bohnert*, Einl. Rn 249 ff.

[36] *Hellmann*, in: Europäische Union und nationales Recht, S. 39 (49).

Kontrollfragen

1. Warum ist das Ordnungswidrigkeitenrecht Teil des Öffentlichen Rechts? (Rn 1)
2. Woraus ergibt sich die Gesetzgebungskompetenz des Bundes für das Ordnungswidrigkeitenrecht ? (Rn 6, 7)

Literatur

Knapp, Das Recht der Ordnungswidrigkeiten, JuS 1979, 609

Tiedemann, Die Gesetzgebungskompetenz für Ordnungswidrigkeiten, AöR 89 (1964), S. 56

§ 2 Struktur des Ordnungswidrigkeitenrechts

I. Regelungsgegenstände

Mit der Charakterisierung des Ordnungswidrigkeitenrechts als Strafrecht im wei- **1** teren Sinn wurde bereits angedeutet, um welche Rechtsmaterien es im Ordnungswidrigkeitenrecht geht und in welche Teilbereiche man den Stoff gliedern und ordnen kann: Wie das Kriminalstrafrecht kennt auch das Ordnungswidrigkeitenrecht die grobe Gliederung in **materielles Recht** und **Verfahrensrecht** (oder: Prozessrecht)[1].

1. Materielles Recht

Im materiellen Teil des Ordnungswidrigkeitenrechts sind die zu ahndenden Ver- **2** haltensweisen - also die **Ahndungsvoraussetzungen** der Taten - und die **Rechtsfolgen** geregelt. Hinzu kommen Vorschriften über Normgeltung und Normanwendung. Innerhalb der Ahndungsvoraussetzungen gibt es als Untergliederung die aus dem StGB bekannte Zweiteilung in Allgemeinen Teil und Besonderen Teil[2].

Der **Allgemeine Teil** des materiellen Ordnungswidrigkeitenrechts befaßt sich **3** mit den allgemeinen Regeln der Ahndungsvoraussetzungen, wie z. B. Tatbestand, Rechtfertigungsgründe, Unterlassung, Versuch, Beteiligung sowie mit den allgemeinen Regeln der ordnungswidrigkeitenrechtlichen Sanktionen einschließlich der Konkurrenzen. Der Besondere Teil des materiellen Ordnungswidrigkeitenrechts setzt sich aus den speziellen Typen von Ordnungswidrigkeiten zusammen. Gemeinsam mit den allgemeinen Ahndungsvoraussetzungen bilden die Merkmale dieser besonderen Tatbestände die Ordnungswidrigkeit, auf die mit den Sanktionen des Ordnungswidrigkeitenrechts reagiert wird. Man prüft die Rechtsfolgenvoraussetzungen im Ordnungswidrigkeitenrecht also ebenso wie im Strafrecht, indem man den Sachverhalt unter einen Tatbestand des Besonderen Ordnungswidrigkeitenrechts subsumiert und dabei die Regeln des Allgemeinen Teils ergänzend heranzieht.

Im Unterschied zum StGB enthält das OWiG nur einen sehr schmalen und **4** unbedeutenden **Besonderen Teil**[3]. Im 3. Teil des OWiG sind zwar einige Tatbestände normiert. Diese sind aber schon ihrer absoluten Zahl nach gering und bilden relativ zur Gesamtheit aller besonderen Ordnungswidrigkeitentatbestände eine verschwindende Minderheit. Der Besondere Teil des Ordnungswidrigkeitenrechts ist eine Domäne des "Nebenordnungswidrigkeitenrechts". Anders als das Straf-

---

[1]   *Rebmann/Roth/Herrmann*, vor § 1 Rn 2.
[2]   *Bohnert*, Grundriß, S. 1; KKOWiG-*Bohnert*, Einleitung Rn 158.
[3]   KKOWiG-*Rogall*, vor § 1 Rn 7; *Rebmann/Roth/Herrmann*, vor § 1 Rn 3.

recht hat das Ordnungswidrigkeitenrecht die Elemente seines Besonderen Teils nicht schwerpunktmäßig in einem zentralen Hauptgesetz ("Kernstrafrecht") konzentriert, sondern über eine Vielzahl von Nebengesetzen verstreut[4]. In der Regel bilden die besonderen Ordnungswidrigkeitentatbestände den Annex eines Gesetzes, das die verwaltungsrechtliche Erfassung und Behandlung eines besonderen Lebensbereichs (z. B. Straßenverkehr, Luftverkehr, Umgang mit Arzneimitteln oder Betäubungsmitteln, Steuern) durch staatliche Stellen umfassend regelt. Ein solches Gesetz enthält zahl- und umfangreiche Vorschriften, in denen die Tätigkeit der Verwaltung und oft auch Verhaltenspflichten der Bürger in Bezug auf den Lebensbereich normiert sind. Meistens am Ende dieses Gesetzes befinden sich einige Vorschriften (überschrieben mit „Bußgeldvorschriften" [vgl. z. B. § 111 a UrhG] oder „Ordnungswidrigkeiten" [vgl. z. B. §§ 405, 406 AktG]) - oftmals nur ein Paragraph -, in denen spezielle Erscheinungsformen menschlichen Fehlverhaltens mit thematischem Bezug zu dem Gegenstand des Gesetzes beschrieben sind und die wegen ihres deliktischen Gehalts als Ordnungswidrigkeiten mit einer Sanktion bedroht sind. Typisch für diese Art der Normierung von Delikt und Sanktionsdrohung im Nebenordnungswidrigkeitenrecht ist die Binnenverweisungstechnik. Wie mit dieser Technik der Umfang eines Gesetzes in Grenzen gehalten, die praktische Arbeit mit dem Gesetz aber erschwert wird, lässt sich besonders gut an § 49 StVO beobachten. Die im 3. Teil des OWiG zusammengefaßten Tatbestände haben diese Plazierung vor allem deshalb erhalten, weil sie sich keinem der spezialgesetzlich geregelten Bereiche schwerpunktmäßig zuordnen lassen[5]. Es handelt sich also um ressortneutrale oder ressortübergreifende Ordnungswidrigkeiten.

2. Verfahrensrecht

5   Das Verfahrensrecht der Ordnungswidrigkeiten folgt wie das Strafverfahrensrecht der StPO einem chronologischen Aufbauprinzip. Das Verfahren selbst gliedert sich in die beiden zeitlich aufeinanderfolgenden Teile **Erkenntnisverfahren** und **Vollstreckungsverfahren**[6]. Im Erkenntnisverfahren wird durch die zuständigen Organe festgestellt, ob eine Ordnungswidrigkeit begangen wurde. Bei positivem Ergebnis wird darüber entschieden, ob eine Sanktion verhängt wird, wobei Art und Maß derselben zu bestimmen sind. Das Vollstreckungsverfahren dient der Durchsetzung der getroffenen Entscheidung, also der Verwirklichung der verhängten Sanktion sowie der Regulierung der im Verfahren entstandenen Kosten. Innerhalb des Verfahrensrechts sind drei Schichten von Normen zu unterscheiden: In großem Umfang rezipiert das formelle Ordnungswidrigkeitenrecht Verfahrensregeln des Strafverfahrens, nimmt also Bezug vor allem auf die StPO[7]. Daneben existieren Sondervorschriften, die entsprechend der materiellrechtlichen

---

4   *Bohnert*, Grundriß, S. 1.
5   *Göhler*, JZ 1968, 583 (591); *Knapp*, JuS 1979, 609 (614); *Bohnert*, Grundriß, S. 1; *Rebmann/Roth/Herrmann*, vor § 1 Rn 3.
6   KKOWiG-*Bohnert*, Einleitung, Rn 167.
7   KKOWiG-*Bohnert*, Einleitung, Rn 177.

Eigenständigkeit der Ordnungswidrigkeit auch deren prozessuale Implikationen abweichend vom Strafverfahren regeln. Schließlich gibt es einen Komplex von Normen, der sich mit der häufig auftretenden Situation der verfahrensmäßigen Verzahnung und Verbindung von Ordnungswidrigkeiten und Straftaten (z. B. die Verhandlung über eine Ordnungswidrigkeit und eine Straftat in einem Verfahren) befaßt[8].

II. Systematik des Ordnungswidrigkeitengesetzes

Wie gesehen, erfordert die Arbeit mit Ordnungswidrigkeitenrecht häufig die Heranziehung weiterer Gesetze neben dem OWiG. Dennoch ist das OWiG in diesem Teilbereich der Rechtsordnung das wichtigste Gesetz mit dem größten Anwendungsbereich. Indem es die allgemeinen Regeln der Ahndungsvoraussetzungen und der Sanktionen sowie die Regeln des Verfahrens in sich aufnimmt, setzt es einen **gesetzlichen Rahmen**, der auch bei der Anwendung von Ordnungswidrigkeitentatbeständen aus besonderen Nebengesetzen zu beachten ist. Aus diesem Grund steht das OWiG im Mittelpunkt dieses Lehrbuchs. Um die Arbeit mit dem OWiG zu erleichtern, wird hier ein kurzer Überblick über die Systematik dieses Gesetzes gegeben.   **6**

Die Strukturierung des Stoffes erfolgt auf **drei Gliederungsebenen**: Das OWiG besteht aus vier Teilen, die Teile zerfallen in Abschnitte und einige der Abschnitte in Unterabschnitte. Die unterste Gliederungsebene bilden die einzelnen Paragraphen. Auf der ersten Gliederungsebene - den Teilen - fällt eine Besonderheit des OWiG auf: Dieses Gesetz faßt materielles Recht und Verfahrensrecht in einer Kodifikation zusammen[9]. Dies war wegen des verhältnismäßig geringen Umfangs des materiellen Besonderen Teils und des Verfahrensrechts-Teils, vor allem wegen dessen Generalverweisung auf StPO, GVG und JGG (§ 46 Abs. 1 OWiG), technisch möglich, ohne daß das Gesetz unhandlich und unübersichtlich wurde.   **7**

Der **Erste Teil** enthält die Allgemeinen Vorschriften. Er ist in 7 Abschnitte unterteilt und umfaßt die §§ 1 - 34. Thematisch und strukturell ist er dem Allgemeinen Teil des StGB (§§ 1 - 79b StGB) nachgebildet[10] und behandelt vier Sachbereiche: Die Gesetzesanwendung (1. Abschnitt "Geltungsbereich", §§ 1 – 7), die allgemeinen Merkmale der Ordnungswidrigkeit (2. Abschnitt "Grundlagen der Ahndung", §§ 8-16), die Rechtsfolgen (3. bis 6. Abschnitt, §§ 17-30) und die Verjährung (7. Abschnitt, §§ 31-34). Schon eine oberflächliche Betrachtung zeigt, daß sich Regelungsumfang und Regelungsdichte der beiden Rechtsgebiete "Ordnungswidrigkeitenrecht" und "Strafrecht im engeren Sinn" besonders stark im "Sanktionen"-Bereich unterscheiden.   **8**

Der **Zweite Teil** des OWiG regelt das "Bußgeldverfahren". Er gliedert sich in 11 Abschnitte und umfaßt die §§ 35-110. An sich gehören in diesen Komplex ih-   **9**

---

[8]   KKOWiG-*Rogall*, vor § 1 Rn 6.
[9]   KKOWiG-*Rogall*, vor § 1 Rn 4.
[10]   KKOWiG-*Rogall*, vor § 1 Rn 5.

res sachlichen Gehalts wegen auch die dem Ersten Teil zugeschlagenen Verjäh-
rungsvorschriften (§§ 31-34). Das OWiG folgt aber insoweit der im StGB getroffenen Einordnung.

10   Der **Dritte Teil** des OWiG ist ein Fragment des "Besonderen Teils" des materiellen Ordnungswidrigkeitenrechts und enthält "Einzelne Ordnungswidrigkeiten".
Er ist in 5 Abschnitte gegliedert und umfaßt die §§ 111-131. Diese bilden zusammen mit den zahlreichen Vorschriften des "Nebenordnungswidrigkeitenrechts"
den gesamten "Besonderen Teil" (s. o. Rn 4).

11   Der **Vierte Teil** des OWiG (§§ 132, 133) enthält Schlußvorschriften.
Dieses Lehrbuch wird sich hauptsächlich mit den Gegenständen des Ersten und
des Zweiten Teils beschäftigen.

Kontrollfragen

1. In welcher Hinsicht weicht die Systematik des OWiG von der des StGB deutlich ab? (Rn 7)
2. Wo findet man den „Besonderen Teil" des Ordnungswidrigkeitenrechts"? (Rn 4)
3. Wo findet man das Recht des Bußgeldverfahrens ? (Rn 5, 9)

Literatur

Knapp, Das Recht der Ordnungswidrigkeiten, JuS 1979, 609

§ 3 Abgrenzung von Ordnungswidrigkeit und Straftat

I. Abgrenzung nach positivem Recht

1. Bedeutung der Abgrenzung für die Gesetzesanwendung

Die Unterscheidung von Ordnungswidrigkeit und Straftat hat für den Rechtsan- **1** wender folgende Relevanz: Auf Ordnungswidrigkeiten findet das **StGB keine Anwendung**. Insbesondere die Sanktionen des Strafrechts (§§ 38 ff. StGB) sind bei Ordnungswidrigkeiten ausgeschlossen[1]. Das Verfahren zur Feststellung und Ahndung von Ordnungswidrigkeiten richtet sich primär nach dem OWiG, nach der StPO und den sonstigen das Strafverfahren regelnden Normen nur so weit, wie das OWiG hierauf verweist, vgl. § 46 OWiG. Beispielsweise sind die §§ 153, 153a StPO (Opportunitätsprinzip) nur auf Vergehen (§ 12 Abs. 2 StGB), also Straftaten anwendbar. Eine Anwendung dieser StPO-Vorschriften auf die Verfolgung von Ordnungswidrigkeiten ist auch gar nicht notwendig, da diese vollständig dem Opportunitätsprinzip unterliegt (vgl. § 47 OWiG, insb. Abs. 3). Für die Anwendung des materiellen Strafrechts erlangt die Abgrenzungsfrage vor allem bei den zahlreichen StGB-Vorschriften Bedeutung, die jeweils auf eine "rechtswidrige Tat" Bezug nehmen (z. B. §§ 12, 26, 27 Abs. 1, 35 Abs. 1 S. 1, 63, 64, 69 Abs. 1, 70 Abs. 1, 73 Abs. 1, 111 Abs. 1, 140, 145d Abs. 1, Abs. 2, 164 Abs. 1, 257 Abs. 1, 258 Abs. 1, 259 Abs. 1, 323a, 357). Alle diese Vorschriften knüpfen an die Legaldefinition des § 11 Abs. 1 Nr. 5 StGB an. Danach ist nur eine Tat, die einen Straftatbestand verwirklicht, eine "rechtswidrige Tat". Eine Tat, die einen Ordnungswidrigkeitentatbestand (Bußgeldtatbestand) verwirklicht und nicht gerechtfertigt ist, ist zwar auch rechtswidrig, § 1 OWiG[2]. Gleichwohl ist sie keine "rechtswidrige Tat" im Sinn des § 11 Abs. 1 Nr. 5 StGB[3].

Daher macht sich z. B. nicht wegen Begünstigung (§ 257 StGB) oder Strafvereitelung (§ 258 StGB) strafbar, wer den Täter einer Ordnungswidrigkeit nach dessen Tat vor dem Zugriff der staatlichen Organe schützt. Genauso wenig ist aus § 323a StGB strafbar, wer im schuldfähigkeitsausschließenden Vollrausch den Tatbestand einer Ordnungswidrigkeit erfüllt (vgl. aber § 122 OWiG). Ein Vorgesetzter, der seinen Untergebenen zur Begehung einer Ordnungswidrigkeit im Amt verleitet, verwirklicht nicht den Straftatbestand des § 357 StGB; vgl. aber § 130 Abs. 1, Abs. 2 OWiG.

---

[1] *Schönke/Schröder/Stree*, vor § 38 Rn 35.

[2] BGHSt 11, 263 (266).

[3] Dasselbe gilt für rechtswidrige Taten, die nur zivilrechtliche Folgen (Schadensersatzanspruch) auslösen, z. B. fahrlässige Sachbeschädigung (vgl. § 823 Abs. 1 BGB, § 303 iVm § 15 StGB).

2. Formale Abgrenzungskriterien

2 Ordnungswidrigkeiten sind alltägliche und massenhaft vorkommende Verhaltensfehler der Bürger. Sie verursachen eine enorme Arbeitslast der Personen und Behörden, zu deren Pflichtenkreis die rechtliche Behandlung[4] von Ordnungswidrigkeiten gehört. Zudem verfügen die mit Ordnungswidrigkeiten befaßten Amtsträger häufig nicht über eine „volljuristische" - d. h. zum Richteramt befähigende (vgl. § 5 DRiG) - Ausbildung. Deshalb ist es für eine richtige und dennoch zügige Arbeit des **Rechtsanwenders** wichtig, daß sich Ordnungswidrigkeit und Straftat in der Praxis anhand leicht handhabbarer und klar zu identifizierender Merkmale voneinander unterscheiden lassen[5]. Aus diesem Grund sind dies in erster Linie Abgrenzungsmerkmale formaler Natur[6].

3 Eine **Straftat** ist ein menschliches Verhalten, das die im StGB oder im Nebenstrafrecht aufgestellten Strafbarkeitsvoraussetzungen erfüllt. Formell grenzt sich die Straftat von anderen Gegenständen rechtlicher Reglementierung vor allem durch ihre spezifisch strafrechtlichen Rechtsfolgen (Sanktionen) ab, insbesondere die Sanktionen Strafe und Maßregel der Besserung und Sicherung (§§ 38-44[7], 61-70 b[8] StGB). In den Straftatbeständen – z. B. des StGB-BT – heißt es daher jeweils „... wird mit Freiheitsstrafe bis zu ... Jahren oder mit Geldstrafe bestraft".

4 Die **Ordnungswidrigkeit** ist wie die Straftat normverletzendes menschliches Verhalten. § 1 Abs. 1 OWiG zeigt, daß die Ordnungswidrigkeit in ihrer formalen Struktur der Straftat gleicht. Auch bei der Ordnungswidrigkeit wird das äußere "Gerüst" durch die drei Elemente Tatbestandsmäßigkeit, Rechtswidrigkeit und Schuld gebildet. Denn der im Ordnungswidrigkeitenrecht verwendete Terminus "Vorwerfbarkeit" entspricht dem Ausdruck "Schuld" des Strafrechts[9]. Um Straftat und Ordnungswidrigkeit klar unterscheiden zu können, muß man also den Blick primär auf die Rechtsfolgenseite richten. Ordnungswidrigkeiten werden mit "Geldbuße" geahndet. Der Hinweis darauf in der Bußgeldvorschrift (vgl. z. B. § 117 Abs. 2 OWiG, § 24 Abs. 2 StVG) ist das formale Unterscheidungskriterium, welches dem Rechtsanwender klar und unmißverständlich anzeigt[10], wann ein Tatbestand eine Ordnungswidrigkeit - und nicht eine Straftat - normiert. Denn die Sanktion "Geldbuße" gibt es nur bei Ordnungswidrigkeiten, vgl. § 17 OWiG. Nicht verwechselt werden darf die Geldbuße deshalb mit Sanktionen, die eine ähnlich lautende Bezeichnung und eine ähnliche vermögensbelastende Wirkung haben: Die "Geldstrafe" (§ 40 StGB) und die an verschiedenen Stellen des Straf-

---

[4] Feststellung und rechtliche Qualifikation der Tat, Anordnung einer Rechtsfolge, Vollstreckung der Entscheidung.

[5] *Bohnert*, OWiG, § 1 Rn. 5.

[6] Nach *R. Schmitt*, Ordnungswidrigkeitenrecht, S. 14 ist die Abgrenzung von Straftat und Ordnungswidrigkeit heute überhaupt nur noch formal möglich; vgl. auch *Weber*, ZStW 92 (1980), 313 (317); *Maurach/Zipf*, AT 1, § 1 Rn 32.

[7] Zum Fahrverbot beachte aber § 25 StVG.

[8] Zur Entziehung der Fahrerlaubnis beachte § 3 StVG.

[9] Auch in der strafrechtlichen Terminologie wird „Schuld" mit „Vorwerfbarkeit" gleichgesetzt, vgl. z. B. BGHSt 2, 194 (200) : „Schuld ist Vorwerfbarkeit".

[10] KKOWiG-*Bohnert*, Einleitung, Rn 111.

rechtssystems plazierte "Geldauflage" (z. B. § 56b Abs. 1 S. 2 Nr. 2 StGB, § 15 Abs. 1 S. 1 Nr. 4 JGG, § 153a Abs. 1 S. 1 Nr. 2 StPO) sind keine Indikatoren einer sie bedingenden Ordnungswidrigkeit, sondern einer Straftat[11]. Ebenfalls keine Geldbußen und daher keine an Ordnungswidrigkeiten anknüpfenden Rechtsfolgen sind Ordnungsgeld (z. B. § 51 StPO) und Zwangsgeld (z. B. § 329 AO).

Außer an der Geldbußenandrohung erkennt man Ordnungswidrigkeitentat- 5 bestände auch daran, daß ihr Gesetzestext meistens mit den Worten beginnt: „**Ordnungswidrig handelt, wer ...**" (vgl. z. B. §§ 111 - 130 OWiG, § 24a StVG, § 81 Abs. 1 GWB, § 32 Abs. 1 BtMG). Es gibt aber auch Ordnungswidrigkeiten- vorschriften, in denen die Formulierung "ordnungswidrig handelt" oder "handelt ordnungswidrig" nicht auftaucht. So werden in Bayern die entsprechenden Buß- geldnormen mit den Worten eingeleitet: "Mit Geldbuße kann belegt werden, wer..."[12].

II. Wesensunterschiede

1. Bedeutung für Gesetzgebung und Kriminalpolitik

Die Methode der Abschichtung der Ordnungswidrigkeit anhand der Rechtsfolge 6 "Geldbuße" ist den Bedürfnissen der Rechtspraxis angemessen und insoweit aus- reichend. Dem **Gesetzgeber** ist sie naturgemäß verschlossen. Denn seine Aufgabe ist zu entscheiden, ob ein neues gesetzlich zu erfassendes Delikt - z. B. die Erzeu- gung von „Graffiti"[13] - als Ordnungswidrigkeit unter Geldbußen- oder als Straftat unter Strafandrohung zu stellen ist[14]. Also muß die Gesetzgebung die Einordnung in die Kategorien "Ordnungswidrigkeit" und "Straftat" von Kriterien abhängig machen, die dem positiven Recht vorgelagert sind[15]. Zwar kann man davon aus- gehen, daß diese Kriterien bei der Schaffung der zahlreichen bereits existierenden Tatbestände – sowohl im Strafrecht als auch im Ordnungswidrigkeitenrecht - Be- achtung gefunden haben und daher diese Tatbestände Orientierung bieten. Den- noch bedarf es eines allgemeinen und abstrakten Maßstabes, an dem sich die Qua- lifikation der Delikte ausrichten könnte, wenn es noch gar kein Strafrecht und/oder Ordnungswidrigkeitenrecht gäbe. Ähnlich stellt sich das Abgrenzungsproblem aus der Perspektive der **Kriminalpolitik** dar. Zwar wird der Kriminalpolitiker sein Augenmerk vor allem auf die praktischen Wirkungen richten, die mit den Instru- menten des Ordnungswidrigkeitenrechts einerseits und denen des Strafrechts an- dererseits erzielt werden können. Gleichwohl darf er sich bei der Etikettierung der Unrechtstypen nicht von Nützlichkeitserwägungen allein leiten lassen. Der be-

---

[11] *Mitsch*, JA 1993, 304 (306).

[12] Vgl. z. B. Art 52 Abs. 1 BayNatSchG: „Mit Geldbuße bis zu fünfzigtausend Euro kann belegt werden, wer vorsätzlich oder fahrlässig ...".

[13] Dazu *Kühl*, FS U. Weber, 2004, S. 413 ff.

[14] *Göhler*, JZ 1968, 583 (586).

[15] KKOWiG-*Bohnert*, Einleitung, Rn 110; *Jescheck/Weigend*, § 7 V 3; *Maurach/Zipf*, AT 1, § 1 Rn 33.

rühmte Liszt'sche Satz, daß das "Strafrecht die unübersteigbare Schranke der Kriminalpolitik" sei, gilt auch hier. Was materiell - "wesensmäßig" - Straftat ist, darf nicht durch das positive Recht zur Ordnungswidrigkeit um- und abgewertet werden, was „wesensmäßig" Ordnungswidrigkeit ist, darf nicht zur Straftat um- und aufgewertet werden. Um dieser Forderung gerecht werden zu können, muß aber Klarheit darüber bestehen, welches die wesens- und damit die differenzbestimmenden Merkmale der Ordnungswidrigkeit einerseits und der Straftat andererseits sind. Nicht zuletzt ist damit die **Strafrechtswissenschaft** angesprochen und herausgefordert. Ihr Erkenntnisinteresse kann sich nicht auf die Dogmatik der kraft gesetzgeberischer Entscheidung zu Straftaten oder Ordnungs-widrigkeiten „ernannten" Tatbestände beschränken. Vielmehr hat sie die gesetzgeberische Entscheidung kritisch zu hinterfragen und dazu die Prinzipien aufzudecken, die eine verallgemeinerungsfähige Abgrenzung der beiden Systembegriffe "Ordnungswidrigkeit" und "Straftat" ermöglichen.

2. Qualitative und quantitative Unterschiede

7   Die Diskussion über die abstrakten Unterscheidungsmerkmale akzentuiert die Aspekte "**Andersartigkeit**" und "**Geringfügigkeit**". Nach der qualitative Differenzen betonenden Auffassung ist die Ordnungswidrigkeit im Verhältnis zur Straftat ein "**aliud**", eine eigenständige Deliktsgattung sui generis. Demgegenüber behauptet die das quantitative Moment hervorhebende Lehrmeinung, Ordnungswidrigkeit und Straftat seien ihrem rechtlich relevanten Charakter nach gleich und unterschieden sich nur im Gewicht und Umfang der Merkmale, die ihr grundsätzlich gemeinsames Wesen prägen. Danach besteht zwischen Straftat und Ordnungswidrigkeit ein **plus-minus**-Verhältnis. Die Ordnungswidrigkeit („Minus") ist die leichtgewichtige Deliktsart, eine Straftat (im weiteren Sinn) mit geringem Unrechts- und Schuldgehalt unterhalb der Vergehens-Stufe (§ 12 Abs. 2 StGB).

8   Früher herrschte die Ansicht vor, zwischen Straftat und Ordnungswidrigkeit bestehe ein **qualitativer Unterschied**. Während die Straftat Rechtsgutsverletzung sei, sei die Ordnungswidrigkeit "Verwaltungsunrecht" oder "Ungehorsam"[16]. Die Ordnungswidrigkeit sei nicht sozialschädlich[17], sondern nur "verwaltungsschädlich". Der Unrechtscharakter der Ordnungswidrigkeit wurde also in der Störung staatlicher Verwaltungstätigkeit gesehen. Während die Straftat vor allem Rechtsgüter des einzelnen schädige, beeinträchtige die Ordnungswidrigkeit lediglich das Allgemeininteresse an einer effektiv und störungsfrei funktionierenden öffentlichen Verwaltung[18].

9   Diese aliud-Theorie mochte in der Anfangszeit des neugeschaffenen Rechtsgebiets "Ordnungswidrigkeitenrecht" eine gewisse Berechtigung gehabt haben[19]. In-

---

16   BVerfGE 9, 167 (171); *Eb. Schmidt*, DRZ 1948, 412 (414); *R. Schmitt*, Ordnungswidrigkeitenrecht, S. 11: „ethisch wertneutraler Verwaltungsgehorsam".

17   So ein häufig der Straftat zugeschriebenes Attribut, vgl. z. B. *Kindhäuser*, LPK, vor § 1 Rn 15.

18   *Jescheck/Weigend*, § 7 V 3 a; *Roxin*, AT 1, § 2 Rn 4.

19   *Eb. Schmidt*, DRZ 1948, 412 (414); *ders.*, JZ 1951, 101 (102); *ders.*, FS Arndt, S. 415 (424); zweifelnd *Günther*, Aufbruch zu neuen Ufern, S. 381 (387).

zwischen hat sich das Ordnungswidrigkeitenrecht stark ausgedehnt und dabei auch viele Lebensbereiche des einzelnen Bürgers unter sein Regime gebracht[20]. Von einer das gesamte Ordnungswidrigkeitenrecht durchziehenden qualitativen Wesensverschiedenheit gegenüber dem Strafrecht kann daher nicht mehr gesprochen werden[21]. Auch Ordnungswidrigkeiten beeinträchtigen Rechtsgüter, und auch das Ordnungswidrigkeitenrecht bezweckt demzufolge **Rechtsgüterschutz**[22]. Es trifft auch nicht zu, daß die Ordnungswidrigkeitentatbestände keine Individualgutsbeeinträchtigungen erfassen, sondern ausschließlich dem Schutz überindividueller Belange gewidmet seien[23]. An § 117 Abs. 1 OWiG ist dies deutlich zu erkennen. Vor allem im Bereich des Straßenverkehrs ist evident, daß die Ordnungswidrigkeitentatbestände zahlreiche Verhaltensweisen normieren, deren materieller Unrechtsgehalt in der Gefährdung von Leben, Gesundheit und Eigentum liegt (vgl. z. B. § 24a StVG)[24].

Der Unterschied zwischen Ordnungswidrigkeit und Straftat ist daher im Ansatz ein **Quantitätsunterschied**[25]. Die Normübertretungen des Ordnungswidrigkeitenrechts wiegen nicht so schwer wie Straftaten. Sie haben einen geringeren Unrechts- und Schuldgehalt, und ihre Begehungsweise hat einen niedrigeren Verwerflichkeitsgrad. Die betroffenen Rechtsgüter haben teilweise geringeren Wertgehalt, und bei den Rechtsgütern, die auch strafrechtlich geschützt sind (z. B. Gesundheit, körperliche Unversehrtheit), ist die tatbestandsmäßige Beeinträchtigungsintensität geringerer (z. B. abstrakte statt konkreter Gefährdung, Vorbereitung statt Versuch)[26]. Straftaten sind zudem mitunter durch eine besonders verwerfliche, grobe oder rücksichtslose Gesinnung des Täter gekennzeichnet (vgl. z. B. §§ 211, 225, 315c Abs. 1 Nr. 2 StGB). Bei Ordnungswidrigkeiten ist dies nicht der Fall[27]. Hier liegen der Tat in der Regel Nachlässigkeit, Bequemlichkeit, Unzuverlässigkeit, Vergeßlichkeit - also "normale" oder "sozialübliche" menschliche Schwächen, die bei jedem Bürger mehr oder weniger stark vorhanden sind - zugrunde. Gerade wegen der Angepaßtheit und Unauffälligkeit des ordnungswidrigkeitenrechtlichen Tätertyps hat die Verhängung einer Geldbuße keine ent-

10

---

[20] Dazu sehr instruktiv *Weber*, ZStW 92 (1980), 313 ff.; *Lang-Hinrichsen*, FS H. Mayer, S. 49 (62).

[21] So aber *Schmidt von Rhein*, NStZ 1981, 380 (381); *Müller-Engelmann*, ZRP 1981, 133 (134).

[22] *Sax*, JZ 1957, 1 (6); *Jescheck*, JZ 1959, 457 (461); *Tiedemann*, AöR 89 (1964), S. 56 (72, 79); *Göhler*, JZ 1968, 583 Fn 6; *Weber*, ZStW 92 (1980), 313 (315); *J. Meyer*, JuS 1983, 513 (514) *Cramer*, Grundbegriffe, S. 17; *R. Schmitt*, Ordnungswidrigkeitenrecht, S. 14.

[23] *Schoreit*, GA 1967, 225 (229).

[24] *Hirsch*, FS Engisch, S. 304 (318); *Weber*, ZStW 92 (1980), 313 (316); *Coeppicus*, DAR 1985, 97 (99); *Roxin*, AT 1, § 2 Rn 50.

[25] BVerfGE 45, 272 (289); *Sax*, JZ 1957, 1 (6); *Jescheck*, JZ 1959, 457 (461); *Hirsch*, FS Engisch, S. 304 (318); *Baumann*, JZ 1972, 1 (3); *Weber*, ZStW 92 (1980), 313 (316); *J. Meyer*, JuS 1983, 413 (514); *Günther*, Aufbruch zu neuen Ufern, S. 381 (388); *Ignor/Rixen*, Arbeitsstrafrecht, Rn 4, KKOWiG-*Rogall*, vor § 1 Rn 2.

[26] *Weber*, ZStW 92 (1980), 313 (335); *Müller-Engelmann*, ZRP 1981, 133 (134); *Günther*, Aufbruch zu neuen Ufern, S. 381 (389).

[27] *Lange*, FS Maurach, S. 235.

ehrende, diskriminierende, stigmatisierende Wirkung. Ihre Funktion ist die einer Ermahnung, eines Denkzettels, der den Betroffenen an seine - im konkreten Fall verletzten - Pflichten erinnern und zu künftig erhöhter Aufmerksamkeit aufrufen soll[28].

11   Zu beachten ist aber, daß das quantitativ bestimmte Stufenverhältnis zwischen Straftat und Ordnungswidrigkeit sich nur in der abstrakten gesetzlichen Tatbestandsgestaltung einigermaßen rein widerspiegelt. Im **konkreten** Einzelfall kann es durchaus geschehen, daß eine Ordnungswidrigkeit ein höheres Gewicht hat als eine Straftat[29]. Die Grenzziehungsmethode des geltenden Rechts läßt sich daher weder als eine rein quantitative noch als eine qualitative, sondern am besten als **gemischt qualitativ-quantitative** bezeichnen[30]. Es gibt Ordnungswidrigkeiten, die bei Zugrundelegung eines Mengen-Kriteriums Straftatcharakter haben müßten und umgekehrt[31]. Eine schwere Ordnungswidrigkeit kann um erhebliches gravierender sein als eine leichte Straftat. Dennoch bleibt diese Straftat und bleibt jene Ordnungswidrigkeit. Denn das Strafrecht hat im Binnenbereich seiner Tatbestände grundsätzlich keine quantitativ bestimmte Grenzlinie zwischen Straftat und Ordnungswidrigkeit gezogen[32] (Ausnahmen: §§ 184 c Nr. 1, 201 Abs. 2 S. 1, 326 Abs. 6 StGB). Anders als das Strafrecht der ehemaligen DDR (§ 3 StGB-DDR)[33] oder das Strafgesetzbuch Österreichs (§ 42 öStGB)[34] kennt das Strafrecht der Bundesrepublik Deutschland keinen in eine Generalklausel gefaßten materiellen Straftatbegriff[35], der einer Tat trotz vollständiger Erfüllung eines Straftatbestandes den Straftatcharakter abspricht, wenn ihre Sozialschädlichkeit gering ist. Auch der Diebstahl oder die Unterschlagung eines kleinen Cent-Betrags oder die leicht fahrlässige Verursachung eines harmlosen Gesundheitsschadens sind materiellrechtli-

---

[28]   BVerfGE 27, 18 (33); *Krey*, AT 1, Rn 20; *Maurach/Zipf*, AT 1, § 1 Rn 39.

[29]   *Mattes*, ZStW 82 (1970), 25 (36); *Günther*, Aufbruch zu neuen Ufern, S. 381 (388); *Ostendorf*, ZRP 1994, 335.

[30]   *Rebmann/Roth/Herrmann*, vor § 1 Rn 8; *Maurach/Zipf*, AT 1, § 1 Rn 35; *Roxin*, AT 1, § 2 Rn 52.

[31]   *Jescheck*, JZ 1959, 457 (462): „Höhere Geldauflagen [*höher als 10 000 DM, W. M.*] sind ihrer Natur nach in jedem Falle kriminelle Strafe, und es verbietet sich, sie einfach in nicht-kriminelle Sanktionen umzuetikettieren".

[32]   Dafür de lege ferenda *Frisch*, FS Stree/Wessels, S. 67 (106).

[33]   § 3 Abs. 1 StGB-DDR lautete: „Eine Straftat liegt nicht vor, wenn die Handlung zwar dem Wortlaut eines gesetzlichen Tatbestandes entspricht, jedoch die Auswirkungen der Tat auf die Rechte und Interessen der Bürger oder der Gesellschaft und die Schuld des Täters unbedeutend sind".

[34]   § 42 öStGB lautet: „Ist die von Amts wegen zu verfolgende Tat nur mit Geldstrafe, mit nicht mehr als drei Jahren Freiheitsstrafe oder mit einer solchen Freiheitsstrafe und Geldstrafe bedroht, so ist die Tat nicht strafbar, wenn - 1. die Schuld des Täters gering ist, - 2. die Tat keine oder nur unbedeutende Folgen nach sich gezogen hat oder, sofern sich der Täter zumindest ernstlich darum bemüht hat, die Folgen der Tat im wesentlichen beseitigt, gutgemacht oder sonst ausgeglichen worden sind und – 3. eine Bestrafung nicht geboten ist, um den Täter von strafbaren Handlungen abzuhalten oder der Begehung strafbarer Handlungen durch andere entgegenzuwirken".

[35]   Dazu *Dencker*, JZ 1973, 144 (150); *Lampe*, FS Schmitt, S. 77 ff.

che Straftaten (§§ 242, 246, 248a, 229 StGB)[36], deren "Entkriminalisierung" nach der lex lata ein verfahrensrechtliches Thema ist (Strafantrag, Privatklage, Opportunitätsprinzip)[37].

Unterfallen dem Straftatbegriff also auch rechtswidrige Taten, die wegen ihres **12** in concreto geringen Strafwürdigkeitsgehalts quantitativ der Ordnungswidrigkeit nahe stehen[38], ist umgekehrt das Ordnungswidrigkeitenrecht keineswegs ein Bezirk, dessen Fälle ausschließlich die unterste Stufe der Unrechtsskala besetzen. Konkrete Ordnungswidrigkeiten können immensen Schaden verursachen und mit dementsprechend hohen Geldbußbeträgen geahndet werden[39]. In einem derartigen Fall kann die Geldbuße weit über dem Maß einer durchschnittlichen Geldstrafe liegen[40]. Einzelne Bußgeldvorschriften lassen Geldbußen von bis zu eineinhalb Millionen Euro (§ 39 Abs. 1 Nr. 1,2, Abs. 2 Nr. 2 a, Nr. 3, Abs. 4 WpHG) oder von bis zu einer Million Euro zu (vgl. §§ 130 Abs. 4 S. 1 OWiG, 81 Abs. 2 S. 1 GWB). Insbesondere die Denkmalschutzgesetze der Bundesländer enthalten außerordentlich hohe Bußgeldandrohungen[41].

Wo die Grenze zwischen der Strafwürdigkeit und der Bußgeldwürdigkeit verläuft, läßt sich abstrakt nicht eindeutig, sondern nur annäherungsweise bestimmen. **13** Dem Gesetzgeber ist deshalb ein **Ermessensspielraum** zuzubilligen[42]. Im geltenden Strafrecht gibt es viele Tatbestände, deren "Abwertung" zur Ordnungswidrigkeit diskutabel ist. Folglich gehört die Verlagerung von Straftatbeständen in das Ordnungswidrigkeitenrecht auch zum Standardrepertoire kriminalpolitischer Entkriminalisierungsdebatten[43]. Aber auch die Verschiebung in die Gegenrichtung ist kein Tabuthema. Bekanntlich hatten kartellrechtswidrige "Submissionsabsprachen" schon immer eine starke Affinität zum Strafrecht. Die Befürwortung der Betrugsstrafbarkeit (§ 263 StGB) durch den Bundesgerichtshof[44] belegt, daß die ordnungswidrigkeitenrechtliche Ahndung solcher marktwirtschaftsfeindlichen Verfehlungen aus § 38 I, IV GWB a. F. nicht recht zufriedenstellte[45]. In § 298 StGB steht das Delikt nunmehr unter Strafdrohung.

Verfassungsrechtlich ist die Wahlfreiheit des Gesetzgebers zwischen Straf- **14** recht und Ordnungswidrigkeitenrecht durch die staatliche **Verpflichtung zum**

---

[36] Zur Berechtigung dieser rechtlichen Qualifikation *Günther*, Aufbruch zu neuen Ufern, S. 381 (391).

[37] Krit. dazu *Dencker*, JZ 1973, 144 ff.

[38] *Ostendorf*, ZRP 1994, 1995, 18 (21): Ladendiebstahl.

[39] BVerfGE 45, 272 (290); *Schoreit*, GA 1967, 225 (236).

[40] *Coeppicus*, DAR 1985, 97 (100); *Ignor/Rixen*, Arbeitsstrafrecht, Rn 4.

[41] Vgl. § 31 Abs. 4 BbgDSchG.

[42] BVerfGE 27, 18 (30); 45, 272 (289); *Tiedemann*, AöR 89 (1964), S. 56 (79); *Lang-Hinrichsen*, FS H. Mayer, S. 49 (61) *Krey*, AT 1, Rn 24.

[43] *Hirsch*, FS Engisch, S. 304 (318); *Baumann*, JZ 1972, 1 (3); *Vogler*, ZStW 90 (1978), 132 (153); *Achenbach*, JuS 1980, 81 (82); *Tiedemann*, JZ 1980, 489 (493); *Naucke*, GA 1984, 199 (205).

[44] BGHSt 38, 186 ff.

[45] BVerfGE 45, 272 (290); *Lang-Hinrichsen*, FS H. Mayer, S. 49 (59); *Baumann*, JZ 1972, 1; *ders.*, NJW 1992, 1661 ff.; *Dencker*, JZ 1973, 144 (145); *Weber*, ZStW 92 (1980), 313 (317); *ders.*, NStZ 1986, 481; *Tiedemann*, FS Stree/Wessels, S. 527 (534).

Schutz wichtiger - vor allem grundrechtlich geschützter - Rechtsgüter eingegrenzt[46]. Diese Pflicht kann nicht nur durch völlige Entlassung rechtsgutsschädli-
chen Verhaltens aus dem Bereich repressiv-rechtlicher Unrechtsbekämpfung verletzt werden, sondern auch durch eine fehlerhaft bagatellisierende Einordnung im
Ordnungswidrigkeitenrecht. Der Gesetzgeber darf die grundgesetzlich anerkannte
Hochwertigkeit eines Rechtsguts nicht dadurch konterkarieren, daß er Beeinträch-
tigungen dieses Rechtsguts mit einem Mindestgrad konkreter Gefährdung "ent-
kriminalisiert" und zu Ordnungswidrigkeiten herabstuft[47]. Es gibt einen harten
"Kernbereich" schweren Unrechts, der dem Strafrecht vorbehalten und dem Ordnungswidrigkeitenrecht entzogen bleiben muß, solange Strafrecht nicht gänzlich
abgeschafft werden soll[48]. Raub, Vergewaltigung, Brandstiftung, schwere Körperverletzung dürfen ebenso wenig zu Ordnungswidrigkeiten "degradiert" werden
wie jede Form vorsätzlicher Lebensgefährdung oder Tötung[49]. Erwägenswert wäre
die Entkriminalisierung dagegen z. B. bei leichten fahrlässigen Körperverletzungen, Verkehrsunfallflucht nach Unfall mit geringem Sachschaden[50], Hausfriedens-
bruch auf nichtprivatem Terrain, Beförderungserschleichung, Fundunterschla-
gung[51].

15   Verfassungsrechtlich begrenzt wird die staatliche Strafgewalt durch die Prinzipien der **Geeignetheit, Erforderlichkeit** und **Verhältnismäßigkeit**[52]. Strafrecht
ist ultima ratio und subsidiär gegenüber anderen staatlichen Mitteln des Rechtsgü-
terschutzes[53]. Zu den vorrangigen Instrumenten gehört selbstverständlich auch das
Ordnungswidrigkeitenrecht[54]. Rechtsgutsschädliche Verhaltenstypen minderen
Gewichts dürfen deshalb nicht mit Strafe bedroht werden, wenn die Ahndung mit
Geldbuße zur wirksamen Bekämpfung ausreicht (Erforderlichkeit) oder die mit
der Anwendung von Strafrecht verbundenen Nachteile außer Verhältnis zu dem
damit erzielbaren Nutzen stünden (Verhältnismäßigkeit). Bei der vorzunehmenden
Abwägung dürfen auch pragmatische Erwägungen - wie z. B. die einfachere prozessuale Bewältigung der Verstöße im Bußgeldverfahren oder die größere Sach-
kompetenz der mit der betroffenen Materie befaßten Verwaltungsbehörde - berücksichtigt werden[55].

16   So verlockend die Methode der Entkriminalisierung durch Verschiebung von
Straftatbeständen auf dem "Königsweg" via Ordnungswidrigkeitenrecht sein

---

[46] *Roxin*, AT 1, § 2 Rn 37.
[47] *Maurach/Zipf*, AT 1, § 1 Rn 32.
[48] BVerfGE 27, 18 (28); *Krey*, AT 1, Rn 28; *Roxin*, AT 1, § 2 Rn 51.
[49] *Braum*, Europäische Strafgesetzlichkeit, S. 362; *Dreher*, FS Welzel, S. 917 (930);
      Baumann/Weber/Mitsch, § 4 Rn 16.
[50] *Arzt/Weber*, BT, § 38 Rn 54; dazu *Weigend*, FS Tröndle, S. 753 ff.
[51] Vgl. auch den Kriterienkatalog bei *Günther*, Aufbruch zu neuen Ufern, S. 381 (392).
[52] *Günther*, Strafrechtswidrigkeit, S. 179; *ders.*, JuS 1978, 8 (12); *Roxin*, AT 1, § 2 Rn 39.
[53] *Weber*, ZStW 92 (1980), 313 (318), *Achenbach*, JuS 1980, 81 (87); *Günther*, Aufbruch
      zu neuen Ufern, S. 381 (385); *Roxin*, AT 1, § 2 Rn 38 ff.
[54] *Roxin*, AT 1, § 2 Rn 40.
[55] *Jescheck/Weigend*, § 7 V 3 b.

mag[56], so schädlich kann sich diese Entwicklung für dieses Rechtsgebiet auf Dauer auswirken[57]. Der Hypertrophie des Ordnungswidrigkeitenrechts[58] entgegenzuwirken, dürfte daher eine ebenso wichtige kriminalpolitische Aufgabe sein wie die begrüßenswerte Reduzierung des Strafrechts[59]. Es gilt also, Subsidiarität des Strafrechts nicht in einer bloßen Umetikettierungsaktion auf Kosten des Ordnungswidrigkeitenrechts leerlaufen zu lassen, sondern dabei auch die Subsidiarität des Ordnungswidrigkeitenrechts im Auge zu behalten.

Kontrollfragen

1. Gibt es zwischen „Straftat" und „Ordnungswidrigkeit" qualitative Unterschiede? (Rn 8)
2. Schützt das Ordnungswidrigkeitenrecht Rechtsgüter? (Rn 9)
3. Darf der Gesetzgeber aus der Straftat „Beförderungserschleichung" (§ 265a Abs. 1 3. Alt. StGB) eine Ordnungswidrigkeit „machen"? (Rn 14)

---

[56] *Jescheck*, JZ 1959, 457 (461): „ „ ... hohen kriminalpolitischen Gewinn, der darin zu sehen ist, daß die neue Deliktsform [*Ordnungswidrigkeit, W. M.*] auf dem Gebiete der Wirtschaft und weit darüber hinaus große Teile des Bagatellstrafrechts aufzunehmen vermag: das kriminelle Strafrecht wird dadurch entlastet und in seinem Rang wiederhergestellt, dem Übermaß der Verwendung der staatlichen Strafe wird entgegengewirkt".

[57] *Lang-Hinrichsen*, FS H. Mayer, S. 49 (62 ff.).

[58] *Hirsch*, ZStW 90 (1978), 218 (243): „Es ist nämlich schon zweifelhaft, ob die Abspaltung des Ordnungswidrigkeitenrechts wirklich die Errungenschaft war, als die sie lange gepriesen worden ist. Inzwischen ist eine Ernüchterung unverkennbar. Sie beruht darauf, daß die formale Herausnahme aus dem Strafrecht dem Gesetzgeber die Möglichkeit eröffnet hat, hier unbeschwert von strafrechtspolitischen Skrupeln eine inflatorische Pönalisierung zu betreiben".

[59] *Gusy*, Polizeirecht, Rn 149: „Die Ausweitung des Straf- und Ordnungswidrigkeitenrechts hat die Verfolgungsaufgaben der Polizei erheblich anschwellen lassen. Ein Grund hierfür liegt darin, daß gegenwärtig nahezu kein Gesetz und keine Rechtsverordnung auf dem Gebiet des öffentlichen Rechts mehr ohne derartige Tatbestände auszukommen scheint".

§ 4 Geschichte des Ordnungswidrigkeitenrechts

Die Ordnungswidrigkeit als eine von der Straftat zu unterscheidende eigenständige Deliktsgattung fand in Deutschland erst **nach dem 2. Weltkrieg** Eingang in das positive Recht. Die Idee der Abschichtung eines nichtkriminellen Ordnungsunrechts vom Strafrecht im engeren Sinn existierte dagegen schon länger[1]. Auch im positiven Recht gab es sowohl in materiell- als auch prozeßrechtlicher Hinsicht Vorläufer der Ordnungswidrigkeit, die hier nicht vollständig nachgezeichnet werden können. Der folgende kurze geschichtliche Abriß beschränkt sich auf die Entwicklung des Ordnungswidrigkeitenrechts während des Geltungszeitraums unseres Strafgesetzbuches. **1**

I. Reichsstrafgesetzbuch 1871

Das **Reichsstrafgesetzbuch** vom 15. Mai 1871[2] hatte im Binnenbereich des Strafrechts eine Deliktskategorie geschaffen, die die spätere Ordnungswidrigkeit materiell zum Teil antizipierte: Mit der "Übertretung"[3] als dritte Stufe neben Verbrechen[4] und Vergehen[5] erfaßte das RStGB im 29. Abschnitt des Besonderen Teils (§§ 360 bis 370) rechtswidrige und schuldhafte Verhaltensweisen, deren Unrechtsgehalt gering war und deren Unrechtsqualität vor allem in der Zuwiderhandlung gegen behördliche Anordnungen bestand[6]. Ein eigenständiges Ordnungswidrigkeitenrecht neben dem Strafrecht gab es dagegen nicht. Der Geringfügigkeit der Übertretungen – die sich materiellrechtlich z. B. in der generellen Straflosigkeit des Versuchs (§ 43 RStGB) und der Beihilfe zur Übertretung (§ 49 RStGB) widerspiegelte - entsprach die Möglichkeit vereinfachter prozessualer Behandlung, insbesondere die vorgerichtliche Ahndung durch Verwaltungsbehörden[7]. Im **2**

---

[1] *Braum*, Europäische Strafgesetzlichkeit, S. 279 ff.

[2] RGBl S. 127: „Gesetz, betreffend die Redaktion des Strafgesetzbuches für den Norddeutschen Bund als Strafgesetzbuch für das Deutsche Reich"; dazu *Eberhard Schmidt*, Einführung in die Geschichte der deutschen Strafrechtspflege, 3. Aufl. 1965, S. 344.

[3] § 1 Abs. 3 StGB: „Eine mit Haft oder mit Geldstrafe bis zu fünfzig Thalern bedrohte Handlung ist eine Uebertretung".

[4] § 1 Abs. 1 StGB: „Eine mit dem Tode, mit Zuchthaus, oder mit Festungshaft von mehr als fünf Jahren bedrohte Handlung ist ein Verbrechen".

[5] § 1 Abs. 2 StGB: „Eine mit Festungshaft bis zu fünf Jahren, mit Gefängnis oder mit Geldstrafe von mehr als fünfzig Thalern bedrohte Handlung ist ein Vergehen".

[6] Vgl. z. B. § 360 Abs. 1: Nr. 1 „ohne besondere Erlaubnis", Nr. 2 „wider das Verbot der Behörde", Nr. 3 „ohne Erlaubnis", Nr. 4, Nr. 5 „ohne schriftlichen Auftrag einer Behörde", Nr. 7, Nr. 8 „unbefugt", Nr. 9 „ohne Genehmigung der Staatsbehörde", Nr. 10 „von der Polizeibehörde ... zur Hülfe aufgefordert", Nr. 12 „Anordnungen zuwiderhandelt", Nr. 14 „unbefugt".

[7] *Bohnert*, Jura 1984, 11 (13); *ders.*, in KKOWiG, Einleitung Rn. 8 ff.

Wege der Strafverfügung konnten Polizeibehörden gegen Übertretungen echte (Bagatell-)Kriminalstrafen verhängen[8]. Die landesrechtlichen Rechtsgrundlagen dieser Verfahrensform waren durch die RStPO von 1877 dem Grunde nach anerkannt und lediglich inhaltlich modifiziert worden. Eine ähnliche Funktion wie die polizeilichen Strafverfügungen hatten die Strafbescheide, die von den zuständigen Verwaltungsbehörden bei Verstößen gegen Abgabenvorschriften erlassen werden konnten[9]. Strafverfügung und Strafbescheid waren Vorentscheidungen der Verwaltung und hatten als Sanktionsgrundlage rechtsprechungsähnliche Funktion[10]. Der Betroffene konnte den Spruch der Verwaltungsbehörde akzeptieren oder mit Antrag auf gerichtliche Entscheidung anfechten. Damit wurde das Bestrafungsmonopol der Gerichte gewahrt.

II. Wirtschaftsstrafgesetz 1949

3   Eine enorme Ausdehnung des Nebenstrafrechts und der damit verbundene Kompetenzzuwachs der Verwaltungsbehörden ließen das Bedürfnis nach Abtrennung der Verfehlungen ohne Strafwürdigkeitsgehalt vom Strafrecht sowie nach vereinfachter verfahrensmäßiger Erledigung stärker werden. Diese Entwicklung führte nach 1945 zuerst im Wirtschaftsstrafrecht zur Schaffung einer eigenständigen Deliktsart, der "Ordnungswidrigkeit"[11]. Erstmalig im „Gesetz zur Vereinfachung des Wirtschaftsstrafrechts" (**Wirtschaftsstrafgesetz**) vom 26. Juli 1949[12] wurde die Trennung von Strafrecht im engeren Sinn und Ordnungswidrigkeitenrecht durchgeführt. Nach Art eines materiellen Straftatbegriffs stellte § 6 WiStG 1949 einen "Differenzierungsleitsatz"[13] auf, der es dem Rechtsanwender überließ[14], im Einzelfall das tatbestandsmäßige Verhalten als Straftat oder Ordnungswidrigkeit zu qualifizieren[15].

4   Mit den in § 6 Abs. 1 genannten "Bestimmungen dieses Abschnitts" waren die §§ 7 bis 21 WiStG 1949 gemeint, in denen die Tatbestände der Zuwiderhandlun-

---

8   *Lemke*, Einleitung, Rn. 5.
9   *Bohnert*, in KKOWiG, Einleitung, Rn. 10; *Lemke*, Einleitung, Rn. 6.
10 *Eb. Schmidt*, FS Arndt, S. 415 (423).
11 *Eb. Schmidt*, JZ 1951, 101 ff.
12 Gesetzblatt der Verwaltung des vereinigten Wirtschaftsgebietes S. 193.
13 *Eb. Schmidt*, FS Arndt, S. 415 (425).
14 BGHSt 11, 263 (265).
15 § 6 WiStG 1949 lautete: „(1) Zuwiderhandlungen nach den Bestimmungen dieses Abschnitts sind entweder Wirtschaftsstraftaten oder Ordnungswidrigkeiten. (2) Eine Zuwiderhandlung ist Wirtschaftsstraftat, wenn sie das Staatsinteresse an Bestand und Erhaltung der Wirtschaftsordnung im ganzen oder in einzelnen Bereichen verletzt, indem entweder 1. die Zuwiderhandlung ihrem Umfange oder ihrer Auswirkung nach geeignet ist, die Leistungsfähigkeit der staatlich geschützten Wirtschaftsordnung zu beeinträchtigen, oder 2. der Täter mit der Zuwiderhandlung eine Einstellung bekundet, die die staatlich geschützte Wirtschaftsordnung im ganzen oder in einzelnen Bereichen mißachtet, insbesondere dadurch, daß er gewerbsmäßig, aus verwerflichem Eigennutz oder sonst verantwortungslos gehandelt oder Zuwiderhandlungen hartnäckig wiederholt hat. (3) In allen anderen Fällen ist die Zuwiderhandlung eine Ordnungswidrigkeit".

gen näher beschrieben wurden. Je nachdem, ob das konkrete tatbestandserfüllende Verhalten die Voraussetzungen des § 6 Abs. 2 erfüllte oder nicht, handelte es sich um eine Straftat oder um eine Ordnungswidrigkeit[16]. Auf Grund ihrer Verbindung mit § 6 normierten die §§ 7 bis 21 also sowohl Straf- als auch Ordnungswidrigkeitentatbestände, sog. "Mischtatbestände"[17]. In §§ 23, 24 enthielt das WiStG außerdem zwei Tatbestände, die ihre Rechtsnatur als Ordnungswidrigkeiten in formeller Manier durch die gesetzliche Androhung von Geldbuße verliehen bekamen[18].

Das WiStG 1949 wurde durch das - heute noch geltende - WiStG 1954 ersetzt. Dieses faßte die Abgrenzungsregel des § 6 Abs. 2 WiStG 1949 neu[19]. Es ist heute nur noch ein „Torso von wenigen Straf- und Bußgeldtatbeständen"[20].

III. Ordnungswidrigkeitengesetz 1952

Am 25. März 1952 wurde das **Gesetz über Ordnungswidrigkeiten** erlassen 5 (OWiG 1952)[21]. Es diente als materiellrechtliches und verfahrensrechtliches Rahmengesetz ganz allgemein für Ordnungswidrigkeiten auf allen Sachgebieten[22]. Als Vorbild dienten die Regelungen aus dem WiStG 1949, die im OWiG verallgemeinert wurden. Ordnungswidrigkeitentatbestände enthielt das Gesetz nicht[23]. Diese wurden in den einzelnen Verwaltungsgesetzen aufgestellt[24]. Das OWiG führte die formelle Abgrenzung der Ordnungswidrigkeit von der Straftat anhand der Geldbußenandrohung ein, wie sie auch heute noch für die Rechtsanwendung maßgeb-

---

[16] Die Merkmale des § 6 Abs. 2 WiStG wurden aber von der Rechtsprechung nicht als Tatbestandsmerkmale angesehen, vgl. BGHSt 11, 263 (266); dagegen *Lang-Hinrichsen*, GA 1957, 225 (231 ff.); LK-*Schroeder*, § 16 Rn. 63.

[17] *Gross*, MDR 1949, 528 (529); *Mattes*, Untersuchungen, Bd. 1, S. 179; *Braum*, Europäische Strafgesetzlichkeit, S. 356; *R. Schmitt*, Ordnungswidrigkeitenrecht, S. 13; *Tiedemann*, Wirtschaftsstrafrecht, Rn 72; *Bohnert*, in KKOWiG, Einleitung, Rn. 35.

[18] Vgl. § 23 [Verletzung der Aufsichtspflicht]: „Wird eine Zuwiderhandlung gegen Bestimmungen dieses Gesetzes in einem Betrieb begangen, so kann wegen Verletzung der Aufsichtpflicht eine Geldbuße ... festgesetzt werden ...".

[19] § 3 WiStG 1954: "I. Eine Zuwiderhandlung im Sinne der §§ 1, 2, 2a ist eine Straftat, wenn 1. die Tat ihrem Umfang oder ihrer Auswirkung nach geeignet ist, die Ziele der Wirtschaftsordnung, insbesondere einer geltenden Marktordnung oder Preisregelung, erheblich zu beeinträchtigen, oder 2. der Täter die Zuwiderhandlung hartnäckig wiederholt, gewerbsmäßig, aus verwerflichem Eigennutz oder sonst verantwortungslos handelt und durch sein Verhalten zeigt, daß er das öffentliche Interesse an dem Schutz der Wirtschaftsordnung, insbesondere einer geltenden Marktordnung oder Preisregelung, mißachtet. II. In allen anderen Fällen ist die Zuwiderhandlung eine Ordnungswidrigkeit".

[20] *Tiedemann*, Wirtschaftsstrafrecht, Rn 52, 71.

[21] BGBl I S. 177.

[22] *Eb. Schmidt*, JZ 1951, 101 (103).

[23] Das OWiG gliederte sich in drei Bücher (Allgemeiner Teil [§§ 1 – 26], Verfahrensrecht [§§ 27 – 72], Übergangs- und Schlußbestimmungen [§§ 73 – 79]).

[24] *Mattes*, Untersuchungen, Bd. 1, S. 180.

lich ist[25]. Materielle Kriterien, nach denen sich die Einordnung der Delikte in die Kategorien der Straftat und der Ordnungswidrigkeit künftig richten soll, hat das OWiG dagegen nicht festgelegt. Dies sollte der Regelung der speziellen Sachgebiete überlassen bleiben. Deshalb wurde die Mischtatbestandsregel des § 6 WiStG 1949 nicht in das OWiG übernommen[26]. An der Dreiteilung der Straftaten im StGB (Verbrechen, Vergehen, Übertretungen) änderte sich mit dem OWiG 1952 nichts. Die Existenz dieses Gesetzes hatte aber zur Folge, daß der Gesetzgeber fast keine neuen Übertretungstatbestände mehr schuf[27]. Gleichzeitig nahmen Ordnungswidrigkeitentatbestände an Zahl und Bedeutung rapide zu.

IV. Ordnungswidrigkeitengesetz 1968

6 Im Zuge der Strafrechtsreform in den 60er-Jahren und im Zusammenhang mit der Entkriminalisierung des Verkehrsstrafrechts wurde das OWiG 1952 durch das am 24. Mai 1968 erlassene **Gesetz über Ordnungswidrigkeiten** 1968 ersetzt[28]. Dieses Gesetz schuf vor allem ein einfacheres und praktikableres Verfahrensrecht, indem es die bis dahin bestehende strenge Trennung von Bußgeldverfahren und Strafverfahren (vgl. § 27 OWiG 1952) auflockerte und zwischen beiden Verfahrensarten Übergänge und Verbindungsmöglichkeiten einführte[29]. Das materielle Ordnungswidrigkeitenrecht erhielt im OWiG 1968 einen eigenen Allgemeinen Teil, der inhaltlich zum großen Teil mit dem Allgemeinen Teil des StGB[30] übereinstimmt. Wie das OWiG 1952 regelte auch das OWiG 1968 noch keine einzelnen Ordnungswidrigkeiten im Stil eines Besonderen Teils[31]. Dafür bestand kein Bedarf, weil die einzelnen Ordnungswidrigkeitentatbestände in den speziellen Gesetzen platziert waren. Dementsprechend vollzog sich die gewichtigste gesetzgeberische Maßnahme im Besonderen Teil des materiellen Ordnungswidrigkeitenrechts außerhalb des OWiG 1968: die Umwandlung der bisherigen Verkehrsübertretungen und einiger Verkehrsvergehen in Verkehrsordnungswidrigkeiten durch Art. 3 Nr. 6 EGOWiG[32].

---

[25] § 1 Abs. 1 OWiG 1952: „Ist eine Handlung ausschließlich mit Geldbuße bedroht, so ist sie eine Ordnungswidrigkeit".

[26] *Eb. Schmidt*, JZ 1951, 101 (103).

[27] *Göhler*, JZ 1968, 583.

[28] BGBl I S. 481.

[29] *Bode*, NJW 1968, 1449 (1451 ff.); *Göhler*, JZ 1968, 583 (585); 613 (621).

[30] Diese Übereinstimmung bestand teilweise mit dem AT des StGB in der bis 1.1. 1975 geltenden Fassung – vgl. z. B. § 6 Abs. 1 OWiG 1968 und § 59 Abs. 1 StGB aF (Tatbestandsirrtum); § 8 Abs. 1 S. 1 OWiG 1968 und § 43 Abs. 1 StGB aF (Versuch) -, teilweise mit dem AT in der ab 1. 1. 1975 geltenden Fassung – vgl. z. B. § 5 OWiG 1968 und § 15 StGB (Vorsatz und Fahrlässigkeit); § 12 OWiG 1968 und § 34 StGB (rechtfertigender Notstand).

[31] Die Grobstruktur des OWiG 1968 glich der des OWiG 1952: Erster Teil Allgemeine Vorschriften (§§ 1 – 34); Zweiter Teil Bußgeldverfahren (§§ 35 – 109); Dritter Teil Schlußvorschriften (§§ 110 – 112).

[32] BGBl I S. 503; *Mattes*, Untersuchungen, Bd. 1, S. 182.

V. Zweites Strafrechtsreformgesetz 1969 und EGStGB 1974

Den Schlußpunkt der Verselbständigung des Ordnungswidrigkeitenrechts und der **7** Umwandlung von Tatbeständen des StGB zu Ordnungswidrigkeiten setzte das **Einführungsgesetz zum Strafgesetzbuch** vom 2. März 1974[33]. Da die Deliktsform "Übertretung" durch das **Zweite Gesetz zur Reform des Strafrechts** vom 4. Juli 1969[34] abgeschafft worden war, mußten zahlreiche Übertretungstatbestände entweder zu Ordnungswidrigkeiten umgewidmet, zu Vergehen aufgewertet oder ersatzlos gestrichen werden[35]. Die im 3. Teil des OWiG (§§ 111 ff.) geregelten Tatbestände sind ehemalige Übertretungstatbestände aus dem StGB, die sich nicht in spezielle Gesetze einordnen ließen und weder ganz abgeschafft noch zu Vergehen aufgestuft werden sollten. Ein solcher Übergang läßt sich z. B. bei § 117 OWiG und § 118 OWiG feststellen, die dem aufgehobenen Übertretungstatbestand § 360 Abs. 1 Nr. 11 StGB[36] nachfolgten[37]. Infolge der Neugestaltung des StGB wurde auch eine Neufassung des OWiG 1968 notwendig, die 1975 zur Anpassung der allgemeinen Vorschriften des OWiG an den neuen Allgemeinen Teil des StGB führte[38]. Seit 1975 erfuhr das OWiG partielle Veränderungen, vornehmlich im sanktions- und verfahrensrechtlichen Bereich.

Seit Erscheinen der ersten Auflage dieses Lehrbuches erfuhr das OWiG zahl- **8** reiche Änderungen[39], auf die hier im jeweils betroffenen thematischen Kontext eingegangen wird. Beachtung verdienen insbesondere das **Gesetz zur Bekämpfung der Korruption** vom 13. 8. 1997[40], **Gesetz zur Änderung des Gesetzes über Ordnungswidrigkeiten und anderer Gesetze** vom 26.1.1998[41] und das **Gesetz zur Änderung des Ordnungswidrigkeitenverfahrensrechts** vom 26. 7. 2002[42].

---

[33] BGBl I S. 469.

[34] BGBl I S. 717.

[35] *Mattes*, Untersuchungen, Bd. 1, S. 182.

[36] § 360 Abs. 1 Nr. 11 StGB: „ Mit Geldstrafe bis zu fünfzig Talern oder mit Haft wird bestraft: 11) wer ungebührlicherweise ruhestörenden Lärm erregt oder wer groben Unfug verübt".

[37] *Bloy*, JuS 1997, 577; *Weber*, GedSchr. für Meurer, S. 283 (287); KKOWiG-*Rogall*, § 117 Rn 9; KKOWiG-*Senge*, § 118 Rn 1.

[38] Vgl. z. B. die Definition des Versuchs in § 8 Abs. 1 S. 1 OWiG 1968, in 22 StGB und in § 13 Abs. OWiG in der Fassung der Bekanntmachung vom 19. Februar 1987 (BGBl I S. 602).

[39] Im Schönfelder (Nr. 94) auf S. 1 bis 2 a ab lfd. Nr. 8.

[40] BGBl I S. 2038.

[41] BGBl I S. 156; dazu *Kudlich*, JuS 1998, 667 (669).

[42] BGBl I S. 2864.

Kontrollfragen

1.	Seit wann gibt es im deutschen Recht den Begriff „Ordnungswidrigkeit"? (Rn 3)
2.	Wann wurden die „Übertretungen" abgeschafft? (Rn 7)

Teil II

Die Ordnungswidrigkeit

§ 5 Rechtsgrundlagen

I. Gesetz

Aus § 1 OWiG und aus § 3 OWiG ergibt sich, daß ein menschliches Verhalten die **1**
Eigenschaft "Ordnungswidrigkeit" dann hat, wenn sich das Verhalten unter ein
Gesetz subsumieren läßt, das ein derartiges Verhalten als "ordnungswidrig" quali-
fiziert und mit Geldbuße bedroht. Die Beurteilung und Behandlung einer Tat als
Ordnungswidrigkeit setzt also die Existenz und Gültigkeit eines Gesetzes voraus.

1. Formelle und materielle Gesetze

Unter "Gesetz" i. S. des § 1 Abs. 1 OWiG sind Gesetze im formellen und im mate- **2**
riellen Sinn zu verstehen[1]. Rechtsgrundlage der Ahndung der Ordnungswidrigkeit
kann also nicht nur ein **formelles Gesetz**[2], sondern auch eine **Rechtsverordnung**[3]
(z. B. StVO, StVZO) und eine **Satzung**[4] einer kommunalen Gebietskörperschaft
sein. Gesetze im nur materiellen Sinn müssen sich allerdings auf eine gesetzliche
Ermächtigungsgrundlage mit formeller Gesetzesqualität zurückführen lassen (vgl.
Art. 80 Abs. 1 GG).

> **Beispiel Rechtsverordnung:** § 7 Abs. 1 Nr. 1 Buchstabe a der Achten Verordnung
> zur Durchführung des Bundesimmissionsschutzgesetzes[5] (RasenmäherVO)
>
> „Ordnungswidrig im Sinne des § 62 Abs. 1 Nr. 7 des Bundesimmissionsschutzgeset-
> zes handelt, wer vorsätzlich oder fahrlässig Rasenmäher gewerbsmäßig oder im Rah-
> men wirtschaftlicher Unternehmungen in den Verkehr bringt, die entgegen § 2 Abs. 1
> Nr. 1 in Verbindung mit § 3 Abs. 1 den zulässigen Schalleistungspegel überschreiten".

---

[1] *Cramer*, Grundbegriffe, S. 23; KKOWiG-*Rogall*, § 1 Rn 6; *Bohnert*, OWiG, § 3 Rn 4;
    Göhler, § 1 Rn 7; *Lemke*, § 1 Rn 10; zum Begriff "Strafgesetz" im Kriminalstrafrecht
    vgl. *Tiedemann*, Tatbestandsfunktionen im Nebenstrafrecht, S. 254.
[2] *Arzt*, Einführung in die Rechtswissenschaft, S. 28; *Röhl*, Allgemeine Rechtslehre,
    S. 518.
[3] KKOWiG-*Rogall*, § 3 Rn 14.
[4] BVerfG, NStZ 1990, 394; KKOWiG-*Rogall*, § 3 Rn 15.
[5] Vgl. § 43 BImSchG: Rechtsverordnungen der Bundesregierung.

Beispiel Satzung: § 36 Abs. 1 Nr. 1 der Friedhofssatzung der Stadt Luckenwalde vom 5.7.2000 in der Fassung der 1. Änderungssatzung

„(1) Ordnungswidrig handelt, wer vorsätzlich oder fahrlässig, sich als Besucher entgegen § 5 Abs. 1 nicht der Würde des Friedhofs entsprechend verhält oder Anordnungen des Friedhofspersonals nicht befolgt ...“

Die erforderliche gesetzliche Grundlage für die satzungsmäßige Bußgeldbewehrung ist § 5 Abs. 2 Satz 1 der Gemeindeordnung für das Land Brandenburg[6]:

„In einer Satzung können vorsätzliche und fahrlässige Zuwiderhandlungen gegen Gebote und Verbote mit Bußgeld bedroht werden.“

2. Blankettgesetze

3   Eine im Ordnungswidrigkeitenrecht häufig angewandte Regelungstechnik ist die **Verweisung**[7] auf andere Gesetze und die Beschreibung des mit Geldbuße zu ahndenden Verhaltens mittels **Blankettvorschriften**[8]. In diesem Fall droht ein Gesetz (das verweisende Gesetz, Blankettgesetz) Bußgeld gegen ein Verhalten an, dessen Tatbestandsmerkmale nicht in diesem Gesetz, sondern in einem anderen Gesetz (das Gesetz, auf das verwiesen wird, Ausfüllungsgesetz) normiert sind[9]. Das verweisende Gesetz ist also unvollständig und ausfüllungsbedürftig. Die Ausfüllung wird bewirkt durch das Gesetz, auf welches das Blankettgesetz verweist. Ausfüllungsfunktion können außer den innerstaatlichen Gesetzen im materiellen Sinn auch Vorschriften des Europäischen Gemeinschaftsrechts[10] sowie behördliche Verfügungen und Anordnungen – also Verwaltungsakte (z. B. Verkehrszeichen) und Planfeststellungsbeschlüsse – haben[11]. Mit dem Grundgesetz sind Blankettatbestände, die erst durch verwaltungsrechtliche Vorschriften ausgefüllt werden, bei hinreichender Bestimmtheit vereinbar[12].

Beispiele für die Verweisung auf Europäisches Gemeinschaftsrecht und auf Verwaltungsakte:

§ 14 Abs. 1 Nr. 1 AbfVerbrG

„Ordnungswidrig handelt, wer der EG-Abfallverbringungsverordnung in Verbindung mit § 1 Abs. 1 und 2 Abs. 1 Satz 1 und 2 zuwiderhandelt, indem er vorsätzlich oder fahrlässig einer vollziehbaren Anordnung nach Artikel 4 Abs. 2 Buchstabe a Unterabs. 1 Satz 2, Artikel 15 Abs. 2 Unterabs. 1 Satz 2, Artikel 20 Abs. 4 Unterabs. 1 Satz 2, auch in Verbindung mit Artikel 22 Abs. 2, oder Artikel 23 Abs. 2 Satz 3 der EG-

---

6   *Nierhaus*, Kommunalrecht für Brandenburg, Rn 528.
7   Dazu *Vogel*, Juristische Methodik, S. 70.
8   *Tiedemann*, Wirtschaftsstrafrecht, Rn 2.
9   *Vogel*, Juristische Methodik, S. 46; KKOWiG-*Rogall*, vor § 1 Rn 15; *Bohnert*, OWiG, § 1 Rn 30; *ders.*, Grundriß, S. 2; *Göhler*, vor § 1 Rn 17.
10   *Satzger*, Die Europäisierung des Strafrechts, S. 230 ff.;   *Thomas*, NJW 1991, 2233 (2235); *Tiedemann*, NJW 1990, 2226 (2227); *Göhler*, vor § 1 Rn 17.
11   *Göhler*, vor § 1 Rn 17 b.
12   BVerfGE 87, 399 (407).

Abfallverbringungsverordnung zuwiderhandelt".

§ 58 Abs. 2 Nr. 1 a LMBG

"Ordnungswidrig handelt auch, wer

1. vorsätzlich oder fahrlässig einer unmittelbar geltenden Vorschrift in Rechtsakten der Europäischen Gemeinschaft zuwiderhandelt, die inhaltlich

a) einer Regelung, zu der die in § 53 Abs. 2 Nr. 1 Buchstaben a, c oder d genannten Vorschriften ermächtigen ...

b) entspricht, soweit eine Rechtsverordnung nach § 60 auf diese Bußgeldvorschrift verweist, ..."

Die Verweisung ist entweder statisch oder dynamisch[13]. Im letzteren Fall nimmt die Blankettvorschrift alle inhaltlichen Änderungen, die die Ausfüllungsvorschrift im Laufe der Zeit erfährt, in ihren Tatbestand auf.

Verweist die Blankettvorschrift auf ein Gesetz, muß dieses eine **Rückverwei-** 4 **sungsklausel** auf die Blankettnorm enthalten[14]. Das ist notwendig, weil die ausfüllende Vorschrift keine Bußgeldandrohung enthält. Diese ist Bestandteil der Blankettvorschrift. Außerdem wird auf diese Weise verhindert, daß die Blankettnorm durch Ausfüllungsvorschriften ergänzt wird, deren Normgeber sich der bußgeldrechtlichen Relevanz seines Normsetzungsaktes nicht bewußt war. Daher besagt die Rückverweisungsklausel, daß das unter den Tatbestand der Ausfüllungsvorschrift subsumierbare Verhalten nach der in der Blankettvorschrift enthaltenen Bußgeldandrohung zu ahnden ist. Beispielsweise ist § 49 Abs. 1 StVO[15] eine Ausfüllungsvorschrift, die auf die Bußgeldandrohung in § 24 Abs. 2 StVG zurückverweist. § 24 Abs. 1 S. 1 StVG[16] ist das Blankett, welches u. a. durch § 49 StVO und die dort in Bezug genommenen Verkehrsregeln der StVO vervollständigt wird.

Beispiel § 79 Abs. 3 BbgBO:

„Ordnungswidrig handelt, wer vorsätzlich oder fahrlässig

1. einer nach § 80 erlassenen Rechtsverordnung zuwiderhandelt, sofern die Rechtsverordnung für einen bestimmten Tatbestand auf diese Bußgeldvorschrift verweist,

2. einer nach § 81 erlassenen Satzung zuwiderhandelt, sofern die Satzung für einen bestimmten Tatbestand auf diese Bußgeldvorschrift verweist,

3. einer vollziehbaren schriftlichen Anordnung zuwiderhandelt, die aufgrund dieses Gesetzes oder aufgrund einer nach diesem Gesetz zulässigen Rechtsverordnung oder

---

[13] *Göhler*, vor § 1 Rn 17 a.

[14] *Göhler*, vor § 1 Rn 18; KKOWiG-*Rogall*, vor § 1 Rn 17; *Rebmann/Roth/Herrmann*, vor § 1 Rn 21.

[15] § 49 StVO: „Ordnungswidrig im Sinne des § 24 des Straßenverkehrsgesetzes handelt,...".

[16] § 24 Abs. 1 S. 1 Hs. 1 StVG: „... soweit die Rechtsverordnung für einen bestimmten Tatbestand auf diese Bußgeldvorschrift verweist ...".

Satzung erlassen worden ist, sofern die Anordnung auf diese Bußgeldvorschrift verweist."

Beispiel § 27 Abs. 2 Nr. 2 GeschlKrG:

„Ordnungswidrig handelt auch, wer vorsätzlich oder fahrlässig ... einer nach § 25[17] erlassenen Rechtsvorschrift, soweit sie ausdrücklich auf diese Bußgeldvorschrift verweist, zuwiderhandelt."

§ 8 Erste DVO z. GeschlKrG:

„Verstöße gegen § 1 Abs. 1 und Abs. 4[18] ... dieser Verordnung werden nach § 27 des Gesetzes geahndet."

3. Allgemeiner und Besonderer Teil

5   Der **Tatbestand** der Ordnungswidrigkeit wird durch Regeln des Besonderen Teils und des Allgemeinen Teil des Ordnungswidrigkeitenrechts geformt. Aus § 2 OWiG geht hervor, daß die den Allgemeinen Teil bildenden Vorschriften des OWiG auch auf Ordnungswidrigkeiten anwendbar sind, die in einer landesrechtlichen Bußgeldvorschrift beschrieben sind, deren dem Besonderen Teil angehörende tatbestandliche Umschreibung also Sache des Landesgesetzgebers ist. Die Normen des Besonderen Teils des Ordnungswidrigkeitenrechts finden sich somit sowohl im Bundesrecht als auch im Landesrecht (s. o. § 1 Rn 8). Die den Tatbestand des Besonderen Teils ergänzenden allgemeinen Regeln ergeben sich dagegen immer aus dem Ersten Teil des OWiG, d. h. auch dann, wenn die Vorschrift des Besonderen Teils dem Landesrecht angehört[19]. Es verhält sich im Ordnungswidrigkeitenrecht also nicht anders als im Strafrecht, vgl. Art. 1 Abs. 2 EGStGB.

II. Die Prinzipien des Art. 103 Abs. 2 GG, § 3 OWiG

1. Allgemeines

6   Die **rechtsstaatlichen** Anforderungen an die Normen, die die Ahndungsvoraussetzungen statuieren, sind im Ordnungswidrigkeitenrecht nicht weniger streng als im Strafrecht. § 3 OWiG stimmt wörtlich überein mit § 1 StGB und Art. 103 Abs. 2 GG. Da das Ordnungswidrigkeitenrecht zum Strafrecht im weiteren Sinne gehört, wäre der Regelungsgehalt des Art. 103 Abs. 2 GG hier auch zu beachten, wenn es § 3 OWiG nicht gäbe[20]. Art. 103 Abs. 2 GG - der nur durch den Verfassungsgeber (Art. 79 GG), nicht durch den "einfachen" Gesetzgeber geändert oder

---

[17]   § 25 GeschlKrG: „Der Bundesminister für Gesundheit erlässt nach Anhörung der ärztlichen Berufsvertretungen und mit Zustimmung des Bundesrates durch Rechtsverordnung Vorschriften über: 1. die auf Grund dieses Gesetzes erforderlichen ärztlichen Zeugnisse und die Aufzeichnungen des behandelnden Arztes (§ 10); ...".

[18]   § 1 der Durchführungsverordnung regelt „Ärztliche Zeugnisse".

[19]   *Rebmann/Roth/Herrmann*, § 2 Rn 1.

[20]   BVerfGE 81, 132 (135); 87, 399 (411); *Göhler*, § 3 Rn 1; KKOWiG-*Rogall*, § 3 Rn 2; *Lemke*, § 3 Rn 1.

aufgehoben werden kann - spricht auch den Gesetzgeber an, während sich § 3 OWiG vor allem an den Anwender des Ordnungswidrigkeitenrechts (Verwaltungsbehörde, Staatsanwaltschaft, Richter) richtet.

§ 3 OWiG enthält **vier Grundsätze:**   7

1. Verbot gewohnheitsrechtlicher Ahndung (lex scripta),
2. Bestimmtheitsgebot (lex certa),
3. Rückwirkungsverbot (lex praevia),
4. Analogieverbot (lex stricta).

Von diesen Regeln darf nicht zuungunsten des Betroffenen abgewichen werden. Soweit sich dagegen gewohnheitsrechtliche, analoge oder rückwirkende Rechtsanwendung für den Betroffenen vorteilhaft auswirkt, verstößt sie nicht gegen § 3 OWiG[21].

2. Die einzelnen Prinzipien

Das Verbot **gewohnheitsrechtlicher**[22] Ahndung verhindert eine Bußgeldpraxis   8 unter Umgehung des Gesetzgebers (Parlamentsvorbehalt)[23]. Zugleich wird damit die demokratische Legitimation des Ordnungswidrigkeitenrechts auf der Grundlage der repräsentativen Demokratie des Bonner Grundgesetzes gesichert. Weiterhin wirkt die strenge Bindung an das gesetzte Recht richterlicher Willkür und Rechtsunsicherheit entgegen. Dem Normadressaten gibt das Verbot des Gewohnheitsrechts ein Minimum an Orientierungssicherheit. Für ihn ist es schon schwer genug, sich im undurchschaubaren Dickicht der bußgeldbewehrten Gesetze, Verordnungen und Satzungen zurechtzufinden. Müßte er bei seinen Verrichtungen außerdem auf wirkliches oder vermeintliches Gewohnheitsrecht Rücksicht nehmen, wäre sein Handlungsspielraum geradezu unerträglich eingeengt.

Das **Bestimmtheitsgebot** richtet sich an den Gesetzgeber[24] und fordert ihn auf,   9 die Voraussetzungen der Ahndbarkeit präzise und genau zu umschreiben[25]. Auch dies dient vor allem dem Schutz des Normadressaten vor unberechenbarer und nur durch übervorsichtiges Verhalten vermeidbarer Sanktionierung. Bei Blankettgesetzen liegt der Schwerpunkt der dem Bestimmtheitsgrundsatz unterworfenen Regelung im ausfüllenden Teil. Normen von generalklauselartiger Unschärfe, bestehend aus Begriffen, die einen weiten Auslegungsspielraum eröffnen, subjektive Wertungen oder gar gefühlsgeleitete Dezisionen des Rechtsanwenders in großem Umfang herausfordern, Normen also, deren konkrete Anwendung unberechenbar ist, laufen dem Bestimmtheitsgebot zuwider. Nicht unbedenklich ist deshalb § 1 Abs. 2 StVO, der in § 49 Abs. 1 Nr. 1 i. V. mit § 24 StVG bußgeldbewehrt ist.

---

[21] KKOWiG-*Rogall*, § 3 Rn 9; *Rebmann/Roth/Herrmann*, § 3 Rn 9, 16.
[22] Allgemein zum Begriff „Gewohnheitsrecht" vgl. *Arzt*, Einführung, S. 33; *Röhl*, Allgemeine Rechtslehre, S. 525 ff.
[23] KKOWiG-*Rogall*, § 3 Rn 18.
[24] KKOWiG-*Rogall*, § 3 Rn 26.
[25] BVerfG, NStZ 1990,394; KKOWiG-*Rogall*, § 3 Rn 27.

Die ordnungswidrigkeitenrechtliche Ahndbarkeit der Verhaltensweisen muß mit Hilfe des Gesetzestextes klar und zweifelsfrei erkennbar sein. Natürlich bereitet die praktische Verwirklichung dieses Postulats Schwierigkeiten[26]. Gleichwohl sollte sich der Gesetzgeber durch die Tatsache, daß es "nur" um Bußgeldtatbestände geht, nicht zu einem nachlässigeren Umgang mit dem Bestimmtheitsgrundsatz verleiten lassen als im Strafrecht[27]. Die aufgrund des umfassend geltenden Opportunitätsprinzips ohnehin schon erhebliche Befreiung des Rechtsanwenders von gesetzlicher Bindung darf nicht noch dadurch verstärkt werden, daß die anzuwendenden Gesetze unangemessen weite Interpretationsspielräume eröffnen.

10   Das **Analogieverbot** verpflichtet den Rechtsanwender, einen Sachverhalt der Regelungswirkung einer Norm nur dann zu unterwerfen, wenn der Sachverhalt den Tatbestand dieser Norm erfüllt. Der Text, mit dem der Sachverhalt sprachlich erfaßt wird, muß sich also mit dem Text des anzuwendenden Gesetzes zur Deckung bringen lassen. Soweit dies mit den anerkannten Auslegungsmethoden[28] erreichbar ist, liegt ein Verstoß gegen das Analogieverbot nicht vor. Analogie beginnt dort, wo der Wortlaut des anzuwendenden Gesetzes den Sachverhalt nicht mehr zutreffend beschreibt[29]. Die faktische Wirksamkeit des Analogieverbots ist deshalb von der Beachtung des Bestimmtheitsgebots durch den Gesetzgeber abhängig[30]. Denn je unbestimmter die Gesetze formuliert sind, desto weiter läßt sich der Sachverhalt ausdehnen, ohne daß der vom Wortlaut gedeckte Bereich verlassen wird.

11   Das **Rückwirkungsverbot** untersagt es dem Gesetzgeber, abgeschlossene Sachverhalte nachträglich einer zur Tatzeit noch nicht existierenden Bußgeldandrohung zu unterwerfen. Gerade im Ordnungswidrigkeitenrecht mit seiner Vielzahl dem Laien meist unbekannter Vorschriften ist es wichtig, daß der Normadressat sich vor der Realisierung bußgeldverdächtiger Projekte durch Einholung sachkundiger Auskunft über die geltende Rechtslage informieren und so die Gefahr bußgeldbedrohter Normübertretungen vermeiden kann[31]. Diese Orientierung wäre natürlich illusorisch, wenn Bußgeldvorschriften mit rückwirkender Geltung in Kraft gesetzt werden dürften. Den Rechtsanwender verpflichtet das Rückwirkungsverbot, bei der Behandlung zurückliegender Fälle vom seinerzeit geltenden Recht auszugehen, dabei allerdings die Modifikation des § 4 OWiG zu beachten. Dies ist angesichts einer unermüdlich neue Vorschriften produzierenden Normierungsmaschinerie sicher keine einfache Aufgabe. Im Notfall hilft das Opportunitätsprinzip[32], dessen Zweck nicht zuletzt die Erleichterung der Arbeit mit dem Ordnungswidrigkeitenrecht ist.

---

[26] *Weber*, ZStW 92 (1980), 313 (342).
[27] *Weber*, ZStW 92 (1980), 313 (345); *Gropp*, Sonderbeteiligung, S. 131; KKOWiG-*Rogall*, § 3 Rn 34; *Bohnert*, OWiG, § 3 Rn 6.
[28] *Wank*, Die Auslegung von Gesetzen, S. 47 : Wortlaut (S. 47 ff.), Systematik (S. 63 ff.), Entstehungsgeschichte (S. 73 ff.), Sinn und Zweck (S. 79 ff.).
[29] KKOWiG-*Rogall*, § 3 Rn 53.
[30] *Hettinger*, JuS 1986, L 17 (19).
[31] KKOWiG-*Rogall*, § 3 Rn 42.
[32] *Göhler*, § 47 Rn 4 a.

III. Geltungsbereich des Gesetzes

1. Sachlicher Geltungsbereich

Die allgemeine Frage des sachlichen Geltungsbereichs stellt sich für die Vor- **12** schriften des **Allgemeinen Teils** des materiellen Ordnungswidrigkeitenrechts sowie des **Verfahrensrechts**. Vorschriften des **Besonderen Teils** des Ordnungswidrigkeitenrechts (s. o. § 2 Rn 4) beschreiben ihren sachlichen Geltungsbereich selbst, indem sie mit einer dem Bestimmtheitsgebot (s. o. Rn 9) entsprechenden Präzision die Merkmale des Verhaltens bezeichnen, welches Gegenstand der Norm ist. Der sachliche Geltungsbereich der dem Allgemeinen Teil des materiellen Ordnungswidrigkeitenrechts angehörenden Vorschriften ergibt sich aus der Verbindung mit dem Besonderen Teil: Danach beziehen sich die Allgemeinen Regeln des materiellen Ordnungswidrigkeitenrechts nur auf Verhaltensweisen, die in Gesetzen beschrieben sind, die eine Geldbußandrohung enthalten, § 1 Abs. 1, 2 OWiG. Gemäß § 2 OWiG gilt das auch für Taten, deren tatbestandliche Umschreibung in einer Bußgeldvorschrift des Landesrechts zu finden ist.

Beispielsweise regelt § 14 OWiG nicht nur , welche Personen außer dem unmittelbaren Täter durch "Anstiftung" zu der Tat aus § 117 OWiG ahndbar sein können, sondern z. B. auch, ob nach § 36 Abs. 1 Nr. 2 Buchstabe l der oben (Rn 2) zitierten Friedhofsatzung einer brandenburgischen Gemeinde eine Geldbuße auferlegt bekommen kann, wer einem Friedhofsbesucher einen Kasten Bier mitgegeben hat, damit dieser – zusammen mit anderen – auf dem Friedhof lärmen, essen und trinken kann.

Dagegen regelt § 14 OWiG nicht, wer sich aus § 223 StGB außer durch täterschaftliche Tatbestandsverwirklichung (§ 25 StGB) auch durch eine als „Anstiftung" qualifizierbare Mitwirkung an der Tat strafbar machen kann[33]. Dies ist Sache des § 26 StGB. Auch der sachliche Geltungsbereich der Verfahrensvorschriften des OWiG wird durch den Bezug zum Begriff der Ordnungswidrigkeit (§ 1 Abs. 1 OWiG) oder der mit Geldbuße bedrohten Handlung (§ 1 Abs. 2 OWiG) umgrenzt. Ist eine Tat mit dieser rechtlichen Eigenschaft Gegenstand des Erkenntnis- oder Vollstreckungsverfahrens, so kommen die besonderen Verfahrensvorschriften des OWiG[34] zur Anwendung. Geht es dagegen in dem Verfahren um eine Tat, die Straftat wäre, wenn sich der dem Verfahren zugrunde liegende Verdacht (vgl. § 152 Abs. 2 StPO) bewahrheitete, sind die allgemeinen Verfahrensvorschriften – hauptsächlich Vorschriften der Strafprozeßordnung – unmittelbar (d. h. nicht auf Grund Verweisung, § 46 Abs. 1 OWiG) – anwendbar, § 3 Abs. 1

---

[33] Praktische Auswirkungen hätte die Anwendbarkeit des § 14 OWiG auf solche Fälle unter der Prämisse, daß nach § 14 OWiG auch die fahrlässige Teilnahme an einer Tat ahndbar ist, dazu unten § 13 Rn 53. Nach § 26 StGB ist die fahrlässige Anstiftung zweifellos nicht (jedenfalls nicht als „Anstiftung", vgl. z. B. *Alwart*, JuS 19179, 351, [356]: Strafbarkeit als fahrlässiges Täterdelikt § 222 StGB) strafbar, *Baumann/ Weber/Mitsch*, § 30 Rn 36.

[34] Damit sind Vorschriften gemeint, die im Sinn des § 46 Abs. 1 OWiG „dieses Gesetz" – d. h. Bestandteil des OWiG – sind und in denen etwas „anderes bestimmt" wird.

EGStPO. Dagegen sind die speziellen Verfahrensvorschriften des OWiG (s. o. Fn 34) nicht anwendbar.

2. Persönlicher Geltungsbereich

13 Der persönliche Geltungsbereich des Ordnungswidrigkeitenrechts wird zum einen durch die Einzelregeln des Besonderen Teils, zum anderen durch § 14 OWiG festgelegt. Auf Beteiligte einer Ordnungswidrigkeit bzw. einer mit Geldbuße bedrohten Handlung findet sowohl das materielle als auch das prozessuale Ordnungswidrigkeitenrecht Anwendung. Die Bestimmung des dem Ordnungswidrigkeitenrecht unterfallenden Personenkreises ist also vor allem ein Thema der Tatbestandslehre. Eine allgemeine Beschränkung des Geltungsbereiches nach den Kriterien Alter, Geschlecht und Staatsangehörigkeit gibt es im Ordnungswidrigkeitenrecht ebenso wenig wie im Strafrecht. Zwei rechtserhebliche Altersgrenzen sind im Schuldbereich zu beachten, vgl. § 12 Abs. 1 OWiG. Dagegen ist eine generelle[35] Sonderbehandlung von Jugendlichen und Heranwachsenden dem Ordnungswidrigkeitenrecht fremd. Das materielle Strafrecht des JGG - also das Sanktionenrecht (§§ 5 bis 32 JGG) - findet im Bußgeldbereich keine Anwendung und hat hier auch kein Pendant. Allerdings gehören zu den „allgemeinen Gesetzen" im Sinn des § 46 Abs. 1 OWiG auch die besonderen – d. h. gem. § 2 JGG die allgemeinen Vorschriften (insbesondere der StPO) verdrängenden - Verfahrensvorschriften des JGG[36]. In einem Bußgeldverfahren gegen einen Jugendlichen[37] ist daher z. B. die Hauptverhandlung (§ 71 OWiG) entgegen § 169 S. 1 GVG nicht öffentlich, § 48 Abs. 1 JGG[38].

3. Zeitlicher Geltungsbereich

14 Grundregel der zeitlichen Geltung ist das **Rückwirkungsverbot** des Art. 103 Abs. 2 GG, § 3 OWiG. In § 4 Abs. 1 OWiG wird zusätzlich die Geltung dieser Regel für die Rechtsfolgen betont. Wie im Strafrecht (§ 8 StGB) ist **Tatzeit** die Zeit der Handlung bzw. pflichtwidrigen Unterlassung, nicht die Zeit des Erfolgseintritts, § 6 OWiG. Bei Taten, deren Begehung sich über einen längeren Zeitraum erstreckt (Dauer-Ordnungswidrigkeiten, z. B. Parkverbots-Verstöße), ist der Zeitpunkt der Beendigung Anknüpfungspunkt für die Bestimmung des maßgeblichen Rechts, § 4 Abs. 2 OWiG. Demnach erfaßt eine vor Tatbeendigung in Kraft getretene Verschärfung des Gesetzes die gesamte Ordnungswidrigkeit, selbst wenn im Zeitpunkt des Tatbeginns noch das mildere Recht galt. Erst mit der Beendigung der Ordnungswidrigkeit greift der Schutz vor belastender rückwirkender Gesetzesanwendung ein. Dagegen wird eine spätere Milderung des Gesetzes zugunsten

---

[35] Punktuelle Sonderbehandlung ist in §§ 68 Abs. 2, 78 Abs. 3, 4, 91, 98, 104 Abs. 1 Nr. 3, 105 Abs. 1 OWiG normiert.
[36] KKOWiG-*Lampe*, § 46 Rn 3; *Meier/Rössner/Schöch*, Jugendstrafrecht, § 5 Rn 6; *Streng*, Jugendstrafrecht, § 3 Rn 2; *Eisenberg*, JGG, § 2 Rn 7.
[37] Anders bei Hauptverhandlung gegen einen Heranwachsenden, vgl. § 109 Abs. 1 JGG.
[38] KKOWiG-*Senge*, § 71 Rn 58.

des Täters auch dann berücksichtigt, wenn sie erst nach Beendigung der Tat, aber noch vor der letzten Entscheidung in dem Verfahren rechtsgültig geworden ist, § 4 Abs. 3 OWiG. Dieses Günstigkeitsprinzip gilt nicht bei Zeitgesetzen, die den Gegenstand ihrer Regelung selbst zeitlich begrenzen, § 4 Abs. 4 S. 1 OWiG. Sie unterliegen dem Tatzeitprinzip. Wird über eine Tat, die während des Geltungszeitraums dieses Gesetzes begangen wurde, erst nach dessen Außerkrafttreten entschieden, ist die Tat also nicht gem. § 4 Abs. 3 OWiG als tatbestandslos zu beurteilen.

4. Räumlicher Geltungsbereich

Die allgemeine Fragestellung nach dem räumlichen Geltungsbereich hat nur für **materiell-rechtliche** Normen Bedeutung. Denn daß die Vorschriften des Bußgeldverfahrensrechts nur in Verfahren vor deutschen Verwaltungsbehörden und deutschen Gerichten Anwendung finden, ergibt sich schon aus der gesetzlichen Zuständigkeitsregelung. Ausländische oder supranationale Behörden und Gerichte wenden kein innerdeutsches Verfahrensrecht an.   **15**

Bei der Verhängung von Geldbußen gegen Unternehmen[39] durch die Europäische Kommission (Art. 83 Abs. 2 Buchst. a EGV, Art. 15 VO 17/62)[40] oder durch die Europäische Zentralbank (Art. 110 Abs. 3 EGV) wenden die Europäischen Organe nicht deutsches Ordnungswidrigkeitenrecht an[41].

Der räumliche Geltungsbereich des materiellen Ordnungswidrigkeitenrechts hat einen **internationalen** und einen **interlokalen** Aspekt: Zum einen ist zu fragen, ob Vorschriften des nationalen - deutschen - Ordnungswidrigkeitenrechts auch auf Vorgänge anwendbar sind, die sich auf ausländischem Territorium ereignen. Zum anderen ist zu klären, ob es Vorschriften gibt, deren Geltung auf Teile des Bundesgebietes beschränkt ist, die also in bestimmten anderen Teilen des Bundesgebiets keine Geltung haben.   **16**

Wie im Strafrecht (§ 3 StGB) gilt auch im Ordnungswidrigkeitenrecht das **Territorialitätsprinzip**. Der "räumliche Geltungsbereich dieses Gesetzes", von dem § 5 OWiG spricht, ist das "Inland" i.S.d. § 3 StGB, also - seit der Wiedervereinigung Deutschlands - das Bundesgebiet[42]. Anknüpfungspunkt ist der Tatort, dessen Inlandsbezug für Täter und Beteiligte gem. § 7 OWiG durch die verbotene (Begehungsdelikt) oder gebotene (Unterlassungsdelikt) Handlung und durch den Erfolg hergestellt werden kann (Ubiquitätsprinzip[43]). Taten mit ausschließlich ausländischen Tatortelementen unterfallen grundsätzlich nicht dem deutschen Ordnungswidrigkeitenrecht[44]. Die §§ 5 bis 7 StGB haben im OWiG keine Parallele. Durch spezialgesetzliche Regelung („Wenn das Gesetz nichts anders bestimmt ...") kann   **17**

---

[39] Aufsehen erregte vor allem die im März 2004 gegen das Software-Unternehmen „Microsoft" verhängte Geldbuße in Höhe von 497, 2 Mio. Euro.

[40] *Satzger*, Die Europäisierung des Strafrechts, S. 101; *Tiedemann*, Wirtschaftsstrafrecht, Rn 251; *Geiger*, EUV/EGV, Art, 82 Rn 15; Art. 83 Rn 7.

[41] *Bohnert*, OWiG, § 5 Rn 17.

[42] KKOWiG-*Rogall*, § 5 Rn 7.

[43] *Lemke*, § 7 Rn 2.

[44] KKOWiG-*Bohnert*, Einleitung Rn 181.

der räumliche Geltungsbereich aber auf ausländisches Territorium ausgedehnt werden[45].

18 Räumlich beschränkte Geltung innerhalb des Bundesgebietes haben Ordnungswidrigkeitentatbestände, die der **Landesgesetzgeber** geschaffen hat. Die Regelungskompetenz des Landesrechts endet an den Landesgrenzen. Daher dürfen Bußgeldtatbestände des Landesrechts sich nur auf Taten beziehen, die auf dem Gebiet des Bundeslandes begangen worden sind[46].

Kontrollfragen

1. Was bedeutet „Gesetz" in § 1 Abs. 1 OWiG? (Rn 2)
2. Was ist ein „Blankettgesetz"? (Rn 3)
3. Welche vier Prinzipien enthält § 3 OWiG? (Rn 7)
4. Ist das OWiG auf Taten anwendbar, die im Ausland begangen wurden? (Rn 17)

---

[45] Vgl. die Beispiele bei KKOWiG-*Rogall*, § 5 Rn 31 ff.; *Bohnert*, OWiG, § 5 Rn 12, 13.
[46] KKOWiG-*Rogall*, § 5 Rn 40; *Lemke*, § 5 Rn 7.

§ 6 Der Aufbau der Ordnungswidrigkeit

I. Allgemeines

Als "Ordnungswidrigkeit" bezeichnet das Gesetz das Fehlverhalten, das mit Geld- **1** buße geahndet werden kann, § 1 Abs. 1 OWiG. Der Begriff "Ordnungswidrigkeit" hat damit im Ordnungswidrigkeitenrecht dieselbe Funktion wie der Begriff "Straftat" im Strafrecht. Beides sind **Grundbegriffe** ihres jeweiligen Rechtsgebiets. So wie "Straftat" eine Abbreviatur der Feststellung ist, daß ein menschliches Verhalten alle Voraussetzungen der Rechtsfolge "Strafe" erfüllt[1], so bringt die Bezeichnung eines Verhaltens als "Ordnungswidrigkeit" zum Ausdruck, daß dieses Verhalten alle Ahndungsvoraussetzungen der ordnungswidrigkeitenrechtlichen Sanktion "Geldbuße" erfüllt.

Da die Gesamtbetrachtung der Ordnungswidrigkeit eine weder der wissen- **2** schaftlichen Behandlung noch der Rechtsanwendung angemessene Methode ist, zerlegt man die Ordnungswidrigkeit nach einem bestimmten dogmatischen Schema in mehrere Teile und ordnet diese Einzelteile ebenfalls nach dem dogmatischen Schema. Das Ergebnis ist ein System, dessen Ähnlichkeit mit dem System der Straftatmerkmale nicht überraschen kann. Die Angleichung des Allgemeinen Teils im OWiG 1968[2] an den Allgemeinen Teil des StGB und die herrschende Auffassung von der qualitativen Gleichheit beider Deliktsarten (s. o. § 3 Rn 10) legen es nahe, auch die dogmatische Struktur der beiden Grundbegriffe "Ordnungswidrigkeit" und "Straftat" zu vereinheitlichen. Daher ist der **Aufbau der Ordnungswidrigkeit** der gleiche wie der **Aufbau der Straftat**[3]:

---

[1] *Mitsch*, wistra 2004, 161 (162).

[2] Dagegen enthielt das OWiG 1952 noch keine auf Deliktsmerkmale (§ 1 Abs. 1 OWiG 1968: „rechtswidrige und vorwerfbare Handlung") gestützte Definition der Ordnungswidrigkeit (§ 1 Abs. 1 OWiG 1952 : „Ist eine Handlung ausschließlich mit Geldbuße bedroht, so ist sie eine Ordnungswidrigkeit") wohl aber Vorschriften über Vorsatz und Fahrlässigkeit (§ 11 Abs. 1), Rechtfertigungs- und Entschuldigungsgründe (§ 11 Abs. 2 mit Verweisung auf §§ 51 – 54, 58, 59 StGB a.F.) und Irrtum (§ 12).

[3] *Jescheck/Weigend*, § 7 V 5; *Thieß*, Ordnungswidrigkeitenrecht, Rn 122; KKOWiG-*Rogall*, vor § 1 Rn 10; § 1 Rn 5 ff.; KKOWiG-*Bohnert*, Einleitung Rn 161 ff.; *Bohnert*, OWiG, § 1 Rn 11 ff.; *Lemke*, Einleitung, Rn 22 ff. Zum Aufbau der Straftat *Baumann/Weber/Mitsch*, § 12.

Tatbestand

Rechtswidrigkeit

Vorwerfbarkeit

Sonstige Ahndbarkeitsvoraussetzungen

---

3 Bei der Anwendung des materiellen Ordnungswidrigkeitenrechts auf eine Tat sind die Merkmale der Ordnungswidrigkeit in der dargestellten Reihenfolge zu prüfen (**Prüfungsreihenfolge**). Fehlt eine dieser Ahndungsvoraussetzungen, kann eine Geldbuße nicht verhängt werden. Stellt sich also z. B. heraus, daß ein Tatbestandsmerkmal nicht erfüllt ist, ist die Prüfung mit dieser Feststellung bereits beendet. Denn es steht schon an dieser Stelle des Aufbaus fest, daß eine Ordnungswidrigkeit nicht vorliegt und daher eine Geldbuße nicht verhängt werden darf.

4 So wie im Strafrecht eine tatbestandsmäßige und rechtswidrige, aber (z. B. wegen § 20 StGB) nicht schuldhafte Tat eine gewisse rechtliche Bedeutung hat (z. B. bei den Maßregeln der §§ 63, 64, 69 und 70 StGB), kann auch im Ordnungswidrigkeitenrecht eine tatbestandsmäßige und rechtswidrige, aber **nicht vorwerfbare** Tat rechtliche Bedeutung haben. Das Gesetz bezeichnet eine solche Tat als "mit Geldbuße bedrohte Handlung", § 1 Abs. 2 OWiG. Das OWiG benutzt diesen Begriff, wenn es Rechtsfolgen an eine "vollständige" Ordnungswidrigkeit - also tatbestandsmäßige, rechtswidrige und vorwerfbare - und an eine nicht vorwerfbare tatbestandsmäßige und rechtswidrige Handlung gleichermaßen knüpft, wenn also die Vorwerfbarkeit keine notwendige Voraussetzung der Rechtsfolge ist[4]. Dies ist der Fall in §§ 14 Abs. 3, 22 Abs. 3, 29a, 116 Abs. 1, 122 Abs. 1 und 130 Abs. 1 OWiG sowie in § 8 Abs. 1 S. 2 WiStG 1954 (dort allerdings mit etwas anderer Terminologie[5]). Alle diese Vorschriften sind sowohl auf eine vorwerfbare als auch auf eine nicht vorwerfbare mit Geldbuße bedrohte Handlung anwendbar.

II. Die einzelnen Aufbaustufen

5 Nicht zum Thema "Aufbau der Ordnungswidrigkeit" gehören alle Regelungsgegenstände, die die Ahndbarkeit der Tat nicht begründen, sondern sie voraussetzen: Das gilt sowohl für die Konkurrenzen (§§ 19 - 21 OWiG) als auch für die Verjährung (§§ 31 - 34 OWiG).

---

[4]   KKOWiG-*Rogall*, § 1 Rn 17.
[5]   „... der Täter jedoch nicht schuldhaft gehandelt hat ...".

1. Tatbestand

Auf der Ebene des Tatbestandes werden - jedenfalls bei Vorsatzdelikten[6] – **objek- 6
tive** und **subjektive** Merkmale unterschieden. Im objektiven Tatbestand sind die
den Unrechtstyp konstituierenden und individualisierenden Bestandteile der Ordnungswidrigkeit zusammengestellt[7]: der Täter, sein Verhalten, die Auswirkungen
seines Verhaltens (Rechtsgut, Beeinträchtigungserfolg). Da die besonderen Erscheinungsformen dieser Merkmale die Individualität der Ordnungswidrigkeit
prägen, sind sie in Vorschriften des Besonderen Teils des Ordnungswidrigkeitenrechts geregelt. Sie werden ergänzt durch die allgemeinen Tatbestandsmerkmale wie Kausalität, Vorsatz, Garantenstellung usw. Diese sind wie im Strafrecht
entweder überhaupt nicht positiv gesetzlich geregelt (z. B. Kausalität, Vorsatzbegriff) oder Gegenstand von Regelungen im zweiten Abschnitt des Ersten Teils des
OWiG (§§ 8 ff OWiG). Zum objektiven Tatbestand gehören auch die Regeln über
Versuch, Begehung durch Unterlassen und Beteiligung. Der subjektive Tatbestand
setzt sich aus Vorsatz- oder Fahrlässigkeitsmerkmalen zusammen[8]. Hier sind also
Irrtumsfragen zu erörtern. Einige Ordnungswidrigkeiten haben ein zum Vorsatz
hinzutretendes besonderes subjektives Tatbestandsmerkmal.

2. Rechtswidrigkeit

Auf der Stufe der Rechtswidrigkeit wird die tatbestandsmäßige Handlung dem Ur- 7
teil der Gesamtrechtsordnung unterstellt. Auf die Bewertung als "rechtswidrig"
oder "rechtmäßig" können also auch Normen Einfluß nehmen, die nicht dem Ordnungswidrigkeitenrecht angehören. Da sich der Gesetzgeber bei der Gestaltung
der Tatbestände der Ordnungswidrigkeiten von materiellen Unrechtsgesichtspunk-
ten leiten läßt, wird die Rechtswidrigkeit durch die Erfüllung des Tatbestandes
"indiziert"[9]. Der Tatbestand trägt somit alle positiven Voraussetzungen der
Rechtswidrigkeit in sich. Eine zusätzliche positive Begründung der Rechtswidrigkeit ist deshalb nicht erforderlich. Ausgeschlossen ist die Rechtswidrigkeit der tatbestandsmäßigen Handlung, wenn die Voraussetzungen eines Rechtfertigungsgrundes erfüllt sind. Ohne Rechtswidrigkeit löst die tatbestandsmäßige Handlung
keine ordnungswidrigkeitenrechtlichen Rechtsfolgen aus. Es liegt dann nicht einmal eine "mit Geldbuße bedrohte Handlung" i.S. des § 1 Abs. 2 OWiG vor.

3. Vorwerfbarkeit

Mit "Vorwerfbarkeit" meint das Ordnungswidrigkeitenrecht die **individuelle per- 8
sönliche Verantwortlichkeit** des Täters für sein mit Geldbuße bedrohtes rechts-

---

[6] Zum Fahrlässigkeitsdelikt vgl. *Mitsch*, JuS 2001, 105 (107).

[7] *Thieß*, Ordnungswidrigkeitenrecht, Rn 131; KKOWiG-*Rengier*, vor § 8 Rn 2.

[8] Von einigen Autoren werden Vorsatz und Fahrlässigkeit im Ordnungswidrigkeitenrecht
noch als Bestandteile und Formen der Schuld angesehen, z. B. *Thieß*, Ordnungswidrigkeitenrecht, Rn 176; *Rebmann/Roth/Herrmann*, vor § 1 Rn 45; § 10 Rn 3.

[9] *Bohnert*, OWiG, § 1 Rn 18; KKOWiG-*Rogall*, vor § 1 Rn 7.

widriges Verhalten. Diese Ahndbarkeitsvoraussetzung entspricht der "Schuld" des Strafrechts im engeren Sinn[10]. Das Ordnungswidrigkeitenrecht folgt also wie das Kriminalstrafrecht dem **Schuldprinzip**[11]. Die qualitative Ununterscheidbarkeit von Ordnungswidrigkeiten und Straftaten (oben § 3 Rn 10) kommt hier besonders deutlich zum Ausdruck. Auf diese Weise ist gewährleistet, daß im Zuge von Entkriminalisierungsprozessen aus dem Strafrecht ausgesonderte, weil nicht mehr für strafwürdig befundene Zuwiderhandlungen bedenkenlos in das Auffangbecken "Ordnungswidrigkeitenrecht" verlagert werden können, um dort weiterhin repressiver, wenngleich abgeschwächter und ausschließlich Opportunitätserwägungen unterliegender Bekämpfung ausgesetzt zu sein. Eine wichtige dogmatische Schlußfolgerung aus der Verknüpfung von individueller Vorwerfbarkeit und Geldbußdrohung ist die Beschränkung des von Bußgeldnormen angesprochenen Personenkreises auf **natürliche Personen**[12]. Schuld und Vorwerfbarkeit sind materielle Kategorien, die im deutschen Rechtsverständnis eine untrennbare Einheit mit der Einzelperson bilden. Fraglich ist schon, ob Personenvereinigungen und juristische Personen handelnd oder unterlassend Deliktstatbestände verwirklichen können[13]. Gewiß dürfte sein, daß man ihnen nichts vorwerfen, sondern sie nur für das Verhalten der für sie handelnden Individuen haften lassen kann. § 30 OWiG steht dazu nicht im Widerspruch, sondern bestätigt diese Regel[14]. Denn anderenfalls wäre § 30 OWiG überflüssig und die Ahndbarkeit von juristischen Personen und sonstigen Verbänden ein Thema der Bußgeldtatbestände und Beteiligung.

9   Vorwerfbarkeit setzt Unrecht voraus, also tatbestandsmäßiges und nicht gerechtfertigtes Verhalten. Es gibt zwar Rechtswidrigkeit ohne Vorwerfbarkeit, nicht aber Vorwerfbarkeit ohne Rechtswidrigkeit. Fehlt die Rechtswidrigkeit, hat die Tat keinerlei ordnungswidrigkeitenrechtliche Folgen. Fehlt nur die Vorwerfbarkeit, kann zwar keine Geldbuße verhängt werden, jedoch ist die Tat nicht ohne jede ordnungswidrigkeitenrechtliche Bedeutung. Zum einen ist eine ahndbare Beteiligung an einer solchen Tat möglich, vgl. § 14 Abs. 3 S. 1 OWiG. Zum anderen ist sie ausreichender Anlaß für die Rechtsfolgen der "Einziehung" gemäß § 22 Abs. 3 OWiG[15] und des "Verfalls" gemäß § 29a OWiG[16]. Schließlich ist noch auf §§ 116 Abs. 1, 122 Abs. 1 und 130 Abs. 1 OWiG hinzuweisen, die sich auf mit Geldbuße bedrohte Handlungen i.S. des § 1 Abs. 2 OWiG beziehen.

---

[10]   *Knapp*, JuS 1979, 609 (612); *Thieß*, Ordnungswidrigkeitenrecht, Rn 175; KKOWiG-*Rogall*, § 1 Rn 8; *Bohnert*, OWiG, § 1 Rn 19.

[11]   Dazu z. B. *Baurmann*, Zweckrationalität und Strafrecht, S. 265 ff.; *Lewisch*, Verfassung und Strafrecht, S. 231 ff.

[12]   *Hellmann/Beckemper*, Wirtschaftsstrafrecht, Rn 905.

[13]   KKOWiG-*Rengier*, vor § 8 Rn 4.

[14]   KKOWiG-*Rogall*, vor § 1 Rn 19.

[15]   KKOWiG-*Mitsch*, § 22 Rn 44.

[16]   KKOWiG-*Mitsch*, § 29 a Rn 8.

4. Sonstige Voraussetzungen der Ahndbarkeit

Einige Ordnungswidrigkeitentatbestände enthalten "**objektive Bedingungen der**   10
Ahndbarkeit". Diese entsprechen den "objektiven Strafbarkeitsbedingungen" des
Strafrechts[17]. Ihre Voraussetzungen müssen objektiv vorliegen, damit eine ordnungswidrigkeitenrechtliche Rechtsfolge eintreten kann. Vorsatz und Fahrlässigkeit brauchen sich nicht auf sie zu beziehen. Ein Irrtum bezüglich objektiver Bedingungen der Ahndbarkeit ist ohne rechtliche Bedeutung. Weder hat die irrige
Annahme des Nichtvorliegens der objektiven Ahndbarkeitsbedingung entlastende
- den Vorsatz ausschließende - Wirkung[18] noch hat die irrige Annahme des Vorliegens der objektiven Ahndbarkeitsbedingung belastende - einen Versuch be-
gründende - Wirkung. Objektive Bedingungen der Ahndbarkeit sind die "Rauschtat" des § 122 OWiG[19] und die "betriebliche Zuwiderhandlung" des § 130 Abs. 1
OWiG[20].

Als **besonderen persönlichen Ahndbarkeitsaufhebungsgrund** kennt das   11
Ordnungswidrigkeitenrecht wie das Strafrecht den Rücktritt vom Versuch bzw.
die tätige Reue, § 13 Abs. 3, 4 OWiG[21].

Kontrollfragen

1. Wie ist die Ordnungswidrigkeit aufgebaut? (Rn 2)
2. Welchem strafrechtlichen Terminus entspricht die „Vorwerfbarkeit"? (Rn 8)
3. Welche Ordnungswidrigkeiten haben „objektive Ahndbarkeitsbedingungen"?
   (Rn 10)

---

[17] *Cramer*, Grundbegriffe, S. 55; KKOWiG-*Rengier*, vor § 8 Rn 9.
[18] *Göhler*, § 11 Rn 17.
[19] KKOWiG-*Rengier*, § 122 Rn 29.
[20] *Bohnert*, OWiG, § 130 Rn 24; *Tiedemann*, Wirtschaftsstrafrecht, Rn 249; *Többens*,
      NStZ 1999, 1 (4); *Weber*, ZStW 96 (1984), 376 (405); *Ignor/Rixen*, Arbeitsstrafrecht,
      Rn 955.
[21] KKOWiG-*Rengier*, vor § 8 Rn 13.

§ 7 Objektiver Tatbestand

I. Funktionen und Bestandteile des objektiven Tatbestandes

1. Funktionen

Der objektive Tatbestand enthält die Beschreibung der **äußeren**[1] **Merkmale** des 1
ordnungswidrigen – mit Geldbuße bedrohten – Verhaltens[2]. Diese Merkmale begründen die objektive Seite des Unrechtstyps. Deshalb richtet sich die Möglichkeit einer "Wahlfeststellung" zwischen zwei Bußgeldtatbeständen[3] nach der sich im objektiven Tatbestand niederschlagenden "materiellen Gleichwertigkeit"[4]. Gegenstand der objektiven Tatbestandsmerkmale sind Details der **Täterperson**, des **Tatvollzugs** und der **Tatfolgen**[5]. Rechtsgrundlage sind die Vorschriften des Besonderen Ordnungswidrigkeitenrechts sowie die ergänzenden geschriebenen – im 1. Teil des OWiG aufgestellten – und ungeschriebenen Regeln des Allgemeinen Ordnungswidrigkeitenrechts.

In der Regel muß sich bereits im objektiven Tatbestand der **Unterschied zwi-** 2
schen Straftat und Ordnungswidrigkeit – bestimme man ihn qualitativ oder quantitativ (s. o. § 3) – widerspiegeln. Zur Vermeidung von "Unterbewertungen" – d. h. Schaffung von Ordnungswidrigkeitentatbeständen mit der materiellen Substanz von Straftaten – hat der Gesetzgeber deshalb bei der Gestaltung des objektiven Tatbestandes darauf zu achten, daß das sich hier abzeichnende Tatbild nicht die Eigenschaften "strafwürdig" und "strafbedürftig" aufweist. Die Art und der Wert des betroffenen Rechtsguts, Umfang und Intensität der Rechtsgutsbeeinträchtigung, eine besondere Pflichtenstellung des Täters sind Abgrenzungskriterien, deren deliktssystematischer Standort der objektive Tatbestand ist. Der Unterschied zwischen Straftat und Ordnungswidrigkeit kann im Einzelfall minimal sein und sich in einem einzigen Tatbestandsmerkmal ausdrücken.

Beispielsweise unterscheiden sich die Ordnungswidrigkeit des § 120 Abs. 1 Nr. 1 OWiG und das Vergehen des § 184 a StGB nur durch die strafbarkeitsbegründende "Beharrlichkeit" der Zuwiderhandlung[6]. Ebenso verhält es sich bei § 2 Abs. 2 WiStG 1954 i.V.m. §§ 1, 2 Abs. 1 WiStG 1954. Im Umweltrecht verläuft die Ordnungswidrigkeit und Straftat abgrenzende Linie häufig zwischen Er-

[1] Duden, Das Fremdwörterbuch, Stichwort „objektiv": außerhalb des subjektiven Bewußtseins bestehend.
[2] Häufig werden für die Attribute „objektiv" und „subjektiv" die Synonyme „äußerer" (Tatbestand) und „innerer" (Tatbestand) verwendet, vgl. *Lackner/Kühl*, § 15 Rn 8.
[3] Dazu ausführlich KKOWiG-*Rogall*, vor § 1 Rn 23 ff.; zur Wahlfeststellung im Strafrecht *Baumann/Weber/Mitsch*, § 10.
[4] KKOWiG-*Rogall*, vor § 1 Rn 41.
[5] *Krey*, AT 1, Rn 236-239; *Roxin*, AT 1, § 10 Rn 54.
[6] BayObLG, NJW 1985, 1566; KKOWiG-*Kurz*, § 120 Rn 20; *Lemke*, § 120 Rn 3.

richtung (Ordnungswidrigkeit) und Betrieb (Straftat) einer Anlage: § 62 Abs. 1 Nr. 1 BImSchG einerseits - § 327 Abs. 2 Nr. 1 StGB andererseits; § 41 Abs. 1 Nr. 3 WHG einerseits, § 327 Abs. 2 Nr. 2 StGB andererseits; § 61 Abs. 1 Nr. 2 a KrW/AbfG einerseits, § 327 Abs. 2 Nr. 3 StGB andererseits. Mitunter wird die Abgrenzung auch im subjektiven Tatbestand vorgenommen. Dies ist z. B. im Verhältnis zwischen § 127 OWiG und § 149 StGB der Fall. Was diese beiden Tatbestände voneinander unterscheidet, ist die bei § 149 StGB erforderliche[7] - bei § 127 OWiG nicht erforderliche - Intention des Täters, ein Fälschungsdelikt vorzubereiten[8]. Bußgeldtatbestände, die zugleich Kern eines durch ein qualifizierendes Merkmal "aufgestuften" Straftatbestandes sind, nennt man **"Mischtatbestände"**[9]. Hier ist der „Grundtatbestand" Ordnungswidrigkeit und der darauf aufbauende Qualifikationstatbestand Straftat. Entgegen der in der Rechtsprechung vertretenen Ansicht[10] sind die Abgrenzungsmerkmale nicht nur bei den "unechten"[11], sondern auch bei den "echten" Mischtatbeständen stets Bestandteile des Tatbestandes. Bei den echten Mischtatbeständen beruht die Abgrenzung von Straftat und Ordnungswidrigkeit auf einer dem Richter vom Gesetzgeber gegebenen Richtlinie, auf Grund derer der Richter im Einzelfall die Zuwiderhandlung als Straftat oder als Ordnungswidrigkeit zu bestimmen hat[12]. Soweit die von dieser Richtlinie in Bezug genommenen Kriterien objektive Abgrenzungsmerkmale – nicht Gesinnungsmerkmale[13] - sind, müssen sich Vorsatz und Fahrlässigkeit auf sie beziehen[14].

3   Zusammen mit dem subjektiven Tatbestand bildet der objektive Tatbestand den **Unrechtstatbestand**[15]. Der objektive Tatbestand ist Bezugspunkt von Vorsatz, Fahrlässigkeit und vorsatzausschließenden Irrtümern. Er ist die materiale Substanz und formale Voraussetzung der Rechtswidrigkeit. Die besonderen Delikts-Erscheinungsformen der Beteiligung, des Versuchs und der Unterlassung gehören systematisch zum objektiven Tatbestand. Nach dem objektiven Tatbestand richtet sich auch, ob die mehrfache Verwirklichung von Bußgeldtatbeständen das Kon-

---

[7]   LK-*Ruß*, § 149 Rn 1, 6.

[8]   KKOWiG-*Schmehl*, § 127 Rn 27; *Lemke*, § 127 Rn 18 („Fälschungsabsicht").

[9]   *Göhler*, vor § 1 Rn 36; KKOWiG-*Rogall*, vor § 1 Rn 11-14.

[10] BGHSt 11, 263 ff (zu den Merkmalen „Umfang und Auswirkung der Zuwiderhandlung, Gefährdung der Leistungsfähigkeit der staatlich geschützten Wirtschaftsordnung" in § 6 Abs. 2 Nr. 1 WiStG); ebenso *Göhler*, vor § 1 Rn 34; *Rebmann/Roth/Herrmann*, vor § 1 Rn 50.

[11] Dazu *Göhler*, vor § 1 Rn 36; KKOWiG-*Rogall*, vor § 1 Rn 14; *Rebmann/Roth/ Herrmann*, vor § 1 Rn 53.

[12] BGHSt 11, 263 (265).

[13] *Tiedemann*, Tatbestandsfunktionen, S. 228.

[14] Vgl. *Rogall*, in KKOWiG, vor § 1 Rn 12, der es für bedenklich hält, „die Merkmale der Mischformel von dem Erfordernis ihrer subjektiven Zurechenbarkeit zu befreien"; a. A. BGHSt 11, 263 (266).

[15] Nicht zu verwechseln mit dem Begriff „Tatbestand" der allgemeinen Rechtslehre, nach dem Tatbestand der Inbegriff sämtlicher Voraussetzungen einer gesetzlich angeordneten Rechtsfolge ist, vgl. *Lackner/Kühl*, vor § 13 Rn 15; *N. Horn*, Einführung in die Rechtswissenschaft und Rechtsphilosophie, Rn 166; *Vogel*, Juristische Methodik, S. 68.

kurrenzverhältnis der Tateinheit (§ 19 OWiG) oder der Tatmehrheit (§ 20 OWiG) begründet oder ein Tatbestand hinter dem/den anderen wegen "Gesetzeseinheit" zurücktritt.

Im objektiven Tatbestand entfaltet das **Bestimmtheitsgebot** (Art. 103 Abs. 2   **4** GG, § 3 OWiG) seine Wirkung am stärksten. Vor allem muß der objektive Tatbestand das mit Geldbuße bedrohte Verhalten so präzise beschreiben, daß ihm nur solche Verhaltensweisen unterfallen, deren Ahndung ein Täter, der die übertretene Norm kennt, vorhersehen kann[16]. Bei Mischtatbeständen sollte der Gesetzgeber besonders darauf bedacht sein, durch konturenscharfe Gestaltung des Abgrenzungsmerkmals die Einordnung einer Tat in die Kategorien der Straftat und der Ordnungswidrigkeit berechenbar zu machen und nicht der willkürlichen Entscheidung des Rechtsanwenders anheimzustellen. Dieser Anforderung entsprechen „unechte" Mischtatbestände, nicht aber „echte" Mischtatbestände[17].

Bei der **Prüfung eines vollendeten Delikts** steht der objektive Tatbestand im-   **5** mer am Anfang[18]. Nur wenn sich die Erfüllung sämtlicher objektiver Tatbestandsmerkmale erwiesen hat, folgt anschließend die Prüfung des subjektiven Tatbestandes. Stellt sich das Fehlen mindestens eines objektiven Tatbestandsmerkmals heraus, liegt eine Ordnungswidrigkeit nicht vor. Konstruktiv kann das Fragment des objektiven Tatbestandes zwar ausreichendes Fundament eines Versuchs sein. Wegen der minimalen Bedeutung des Versuchs im Ordnungswidrigkeitenrecht[19] besteht praktisch aber nur ausnahmsweise Anlaß zu einer Versuchsprüfung.

In verfahrensrechtlicher Hinsicht fungiert der objektive Tatbestand als Anknüp-   **6** fungspunkt für die Bestimmung der **sachlichen Zuständigkeit**. Denn die objektiven Tatbestandsmerkmale sind das Kriterium für die systematische Einordnung der Bußgeldvorschrift in ein bestimmtes Gesetz (z. B. BtMG oder StVG). Dieses Gesetz bestimmt in der Regel auch, welche Verwaltungsbehörde für die Verfolgung der Ordnungswidrigkeiten sachlich zuständig ist, § 36 Abs. 1 Nr. 1 OWiG (vgl. z. B. § 32 Abs. 3 BtMG, § 26 StVG).

2. Bestandteile

Jeder objektive Tatbestand enthält **täterbeschreibende** Merkmale. Diese legen   **7** fest, wer eine mit Geldbuße bedrohte Handlung begehen kann. Insbesondere ergibt sich aus diesem Teil des objektiven Tatbestandes, ob der Täter besondere Eigenschaften haben muß oder ob jedermann Täter dieser Ordnungswidrigkeit sein kann (näher dazu unten III.).

Weiterhin beschreibt der objektive Tatbestand die Beschaffenheit der mit Geld-   **8** buße bedrohten **Handlung** (näher dazu unten II. 1. - 3.). Insbesondere bei Ordnungswidrigkeiten, deren Tatbestandsmäßigkeit nicht vom Eintritt eines bestimmten Erfolges abhängt, müssen die Modalitäten des Handlungsvollzugs exakt und detailliert beschrieben sein (vgl. z. B. § 119 Abs. 1 OWiG). Dazu gehören die

---

[16]   KKOWiG-*Rogall*, § 3 Rn 28.
[17]   KKOWiG-*Rogall*, vor § 1 Rn 14.
[18]   *Bohnert*, OWiG, § 1 Rn 12.
[19]   KKOWiG-*Rengier*, § 13 Rn 2.

Rahmenbedingungen der Handlung, also die Tatsituation (z. B. bei § 130 OWiG "Betrieb oder Unternehmen") und die Tatmittel (z. B. bei §§ 49 Abs. 1 Nr. 18 i.V.m. § 18 Abs. 1 StVO "Fahrzeug mit einer Höchstgeschwindigkeit von weniger als 60 km/h"). Das Handlungsmerkmal bestimmt des weiteren darüber, ob der Tatbestand durch aktives Tun oder durch Unterlassen, nur eigenhändig oder auch mittelbar-täterschaftlich, verwirklicht werden kann.

9   Knüpft die Ahndung an den Eintritt eines bestimmten **Erfolges** an, so muß dies im objektiven Tatbestand ausdrücklich normiert sein (näher dazu unten II. 4.). Nach dem Erfolgsmerkmal richtet sich die Zugehörigkeit der Ordnungswidrigkeit zur Gattung des Verletzungs- oder des konkreten Gefährdungsdelikts[20]. Bindeglied zwischen Handlung und Erfolg ist die Kausalität bzw. die objektive Zurechnung, die demzufolge ebenfalls Bestandteil des objektiven Tatbestandes ist. Enthält der objektive Tatbestand überhaupt kein Erfolgsmerkmal, was im Ordnungswidrigkeitenrecht die Regel ist[21], so handelt es sich häufig um ein abstraktes Gefährdungsdelikt[22].

10   Weitere Bestandteile des objektiven Tatbestandes können die Mißachtung eines **Verwaltungsakts** (z. B. §§ 112 Abs.1, 113 Abs. 1, 114 Abs. 1 OWiG), das Fehlen einer erforderlichen **Genehmigung** (z. B. § 127 Abs. 1 OWiG), das Fehlen eines erforderlichen **Planfeststellungsbeschlusses** (z. B. § 41 Abs. 1 Nr. 11 i. V. m. § 31 Abs. 2 WHG) oder die "**Unbefugtheit**" (z. B. §§ 115 Abs. 1, 124 Abs. 1 , 125 Abs. 1, 126 Abs. 1 OWiG) sein. Diese Merkmale kennzeichnen verwaltungsakzessorische – genauer: verwaltungsaktsakzessorische – Tatbestände des Ordnungswidrigkeitenrechts (näher dazu unten IV.).

Beispiel § 62 Abs. 1 BImSchG (Auszug):

„(1) Ordnungswidrig handelt, wer vorsätzlich oder fahrlässig
1. eine Anlage ohne die Genehmigung nach § 4 Abs. 1 errichtet,
2. einer auf Grund des § 7 erlassenen Rechtsverordnung oder auf Grund einer solchen Rechtsverordnung erlassenen vollziehbaren Anordnung zuwiderhandelt, soweit die Rechtsverordnung für einen bestimmten Tatbestand auf diese Bußgeldvorschrift verweist,
3. eine vollziehbare Auflage nach § 8a Abs. 2 Satz 2 oder § 12 Abs. 1 nicht, nicht richtig, nicht vollständig oder nicht rechtzeitig erfüllt,
4. die Lage, die Beschaffenheit oder den Betrieb einer genehmigungsbedürftigen Anlage ohne die Genehmigung nach § 16 Abs. 1 wesentlich ändert,
5. einer vollziehbaren Anordnung nach § 17 Abs. 1 Satz 1 oder 2, jeweils auch in Verbindung mit Abs. 5, § 24 Satz 1, § 26 Abs. 1, § 28 Satz 1 oder § 29 nicht, nicht richtig, nicht vollständig oder nicht rechtzeitig nachkommt,
6. eine Anlage entgegen einer vollziehbaren Untersagung nach § 25 Abs. 1 betreibt,
...."

---

[20] KKOWiG-*Rengier*, vor § 8 Rn 14.
[21] KKOWiG-*Rogall*, vor § 1 Rn 10; KKOWiG-*Rengier*, vor § 8 Rn 16.
[22] *Arzt/Weber*, BT, § 35 Rn 48.

II. Formen der tatbestandsmäßigen Handlung

Der Kern der Ordnungswidrigkeit ist ein **menschliches Verhalten**, welches das   11
Handlungsmerkmal des objektiven Tatbestandes verwirklicht. Ungeschriebenes
Grundelement jedes Handlungsmerkmals ist die Willentlichkeit des Verhaltens.
Handlungsqualität haben nur Körperbewegungen, die vom menschlichen Willen
beherrscht und gesteuert werden können[23]. Jede Bußgeldvorschrift des Besonderen
Ordnungswidrigkeitenrechts zeichnet mit ihrer Handlungsbeschreibung ein ande-
res Bild vom tatbestandsmäßigen Verhalten. Gleichwohl gibt es einige allgemeine
Verhaltenskennzeichen, die die Bildung von Deliktsgruppen ermöglichen (dazu
sogleich).

Bei manchen Ordnungswidrigkeiten-Tatbeständen hat man allerdings den Eindruck, daß
das Gesetz dem Erfordernis einer menschlichen Handlung wenig Beachtung schenkt und
die Bußgeldandrohung nach Art polizei- und ordnungsrechtlicher Zustandsstörerhaftung[24]
unmittelbar an Verfassung oder Belegenheit einer Sache oder eines Ensembles von Sachen
anknüpft, ohne nach dem Verhalten des Verantwortlichen zu fragen, der diesen Zustand
entweder durch aktives Tun herbeigeführt oder in Form pflichtwidrigen Unterlassens nicht
beseitigt hat. Beispielsweise wäre die Anwendung des Halte- und Parkverbotsverstöße er-
fassenden Tatbestandes § 49 Abs. 1 Nr. 12 StVO außerordentlich schwierig, wenn das gemäß § 12 Abs. 2 StVO den Begriff des „Parkens" ausfüllende mindestens dreiminütige
„Halten" des Fahrzeugs nicht anhand der Zeit bestimmt werden könnte, während der das
Fahrzeug an einer Stelle steht. Schläft der Fahrzeugführer gleich nach dem Anhalten ein,
kann weder auf dreiminütiges Handeln noch auf dreiminütiges Unterlassen abgestellt werden. Dennoch würde wahrscheinlich in einem solchen Fall keine Straßenverkehrsbehörde
zögern, ein Verwarnungs- oder Bußgeld festzusetzen.

1. Tun und Unterlassen

Wie das Strafrecht kennt auch das Ordnungswidrigkeitenrecht **Begehungsdelikte**   12
und **Unterlassungsdelikte**. Begehungsdelikte erkennt man daran, daß die sie
betreffende Bußgeldvorschrift eine körperliche Aktivität des Täters beschreibt.
Beispielsweise zeichnet § 117 Abs. 1 OWiG einen Menschen, der aktiv eine Ursache für die Lärmbelästigung setzt ("Lärm erregt"). Im Bereich der Unterlassung
wird zwischen echten und unechten Unterlassungsdelikten unterschieden. Das
echte Unterlassungsdelikt erfüllt einen Ordnungswidrigkeitentatbestand, dessen
zum Besonderen Ordnungswidrigkeitenrecht gehörende Verhaltensbeschreibung
auf ein Nicht-Handeln, also ein Unterlassen, Bezug nimmt[25]. Ein Beispiel dafür ist
§ 121 Abs. 1 Nr. 2 OWiG: "...unterläßt, die nötigen Vorsichtsmaßnahmen zu treffen...". Das unechte Unterlassungsdelikt erfüllt einen Ordnungswidrigkeitentatbestand, dessen Verhaltensmerkmal eine Aktivität beschreibt und daher ein Begehungsdelikt normiert. Durch Unterlassen kann dieser Tatbestand nur von einem
Täter erfüllt werden, der eine Garantenstellung hat, § 8 OWiG. Schreiten z. B. Eltern nicht gegen den von ihren minderjährigen Kindern verursachten Lärm ein, er-

---

[23] KKOWiG-*Rengier*, vor § 8 Rn 5.
[24] *Gusy*, Polizeirecht, Rn 278 ff.
[25] KKOWiG-*Rengier*, § 8 Rn 8; *Bohnert*, OWiG, § 8 Rn 2.

füllen sie aufgrund ihrer Garantenstellung durch dieses Unterlassen den objektiven Tatbestand des § 117 Abs. 1 i.V.m. § 8 OWiG[26].

2. Eigenhändiges und mittelbares Handeln

13 Die Vorschriften des Besonderen Teils des Ordnungswidrigkeitenrechts normieren täterschaftliches Handeln. Das Handlungsmerkmal des objektiven Tatbestandes gibt an, wie sich jemand verhält, der ohne Zuhilfenahme der tatbestandsergänzenden Beteiligungsvorschrift (§ 14 OWiG) den Tatbestand verwirklicht. **Eigenhändige** Delikte können nur durch **unmittelbare** und persönliche Vornahme der tatbestandsmäßigen Handlung begangen werden[27]. Der Täter muß durch eigenes Verhalten das tatbestandsmäßige Handlungsmerkmal vollständig verwirklichen. Eine Zurechnung der tatbestandsmäßigen Handlung zu einem nicht selbst unmittelbar tatbestandsmäßig handelnden Subjekt ist ausgeschlossen. Daher kann der Tatbestand eines eigenhändigen Delikts nicht durch Einschaltung eines "Tatmittlers" oder "menschlichen Werkzeugs" verwirklicht werden[28]. Eigenhändige Delikte normieren z. B. § 122 OWiG („sich ... versetzt")[29], § 120 Abs. 1 Nr. 1 OWiG[30] und § 24a StVG[31]. Mittelbare Verwirklichung des Tatbestandes begründet die Ahndbarkeit nur unter den Voraussetzungen der **Beteiligung** i.S. des § 14 OWiG. Daher begeht nach h. M. keine Ordnungswidrigkeit nach § 122 OWiG oder § 24a StVG, wer als "Hintermann" den unmittelbar handelnden Täter durch Täuschung dazu bringt, sich unvorsätzlich in einen Vollrausch zu versetzen oder unvorsätzlich mit mindestens 0,5 ‰ Blutalkoholkonzentration ein Kraftfahrzeug zu führen[32]. Dagegen liegt eine mit Geldbuße ahndbare Beteiligung vor, wenn der Hintermann den unmittelbaren Täter "anstiftet", sich vorsätzlich in einen Vollrausch zu versetzen oder vorsätzlich mit 0,5 ‰ Blutalkoholkonzentration ein Kraftfahrzeug zu führen[33]. Ebenfalls ausgeschlossen ist bei eigenhändigen Delikten die **Unterlassungstäterschaft** in der Form der Nichthinderung fremder Tatbestandsverwirklichung. Schreitet also ein Vater nicht dagegen ein, daß sich sein 13-jähriger Sohn bis zum Vollrausch betrinkt und dann in diesem Zustand "unzüchtige mündliche Äußerungen gegenüber einem Dritten"[34] macht, ist der Vater nicht als Täter aus §§ 122 Abs. 1, 8 OWiG, sondern nur als Beteiligter aus §§ 122 Abs. 1, 14

---

26 KKOWiG-*Rengier*, § 8 Rn 41.

27 KKOWiG-*Rengier*, vor § 8 Rn 22.

28 KKOWiG-*Rengier*, § 14 Rn 100.

29 KKOWiG-*Rengier*, § 122 Rn 40.

30 BayObLG, NJW 1985, 1566.

31 KKOWiG-*Rengier*, vor § 8 Rn 22; *Rüth*, DAR 1974, 57 (61), *Detzer*, Die Problematik der Einheitstäterlösung, S. 20.

32 Nach h. M. setzt Beteiligung i. S. d. § 14 Abs. 1 OWiG eine *vorsätzliche* „Haupttat" voraus, vgl. KKOWiG-*Rengier*, § 14 Rn 8; *Rüth*, DAR 1974, 57 (61).

33 Unrichtig *Lemke*, § 122 Rn 14, der aus der Eigenhändigkeit des Vollrauschdelikts auf die Unmöglichkeit der Beteiligung schließt; dagegen zutreffend *Schumann*, Einheitstätersystem, S. 49; unklar *Bohnert*, OWiG, § 122 Rn 15.

34 BGHSt 12, 42.

Abs. 1, 8 OWiG ahndbar. Unterlassungstäterschaft ist allerdings in Bezug auf § 118 Abs. 1 OWiG gegeben, wenn der Vater vorsätzlich die Rauschtat seines Sohnes nicht verhindert hat[35].

Tatbestände, die keine eigenhändige Begehung voraussetzen, also auch die **14** "**fremdhändige**" Begehung anerkennen, können in Form der "**mittelbaren Täterschaft**" verwirklicht werden. Fordert z. B. ein Erwachsener einen 7-jährigen Jungen auf, mit einer Trompete gesundheitsschädlichen Lärm zu verursachen, so ist der Tatveranlasser unabhängig von § 14 Abs. 1 OWiG[36] schon deshalb aus § 117 Abs. 1 OWiG ahndbar, weil er selbst als (mittelbarer) Täter diese Ordnungswidrigkeit begangen hat[37].

3. Schlichte Tätigkeit

Im Ordnungswidrigkeitenrecht dominieren Tatbestände, deren vollständige Ver- **15** wirklichung **keinen Erfolgseintritt** voraussetzt[38]. Eine solche Ordnungswidrigkeit ist also schon mit dem Vollzug der im objektiven Tatbestand beschriebenen Handlung vollendet. Ordnungswidrigkeiten mit dieser Struktur werden als "schlichte Tätigkeitsdelikte" bezeichnet. Das Handlungsmerkmal enthält hier nicht die Komponente der Erfolgsverursachung, sondern allenfalls der Erfolgstauglichkeit, der potentiellen Erfolgsverursachung. Häufig haben die schlichten Tätigkeitsdelikte zugleich den Charakter von abstrakten Gefährdungsdelikten[39], z. B. § 112 Abs. 1 OWiG[40]. Verbreitet sind auch "Eignungsdelikte" (bzw. „potentielle Gefährdungsdelikte"): Stellt ein Tatbestand auf eine Handlung ab, die geeignet ist, eine Beeinträchtigung – z. B. eine konkrete Rechtsgutsgefährdung – zu bewirken, ist der tatsächliche Eintritt dieses Beeinträchtigungserfolges keine Voraussetzung der Tatbestandsmäßigkeit. Die Eignung ist nur ein Beschaffenheitsmerkmal der tatbestandsmäßigen Handlung. Beispielsweise kann Geldbuße aus § 117 Abs. 1 OWiG auch dann verhängt werden, wenn der verursachte Lärm weder die Allgemeinheit oder Nachbarschaft belästigt noch die Gesundheit eines Menschen geschädigt hat. Erforderlich und ausreichend ist, daß der Lärm den Umständen nach geeignet war, einen derartigen Erfolg zu verursachen[41].

---

[35] *Schumann*, Einheitstätersystem, S. 61.
[36] Zutreffend weist *Rengier*, in KKOWiG, § 14 Rn 94 darauf hin, daß hier auch die Voraussetzungen der Beteiligung nach § 14 OWiG erfüllt wären.
[37] KKOWiG-*Rogall*, § 117 Rn 16; *Lemke*, § 117 Rn 5: „jede unmittelbare oder mittelbare Verursachung von Lärm".
[38] KKOWiG-*Rengier*, vor § 8 Rn 16.
[39] Dazu *Zieschang*, Die Gefährdungsdelikte, S. 27.
[40] KKOWiG-*Rogall*, § 112 Rn 2.
[41] KKOWiG-*Rogall*, § 117 Rn 5, 29.

4. Erfolgsverursachung

16 Erfolgsdelikte sind im Ordnungswidrigkeitenrecht selten[42]. Beispiele findet man im Bereich des Straßenverkehrsrechts, etwa § 49 Abs. 1 Nr. 1 i. V. m. § 1 Abs. 2 StVO[43] und § 49 Abs. 1 Nr. 25 i. V. m. § 30 Abs. 1 S. 3 StVO[44] (konkrete Gefährdungsdelikte). Wenn ein Erfolg eingetreten ist, dessen Verhinderung Schutzzweck einer mit Geldbuße bewehrten Verbots- oder Gebotsnorm ist, wird meistens schon die Schwelle zur Strafwürdigkeit überschritten sein. Als tatbestandsmäßige Erfolge kommen die **Verletzung** und die **konkrete Gefährdung** eines Rechtsgutsobjekts in Betracht. Im ersten Fall ist der Zustand des Objekts verschlechtert worden (Beispiel aus dem Strafrecht: § 303 StGB), im zweiten Fall ist das Objekt in eine Lage naher und wahrscheinlicher Zustandsverschlechterung gebracht worden (Beispiel aus dem Strafrecht: § 315 c StGB). Am Eintritt eines konkreten Gefährdungserfolgs ändert auch das – zufällige, situationsinadäquate – Ausbleiben einer Verletzung nichts. Der tatbestandsmäßige Erfolg muß durch die tatbestandsmäßige Handlung **verursacht** worden sein (Kausalität). Darüber hinaus muß zwischen Handlung und Erfolg das normativ zu bestimmende Verhältnis der "**objektiven Zurechenbarkeit**" bestehen[45]. Kausalität und objektive Zurechnung richten sich im Ordnungswidrigkeitenrecht nach den gleichen Grundsätzen, die im Strafrecht anerkannt sind. Ausgangspunkt ist also die Feststellung, daß der Sachverhalt ein Kausalgesetz erfüllt, wonach eine Handlung der vorliegenden Art zwangsläufig einen Erfolg der vorliegenden Art hervorbringt. Für die strafrechtliche oder ordnungswidrigkeitenrechtliche Tatbewertung wird dieser naturwissenschaftliche Kausalzusammenhang dann auf einer zweiten Prüfungsstufe am Maßstab diverser normativer Zurechnungsaspekte gemessen. Daher ist jeder objektiv zurechenbare Erfolg durch die Handlung verursacht, aber nicht jeder durch die Handlung verursachte Erfolg ist auch objektiv zurechenbar.

III. Tätermerkmale

17 Im Strafrecht wird der Täter, d. h. das Subjekt, welches durch eigenes Verhalten den objektiven Tatbestand verwirklichen kann (vgl. § 25 Abs. 1 Alt. 1 StGB), in der Regel mit dem Wort "Wer" bezeichnet (vgl. z. B. §§ 223 Abs. 1, 239 Abs. 1, 242 Abs. 1, 253 Abs. 1 StGB). Sofern der Gesetzestext den tätertauglichen Personenkreis nicht – wie z. B. in §§ 203 Abs. 1, 2, 258 a Abs. 1, 340 Abs. 1 StGB – durch weitere personenbezogene Merkmale eingegrenzt hat, signalisiert das Merkmal "Wer", daß der Tatbestand ein grundsätzlich von jedem Menschen be-

---

[42] Typisch ist eine Gesetzgebungstechnik, die durch Hinzufügung eines Erfolgsmerkmals aus einem Ordnungswidrigkeitentatbestand einen Straftatbestand macht, so z. B. bei § 38 Abs. 1 Nr. 4 WpHG.
[43] OLG Düsseldorf, VRS 74 (1988), 285 (286); VRS 79 (1990), 131.
[44] BGHSt 26, 340 (343).
[45] KKOWiG-*Rengier*, § 10 Rn 13.

gehbares "Allgemeindelikt" oder "Jedermanndelikt" normiert[46]. Dies trifft z. B. auf Sachbeschädigung (§ 303 StGB) oder Körperverletzung (§ 223 StGB) zu. Von diesen Allgemeindelikten unterscheidet man die "Sonderdelikte", die nur von qualifizierten – mit besonderen Eigenschaften ausgestatteten - Subjekten täterschaftlich ausgeführt werden können.

1. Allgemeindelikte und Sonderdelikte

Auch im Ordnungswidrigkeitenrecht wird der Täter in Tatbeständen, die jeder-   **18** mann verwirklichen kann, die also ein **Allgemeindelikt** umschreiben, mit dem Wort "Wer" bezeichnet. Jeder Mensch erfüllt die erforderlichen personenbezogenen Tatbestandsmerkmale, an die diese Bußgeldvorschrift die Möglichkeit täterschaftlicher Tatbestandsverwirklichung knüpft.

Beispiel § 47 Abs. 1 Nr. 1 Waldgesetz des Landes Brandenburg:

„ (1) Ordnungswidrig handelt ferner, wer vorsätzlich oder fahrlässig
1. im Wald Bäume, Sträucher, Pflanzen – nicht jedoch Pilze und Beeren – oder die zum Schutz von Bäumen und Sträuchern dienenden Vorrichtungen unbefugt entfernt oder beschädigt, ..."

Allerdings kann "wer" und damit Täter einer jeden Ordnungswidrigkeit immer nur eine **natürliche Person** sein[47]. Dies zu betonen ist deshalb wichtig, weil das Ordnungswidrigkeitenrecht – anders als das Strafrecht im engeren Sinn – in § 30 OWiG eine Sanktion gegen juristische Personen, nichtrechtsfähige Vereine und rechtsfähige Personengesellschaften vorsieht: Die sogenannte "Verbandsgeldbuße". Diese Geldbuße sanktioniert aber nicht ein "Fehlverhalten" der juristischen Person - z. B. Aktiengesellschaft - usw., sondern knüpft an eine von einer natürlichen Person - z. B. dem Vorstandsvorsitzenden einer Aktiengesellschaft (§ 30 Abs. 1 Nr. 1 OWiG, §§ 76 Abs. 3 S. 1, 78 Abs. 1 AktG) - begangene Straftat oder Ordnungswidrigkeit an[48]. Die Sanktion trifft zwar den Verband, die Sanktionsvoraussetzung – das schuldhaft rechtswidrige Verhalten – ist dagegen nicht von dem Verband, sondern von einem anderen Subjekt, einem menschlichen Individuum, erfüllt worden. Der Verbandsgeldbuße korrespondiert kein "Verbandsunrecht" bzw. keine "Verbandsschuld". Festzuhalten ist daher, daß es trotz § 30 OWiG auch im Ordnungswidrigkeitenrecht Unrecht und Schuld einer juristischen Person oder sonstigen Personenvereinigung nicht gibt („societas delinquere non potest").

Wer selbst unmittelbar („eigenhändig") den Tatbestand einer Ordnungswidrig-   **19** keit verwirklicht, ist **Täter**. Eine Legaldefinition des unmittelbaren Täters wie in § 25 Abs. 1 Alt. 1 StGB enthält das OWiG zwar nicht. Eine solche Definition ist jedoch nicht erforderlich, weil sie nur deklaratorisch etwas bekräftigen würde, was sich ohnehin aus jeder Deliktsbeschreibung im Besonderen Teil des Ordnungs-

---

[46] *Baumann/Weber/Mitsch*, § 8 Rn 31.
[47] *Tiedemann*, NJW 1979, 1849; *Többens*, NStZ 1999, 1 (6).
[48] *Tiedemann*, Wirtschaftsstrafrecht, Rn 242.

widrigkeitenrechts ergibt und daher selbstverständlich ist. Zudem wird später bei der näheren Betrachtung des § 14 OWiG zu zeigen sein, daß die Differenzierung nach verschiedenen Beteiligtenrollen im Ordnungswidrigkeitenrecht eine geringere rechtliche Bedeutung hat als im Strafrecht.

20   Geradezu typisch für das Ordnungswidrigkeitenrecht ist die Häufung von Tatbeständen, die nur von Personen mit einer besonderen Eigenschaft unmittelbar als Täter verwirklicht werden können[49]. Diese Tatbestände beziehen sich also auf **Sonderdelikte**. Personen, die die vom Tatbestand vorausgesetzte Eigenschaft nicht haben, können nicht Täter eines solchen Delikts, sondern allenfalls – als "Anstifter" oder "Gehilfe" – Beteiligte sein, vgl. § 14 Abs. 1 S. 2 OWiG. Sonderdeliktstatbestände findet man in großer Zahl im "Neben-Ordnungswidrigkeitenrecht".

Beispiele:

§ 405 Abs. 1 Nr. 1 AktG:

„(1) Ordnungswidrig handelt, wer als Mitglied des Vorstands oder des Aufsichtsrats oder als Abwickler 1. Namensaktien ausgibt, in denen der Betrag der Teilleistung nicht angegeben ist, oder Inhaberaktien ausgibt, bevor auf sie der Ausgabebetrag voll geleistet ist ..."

§ 42 Abs. 1 Nr. 1 BbgSchulG:

„(1) Ordnungswidrig handelt, wer vorsätzlich oder fahrlässig
1. seinen Pflichten gemäß § 41[50] nicht nachkommt ..."

Der Dritte Teil des OWiG enthält lediglich in § 121 Abs. 1 Nr. 2 und § 130 Tatbestände, die auf Täter mit Sondereigenschaften abstellen : Nur der Verantwortliche für die Beaufsichtigung des gefährlichen oder bösartigen Tieres (§ 121 Abs. 1 Nr. 2 OWiG)[51] bzw. der Inhaber eines Betriebes oder Unternehmens (§ 130 Abs. 1 OWiG) und die ihm in Abs. 2 gleichgestellten Funktionsträger sind taugliche Täter dieser Ordnungswidrigkeit. Häufig wird Träger der vom Tatbestand geforderten besonderen Täterqualität nicht eine natürliche Person, sondern eine juristische Person oder eine sonstige Personenvereinigung sein. Da derartige Subjekte aber keine Delikte begehen können, kommt es darauf an, ob das Sondermerkmal einer deliktshandlungsfähigen natürlichen Person zugerechnet werden kann (dazu sogleich unter 2.). Eine Art Verallgemeinerung des Sonderdeliktsaspekts ist die

---

[49] *Göhler*, wistra 1983, 242 (244); *Lange*, FS Maurach, S. 235 (240); *Schünemann*, wistra 1982, 41 (46); *Weber*, ZStW 96 (1984), 376 (407); KKOWiG-*Rengier*, vor § 8 Rn 18.

[50] § 41 Abs. 1 BbgSchulG lautet: „Die Eltern, bei Berufsschulpflichtigen auch die Verantwortlichen der Ausbildungs- und Arbeitsstätten, melden Schulpflichtige bei der Schule an und ab. Sie sorgen dafür, daß eine regelmäßige Teilnahme am Unterricht und an den sonstigen pflichtigen Veranstaltungen der Schule erfolgt."

[51] *Göhler*, § 121 Rn 3.

Beschränkung der "unechten Unterlassungsdelikte" auf Täter, die eine "Garantenstellung" haben, vgl. § 8 OWiG[52].

2. Die Zurechnung von Tätermerkmalen nach § 9 OWiG

a) Funktion des § 9 OWiG

Enthält ein Bußgeldtatbestand ein besonderes Tätermerkmal, handelt es sich bei **21** der beschriebenen Ordnungswidrigkeit um ein Sonderdelikt, besteht die Gefahr von **Ahndungslücken**: Denn als Täter kann nur eine Person erfaßt werden, die dieses Tätermerkmal erfüllt. Weiterhin setzt die Tatbestandsmäßigkeit selbstverständlich voraus, daß diese Person – zumindest im Zusammenwirken mit anderen (§ 14 OWiG) - auch das Handlungsmerkmal erfüllt. Wer zwar die besondere Tätereigenschaft hat, aber nicht tatbestandsmäßig handelt, begeht daher genausowenig eine Ordnungswidrigkeit wie eine Person, die zwar tatbestandsmäßig handelt, aber das Tätermerkmal nicht erfüllt. Es hat also den Anschein, als könnte das Ordnungswidrigkeitenrecht im Bereich der Sonderdelikte dadurch unterlaufen werden, daß ein Qualifizierter (Intraneus) sich einer eigenen tatbestandsmäßigen Tätigkeit enthält und einen Nichtqualifizierten (Extraneus) für sich handeln läßt[53].

Teilweise wird dies durch die bußgeldrechtliche Erfassung von Beteiligungs- **22** handlungen nach § 14 OWiG unterbunden. Denn für die Ahndbarkeit sämtlicher Beteiligter ist gem. § 14 Abs. 1 S. 2 OWiG ausreichend, daß sich ein Intraneus an der Tat beteiligt. Das ist auch dann der Fall, wenn ein Extraneus die Rolle des "unmittelbaren Täters" ausfüllt und der Intraneus sich auf einen Anstifter- oder Gehilfenpart beschränkt[54].

Eine Ahndungslücke liegt aber vor, wenn ein Mensch, der die besondere tatbe- **23** standsmäßige Tätereigenschaft nicht hat, die tatbestandsmäßige Handlung allein - also ohne Beteiligung eines „Intraneus" - vollzieht[55]. Solange diese Tat in keiner inneren Beziehung zu einer Organisationseinheit steht, die Adressatin der Norm mit dem besonderen Tätermerkmal ist, besteht kein Ahndungsbedürfnis. Anders ist es dagegen, wenn der nichtqualifizierte Akteur seine Tätigkeit in den Dienst des qualifizierten Normadressaten stellt und faktisch die Pflichtenstellung des Merkmalsträgers (mit)übernommen hat[56]. Damit in einem solchen Fall das Ordnungswidrigkeitenrecht nicht leerläuft, greift § 9 OWiG ein und **schließt die ansonsten bestehende Lücke**[57]. Der von dieser Vorschrift erfaßte Täter erfüllt das besondere Tätermerkmal nicht, handelt aber als Organ, Vertreter oder Beauftragter eines anderen. Dieser andere hat die vom Ordnungswidrigkeitentatbestand geforderte besondere Tätereigenschaft, vollzieht selbst aber die tatbestandsmäßige

---

[52] *Bruns*, GA 1982, 1 (15, 24).
[53] Treffend *Achenbach*, FS Stree/Wessels, S. 545 (547) : „juristisches Patt".
[54] *Schumann*, Einheitstätersystem, S. 42.
[55] *Weber*, ZStW 96 (1984), 376 (407).
[56] *Bruns*, GA 1982, 1 (8); *Lange*, FS Maurach, S. 235 (241); *Marxen*, JZ 1988, 286 (288).
[57] *Bruns*, GA 1982, 1 (13); *Gehrmann*, GewArch 1981, 209 (212); *Többens*, NStZ 1999, 1 (2); *Trunk*, Einheitstäterbegriff, S. 8; *Weber*, ZStW 96 (1984), 376 (408).

Handlung nicht und beteiligt sich auch nicht an der Handlung des Täters. Das besondere Tätermerkmal des Vertretenen bzw. Auftraggebers wird dem Vertreter bzw. Beauftragten zugerechnet[58]. Das bei dem Handelnden fehlende Tätermerkmal wird ersetzt durch die Funktion der aktiven Vertretung bzw. der Auftragserfüllung. § 9 OWiG ergänzt also Tatbestände, die besondere persönliche Merkmale enthalten, indem er das Handeln als Organ, Vertreter oder Beauftragter eines Merkmalsträgers der Erfüllung des Merkmals gleichstellt[59].

24   Besondere Bedeutung hat § 9 OWiG in Fällen, in denen Träger des besonderen persönlichen Merkmals nicht eine natürliche Person, sondern eine juristische Person oder eine sonstige Personenvereinigung ist, vgl. § 9 Abs. 1 Nr. 1, 2 OWiG. Die juristische Person handelt nicht selbst, kann aber Trägerin von besonderen tatbestandsmäßigen Tätermerkmalen (z. B. "Arbeitgeber") sein[60]. Gemäß § 9 Abs. 1 OWiG wird dieses Merkmal dann den Organen, Organmitgliedern oder Vertretern – also natürlichen Personen – zugerechnet, die funktionsgemäß für die juristische Person handeln[61]. Keinesfalls läßt sich aber aus § 9 OWiG ableiten, daß auch juristische Personen, Personenhandelsgesellschaften und Unternehmen Ordnungswidrigkeiten begehen und dafür unmittelbar mit Geldbuße belegt werden könnten! Denn der juristischen Person wird kein Tatbestandsmerkmal zugerechnet, die ihr fehlende Handlungsfähigkeit wird also nicht ersetzt. Eine Rechtsfolge, wie sie für die zivilrechtliche Stellvertretung (§ 164 BGB) charakteristisch ist, ist mit § 9 OWiG gerade nicht verbunden[62]. Daß gegen die juristische Person gem. § 30 OWiG gleichwohl eine Geldbuße verhängt werden kann, ist zwar Folge des Vertreterhandelns und beruht damit auch darauf, daß dem Vertreter ein Merkmal der juristischen Person gem. § 9 OWiG zugerechnet wird[63]. Gleichwohl wird durch § 30 OWiG nicht fingiert, die juristische Person habe selbst die Tat begangen und alle Sanktionsvoraussetzungen erfüllt.

b) Merkmalsträger

25 Der Personenkreis der **Merkmalsträger** gliedert sich in Vertretene (§ 9 Abs. 1 OWiG) und Auftraggeber (§ 9 Abs. 2 OWiG). § 9 Abs. 1 Nr. 1 OWiG erfaßt juristische Personen des Privatrechts und des öffentlichen Rechts. Zur ersten Gruppe gehören z. B. Aktiengesellschaft, GmbH und eingetragener Verein, zu der zweiten Gruppe Körperschaften (z. B. Gemeinde, Universität), Anstalten und Stiftungen[64]. § 9 Abs. 1 Nr. 2 OWiG bezieht sich auf Personenhandelsgesellschaften, also die OHG und die KG, sowie auf sonstige rechtsfähige Personengesellschaften[65]. Ge-

---

[58]   *Achenbach.* FS Stree/Wessels, S. 545 (547): „Merkmalsüberwälzung"; *Marxen*, JZ 1988, 286 (287): „Transplantation".

[59]   *Bruns*, GA 1982, 1 (8); *Marxen*, JZ 1988, 286 (287): „Analogiegebot".

[60]   *Marxen*, JZ 1988, 286.

[61]   *Többens*, NStZ 1999, 1 (2).

[62]   *Bruns*, GA 1982, 1 (10).

[63]   *Achenbach*, FS Stree/Wessels, S. 545 (547).

[64]   KKOWiG-*Rogall*, § 9 Rn 42.

[65]   KKOWiG-*Rogall*, § 9 Rn 51.

setzlich Vertretene i.S. des § 9 Abs. 1 Nr. 3 OWiG sind natürliche Personen wie Kinder und unter Vormundschaft oder Pflegschaft stehende Erwachsene. Auch die einer besonderen Verwaltung – z. B. des Insolvenzverwalters oder Testaments-vollstreckers – unterliegenden Vermögensmassen werden hierher gezählt[66].

Die in § 9 Abs. 2 OWiG geregelten Auftraggeber bilden drei Gruppen: Be- **26** triebsinhaber (§ 9 Abs. 2 S. 1 OWiG), Unternehmensinhaber (§ 9 Abs. 2 S. 2 OWiG) und Stellen der öffentlichen Verwaltung (§ 9 Abs. 2 S. 3 OWiG). Über-schneidungen mit den in § 9 Abs. 1 OWiG genannten Vertretenen sind möglich und praktisch häufig. Betriebs- und Unternehmensinhaber[67] können natürliche Personen, juristische Personen des Privatrechts wie des öffentlichen Rechts und Personenhandelsgesellschaften sein. Stellen, die Aufgaben der öffentlichen Ver-waltung wahrnehmen, sind neben Ämtern und Behörden auch Anstalten und Kör-perschaften des öffentlichen Rechts[68]. Betriebe und Unternehmen der Öffentlichen Hand werden schon von § 9 Abs. 2 S. 1 und S. 2 OWiG erfaßt.

Bei diesen Personen müssen die besonderen tatbestandsmäßigen Tätermerkma- **27** le vorliegen. Mehr verlangt § 9 OWiG von ihnen nicht. Um die Rechtsfolge des § 9 OWiG – Merkmalszurechnung – auszulösen, brauchen sie also nichts zu tun und nichts zu unterlassen[69]. Das Verhalten dieser Subjekte ist keine Voraussetzung der Tatbestandserfüllung durch die Vertreter und Beauftragten.

c) Zurechnungsadressaten

Der Personenkreis der **Zurechnungsadressaten** – d. h. der Personen, denen be- **28** sondere Tätermerkmale zugerechnet werden – besteht spiegelbildlich zu den Merkmalsträgern aus Vertretern (§ 9 Abs. 1 OWiG) und Beauftragten (§ 9 Abs. 2 OWiG). "Organe" i.S. des § 9 Abs. 1 Nr. 1 OWiG sind z. B. der Vorstand des ein-getragenen Vereins oder der Aktiengesellschaft, der Geschäftsführer der GmbH oder der Bürgermeister einer Gemeinde. Soweit diese Organe kollegial strukturiert sind, ist jedes einzelne Organmitglied tauglicher Zurechnungsadressat[70]. Der rechtliche Bestellungsakt, der die Organstellung begründen soll, braucht gemäß § 9 Abs. 3 OWiG nicht rechtswirksam zu sein. Insoweit genügt eine "faktische" Organstellung[71]. Entbehrlich ist allerdings nur die Erfüllung der rechtlichen Vor-aussetzungen, von denen die Rechtswirksamkeit des Bestellungsaktes abhängt. Der tatsächliche statusbegründende Vorgang der Installierung des Organs bzw. Organmitglieds darf dagegen nicht fehlen[72].

---

[66] KKOWiG-*Rogall*, § 9 Rn 56.
[67] Zum Begriff des „Betriebs" und des „Unternehmens" vgl. KKOWiG-*Rogall*, § 9 Rn 67, 68.
[68] KKOWiG-*Rogall*, § 9 Rn 69.
[69] Was bei juristischen Personen und sonstigen Personenvereinigungen ohenhin nicht möglich ist.
[70] KKOWiG-*Rogall*, § 9 Rn 45.
[71] KKOWiG-*Rogall*, § 9 Rn 46.
[72] *Hoyer*, NStZ 1988, 369; *Ignor/Rixen*, Arbeitsstrafrecht, Rn 933.

29 Vertretungsberechtigte Gesellschafter i.S. des § 9 Abs. 1 Nr. 2 OWiG sind bei der OHG sämtliche Gesellschafter (§ 125 HGB), bei der KG die Komplementäre (§§ 161, 170 HGB). Gesetzliche Vertreter i.S. des § 9 Abs. 1 Nr. 3 OWiG sind Eltern, Vormund, Pfleger sowie die sog. "Parteien kraft Amtes", wie Insolvenzverwalter oder Testamentsvollstrecker[73].

30 Zurechnungsadressat nach § 9 Abs. 2 OWiG ist der Betriebsleiter (§ 9 Abs. 2 Nr. 1 OWiG) sowie jeder Mitarbeiter, der kraft ausdrücklichen[74] Auftrags eigenverantwortlich Aufgaben wahrzunehmen hat, die dem Betriebsinhaber obliegen (§ 9 Abs. 2 Nr. 2 OWiG). Beim Betriebsleiter ist eine ausdrückliche Beauftragung nicht erforderlich. Für alle Beauftragten gilt gemäß § 9 Abs. 3 OWiG, daß die Rechtswirksamkeit der Beauftragung keine Zurechnungsvoraussetzung ist. Entscheidend ist die faktische Übertragung und Übernahme der Stellung als Beauftragter[75]. Außerdem muß die Beauftragung durch eine dafür zuständige Person erfolgen. Das ist entweder der Inhaber des Betriebs bzw. des Unternehmens oder ein sonst dazu Befugter. Letzteres trifft z. B. auf einen Betriebsleiter zu, dessen gemäß § 9 Abs. 2 Nr. 1 OWiG begründeter Funktionsbereich auch die Delegation von Inhaberpflichten zur eigenverantwortlichen Wahrnehmung gemäß § 9 Abs. 2 Nr. 2 OWiG umfaßt.

d) Statusbezogenes Handeln

31 **Zurechnungsvoraussetzung** ist ein innerer funktionaler Zusammenhang zwischen der tatbestandsverwirklichenden Handlung und der Stellung, die den Täter zum Zurechnungsadressaten macht. Die Zurechnungsadressaten des § 9 Abs. 1 OWiG müssen die Tat "als" Organ usw., d. h. in Ausübung der spezifischen Funktionen oder Befugnisse begangen haben, die mit der Stellung als Organ, vertretungsberechtigter Gesellschafter oder gesetzlicher Vertreter verbunden sind. Damit ist die gleiche Einbindung der Tat in den spezifischen Kompetenzbereich des Organs gemeint, die auch zur zivilrechtlichen Haftung des Vertretenen z. B. nach § 31 BGB führt.

32 Der Zusammenhang muß objektiv bestehen, nicht erforderlich ist ein darauf bezogener Wille des Täters. Andererseits reicht eine Tatbegehung "bei Gelegenheit" der Aufgabenwahrnehmung nicht aus. Auch den Tätern des § 9 Abs. 2 OWiG werden Merkmale nur dann zugerechnet, wenn sie ihre Tat in eine funktionale Verbindung mit ihrem Auftrag bringen. Zurechnungsvoraussetzung ist Handeln "auf Grund des Auftrags".

33 Da die Umstände, von denen § 9 OWiG die Zurechnung der besonderen persönlichen Merkmale abhängig macht (z. B. die Organstellung), funktionales Äquivalent eines vom Täter nicht verwirklichten Tatbestandsmerkmals sind, werden sie

---

[73] *Bruns*, GA 1982, 1 (12).

[74] Dieses einschränkende Merkmal behindert die praktische Anwendung der Vorschrift erheblich und wird daher in der Literatur heftig kritisiert, *Weber*, NStZ 1986, 481 (482).

[75] KKOWiG-*Rogall*, § 9 Rn 49.

selbst wie Tatbestandsmerkmale behandelt. Der Vorsatz des Täters muß sich also auf sie beziehen, ein Irrtum über sie ist Tatbestandsirrtum[76].

e) Besondere persönliche Merkmale

Zurechnungsgegenstand sind "besondere persönliche Eigenschaften, Verhältnis- **34** se oder Umstände". Die zuzurechnenden Merkmale zeichnen sich also dadurch aus, daß sie "personenbezogen" und "besonders" sind. Mit der Bezogenheit auf die Person kontrastiert eine gewisse Unabhängigkeit des Merkmals von der Tat. Es muß möglich sein, daß der Person das Merkmal auch dann anhaftet, wenn sie sich weder als Täter noch als Beteiligter tatbestandsmäßig betätigt. Dagegen sind Merkmale, die ohne eine Tat gar nicht denkbar sind, nicht personenbezogen, son-dern "tatbezogen". Beispielsweise wird niemand die tatbezogenen Eigenschaften "grob ungehörig" (§ 118 Abs. 1 OWiG) oder "grob anstößig" (§ 119 Abs. 1 Nr. 2 OWiG) auf eine Person beziehen. Allerdings bedeutet "persönlich" nicht "auf den einzelnen Menschen bezogen". Wie § 9 Abs. 1 OWiG zeigt, gibt es auch persönli-che Merkmale, die zu juristischen Personen und Personenhandelsgesellschaften passen[77].

Die Besonderheit des Merkmals zeigt sich vor allem darin, daß es dem Men- **35** schen nicht angeboren ist, sondern erst durch Teilnahme am gesellschaftlichen Verkehr zuwächst. Bei künstlichen Rechtssubjekten, wie juristische Personen es sind, versteht sich das von selbst. Beispiele sind etwa der "Gewerbetreibende", "Unternehmer", "Arbeitgeber", "Veranstalter", "Halter eines Fahrzeugs"[78], "Betrei-ber einer Anlage".

f) Rechtsfolgen

Rechtsfolgen ergeben sich aus § 9 OWiG unmittelbar nur in bezug auf die Ahnd- **36** barkeit des Vertreters bzw. Beauftragten. Er wird auf Grund der in § 9 OWiG ge-troffenen Regelung so gestellt, als weise er selbst ein besonderes persönliches Tatbestandsmerkmal der Bußgeldvorschrift auf, deren Handlungsmerkmal er durch eigenes Verhalten erfüllt. Durch diese Tatbestandsergänzung wird bewirkt, daß der Vertreter bzw. Beauftragte den objektiven Tatbestand der Bußgeldvor-schrift vollständig erfüllt. Hinsichtlich sonstiger – nichtpersonenbezogener – Tat-bestandsmerkmale zeitigt § 9 OWiG keine Rechtsfolgen. Das gleiche gilt für die Ahndbarkeitsvoraussetzungen Rechtswidrigkeit und Vorwerfbarkeit.

Den Träger des zugerechneten besonderen persönlichen Merkmals treffen keine **37** Rechtsfolgen des § 9 OWiG[79]. Weder wird er entlastet noch wird er belastet. Die Zurechnung des Merkmals zum Vertreter oder Beauftragten hat nicht etwa die Folge, daß dieses Merkmal beim Vertretenen oder Auftraggeber "abgezogen" wird und daher für dessen ordnungswidrigkeitenrechtliche Haftung nicht mehr zur Ver-

---

[76] *Ignor/Rixen*, Arbeitsstrafrecht, Rn 940; KKOWiG-*Rogall*, § 9 Rn 86.
[77] *Bruns*, GA 1982, 1 (16).
[78] *Gehrmann*, GewArch 1981, 209 (212).
[79] *Ignor/Rixen*, Arbeitsstrafrecht, Rn 942.

fügung steht[80]. Ihm wird aber auch nicht das Verhalten des Vertreters oder Beauftragten zugerechnet. Daher ist die Verhängung einer Geldbuße gegen den Vertretenen nur unter der Voraussetzung möglich, daß er nach allgemeinen Grundsätzen die Ahndbarkeitsvoraussetzungen selbst erfüllt. Dabei kann unter Umständen das Verhalten des Vertreters bzw. Beauftragten relevant werden. Beispielsweise hat der Inhaber eines Betriebs oder Unternehmens die Pflicht, Ordnungswidrigkeiten seiner Mitarbeiter – darunter auch die Zurechnungsadressaten des § 9 OWiG – zu verhindern. Ist die Tat des Beauftragten das Resultat einer diesbezüglichen Pflichtverletzung, ergibt sich die Verantwortlichkeit des Betriebsinhabers aus § 8 OWiG oder aus § 130 OWiG. Wirkt der Merkmalsträger an der Tat des Zurechnungsadressaten aktiv mit, kommt als Ahndungsgrundlage § 14 OWiG in Betracht.

IV. Verwaltungsakzessorietät im objektiven Tatbestand

1. Tatbestands- und rechtswidrigkeitsrelevante Verwaltungsakte

38 Verwaltungsakte können Einfluß auf die Erfüllung des objektiven Tatbestandes haben. Die Tatbestandsmäßigkeit kann dadurch begründet werden, daß ein Verhalten ohne einen tatbestandausschließenden Verwaltungsakt (Genehmigung) oder im Widerspruch zu einem untersagenden Verwaltungsakt vollzogen wird. Zu beachten ist aber, daß mit verwaltungsakzessorischen Merkmalen des Delikts auch die **rechtfertigende** Relevanz behördlicher Genehmigungen im Gesetzestext angezeigt und verankert werden kann. Genehmigungskonformes Verhalten ist dann zwar objektiv tatbestandsmäßig, aber nicht rechtswidrig. Um verwaltungsrechtliche Vorgaben mit unrechtsbegründender, also tatbestandlicher Erheblichkeit handelt es sich immer dann, wenn das tatbestandsmäßige Verhalten erst durch seine Abweichung von einer verwaltungsbehördlichen Verbots- oder Gebotsverfügung als Unrecht qualifizier- und erkennbar wird, das Verhalten per se also wertneutral oder sozialadäquat ist[81]. In einem solchen Fall ist die Tat objektiv tatbestandsmäßig, wenn sie einer vollziehbaren Anordnung widerspricht oder ohne die erforderliche Genehmigung begangen wird. Umgekehrt erfüllt die Tat den objektiven Tatbestand nicht, wenn sie sich der vollziehbaren Anordnung anpaßt bzw. von einer Genehmigung gedeckt ist.

Beispielsweise ist die Errichtung eines Einfamilienhauses per se kein negativ zu bewertendes Projekt[82]. Zu einem tauglichen Gegenstand eines Bußgeldtatbestandes wird eine solche Handlung also erst, wenn sie ohne eine erforderliche Genehmigung ausgeführt wird, vgl. §§ 79 Abs. 1 Nr. 1, 54 BbgBO. Die Baugenehmigung hat also tatbestandsausschließende Wirkung[83].

---

80 *Marxen*, JZ 1988, 286 (290).
81 BayObLG, VRS 92, 232 (233): „... ist aber an sich nicht unerwünscht ...“; BayObLG, NJW 1997, 1319 (1320); KKOWiG-*Rengier*, vor §§ 15, 16 Rn 15; *Bohnert*, OWiG, § 15 Rn 33; *Göhler*, vor § 1 Rn 22 a; *Rebmann/Roth/Herrmann*, vor § 1 Rn 33.
82 Siehe auch unten § 9 Rn 22.
83 OLG Düsseldorf, BauR 2000, 123 (124).

2. Rechtswidrige Verwaltungsakte

Jeweils kommt es auf die verwaltungsverfahrensrechtliche **Wirksamkeit** und 39
Vollziehbarkeit des Verwaltungsaktes an, nicht auf seine Rechtmäßigkeit[84]. Die
Rechtswidrigkeit des Verwaltungsaktes macht diesen im Kontext des objektiven
Tatbestandes der Ordnungswidrigkeit nur dann unbeachtlich, wenn sie seine Nichtigkeit begründet, § 44 VwVfG[85]. Dagegen erzeugt ein trotz Rechtswidrigkeit
wirksamer Verwaltungsakt im objektiven Tatbestand der Ordnungswidrigkeit die
oben skizzierten Wirkungen, solange er nicht aufgehoben ist. **Rechtsmissbräuchliche** Erwirkung eines wirksamen begünstigenden – tatbestandsausschließenden –
Verwaltungsakts durch Täuschung, Nötigung, Bestechung, Kollusion ändert an
seiner Beachtlichkeit nichts. Dasselbe gilt für die Verhinderung belastender – tatbestandsbegründender – Verwaltungsakte mit eben diesen Mitteln. Der Anwendungsbereich des § 330 d Nr. 5 StGB erfaßt Ordnungswidrigkeiten ohnehin
nicht[86]. Unanwendbar ist aber auch der allgemeine Rechtsmissbrauchsgedanke, als
dessen konkrete Ausprägung § 330 d Nr. 5 StGB gilt[87]. Unterbleibt also eine belastende Anordnung, weil der Täter oder ein anderer den Beamten z. B. mit Drohung vom Erlaß des Verwaltungsaktes abgehalten hat, kann ein Verhalten, dessen
Tatbestandsmäßigkeit durch die Mißachtung einer solchen Anordnung begründet
worden wäre, nicht tatbestandsmäßig sein. Wird eine tatbestandsausschließende
Genehmigung erteilt, weil z. B. der Täter den Beamten getäuscht hat, kann ein
Verhalten, dessen Tatbestandsmäßigkeit durch das Fehlen der Genehmigung begründet worden wäre, nicht tatbestandsmäßig sein.

Kontrollfragen

1. Was sind „Mischtatbestände"? (Rn 2)
2. Was sind „eigenhändige Delikte"? (Rn 13)
3. Setzen „Eignungsdelikte" den Eintritt eines Verletzungserfolges voraus? (Rn 15)
4. Kann eine GmbH den objektiven Tatbestand einer Ordnungswidrigkeit erfüllen? (Rn 18)
5. Welche Ahndungslücken schließt § 9 OWiG? (Rn 21)
6. Ist eine durch Täuschung des Beamten erwirkte tatbestandsausschließende Genehmigung beachtlich? (Rn 39)

---

[84] KKOWiG-*Rengier*, vor §§ 15, 16 Rn 21; *Bohnert*, OWiG, § 15 Rn 34.

[85] *Bohnert*, OWiG, § 15 Rn 35.

[86] *Paetzold*, NStZ 1996, 170; *Wohlers*, JZ 2001, 850 (856). Für eine Anwendbarkeit des § 330 d Nr. 5 StGB auf Bußgeldtatbestände im Vorfeld von Straftatbeständen des 29. Abschnitts des StGB-BT - z. B. § 62 BImSchG - aber *U. Weber*, FS Hirsch, S. 795 (806).

[87] *U. Weber*, FS Hirsch, S. 795 (805); KKOWiG-*Rengier*, vor §§ 15, 16 Rn 21 a.

Literatur

Bruns, Grundprobleme der strafrechtlichen Organ- und Vertreterhaftung (§ 14 StGB, § 9 OWiG), GA 1982, 1.

Schünemann, Strafrechtsdogmatische und kriminalpolitische Grundfragen der Unternehmenskriminalität, wistra 1982, 41.

Többens, Die Bekämpfung der Wirtschaftskriminalität durch die Troika der §§ 9, 130 und 30 des Gesetzes über Ordnungswidrigkeiten, NStZ 1999, 1.

§ 8 Subjektiver Tatbestand

Im Deliktsaufbau der vollendeten[1] Ordnungswidrigkeit folgt auf den objektiven **1** Tatbestand der subjektive Tatbestand[2]. Wenn der objektive Tatbestand nicht vollständig verwirklicht ist, bleibt die Prüfung des subjektiven Tatbestandes im Rahmen des vollendeten Delikts aus. Sofern der Versuch der Ordnungswidrigkeit mit Geldbuße bedroht ist (vgl. § 13 Abs. 2 OWiG, näher dazu unten § 12), kann in diesem Zusammenhang Anlaß zur Erörterung des subjektiven Tatbestandes bestehen[3]. Während der objektive Tatbestand die Außenseite der Ordnungswidrigkeit abbildet[4], beziehen sich die subjektiven Tatbestandsmerkmale auf **innere, psychische** Tatsachen[5]. Es handelt sich also um Wissens- und Willenselemente.

I. Bestandteile des subjektiven Tatbestandes

1. Vorsatz oder Fahrlässigkeit

Eine Ordnungswidrigkeit setzt entweder vorsätzliche oder fahrlässige Verwirkli- **2** chung des objektiven Tatbestandes voraus, § 10 OWiG. Eine Tat, die weder vorsätzlich noch fahrlässig begangen worden ist, kann weder mit Geldbuße geahndet werden noch als "mit Geldbuße bedrohte Handlung" i.S. des § 1 Abs. 2 OWiG sonstige rechtliche Bedeutung erlangen. Sie kann also keine „Rauschtat" im Rahmen des § 122 OWiG[6] und keine „Zuwiderhandlung" im Rahmen des § 130 OWiG[7] sein. Eine objektive tatbestandsmäßige, aber weder vorsätzlich noch fahrlässig begangene Tat kann auch nicht Grundlage einer Einziehung nach § 22 Abs. 3 OWiG[8], eines Verfalls nach § 29 a OWiG[9] und einer Verbandsgeldbuße nach § 30 OWiG[10] sein. Denn ohne Vorsatz und Fahrlässigkeit ist die Handlung **nicht tatbestandsmäßig**, also kein Unrecht – nicht etwa bloß „nicht vorwerfbar"! In der Rechtsprechung und Literatur zum Ordnungswidrigkeitenrecht hält sich allerdings noch die traditionelle Auffassung, Vorsatz und Fahrlässigkeit seien Elemente der

---

[1]   Zum teilweise abweichenden Aufbau der versuchten Ordnungswidrigkeit unten § 12 Rn 10.

[2]   *Bohnert*, OWiG, § 1 Rn 13.

[3]   *Baumann/Weber/Mitsch*, § 26 Rn 4, 24.

[4]   *Jescheck/Weigend*, § 27 I 1.

[5]   *Cramer*, Grundbegriffe, S. 50; *Stratenwerth/Kuhlen*, § 8 Rn 47-60; SK-*Rudolphi*, Vor § 1 Rn 36.

[6]   KKOWiG-*Rengier*, § 122 Rn 31-33.

[7]   *Bohnert*, OWiG, § 130 Rn 25; KKOWiG-*Rogall*, § 130 Rn 75.

[8]   KKOWiG-*Mitsch*, § 22 Rn 45; a. A. *Rebmann/Roth/Herrmann*, § 22 Rn 38.

[9]   KKOWiG-*Mitsch*, § 29 a Rn 8.

[10] KKOWiG-*Rogall*, § 30 Rn 71.

Vorwerfbarkeit, weshalb ihr Fehlen die Tatbestandsmäßigkeit der Ordnungswidrigkeit nicht berühre[11]. Nach zutreffender Ansicht gibt es aber keinen sachlichen Grund, diese Ahndungsvoraussetzungen im Ordnungswidrigkeitenrecht deliktssystematisch anders einzuordnen als im Strafrecht[12]. Denn auf der dogmatischen Grundlage des personalen Unrechts[13] kann kein Zweifel daran bestehen, daß Vorsatz und Fahrlässigkeit bereits dem strafrechtlich relevanten **Handlungsunrecht** ihr Gepräge geben. Ein weder vorsätzliches noch fahrlässiges Verhalten wirft die Frage nach strafbarkeitsbegründender Vorwerfbarkeit genauso wenig auf wie das Verhalten eines Tieres oder das Wirken sonstiger sächlicher Gefahrenquellen. In dieser Hinsicht besteht zwischen Straftat und Ordnungswidrigkeit kein Unterschied.

3   Wie das Strafrecht (vgl. § 15 StGB) stellt auch das Ordnungswidrigkeitenrecht die Fahrlässigkeit als alternative Form fehlerhafter Verhaltenssteuerung neben den Vorsatz, § 10 OWiG. Daher ist die Fahrlässigkeit bei den Bußgeldvorschriften, die die Ahndbarkeit fahrlässigen Verhaltens ausdrücklich anordnen, Bestandteil des Ordnungswidrigkeitentatbestandes. Will man bei Fahrlässigkeitsdelikten ebenfalls zwischen objektivem und subjektivem Tatbestand differenzieren[14], kann man die Fahrlässigkeit als Teil des subjektiven Tatbestandes qualifizieren.

2. Besondere subjektive Tatbestandsmerkmale

4   Aus dem Strafrecht ist bekannt, daß manche Straftaten in ihrem subjektiven Tatbestand neben dem Vorsatz noch ein weiteres subjektives Tatbestandsmerkmal aufweisen. Beispielsweise komplettiert die "Zueignungsabsicht" den subjektiven Tatbestand des Diebstahls (§ 242 StGB) und des Raubes (§ 249 StGB), die "Bereicherungsabsicht" den subjektiven Tatbestand der Erpressung (§ 253 StGB), der Hehlerei (§ 259 StGB) und des Betrugs (§ 263 StGB) sowie die "Täuschungsabsicht" den subjektiven Tatbestand der Urkundenfälschung (§ 267 StGB). In allen diesen Fällen genügt der auf die objektiven Tatbestandsmerkmale bezogene Vorsatz zur Erfüllung des subjektiven Tatbestandes nicht. Dieselbe dogmatische Erscheinung gibt es auch im Ordnungswidrigkeitenrecht[15]. Eine Ordnungswidrigkeit liegt dann also nur vor, wenn der Täter vorsätzlich handelte und das weitere subjektive Tatbestandsmerkmal erfüllt hat.

---

[11] OLG Hamm, VRS 90, 210 (211); 94, 466 (467); OLG Düsseldorf, VRS 90, 231 (232); 93, 143: „Schuldform"; *Thieß*, Ordnungswidrigkeitenrecht, 176, 191; *Rebmann/Roth/ Herrmann*, Vor § 1 Rn 45; § 10 Rn 3. Merkwürdig ist, daß diese Autoren den Ausschluß des Unrechts von subjektiven Rechtfertigungselementen abhängig machen, vgl. *Thieß*, aaO, Rn 155; *Rebmann/Roth/Herrmann*, Vor § 1 Rn 38, 41; § 15 Rn 11; § 16 Rn 23.

[12] KKOWiG-*Rengier*, § 10 Rn 3.

[13] Dazu *Jescheck/Weigend*, § 24 III 4.

[14] *Struensee*, Der subjektive Tatbestand des fahrlässigen Delikts, JZ 1987, 53 ff.

[15] *Bauer/Wrage-Molkenthin*, WuW 1988, 586 (594); *Schumann*, Einheitstätersystem, S. 31; KKOWiG-*Rengier*, § 10 Rn 7.

Beispiele sind § 33 Abs. 5 Nr. 1 AWG

"Ordnungswidrig handelt ferner, wer unrichtige oder unvollständige Angaben tatsächlicher Art macht oder benutzt, um für sich oder einen anderen eine Genehmigung oder eine Bescheinigung zu erschleichen, die nach diesem Gesetz oder einer zu seiner Durchführung erlassenen Rechtsverordnung erforderlich ist".

und § 36 Abs. 1 MOG :

„Ordnungswidrig handelt, wer vorsätzlich oder leichtfertig unrichtige oder unvollständige Angaben tatsächlicher Art macht oder benutzt, um für sich oder einen anderen eine Lizenz, Erlaubnis, Genehmigung, Zulassung, Anerkennung, Bewilligung oder Bescheinigung zu erlangen, die nach Regelungen im Sinne des § 1 Abs. 2 hinsichtlich Marktordnungswaren oder nach Rechtsverordnungen auf Grund dieses Gesetzes erforderlich sind."

Der mit dem Wort "um" eingeleitete Teil der Gesetzestexte bezeichnet eine **über-   5 schießende Absicht** des Täters. Sie ist ein subjektives Tatbestandsmerkmal und bezieht sich auf einen bestimmten Erfolg (z. B. Erteilung einer Erlaubnis), der nicht Bestandteil des objektiven Tatbestandes ist[16]. Dieser Erfolg ist daher auch nicht Gegenstand des allgemeinen subjektiven Tatbestandsmerkmals "Vorsatz". Objektives Tatbestandsmerkmal ist nur die Täuschungshandlung (unrichtige oder unvollständige Angabe). Der Eintritt des erstrebten Täuschungserfolges ist dagegen zur Erfüllung des objektiven Tatbestandes und damit zur Vollendung der Ordnungswidrigkeit nicht erforderlich[17]. Die Erfüllung des subjektiven Tatbestandes und damit die Begründung einer vollständigen Ordnungswidrigkeit hängt dagegen davon ab, daß der Täter die objektiv tatbestandsmäßige Handlung in der Absicht vollzog, durch die Täuschung den Erfolg herbeizuführen.

Besondere Absichten verbergen sich auch hinter Tatbestandsmerkmalen wie **6** „gewerbsmäßig" (z. B. § 36 Abs. 4 S. 1 MOG, § 55 Abs. 1 Nr. 6, 9, 10, 11, 12, 13 WaffG; § 23 Abs. 1 StVG) oder „geschäftsmäßig" (z. B. § 8 Abs. 1 Nr. 1 RBerG; 160 Abs. 1 StBerG). Jeweils verlangt der subjektive Tatbestand, daß der Täter beim Vollzug der objektiv tatbestandsmäßigen Handlung eine auf künftiges Verhalten gerichtete – also „überschießende" – Absicht hat[18].

Zum Teil ist das besondere subjektive Tatbestandsmerkmal im Gesetzestext an versteckter Stelle aufgestellt. So findet man in § 81 GWB keinen unmittelbaren Hinweis auf das Erfordernis einer bestimmten überschießenden Absicht und stößt auf diese Ahndbarkeitsvoraussetzung erst in Vorschriften, auf die in § 81 GWB verwiesen wird. Dies läßt sich etwas anhand des § 81 Abs. 1 Nr. 1 i. V. m. § 21 Abs. 1 GWB demonstrieren:

---

[16]   BGH, NStZ 1985, 367; *Schumann*, Einheitstätersystem, S. 31.
[17]   *Bauer/Wrage-Molkenthin*, WuW 1988, 586 (594).
[18]   OLG Düsseldorf, NStZ 1983, 177; wistra 1988, 241 (242); *Erbs/Kohlhaas/Senge*, § 8 RBerG Rn 15; § 160 StBerG Rn 12.

§ 81 Abs. 1 Nr. 1 GWB:

„Ordnungswidrig handelt, wer vorsätzlich oder fahrlässig
1. einer Vorschrift der ... §§ 21, 22 Abs. 1 ... der Behinderung oder unterschiedlichen Behandlung von Unternehmen ... zuwiderhandelt"

§ 21 Abs. 1 GWB:

„Unternehmen und Vereinigungen von Unternehmen dürfen nicht ein anderes Unternehmen oder Vereinigungen von Unternehmen, in der Absicht, bestimmte Unternehmen unbillig zu beeinträchtigen, zu Liefersperren oder Bezugssperren auffordern."

Die in § 21 Abs. 1 GWB beschriebene Beeinträchtigungsabsicht, ist ein subjektives Tatbestandsmerkmal der in § 81 Abs. 1 Nr. 1 GWB normierten Ordnungswidrigkeit[19].

II. Vorsatz

7   Gemäß § 10 OWiG[20] ist der Vorsatz Mindestbestandteil des subjektiven Tatbestandes, sofern nicht durch ausdrückliche gesetzliche Anordnung die fahrlässige Verwirklichung des Tatbestandes mit Geldbuße bedroht ist. Da letzteres im Ordnungswidrigkeitenrecht sehr häufig der Fall ist, hat der Vorsatz hier als Ahndungsvoraussetzung keine so große Bedeutung wie im Strafrecht. Fehlt der Vorsatz, kann meistens gleichwohl eine Geldbuße verhängt werden, weil auch die fahrlässige Tat bußgeldbedroht ist.

Beispiel:

§ 49 Abs. 1, 2, 3 und 4 StVO wird jeweils mit dem Satz eingeleitet „Ordnungswidrig im Sinne des § 24 des Straßenverkehrsgesetzes handelt, wer vorsätzlich oder fahrlässig ..."

1. Vorsatzformen

8   Schreibt das Gesetz keine besondere Vorsatzform vor, sind **alle** – drei[21] – **Vorsatzformen** geeignet, den subjektiven Tatbestand der Ordnungswidrigkeit zu erfüllen[22]. Das bedeutet, daß in einem solchen Fall die schwächste Vorsatzform, der **bedingte Vorsatz** (dolus eventualis), ausreicht. Weitere Vorsatzformen sind die

---

[19]   *Dannecker/Biermann*, in: Immenga/Mestmäcker, GWB, Vor § 81 Rn 58; § 81 Rn 122.
[20]   Parallele im Strafrecht: § 15 StGB.
[21]   *Cramer*, Grundbegriffe, S. 54; *Gropp*, AT, § 5 Rn 61: dolus eventualis, dolus directus I, dolus directus II.
[22]   KKOWiG-*Rengier*, § 10 Rn 5; *Dannecker/Biermann*, in: Immenga/Mestmäcker, Vor § 81 Rn 58.

Absicht und die **Wissentlichkeit**. Allerdings gibt es im ganzen Ordnungswidrigkeitenrecht keinen Tatbestand, der als Mindestvorsatzform "Absicht" verlangt. Die Absicht hat daher im Ordnungswidrigkeitenrecht nur als besonderes subjektives Tatbestandsmerkmal (vgl. oben I. 2.) neben dem allgemeinen Vorsatz – für den dolus eventualis ausreicht – Bedeutung. So verhält es sich z. B. in § 81 Abs. 1 Nr. 1 GWB und in § 33 Abs. 5 Nr. 1 AWG[23]. Auch die Vorsatzform "Wissentlichkeit" ist im Ordnungswidrigkeitenrecht sehr selten.

Ein Beispiel ist in § 213 Abs. 1 Nr. 1 BauGB zu finden: "Ordnungswidrig handelt, wer wider besseres Wissen unrichtige Angaben macht oder...".

2. Merkmale des Vorsatzes

Der Vorsatz ist die psychische Beziehung des Täters zu einem Gegenstand. Diese **9** Beziehung hat eine kognitive und eine voluntative Komponente, das **Wissen** und das **Wollen**[24]. Alle drei Vorsatzformen (bedingter Vorsatz, Absicht, Wissentlichkeit) haben diese Grundstruktur. Bezugsgegenstand des Vorsatzes sind Umstände (Tatsachen), die objektiv-tatbestandsmäßige Qualität haben. Vorsatz ist also immer der Wille zur Verwirklichung eines Sachverhalts, der den objektiven Tatbestand erfüllt, und das Wissen, daß ein objektiv-tatbestandsmäßiger Sachverhalt verwirklicht wird bzw. werden könnte. Fehlt das Wissenselement oder das Willenselement oder fehlen beide, liegt eine vorsätzliche Tat nicht vor. Der Unterschied zwischen Eventualvorsatz, Absicht und Wissentlichkeit ergibt sich aus der verschiedenen "Stärke", mit der das Wissens- oder das Willenselement oder beide Elemente in der Vorsatzform auftreten. Bei der Absicht ist das Willenselement besonders stark ausgeprägt: Dem Täter kommt es auf den Umstand an, der den objektiven Tatbestand erfüllt, er hat einen auf dieses Objekt „zielgerichteten Willen"[25]. Bei der Wissentlichkeit liegt der Akzent auf dem Wissenselement. Der Täter weiß oder sieht als gewiß voraus (Gewißheitsvorstellung), daß Umstände vorliegen oder vorliegen werden, die den objektiven Tatbestand erfüllen[26]. Der Eventualvorsatz[27] ist dadurch gekennzeichnet, daß sowohl sein Wissens- als auch sein Willenselement einen verminderten Intensitätsgrad aufweisen[28]. Das "Wissen" ist hier reduziert auf ein bloßes "Für-Möglich-Halten", das "Wollen" ein "billigendes Inkaufnehmen" des Umstandes, der den objektiven Tatbestand verwirklicht[29]. Durch dieses verkümmerte Willenselement unterscheidet sich der bedingte Vor-

---

[23] Gesetzestext s. o. bei Rn 4, 6.

[24] *Cramer*, Grundbegriffe, S. 52; *Gropp*, AT, § 5 Rn 60.

[25] *Bohnert*, OWiG, § 10 Rn 5; *Baumann/Weber/Mitsch*, § 20 Rn 41; *Gropp*, AT, § 5 Rn 92; *Dannecker/Biermann*, in: Immenga/Mestmäcker, Vor § 81 Rn 58.

[26] *Baumann/Weber/Mitsch*, § 20 Rn 46; *Gropp*, AT, § 5 Rn 97.

[27] Dazu *Gropp*, AT, § 5 Rn 99 ff.

[28] KKOWiG-*Rengier*, § 10 Rn 11.

[29] Umfassend zu den Theorien des dolus eventualis, insbesondere solchen, die auf ein Willenselement ganz verzichten, *Hillenkamp*, 32 Probleme aus dem Strafrecht Allgemeiner Teil, 11. Aufl. 2003, 1. Problem (S. 1 – 12).

satz von der bewußten Fahrlässigkeit, die – wie jede Form der Fahrlässigkeit – überhaupt kein Willenselement hat[30].

3. Vorsatzgegenstand

10 Bezugsobjekt des Vorsatzes sind die Tatsachen, die die Merkmale des **objektiven Tatbestandes** erfüllen, vgl. § 11 Abs. 1 S. 1 OWiG[31]. Daher ist z. B. die Unkenntnis der Genehmigungspflichtigkeit bei einem objektiven Tatbestand, zu dessen Merkmalen das Nichtvorliegen der erforderlichen Genehmigung gehört[32], vorsatzausschließender Tatbestandsirrtum[33]. Der Vorsatzgegenstand muß in seiner stofflichen Existenz[34] und in seiner tatbestandsspezifischen normativen Bedeutung[35] erfaßt werden. Besteht das bußgeldbedrohte Verhalten z. B. in der Mißachtung eines Verkehrszeichens (vgl. § 49 Abs. 3 Nr. 4 StVO), entfällt der Vorsatz nicht nur, wenn der Täter das Verkehrsschild gar nicht gesehen hat, sondern auch, wenn er es zwar gesehen, aber nicht richtig verstanden hat[36]. Eine exakte juristische Wertung ist für die Erlangung des Bedeutungsbewußtseins allerdings nicht erforderlich. Es genügt eine zutreffende "Parallelwertung in der Laiensphäre"[37].

11   Was nicht zum objektiven Tatbestand gehört, ist nicht Gegenstand des Vorsatzes. Daher kann das Wissen und Wollen bezüglich eines nicht dem objektiven Tatbestand zugeordneten Umstands den Vorsatz nicht begründen. Umgekehrt kann das Nicht-Wissen oder Nicht-Wollen bezüglich eines solchen Umstands den Vorsatz nicht ausschließen. Kein Vorsatzgegenstand sind Umstände, die Substrat eines Rechtfertigungsgrundes, der Vorwerfbarkeit oder einer objektiven Voraussetzung der Ahndbarkeit sind[38].

4. Tatbestandsirrtum

12 Der Tatbestandsirrtum ist ein **vorsatzausschließender** Irrtum. Seine gesetzliche Umschreibung in § 11 Abs. 1 S. 1 OWiG ist im wesentlichen identisch mit der strafrechtlichen Irrtumsregelung in § 16 Abs. 1 S. 1 StGB. Irrtum bedeutet falsche Vorstellung von der Wirklichkeit. Beim Tatbestandsirrtum bezieht sich der Vorstellungsmangel auf einen Wirklichkeitsausschnitt, der dem objektiven Tatbestand

---

[30] *Gropp*, AT, § 12 Rn 19.

[31] *Cramer*, Grundbegriffe, S. 53; *Bohnert*, OWiG, § 10 Rn 9; *Gropp*, AT, § 5 Rn 63.

[32] Dazu oben § 7 Rn 38.

[33] BayObLG, VRS 92, 232 (233); NJW 1997, 1319 (1320); OLG Düsseldorf, BauR 2000, 123 (124); a. A. OLG Düsseldorf, NVwZ 1995, 727 (728): Verbotsirrtum.

[34] KKOWiG-*Rengier*, § 11 Rn 13.

[35] BayObLG, wistra 1995, 158 (1599, *Lang-Hinrichsen*, GA 1957, 225 (235); KKOWiG-*Rengier*, § 11 Rn 15; *Dannecker/Biermann*, in: Immenga/Mestmäcker, Vor § 81 Rn 61.

[36] OLG Köln, VRS 26, 107 (108); KKOWiG-*Rengier*, § 11 Rn 109 ff.

[37] BayObLG, wistra 1995, 158 (159); *Cramer*, Grundbegriffe, S. 53; *Bohnert*, OWiG, § 10 Rn 10; *Dannecker/Biermann*, in: Immenga/Mestmäcker, Vor § 81 Rn 61.

[38] *Cramer*, Grundbegriffe, S. 55; FK-*Achenbach*, Vor § 81 Rn 83.

zugeordnet ist. Der Fehler besteht darin, daß der Täter die tatbestandsmäßige Wirklichkeit nicht erfaßt. Er weiß nichts von der Existenz eines objektiv-tatbestandsmäßigen Umstands, d. h. er hat entweder von der diesen Umstand ein-schließenden Wirklichkeit überhaupt keine Vorstellung oder eine unvollständige bzw. unrichtige Vorstellung, in der dieser Umstand nicht vorkommt. Aber auch bei zutreffender Vorstellung von der Existenz eines objektiv-tatbestandsmäßigen Umstands ist ein Tatbestandsirrtum möglich, wenn nämlich der Täter die objektiv-tatbestandsmäßige Bedeutung des Umstands nicht erkennt[39]. Vorsatzausschließen-de Qualität hat jedoch nur eine auf fehlerhafter "Parallelwertung in der Laiensphä-re" beruhende Bedeutungsunkenntnis[40].

Die irrige Annahme rechtfertigender Tatsachen – der "**Erlaubnistatbestands-** **13** **irrtum**" – ist im OWiG ebenso wenig geregelt worden wie im StGB. Der Gesetz-geber wollte auch im Ordnungswidrigkeitenrecht der noch unabgeschlossenen wissenschaftlichen Diskussion nicht vorgreifen und die dogmatische Einordnung dieser Irrtumsart Rechtsprechung und Lehre überlassen. Der Erlaubnistatbestands-irrtum ist kein Tatbestandsirrtum i.S. des § 11 Abs. 1 S. 1 OWiG, da die Fehlvor-stellung sich nicht auf Umstände bezieht, die zum objektiven Tatbestand gehören. Gegenstand des Irrtums sind die tatsächlichen Voraussetzungen eines Rechtferti-gungsgrundes[41]. Aus diesem Grund wird der Erlaubnistatbestandsirrtum unten im Zusammenhang mit der Rechtswidrigkeit erörtert.

III. Fahrlässigkeit

1. Bedeutung der Fahrlässigkeit im Ordnungswidrigkeitenrecht

a) Häufigkeit

§ 10 OWiG erweckt den Eindruck, daß die vorsätzliche Ordnungswidrigkeit die **14** Regel und die fahrlässige Ordnungswidrigkeit die **Ausnahme** ist[42]. Dieser Ein-druck täuscht. Tatsächlich ist es umgekehrt. Die Fahrlässigkeit beherrscht das Bild des Ordnungswidrigkeitenrechts[43]. Das gilt nicht nur für die Statistik der wirk-lichen Normverstöße, sondern auch für die Gesetzeslage. Anders als im Strafrecht (vgl. § 15 StGB) ist der Gesetzgeber im Ordnungswidrigkeitenrecht bei der Auf-stellung von Fahrlässigkeitstatbeständen nicht sparsam vorgegangen[44]. Tatbestän-de, bei denen Fahrlässigkeit ausreichende Ahndungsvoraussetzung ist, sind daher sehr häufig. Beispielsweise verwenden die Bußgeldvorschriften des Straßen-

---

[39] *Volk*, BB 1987, 139 (142).
[40] *Bauer/Wrage-Molkenthin*, WuW 1988, 586 (591); *Rudolphi*, JR 1973, 511; KKOWiG-*Rengier*, § 11 Rn 3.
[41] KKOWiG-*Rengier*, § 11 Rn 103.
[42] *Weber*, ZStW 96 (1984), 376 (389); MK-*Duttge*, § 15 Rn 16.
[43] *Weber*, ZStW 96 (1984), 376 (389); *ders.*, ZStW 92 (1980), 313 (335); *Cramer*, Grund-begriffe, S. 90; KKOWiG-*Rengier*, § 10 Rn 1; MK-*Duttge*, § 15 Rn 16.
[44] *Weber*, ZStW 92 (1980), 313 (335); *Arzt/Weber*, BT, § 35 Rn 96.

verkehrsrechts stets die Wendung "vorsätzlich oder fahrlässig" (vgl. §§ 23 Abs. 1, 24 Abs. 1, 24 b Abs. 1 StVG, § 49 Abs. 1, 2, 3, 4 StVO, § 69a Abs. 2, 3, 4, 5 StVZO)[45] bzw. "Ordnungswidrig handelt auch, wer die Tat fahrlässig begeht" (§ 24a Abs. 3 StVG)[46]. Reine Vorsatztatbestände findet man vor allem im Dritten Teil des OWiG (§§ 112, 115, 116, 117, 118, 119, 120, 124, 125, 126 OWiG). Bußgeldtatbestände ohne Fahrlässigkeitsahndbarkeit außerhalb des OWiG sind z. B. § 405 AktG, § 39 Abs. 1 WpHG und § 93 Abs. 2 AuslG.

15   **Vorsatz-Fahrlässigkeits-Kombinationen** gibt es im Ordnungswidrigkeitenrecht in der Form, daß bezüglich eines objektiven Tatbestandsmerkmals der Ordnungswidrigkeit Fahrlässigkeit ausreicht, während bezüglich aller anderen objektiven Tatbestandsmerkmale Vorsatz erforderlich ist, vgl. §§ 111 Abs. 2, 113 Abs. 2, 127 Abs. 2, 128 Abs. 2 OWiG. Beispielsweise reicht bei der Ordnungswidrigkeit des § 128 OWiG fahrlässiges Nichterkennen der „Eignung" (§ 128 Abs. 2 OWiG); dagegen ist hinsichtlich der Eigenschaft des Tatobjekts als „Drucksache" sowie hinsichtlich der Tathandlung „herstellen" oder „verbreiten" Vorsatz erforderlich.

16   Für die Häufung von Fahrlässigkeitstatbeständen im Ordnungswidrigkeitenrecht lassen sich durchaus rechtsgebietsspezifische **Gründe** finden: Bei Ordnungswidrigkeiten liegt der Schwerpunkt der ahndungswürdigen deliktischen Substanz im äußeren Verhaltensvollzug. Dieser bewirkt die Störung des gedeihlichen Miteinanders in einer vielfältige Berührungs- und Reibungspunkte aufweisenden gesellschaftlichen Realität und weckt das Bedürfnis nach repressiver staatlicher Reaktion. Der Aspekt der fehlerhaften normwidrigen inneren Einstellung des Subjekts tritt als Anknüpfungspunkt ahndender Rechtspflege in den Hintergrund. Die bewußte und willentliche Auflehnung gegen Normen hat als Realgrund und Legitimation sanktionsrechtlicher Übelszufügung geringere Relevanz als im Kriminalstrafrecht, wie man an der sehr geringen ordnungswidrigkeitenrechtlichen Erfassung des Versuchs deutlich erkennen kann. Nicht die normdestabilisierende bewußt willentliche Abkehr von den rechtlichen Verhaltensanforderungen, sondern die auf Nachlässigkeit, Bequemlichkeit, Sorglosigkeit, Gedankenlosigkeit, Unaufmerksamkeit usw. beruhende Verhaltensfehlsteuerung ist die typische Delinquenzform des Ordnungswidrigkeitenrechts. Daher liegt zwischen vorsätzlichem und fahrlässigem Fehlverhalten – also der vorsätzlichen oder fahrlässigen Erfüllung des objektiven Tatbestandes – im Ordnungswidrigkeitenrecht eine geringere Unwertdifferenz als im (Kriminal-)Strafrecht.

17   Ein weiterer für das Ordnungswidrigkeitenrecht spezifischer Grund extensiver Fahrlässigkeitsahndung ist das Bedürfnis der Praxis nach **vereinfachter** und **beschleunigter Rechtsanwendung.** Der Rechtsanwender – das ist im verwaltungsbehördlichen Teil des Bußgeldverfahrens (§§ 35 ff. OWiG) kein Richter und kein Staatsanwalt, sondern ein Beamter, häufig ohne Befähigung zum Richteramt (§ 5 DRiG) – kann sich den praktischen Schwierigkeiten der Feststellung vorsatzrelevanter Tatsachen und ihrer Subsumtion unter den Vorsatzbegriff entziehen, indem

---

[45]   Vgl. aber (zu § 49 StVO) BGHSt 31, 55 ff.
[46]   Weitere Beispiele bei MK-*Duttge*, § 15 Rn 17.

er auf die Fahrlässigkeit ausweicht[47]. Die Lehre vom „normativ-ethischen Stufen-verhältnis" gibt dieser Verfahrensweise in den Fällen eine tragfähige Grundlage, in denen eine eindeutige Festlegung auf Fahrlässigkeit an der nicht ausschließbaren Möglichkeit, daß die Tat vorsätzlich begangen wurde, scheitert[48]. Dieser Ver-einfachungseffekt potenziert sich, wenn man – entgegen der h. M. – fahrlässige Beteiligung im Sinn des § 14 OWiG sowie Beteiligung an fahrlässiger Tat für ahndbar hält[49]. Der prozessuale Feststellungs- und Begründungsaufwand wird re-duziert, da die Bußgeldanordnung nicht vom schwierigen Nachweis interner per-sonaler Befindlichkeiten abhängt, sondern sich auf die stärker aus äußeren Tatsa-chen herleitbare Sorgfaltspflichtwidrigkeit stützen läßt. Damit beseitigt der Rechtsanwender zugleich einen potentiellen Angriffspunkt der Bußgeldentschei-dung, auf den Einspruch oder Rechtsbeschwerde zielen könnten: Ein Streit um Vorsatz und vorsatzausschließende Irrtümer ist ausgeschlossen, wenn der Vor-satzaspekt von vornherein ausgeklammert worden ist. Erfolgversprechenden Rechtsbehelfen kann so vorgebeugt werden[50].

b) Rechtsfolgenrelevanz

Bei Gesetzen, die vorsätzliches und fahrlässiges Verhalten mit Geldbuße bedro- **18** hen, kommt es mitunter vor, daß auf der Rechtsfolgenseite zwischen diesen beiden Fehlverhaltensformen differenziert und für die fahrlässige Tatbestandsverwirkli-chung eine **geringere Geldbuße** angedroht wird als für die vorsätzliche Tat. Bei-spielsweise zieht § 127 Abs. 4 OWiG die Obergrenze für vorsätzliche Taten (§ 127 Abs. 1 OWiG) bei 10.000 EUR, für fahrlässige Taten (§ 127 Abs. 2 OWiG) bei 5.000 EUR. Ähnlich differenzieren §§ 111 Abs. 3 und 128 Abs. 4 OWiG. In der Regel begrenzen die Bußgeldvorschriften aber den Sanktionsrahmen nicht in einer zwischen Vorsatz und Fahrlässigkeit unterscheidenden Weise (vgl. z. B. § 114 Abs. 2 OWiG, §§ 23 Abs. 2, 24 Abs. 2, 24 a Abs. 4, 24 b Abs. 2 StVG, § 32 Abs. 2 BtMG, § 81 Abs. 2 S. 1 i.V.m. § 81 Abs. 1 Nr. 3, 4, 6 b, 7, 8 GWB; § 55 Abs. 3 WaffG). Dann kommt die allgemeine Regel des § 17 Abs. 2 OWiG zur Anwendung. Danach vermindert sich das gesetzlich zulässige Höchstmaß der Geldbuße bei fahrlässiger Tat auf die Hälfte des Höchstbetrages, der gegen vor-sätzliche Tatbestandsverwirklichung verhängt werden kann. Also darf die fahrläs-sige Verletzung der 0,5-Promille-Grenze (§ 24a Abs. 3 StVG) mit maximal 750 EUR Geldbuße geahndet werden, § 24a Abs. 4 StVG i. V. m. § 17 Abs. 2 OWiG.

2. Formen der Fahrlässigkeit

Wie den Vorsatz gliedert das Straf- und Ordnungswidrigkeitenrecht auch die Fahr- **19** lässigkeit in mehrere Arten. Allen diesen Fahrlässigkeitsformen ist gemeinsam,

---

[47] OLG Hamm, VRS 95, 38 (39); *Weber*, ZStW 92 (1980), 313 (337).
[48] *Cramer*, Grundbegriffe, S. 90; KKOWiG-*Rogall*, Vor § 1 Rn 39.
[49] Ausführlich dazu unten § 13 Rn 53 ff.
[50] *Weber*, ZStW 92 (1980), 313 (337).

daß der Täter die Begehung einer objektiv-tatbestandsmäßigen Tat nicht will[51]. In diesem Punkt besteht also immer eine klare Abgrenzung der Fahrlässigkeit zum Vorsatz[52]. Im übrigen ist die Differenz zum Vorsatz bei den verschiedenen Fahrlässigkeitsformen uneinheitlich.

20   **Unbewußte Fahrlässigkeit** liegt vor, wenn der Täter nicht erkennt, daß er durch sein Verhalten einen Sachverhalt verwirklicht, der objektiv-tatbestandsmäßig ist[53]. Diese Form der Fahrlässigkeit ist vom Vorsatz am weitesten entfernt. Ihr fehlt nicht nur das Willens-, sondern auch das Wissenselement des Vorsatzes. **Bewußte Fahrlässigkeit** liegt vor, wenn der Täter die Erfüllung eines objektiven Tatbestandes für möglich hält, aber darauf vertraut, daß diese Möglichkeit sich nicht bewahrheiten werde[54]. Diese Fahrlässigkeitsform stimmt also im kognitiven Element mit dem bedingten Vorsatz überein und unterscheidet sich von diesem nur in voluntativer Hinsicht[55].

21   Die dogmatischen Begriffe "unbewußt" und "bewußt" haben allerdings keine Entsprechung im Gesetzestext. Die Bußgeldvorschriften differenzieren nirgends zwischen unbewußter und bewußter Fahrlässigkeit, sondern behandeln sie stets gleich. Wenn also im Gesetz von "fahrlässig" die Rede ist, sind immer beide Fahrlässigkeitsformen gemeint. Deshalb kann das Unterscheidungsmerkmal im Rahmen der Ahndbarkeitsbegründung keine rechtliche Relevanz erlangen. Möglich ist eine Ungleichbehandlung nur bei der Bußgeldbemessung[56]. Häufig – wenngleich nicht regelmäßig[57] – wird die bewußte Fahrlässigkeit schwerer wiegen und daher eine höhere Geldbuße begründen als die unbewußte Fahrlässigkeit.

22   Eine dritte Sonderform der Fahrlässigkeit ist die **Leichtfertigkeit**. Diese ist eine Unterart sowohl der unbewußten als auch der bewußten Fahrlässigkeit und unterscheidet sich von diesen daher nicht[58]. Leichtfertigkeit ist immer entweder unbewußte oder bewußte Fahrlässigkeit. Die Besonderheit der Leichtfertigkeit besteht in dem gegenüber der "normalen" Fahrlässigkeit erhöhten Grad an Sorgfaltspflichtwidrigkeit. "Leichtfertig" ist ein Synonym für "grob fahrlässig" (vgl. § 277 BGB)[59]. Wer leichtfertig handelt, mißachtet die gebotene Sorgfalt in ungewöhnlich hohem Maße[60]. Leichtfertigkeit ist nur ausnahmsweise Ahndbarkeitsvoraus-

---

[51] *Baumann/Weber/Mitsch*, § 22 Rn 5.

[52] Zum bedingten Vorsatz besteht in diesem Punkt allerdings kein Unterschied, wenn man diese Vorsatzart ohne Willenselement konstruiert, vgl. dazu z. B. *Baumann/Weber/ Mitsch*, § 20 Rn 52; *Roxin*, AT 1, § 12 Rn 38 (Vorstellungs- oder Möglichkeitstheorie), Rn 42 (Wahrscheinlichkeitstheorie).

[53] *Baumann/Weber/Mitsch*, § 22 Rn 6; *Bohnert*, OWiG, § 10 Rn 17; KKOWiG-*Rogall*, § 10 Rn 15.

[54] *Baumann/Weber/Mitsch*, § 22 Rn 8.

[55] KKOWiG-*Rengier*, § 10 Rn 12.

[56] *Schönke/Schröder/Cramer/Sternberg-Lieben*, § 15 Rn 205.

[57] KKOWiG-*Rengier*, § 17 Rn 60.

[58] *Kohlmann*, Steuerstrafrecht, § 378 Rn 55.

[59] *Bohnert*, OWiG, § 10 Rn 18; *Schönke/Schröder/Cramer/Sternberg-Lieben*, § 15 Rn 205.

[60] KKOWiG-*Rengier*, § 10 Rn 49.

setzung, z. B. in §§ 378 bis 381 AO[61]; § 39 Abs. 2 WpHG; §§ 4 Abs. 1, 5 Abs. 1 WiStG 1954. Meistens genügt die einfache Fahrlässigkeit. Der grobe Sorgfaltsverstoß wirkt sich dann erst bei der Bußgeldbemessung aus.

3. Merkmale der Fahrlässigkeit

Die Fahrlässigkeit ist gesetzlich nicht definiert. Sie – bzw. ihr Kernstück oder ih-   **23**
ren Schwerpunkt[62] – als "**Sorgfaltspflichtverletzung**" zu charakterisieren[63], ist wenig hilfreich, da auch die vorsätzliche Tatbestandsverwirklichung - erst recht - sorgfaltspflichtwidrig ist[64]. Zudem liegt eine Sorgfaltspflichtverletzung bereits in den Bestandteilen der Tat, die deliktssystematisch zum objektiven Tatbestand gehören.

Beispielsweise verletzt die im (Straßen-)Verkehr erforderliche Sorgfalt, wer schneller fährt als die StVO es erlaubt. Diese Sorgfaltspflichtverletzung ist Teil des objektiven Tatbestandes der in § 49 Abs. 1 Nr. 3 StVO normierten Ordnungswidrigkeit. Die Ordnungswidrigkeit kann vorsätzlich oder fahrlässig begangen werden. Wenn man nun die Fahrlässigkeit als "Sorgfaltspflichtverletzung" definiert, darf diese jedenfalls nicht in dem zu schnellen Fahren gesehen werden. Denn das ist ja die Sorgfaltspflichtverletzung, auf die – auf deren Nicht-Vermeidung – sich die Fahrlässigkeit gerade beziehen soll. Die fahrlässigkeitsbegründende Sorgfaltspflichtverletzung muß also etwas anderes sein als das zu schnelle Fahren.

Es droht eine Konfundierung der Begriffe, wenn das Wesen der Fahrlässigkeit als objektive Pflichtwidrigkeit bestimmt und diese mit der Verwirklichung des objektiven Tatbestandes identifiziert wird[65]. Da sich die Fahrlässigkeit wie der Vorsatz auf den objektiv-tatbestandsmäßigen Sachverhalt bezieht, können Teile dieses Sachverhalts nicht zugleich Teile der Fahrlässigkeit sein[66].

Bei der fahrlässigen Überschreitung eines Geschwindigkeitslimits (§ 49 Abs. 1   **24**
Nr. 3 StVO, § 24 StVG) liegt das Fahrlässigkeitssubstrat also nicht in dem zu schnellen Fahren selbst, sondern in dem fehlerhaften Handlungswillen, aufgrund dessen der Täter sein Fahrzeug zu schnell bewegt. Das Fahren mit überhöhter Geschwindigkeit ist nicht die Fahrlässigkeit, sondern Bezugsobjekt von Fahrlässigkeit (oder Vorsatz), nämlich die objektiv-tatbestandsmäßige Handlung. Die Fahr-

---

[61] § 378 Abs. 1 S. 1 AO (Leichtfertige Steuerverkürzung): „Ordnungswidrig handelt, wer als Steuerpflichtiger oder bei Wahrnehmung der Angelegenheiten eines Steuerpflichtigen eine der in § 370 Abs. 1 bezeichneten Taten leichtfertig begeht."

[62] *Bohnert*, OWiG, § 10 Rn 21.

[63] MK-*Hardtung*, § 222 Rn 9.

[64] *Herzberg*, JuS 1996, 377 (380); *ders.*, FS Stree/Wessels, S. 203 ff.

[65] Vgl. KKOWiG-*Rengier*, § 10 Rn 19: „... ergibt sich aus der Erfüllung des Bußgeldtatbestandes idR automatisch die Pflichtwidrigkeit"; ebenso *Göhler*, § 10 Rn 8; *Lemke*, § 10 Rn 8.

[66] Anders ist es, wenn mit der Überschreitung des Geschwindigkeitslimits die Fahrlässigkeit im Rahmen des § 222 StGB begründet werden soll; vgl. MK-*Hardtung*, § 222 Rn 18, 28; *Wessels/Beulke*, AT, Rn 672.

lässigkeit ist ein **Fehler der Verhaltenssteuerung** (wie auch der Vorsatz ein Steuerungsfehler ist). Man kann ihn durchaus als "objektive Sorgfaltspflichtverletzung" bezeichnen, muß dabei aber beachten, daß nicht die Merkmale unsorgfältigen Verhaltens gemeint sind, die die objektive Tatbestandsmäßigkeit begründen. Objektiv sorgfaltspflichtwidrig ist die innere Einstellung des Täters zu seinem äußeren – objektiv-tatbestandsmäßigen – Verhalten[67].

25   Da das Wollen des Fahrlässigkeitstäters nicht auf Tatbestandsverwirklichung gerichtet ist, ist es nicht fehlerhaft. Der Steuerungsfehler kann somit nur im kognitiven Bereich liegen. Fahrlässigkeit ist also **mangelhaftes Wissen** bzw. Willensbildung auf mangelhafter Wissengrundlage[68]. Der Täter sieht nicht die Gefahr der Tatbestandsverwirklichung, obwohl genügend Gefahrindikatoren vorliegen, von denen auf bevorstehende Tatbestandsverwirklichung geschlossen werden kann. Auf diesen Wissensmangel ist es zurückzuführen, daß der Täter den objektiven Tatbestand erfüllt, obwohl er dies nicht will.

26   Die so definierte Pflichtwidrigkeit hat bei unbewußter und bewußter Fahrlässigkeit unterschiedliche Gestalt: Die Pflichtwidrigkeit der unbewußten Fahrlässigkeit ist das pflichtwidrige Nicht-Erkennen der aktuellen oder bevorstehenden tatbestandsmäßigen Situation. Beispielsweise geschieht eine Überschreitung der Geschwindigkeitsbegrenzung unbewußt fahrlässig, wenn der Fahrer ein gut sichtbares Zeichen 274 (§ 41 Nr. 7 StVO) übersehen hat und daher die Möglichkeit verbotswidrig überhöhter Geschwindigkeit gar nicht in Erwägung zieht. Die Pflichtwidrigkeit der bewußten Fahrlässigkeit ist das pflichtwidrige Vertrauen auf die Nichtverwirklichung des Tatbestandes. Pflichtwidrig ist ein derartiges Vertrauen, wenn keine ausreichenden vertrauensbildenden Umstände vorhanden sind oder erkennbare vertrauenszerstörende Tatsachen vorliegen[69]. Im Geschwindigkeitsüberschreitungs-Fall handelt der Fahrer z. B. dann bewußt fahrlässig, wenn er das Verbotsschild zwar gesehen hat, aber grundlos darauf vertraut, daß sein Tachometer die Fahrtgeschwindigkeit zu hoch anzeigt und seine wirkliche Fahrtgeschwindigkeit daher noch im Limit liegt.

27   Verallgemeinernd läßt sich die spezifische fahrlässigkeitsbegründende Pflichtwidrigkeit als **"Nicht-Erkennen trotz Erkennbarkeit"** charakterisieren[70]. Dabei wird ein objektiver Maßstab zugrundegelegt[71]. Ob fahrlässigkeitserhebliche Umstände erkennbar waren oder nicht, richtet sich nicht nach den besonderen individuellen Erkenntnismöglichkeiten des Täters, sondern nach den Fähigkeiten eines durchschnittlichen Normadressaten in der konkreten Situation[72]. Da die Erkennbarkeit der objektiven Tatbestandsverwirklichung den Sorgfaltsverstoß begründet,

---

[67]   LK-*Schroeder*, § 16 Rn 158.

[68]   *Schroeder*, JZ 1989, 776 (779).

[69]   Vgl. z. B. OLG Köln, VRS 26, 107 (108), wo ein erkennbarkeitsausschließender Vertrauenstatbestand bejaht wurde.

[70]   BayObLGSt 1981, 69 (72); *Schroeder*, JZ 1989, 776 ff.; LK-*Schroeder*, § 16 Rn 127.

[71]   KKOWiG-*Rengier*, § 10 Rn 18.

[72]   Zum Teil wird aber die Berücksichtigung individuellen Sonderwissens bei der Bestimmung des Sorgfaltsmaßstabes gefordert, KKOWiG-*Rengier*, § 10 Rn 18; *Bohnert*, OWiG, § 10 Rn 24.

gibt es entgegen der h. M.[73] kein weiteres eigenständiges – neben der Pflichtverletzung zu prüfendes – Fahrlässigkeitselement "objektive Voraussehbarkeit". Die
Pflichtwidrigkeit besteht darin, daß der Täter die Tatbestandsverwirklichung nicht
voraussieht, obwohl sie objektiv voraussehbar ist. "Sorgfaltspflichtverletzung"
und "objektive Voraussehbarkeit" sind also zwei Bezeichnungen für ein und dasselbe Fahrlässigkeitsmerkmal.

Kontrollfragen

1. Was ist eine „überschießende Innentendenz"? (Rn 5)
2. Welche Bedeutung haben im Ordnungswidrigkeitenrecht „Absicht" und „Wissentlichkeit"? (Rn 8)
3. Wie wird der Vorsatzmangel des Betriebsinhabers bezüglich der „Zuwiderhandlung" eines Mitarbeiters iSd § 130 Abs. 1 OWiG behandelt? (Rn 11)
4. Warum ist die ahndbarkeitsausschließende Wirkung des Tatbestandsirrtums im Ordnungswidrigkeitenrecht schwächer als im Strafrecht? (Rn 14)
5. Welche „Vorsatz-Fahrlässigkeits-Kombinationen" gibt es im Ordnungswidrigkeitenrecht? (Rn 15)
6. Welchen Einfluß hat die Fahrlässigkeit auf die Bemessung der Geldbuße? (Rn 18)
7. Was versteht man unter „Leichtfertigkeit" ? (Rn 22)

---

[73] KKOWiG-*Rengier*, § 10 Rn 30.

§ 9 Rechtswidrigkeit

I. Allgemeines

1. Die Rechtswidrigkeit als Bestandteil der Ordnungswidrigkeit

Die Rechtswidrigkeit des tatbestandsmäßigen Verhaltens ist gemäß § 1 Abs. 1 **1** OWiG ein Merkmal der Ordnungswidrigkeit[1]. Rechtswidrigkeit ist daher eine Voraussetzung der Deliktsqualität des Verhaltens sowie eine **Voraussetzung der Rechtsfolge "Geldbuße"**. Darüber hinaus ist die Rechtswidrigkeit Voraussetzung aller weiteren Sanktionen, die wegen einer Ordnungswidrigkeit verhängt werden können, sowie der Rechtsfolgen, die eine nicht vorwerfbare "mit Geldbuße bedrohte Handlung" im Sinn des § 1 Abs. 2 OWiG auslösen kann. Ohne Rechtswidrigkeit sind also keinerlei ordnungswidrigkeitenrechtliche Rechtsfolgen möglich.

Die Rechtswidrigkeit steht im dogmatischen **Aufbau der Ordnungswidrigkeit** **2** – in der Systematik der Deliktsmerkmale – „hinter" der Tatbestandsmäßigkeit und „vor" der Vorwerfbarkeit[2]:

> - Tatbestandsmäßigkeit
>   - objektiv
>   - subjektiv
> - Rechtswidrigkeit
> - Vorwerfbarkeit

Diese formale Reihenfolge korrespondiert einer sachlichen – materiell begründeten – Abhängigkeit, die zwischen den drei Merkmalen besteht: Die Tatbestandsmäßigkeit ist Voraussetzung der Rechtswidrigkeit, und die Rechtswidrigkeit ist Voraussetzung der Vorwerfbarkeit. Ohne Tatbestandsmäßigkeit gibt es keine ordnungswidrigkeitenrechtlich relevante Rechtswidrigkeit, ohne die auf der Tatbestandsmäßigkeit beruhende Rechtswidrigkeit gibt es keine Vorwerfbarkeit. Die genannte Beziehung zwischen Tatbestandsmäßigkeit und Rechtswidrigkeit beruht auf dem Umstand, daß bei der Aufstellung von Ordnungswidrigkeiten-Tatbeständen – wie bei der Aufstellung von Straftatbeständen[3] – nicht wertneutrale, sondern rechtsgutsbeeinträchtigende und deshalb verbots- und ahndungswürdige Verhaltensweisen – typisches „Unrecht" – beschrieben werden[4]. Da somit die vollständige positive Begründung der Rechtswidrigkeit eine Funktion der Tatbestandsmäßigkeit ist, sind weitere positive rechtswidrigkeitsbegründende Merkmale

---

[1] Zu den Parallelen im Strafrecht vgl. *Baumann/Weber/Mitsch*, § 16.
[2] Vgl. KKOWiG-*Bohnert*, Einl. Rn 161 – 164; *Bohnert*, OWiG, § 1 Rn 11.
[3] *Mitsch*, Rechtfertigung und Opferverhalten, S. 167 ff.
[4] *Cramer*, Grundbegriffe, S. 55.

neben den Tatbestandsmerkmalen nicht notwendig[5]. „Mit der Erfüllung des Tatbestandes wird die Rechtswidrigkeit indiziert"[6].

3   Nicht in der Tatbestandsbeschreibung enthalten sind Umstände, deren Vorliegen das Vorliegen von Unrecht und damit die Rechtswidrigkeit des tatbestandsmäßigen Verhaltens ausschließen kann. Die Begründung der Rechtswidrigkeit durch die Tatbestandsmäßigkeit steht unter dem Vorbehalt, daß keine weiteren Tatsachen, die in die rechtliche Gesamtbewertung der Tat einfließen, vorhanden sind. Das Ordnungswidrigkeitenrecht schreibt aber wie jeder Teilbereich der Rechtsordnung bestimmten Tatsachen die Wirkung zu, die Rechtswidrigkeit der tatbestandsmäßigen Tat auszuschließen. Es handelt sich um Tatsachen, die einen **Rechtfertigungsgrund** bilden[7]. Rechtfertigungsgründe sind also gewissermaßen negative Rechtswidrigkeitsmerkmale, die den Tatbestandsmerkmalen ihre rechtswidrigkeitsbegründende Wirkung zwar nicht nehmen, diese aber in einen Kontext stellen, der die rechtswidrigkeitsbegründende Wirkung der Tatbestandsmerkmale neutralisiert. Daraus folgt, daß die Lehre von der Rechtswidrigkeit sich nur mit den Rechtfertigungsgründen zu befassen hat. Denn die positiven Komponenten der Rechtswidrigkeit sind Thema der Tatbestandslehre und haben ihre Rechtsgrundlagen vor allem im Besonderen Teil des Ordnungswidrigkeitenrechts.

2. Allgemeine Grundsätze der Rechtfertigung

a) Quellen der Rechtfertigungsgründe

4   Für das Ordnungswidrigkeitenrecht gilt wie für das Strafrecht: Rechtfertigungsgründe, die das Entstehen einer Ordnungswidrigkeit im Sinn des § 1 Abs. 1 OWiG verhindern, können **jedem Teilbereich der Gesamtrechtsordnung** entstammen[8]. Die beiden in §§ 15 Abs. 1, 2; 16 OWiG normierten Rechtfertigungsgründe Notwehr und Notstand stellen daher nur einen kleinen Ausschnitt des bei der Rechtsanwendung zu beachtenden Rechtfertigungsspektrums dar. Neben den in sonstigen Gesetzen positiv rechtlich geregelten, kommen auch **gewohnheitsrechtlich** anerkannte Rechtfertigungsgründe in Betracht[9].

5   Beachtung verdient ferner die Tatsache, daß zahlreiche besondere Rechtfertigungsgründe sich in Einzelvorschriften des Besonderen Ordnungswidrigkeitenrechts befinden, z. B. des Straßenverkehrsrechts. So kann etwa die Übertretung von bußgeldbewehrten Verkehrsvorschriften durch die in § 35 StVO genannten Personen aufgrund der dort eingeräumten Sonderrechte auch dann gerechtfertigt sein[10], wenn die Voraussetzungen des rechtfertigenden Notstands (§ 16 OWiG) –

---

[5]   KKOWiG-*Bohnert*, Einl. Rn 163; KKOWiG-*Rogall*, § 1 Rn 7; *Göhler*, vor § 1 Rn 20.
[6]   *Cramer*, Grundbegriffe, S. 56; FK-GWB-*Achenbach*, vor § 81 Rn 141, *Rebmann/Roth/Herrmann*, vor § 1 Rn 19, 30.
[7]   *Cramer*, Grundbegriffe, S. 56; *Bohnert*, OWiG, § 1 Rn 18; *Rebmann/Roth/Herrmann*, vor § 1 Rn 31.
[8]   *Rebmann/Roth/Herrmann*, vor § 1 Rn 31.
[9]   *Bohnert*, OWiG, § 1 Rn 18; § 15 Rn 1.
[10]   *Rebmann/Roth/Herrmann*, vor § 1 Rn 42.

zu dem die in § 35 Abs. 5 a StVO beschriebene Situation eine starke Affinität hat[11] – nicht erfüllt sind[12]. Gewiß läßt sich in diesem Fall darüber diskutieren, ob die Befreiung von den rechtlichen Ver- und Geboten des Straßenverkehrsrechts nicht bereits die Tatbestandsmäßigkeit des Verhaltens ausschließt. Überhaupt ist es ein Charakteristikum vieler im Besonderen Ordnungswidrigkeitenrecht normierter Ahndbarkeitsausschlußgründe, daß ihre systematische Einordnung als Tatbestandsausschluß- oder Rechtfertigungsgrund durch die Gestaltung der Norm nicht eindeutig vorgegeben und dementsprechend umstritten ist. Dieses Problem stellt sich z. B. bei Vorschriften, die die Ahndbarkeit davon abhängig machen, daß der Täter "ohne vernünftigen Grund" (§ 18 Abs. 1 Nr. 1, 2 Tierschutzgesetz), "ohne sachlich gerechtfertigten Grund" (§ 81 Abs. 1 Nr. 1 i.V.m. § 20 Abs. 1, Abs. 3 S. 1, GWB), "ohne triftigen Grund" (§ 3 Abs. 2 StVO), "ohne zwingenden Grund" (§ 4 Abs. 1 S. 2 StVO)[13], "ohne berechtigten Anlaß" (§ 117 Abs. 1 OWiG)[14] oder "unbefugt" (§§ 115 Abs. 1, 124 Abs. 1, 125 Abs. 1, Abs. 2, 126 Abs. 1 OWiG) handelt[15]. Eine allgemeingültige Einheits-Lösung wird sich hier kaum finden lassen. Es ist daher anzuerkennen, daß z. B. dem Sammelbegriff "unbefugt" sowohl tatbestandsausschließende[16] als auch rechtfertigende Tatsachen zugeordnet werden können.

b) Struktur der Rechtfertigungsgründe

Die Gesamtheit der Einzelmerkmale, aus denen der Rechtfertigungsgrund besteht, bildet den **"Erlaubnistatbestand"**. Liegen im konkreten Fall alle Merkmale vor, ist der Erlaubnistatbestand also vollständig erfüllt, tritt die Rechtsfolge "Rechtfertigung" ein. Die Rechtswidrigkeit der tatbestandsmäßigen Handlung ist ausgeschlossen. Kernstück des Erlaubnistatbestandes ist die Beschreibung besonderer Umstände, unter denen die tatbestandsmäßige Handlung vollzogen wird. Diesen Umständen schreibt das Ordnungswidrigkeitenrecht rechtliche Erheblichkeit für die Bewertung der im objektiven Tatbestand beschriebenen rechtswidrigkeitsbegründenden Tatsituation zu, da sie den materiellen Grund für den Ausschluß der Rechtswidrigkeit enthalten. Beispielsweise ordnet § 16 OWiG an, daß der Umstand des Tatvollzugs in der Situation einer gegenwärtigen nicht anders abwendbaren Gefahr für ein Rechtsgut die rechtliche Bewertung der tatbestandsmäßigen Handlung beeinflußt, nämlich das vorläufige Rechtswidrigkeits-Urteil der Tatbe-

6

---

[11] Vgl OLG Stuttgart, NZV 2002, 410 (411): „Diese [*gemeint sind die Sonderrechte des § 35 Abs. 1 StVO, W. M.*] dürfen aber ... nur im Ausnahmefall nach einer auf den Einzelfall bezogenen Abwägung nach Notstandsgesichtspunkten ... ausgeübt werden".

[12] Vgl. den instruktiven Fall OLG Stuttgart, NJW 1992, 993.

[13] Zu Vorstehendem instruktiv KKOWiG-*Rengier*, vor §§ 15, 16 Rn 42-46.

[14] Die h. M. nimmt einen Tatbestandsausschluß an, vgl. KKOWiG-*Rengier*, vor §§ 15, 16 Rn 47; KKOWiG-*Rogall*, § 117 Rn 10, 22-24; *Göhler*, § 117 Rn 5.

[15] Dazu KKOWiG-*Rengier*, vor §§ 15, 16 Rn 49; KKOWiG-*Rogall*, § 115 Rn 29-34; KKOWiG-*Kurz*, § 124 Rn 9, 10; § 125 Rn 6; KKOWiG-*Schmehl*, § 126 Rn 11; *Göhler*, § 115 Rn 19-21; § 124 Rn 7; § 125 Rn 3; § 126 Rn 4.

[16] Dazu siehe bereits oben § 7 Rn 10.

standsnorm aufhebt. Denn die Rechtsordnung hält in einer derartigen Situation die Übertretung des bußgeldbewehrten Verbots zur Wahrung eines wesentlich überwiegenden Interesses für wertvoller als die Beachtung des Verbots, mit der die Verletzung des hinter diesem Interesse stehenden gefährdeten Rechtsguts(objekts) einherginge.

7   Der Erlaubnistatbestand hat eine **objektive** und eine **subjektive** Seite[17]. Neben den außerhalb der Täterpsyche lokalisierten objektiven Umständen (z. B. "Gefahr", § 16 OWiG, "Angriff", § 15 OWiG) ist eine bestimmte innerpsychische Beziehung des Täters zu den rechtfertigenden Fakten erforderlich. Der Täter muß in dem Bewußtsein handeln, daß die objektiven Voraussetzungen eines Rechtfertigungsgrundes erfüllt sind. Ohne dieses Bewußtsein ist der Erlaubnistatbestand nicht vollständig erfüllt[18].

8   In der Strafrechtsdogmatik herrscht die Auffassung vor, daß das **Fehlen des subjektiven Rechtfertigungselements** bei Vorsatztaten einer vollständigen Rechtfertigung entgegenstehe[19]. Das Vorliegen der objektiven Rechtfertigungsmerkmale reiche, um die Rechtswidrigkeits-Differenz zwischen vollendeter und versuchter Tat auszuschließen. Danach entfällt nur das über das Versuchs-Unrecht hinausgehende Vollendungs-Unrecht, das Versuchs-Unrecht hingegen bleibt bestehen. Zur Beseitigung des Versuchs-Unrechts sei die Erfüllung des subjektiven Rechtfertigungsmerkmals erforderlich. Diese zustimmungswürdige Ansicht[20] verdient auch im Ordnungswidrigkeitenrecht Anerkennung[21]. Ihre Anwendung hat hier allerdings zur Folge, daß in aller Regel schon die Erfüllung des objektiven Erlaubnistatbestandes ausreicht, um die Ahndbarkeit der Tat vollständig auszuschließen. Denn der Versuch hat im Ordnungswidrigkeitenrecht eine geringe Bedeutung, da nur in wenigen Fällen der Versuch mit Geldbuße bedroht ist, § 13 Abs. 2 OWiG[22]. In den meisten Fällen reicht also das Versuchs-Unrecht für die Ahndung mit Geldbuße nicht aus.

9   In Bezug auf **fahrlässige** Handlungen ist die dogmatische Existenzberechtigung eines subjektiven Rechtfertigungselements umstritten[23]. Auf das Ergebnis der Rechtsanwendung hat dies keine Auswirkungen. Selbst wenn man ein subjektives Rechtfertigungselement fordert, genügt zum Ausschluß der Ahndbarkeit die Erfüllung der objektiven Rechtfertigungsvoraussetzungen. Denn wie bei den Vorsatztaten kann das Fehlen des subjektiven Rechtfertigungselements allenfalls Versuchs-Unrecht tragen. Fahrlässige Versuche sind aber generell frei von Bußgelddrohung.

10   Auch im umgekehrten Fall unvollständiger Erfüllung des Erlaubnistatbestandes – Fehlen der objektiven Rechtfertigungsmerkmale bei gleichzeitiger Vorstellung

---

[17]   KKOWiG-*Rengier*, vor §§ 15, 16 Rn 50; *Bohnert*, OWiG, § 15 Rn 43.
[18]   OLG Karlsruhe, VRS 65, 470 (472).
[19]   *Gropp*, AT, § 13 Rn 93-95; *Stratenwerth/Kuhlen*, AT, § 9 Rn 151-154.
[20]   Vgl. auch *Baumann/Weber/Mitsch*, § 16 Rn 66-68.
[21]   Anders *Bohnert*, OWiG, § 15 Rn 43 : Ahndbarkeit als vollendetes Delikt.
[22]   Vgl. die abschließende Aufzählung aller ahndbaren OWi-Versuche bei KKOWiG-*Rengier*, § 13 Rn 4.
[23]   KKOWiG-*Rengier*, vor §§ 15, 16 Rn 52.

des Täters, der objektive Erlaubnistatbestand sei erfüllt – tritt eine vollständige Rechtfertigungswirkung nicht ein. Es handelt sich um den Fall des **"Erlaubnistatbestandsirrtums"**. Das OWiG regelt diese Irrtumsart genauso wenig wie das StGB. Im Einklang mit der im Strafrecht herrschenden "eingeschränkten Schuldtheorie"[24] ist hier ebenfalls eine Art "Teil-Rechtfertigung" anzunehmen: In entsprechender Anwendung des § 11 Abs. 1 S. 1 OWiG entfällt das Unrecht einer vorsätzlichen Tat[25]. Bei fahrlässiger Verkennung der wahren Sachlage bleibt Fahrlässigkeits-Unrecht bestehen, d. h. dieses "Rest-Unrecht" wird durch den Erlaubnistatbestandsirrtum nicht aufgehoben[26]. Da die fahrlässige Begehung einer Ordnungswidrigkeit sehr häufig mit Geldbuße bedroht ist, führt der Erlaubnistatbestandsirrtum im Ordnungswidrigkeitenrecht in weitaus weniger Fällen zur Nichtahndbarkeit der Tat als im Strafrecht.

II. Einzelne Rechtfertigungsgründe

1. Einwilligung

Die Einwilligung des durch die tatbestandsmäßige Handlung betroffenen Rechts- **11** gutinhabers ist ein gesetzlich nicht geregelter, aber gewohnheitsrechtlich anerkannter Rechtfertigungsgrund im Strafrecht (vgl. § 228 StGB)[27]. Neuerdings gewinnt immer mehr Anhänger die Auffassung, die Einwilligung sei kein Rechtfertigungsgrund, sondern schließe bei individualgüterschützenden Tatbeständen bereits die objektive Tatbestandsmäßigkeit des Verhaltens aus[28]. Auch hinsichtlich zahlreicher Einzelaspekte der Einwilligung – z. B. der Beachtlichkeit von Willensmängeln[29] – herrscht noch erhebliche Unsicherheit, was auf das Fehlen einer gesetzlichen Regelung zurückzuführen ist. Das Ordnungswidrigkeitenrecht wird von den Instabilitäten der strafrechtsdogmatischen Einwilligungslehre nicht belastet. Zwar ist die Einwilligung – ebenso wie die mutmaßliche Einwilligung – als Unrechtsausschließungsgrund theoretisch auch im Ordnungswidrigkeitenrecht anwendbar. Eine nennenswerte **praktische Bedeutung** hat die Einwilligung in diesem Rechtsbereich aber nicht[30]. Denn Ordnungswidrigkeitentatbestände schützen in der Regel nicht oder nicht ausschließlich Individualrechtsgüter, über die ei-

[24] Vgl. *Schönke/Schröder/Cramer/Sternberg-Lieben*, § 16 Rn 16 ff; *Schönke/Schröder/ Lenckner*, vor § 32 Rn 21.

[25] OLG Stuttgart, NZV 2002, 410 (412); OLG Hamm, VRS 92, 230 (231); OLG Köln, NZV 1995, 119 (121); OLG Köln, VRS 26, 107 (108); KKOWiG-*Rengier*, § 11 Rn 103; *Bohnert*, OWiG, § 11 Rn 19; *Göhler*, § 11 Rn 16.

[26] OLG Köln, NZV 1995, 119 (121); KKOWiG-*Rengier*, § 11 Rn 105; *Rebmann/Roth/ Herrmann*, § 11 Rn 22.

[27] *Baumann/Weber/Mitsch*, § 17 Rn 92.

[28] MK-*Schlehofer*, vor § 32 Rn 102 ff.

[29] *Rönnau*, JuS 2004, 667 (670).

[30] *Schmitt*, Ordnungswidrigkeitenrecht, S. 39; *Rebmann/Roth/Herrmann*, vor § 1 Rn 33; *Thieß*, S. 56.

ne konkret betroffene Einzelperson verfügen könnte. Für die Einwilligung gibt es daher im Ordnungswidrigkeitenrecht fast keine geeigneten Tatbestände[31]. Sofern die Einwilligung oder mutmaßliche Einwilligung ausnahmsweise einmal anwendbar ist, gelten die in der Strafrechtswissenschaft entwickelten Wirksamkeitsvoraussetzungen[32].

2. Notwehr

12 Der Rechtfertigungsgrund Notwehr ist in § 15 Abs. 1, Abs. 2 OWiG geregelt[33]. Der Gesetzeswortlaut ist mit dem des § 32 StGB fast identisch, nur das Wort "Tat" wurde – wie generell im OWiG – durch das Wort "Handlung" ersetzt. Zur Erläuterung der einzelnen Notwehrmerkmale kann deshalb auf die reichhaltige Literatur und Rechtsprechung des Strafrechts verwiesen werden. Abweichungen von der Auslegung des § 32 StGB gibt es nicht. Insbesondere ist von der im Strafrecht allgemein anerkannten Regel, daß eine "Verteidigung" im Sinn des § 32 Abs. 1 StGB nur die Beeinträchtigung von Rechtsgütern des Angreifers sein kann, im Ordnungswidrigkeitenrecht keine Ausnahme zu machen[34]. Im übrigen gilt für die Notwehr ähnliches wie für die Einwilligung: Die **praktische Bedeutung** dieses Rechtfertigungsgrundes ist im Ordnungswidrigkeitenrecht gering, was wiederum damit zu erklären ist, daß Bußgeldtatbestände überwiegend überindividuelle Interessen und Rechtsgüter schützen[35]. Es ist daher zwar nicht ausgeschlossen, aber selten der Fall, daß ein "Angreifer" im Sinne des Notwehrrechts mit dem Inhaber des Rechtsguts identisch ist, welches der verwirklichte Ordnungswidrigkeitentatbestand schützt[36]. Die gleichzeitige Verwirklichung eines Ordnungswidrigkeitentatbestands und des in § 15 Abs. 2 OWiG normierten Erlaubnistatbestands durch

---

[31]   *Rengier* (in KKOWiG, vor §§ 15, 16 Rn 10-12) nennt als Anwendungsfälle der Einwilligung im Ordnungswidrigkeitenrecht die Bußgeldtatbestände § 1 Abs. 2 StVO (iVm § 49 Abs. 1 Nr. 1 StVO), § 12 Abs. 3 StVO (iVm § 49 Abs. 1 Nr. 12 StVO) und § 117 OWiG.

[32]   KKOWiG-*Rengier*, vor §§ 15, 16 Rn 13; *Bohnert*, OWiG, § 15 Rn 21 ff.; ausführlich dazu *Schönke/Schröder/Lenckner*, vor § 32 Rn 34 ff; *Baumann/Weber/Mitsch*, § 17 Rn 99 ff.

[33]   Im OWiG 1952 wurde die Notwehrvorschrift des damaligen StGB (§ 53) durch eine in § 11 Abs. 2 enthaltene Verweisung in das OWiG einbezogen: „Die Vorschriften des Strafgesetzbuchs über die Ausschließung oder Milderung der Strafe (§§ 51 bis 54, 58 und 59) gelten entsprechend". § 11 Abs. 1, Abs. 2 OWiG 1968 normierte die Notwehr zwar weitgehend so wie der jetzige § 15 OWiG und § 32 StGB, gab durch seine sprachliche Fassung aber – wie § 53 StGB aF – nicht zu erkennen, daß es sich um einen Rechtfertigungsgrund handelt: „Ordnungswidrig handelt nicht, wer eine Handlung begeht, die durch Notwehr geboten ist".

[34]   KKOWiG-*Rengier*, § 15 Rn 21-23; *Bohnert*, OWiG, § 15 Rn 14.

[35]   *Weber*, ZStW 92 (1980), 313 Rn 3; *Schmitt*, Ordnungswidrigkeitenrecht, S. 39; *Cramer*, Grundbegriffe, S. 58; *Thieß*, S. 56.

[36]   Unrichtig OLG Naumburg, DAR 1997, 30, wo die Notwehr-Rechtfertigung eines Geschwindigkeitsverstoßes für möglich gehalten wird.

ein und dieselbe Handlung ist also nur ausnahmsweise möglich[37]. Dies ist dann der Fall, wenn der verwirklichte Tatbestand auch Individualgüter des Angreifers schützt und durch die Verteidigungshandlung außer dem Angreifer kein anderer – nicht angreifender – Rechtsgutsinhaber beeinträchtigt wird.

Beispielsweise ist eine § 117 Abs. 1 OWiG verwirklichende Abgabe von Warn- **13** schüssen durch Notwehr gerechtfertigt, wenn die Schüsse eine den Schützen bedrohende Rockerbande vertreiben sollen und außer den Rockern niemand durch den Lärm beeinträchtigt werden kann. Gewiß kann in diesem Fall der Unrechtsausschluß auch mit der Klausel "ohne berechtigten Anlaß" begründet werden. Immerhin läßt sich diese recht unbestimmte Formel mit Hilfe des § 15 OWiG präzisieren, indem der Anlaß gerade deswegen als "berechtigter" angesehen wird, weil die Voraussetzungen des Rechtfertigungsgrundes "Notwehr" erfüllt sind. Denkbar ist Notwehr (bzw. "Nothilfe") auch im Rahmen des Tatbestandes § 49 Abs. 1 Nr. 12 iVm § 12 III Nr. 3 StVO[38], wenn das "Zuparken" der Grundstücksausfahrt erforderlich ist, um den Bewohner des betroffenen Grundstücks an der Ausführung eines rechtswidrigen Angriffs zu hindern[39] (z. B. Autofahrt im Zustand der Trunkenheit mit konkreter Gefährdung einzelner Verkehrsteilnehmer).

3. Notstand

In § 12 des OWiG 1968 hatte der Notstand in Deutschland erstmalig in Deutsch- **14** land eine positiv rechtliche Normierung als strafrechtlicher Rechtfertigungsgrund erfahren[40]. Die ordnungswidrigkeitenrechtliche Notstandsvorschrift ist daher der unmittelbare Vorläufer des § 34 StGB. Beide Normen haben ihren gemeinsamen Ursprung in § 39 des E 1962 und sind bis auf die unterschiedlichen Verhaltenstermini "Tat" (§ 34 StGB) und "Handlung" (§ 16 OWiG) sprachlich identisch. Zuvor war der Notstand im Straf- und Ordnungswidrigkeitenrecht als ungeschriebener "übergesetzlicher" Rechtfertigungsgrund anerkannt[41]. Den Durchbruch hatte diesem Rechtfertigungsgrund bekanntlich bereits im Jahre 1927 die bahnbrechende Reichsgerichtsentscheidung RGSt 61, 242 ff verschafft[42].

Als spezielle Notstandsregeln gehen §§ 228, 904 BGB dem § 16 OWiG vor. **15** Die praktische Bedeutung dieser zivilrechtlichen Rechtfertigungsnormen im Ord-

---

[37] *Göhler*, § 15 Rn 1; vgl. aber KKOWiG-*Rengier*, § 15 Rn 19, 20; *Wagemann*, Rechtfertigungs- und Entschuldigungsgründe im Bußgeldrecht der Europäischen Gemeinschaft, 1992, S. 96, 150.

[38] Zum persönlichen Schutzbereich des § 12 Abs. 3 Nr. 3 StVO vgl. LG München, NJW 1974, 2288; OLG Karlsruhe, NJW 1978, 274; OLG Hamm, VRS 50, 314.

[39] Zur umgekehrten Fragestellung nach dem Notwehrrecht des „zugeparkten" Grundstückseigentümers vgl. *van Venrooy*, NJW 1977, 1926; *ders.*, JuS 1979, 102 ff.

[40] Ebenso wie die Notwehrvorschrift des OWiG 1968 (§ 11, s. o. Fn. 33) enthielt sich der Wortlaut der Notstandsvorschrift einer exakten dogmatischen Qualifikation des Notstands als Rechtfertigungsgrund: „Ordnungswidrig handelt nicht ...".

[41] OLG Düsseldorf, VRS 30, 444 ff.

[42] Vgl. zur Entwicklung *Roxin*, AT 1, § 16 Rn 1-8.

nungswidrigkeitenrecht ist jedoch gering[43]. Innerhalb ihres eng begrenzten Anwendungsbereichs haben notstandsähnliche Rechtfertigungsgründe wie § 25 Abs. 2 Luftverkehrsgesetz oder § 35 StVO Vorrang vor § 16 OWiG[44].

16 Kernstück des rechtfertigenden Notstands ist die **Interessenabwägungsklausel**. Die tatbestandsmäßige Handlung ist gerechtfertigt, wenn das Interesse an der Gefahrabwendung das Interesse an der Nichtvornahme dieser Handlung ("Erhaltungsinteresse") wesentlich überwiegt[45]. Dieser dogmatische Aspekt erklärt, warum dieser Rechtfertigungsgrund im Ordnungswidrigkeitenrecht eine deutlich größere Bedeutung hat als im Strafrecht, warum also die Rechtfertigung durch Notstand bei einer bußgeldtatbestandsmäßigen Handlung in viel weiterem Umfang möglich ist als bei einer straftatbestandsmäßigen Handlung[46]. Denn das Gewicht des unrechtsbegründenden Erhaltungsinteresses wird – zwar nicht allein, aber hauptsächlich – von dem Wert des durch den verwirklichten Tatbestand geschützten Rechtsguts und vom Beeinträchtigungsgrad der tatbestandsmäßigen Handlung bestimmt. Wie oben (§ 3 II 2) gesehen, haben zum einen die Schutzgüter der Bußgeldtatbestände häufig ein erheblich geringeres Gewicht als die Schutzgüter der Straftatbestände und zum anderen die bußgeldtatbestandsmäßigen Handlungen eine niedrigere Eingriffsintensität als die straftatbestandsmäßigen Handlungen. Somit ist ein wesentlich überwiegendes Gefahrabwendungsinteresse in Relation zum ordnungswidrigkeitenrechtlichen Erhaltungsinteresse leichter zu begründen als in Relation zum strafrechtlichen Erhaltungsinteresse[47]. Beispielsweise kann für die Rechtfertigung einer "nur" § 24a StVG verwirklichenden Trunkenheitsfahrt ein Gefahrabwendungsinteresse ausreichen, das zur Rechtfertigung einer § 316 StGB verwirklichenden Trunkenheitsfahrt zu leicht wäre[48].

17 Für die dogmatische Analyse des Rechtfertigungsgrundes gilt im übrigen, was oben schon zur Notwehr bemerkt wurde: Es kann auf die Erkenntnisse der Strafrechtswissenschaft verwiesen werden[49].

---

[43] *Cramer*, Grundbegriffe, S. 63; KKOWiG-*Rengier*, § 16 Rn 64.

[44] KKOWiG-*Rengier*, vor §§ 15, 16 Rn 2.

[45] OLG Karlsruhe, VRS 65, 470 (471).

[46] *Weber*, ZStW 92 (1980), 313 Fn 3; *ders.*, ZStW 96 (1984), 376 (396).

[47] *Weber*, ZStW 96 (1984), 376 (396).

[48] Vgl. auch OLG Hamm, NStZ 2002, 307 (bei *Himmelreich/Lessing*); BayObLG, NJW 2000, 888; OLG Hamm, NStZ 1996, 344; OLG Düsseldorf , NStZ 1995, 274; 1997, 590 (jeweils bei *Janiszewski*); KG, VRS 53, 60 (61); OLG Naumburg, DAR 1997, 30; 2000, 131 (132); OLG Düsseldorf, NStZ 1990, 396; BayObLG, NJW 1991, 1626 zur Überschreitung eines Geschwindigkeitslimits in einer Notlage; OLG Köln, VRS 56, 63; 75, 116 (118) zu einem Parkverstoß.

[49] *Baumann/Weber/Mitsch*, § 17 Rn 46 ff.; *Schönke/Schröder/Lenckner/Perron*, § 34 Rn 8 ff.; vgl. auch *Cramer*, Grundbegriffe, S. 61 ff.; *Bohnert*, OWiG, § 16 Rn 3 ff. Vorbildlich schulmäßige Prüfung aller Notstandsvoraussetzungen bei OLG Köln, NZV 1995, 119 ff.

4. Pflichtenkollision

Die Pflichtenkollision ist ein positiv gesetzlich nicht geregelter, aber gewohnheits- **18** rechtlich anerkannter Rechtfertigungsgrund. Sein Anwendungsbereich ist auf **Unterlassungsdelikte**, also die gebotsübertretende Tatbestandserfüllung durch Nichterfüllung einer von mehreren Handlungspflichten (z. B. die nach einem Verkehrsunfall zu erfüllenden Pflichten, den Verkehr zu sichern und Verletzten zu helfen, § 34 Abs. 1 S. 1 Nr. 2, Nr. 4 i.V.m. § 49 Abs. 1 Nr. 29 StVO und § 323 c StGB) beschränkt[50]. Die praktisch seltene Kollision von Unterlassungspflichten – also die verbotsübertretende Tatbestandserfüllung durch aktives Tun zur Vermeidung einer anderweitigen Verbotsübertretung (z. B. Wenden auf der Autobahn – vgl. § 18 Abs. 7 i.V.m. § 49 Abs. 1 Nr. 18 StVO - zwecks Beendigung einer ebenfalls verbotenen „Geisterfahrt"[51])[52] oder die Kollision einer Handlungspflicht mit einer Unterlassungspflicht (z. B. unvermeidbare Beseitigung von Verkehrsunfallspuren – vgl. § 34 Abs. 3 i.V.m. § 49 Abs. 1 Nr. 29 StVO – bei der Hilfeleistung, vgl. § 34 Abs. 1 Nr. 4 StVO i.V.m. § 323 c StGB) wird von dem Rechtfertigungsgrund "Pflichtenkollision" nicht erfaßt[53]. Gerechtfertigt wird also die Nichterfüllung einer Handlungspflicht, wenn diese mit einer anderen Handlungspflicht zeitlich-räumlich so eng zusammentrifft, daß der Verpflichtete aufgrund seiner beschränkten Handlungsmöglichkeiten nur eine der beiden Pflichten erfüllen kann[54].

Haben die kollidierenden Pflichten **unterschiedlichen Wert**, wird nur die **19** Nichterfüllung der geringerwertigen Pflicht gerechtfertigt[55]. Der Pflichtadressat muß in diesem Fall also die höherwertige Pflicht erfüllen. Entscheidet er sich für die andere Pflicht, verhält er sich rechtswidrig. Sind die Pflichten dagegen **gleichwertig**, darf der Täter selbst entscheiden, welche der Pflichten er erfüllt. Er ist in jedem Fall gerechtfertigt[56].

Die wertbestimmenden Kriterien sind dieselben wie beim rechtfertigenden Not- **20** stand[57]. Maßstabgebend sind vor allem das Rechtsgut, auf dessen Schutz die Handlungspflicht gerichtet ist, und der Grad seiner Gefährdung in der Tatsituation. Häufig läßt sich der Rang einer Pflicht innerhalb der Kollisionslage auch daran festmachen, ob die Pflicht straf- oder bußgeldbewehrt ist. Kollidiert eine Handlungspflicht, deren Nichterfüllung straftatbestandsmäßig ist, mit einer Handlungspflicht, deren Nichterfüllung nur einen Bußgeldtatbestand verwirklicht, wird in der Regel die strafrechtlich relevante Pflicht die höherwertige sein. Beispielsweise

---

[50] *Baumann/Weber/Mitsch*, § 17 Rn 132; KKOWiG-*Rengier*, vor §§ 15, 16 Rn 3 ff.; *Bohnert*, OWiG, § 16 Rn 25 ff.

[51] OLG Karlsruhe, JZ 1984, 240 m. Anm. *Hruschka*.

[52] Diff. KKOWiG-*Rengier*, vor §§ 15, 16 Rn 7; *Bohnert*, OWiG, § 16 Rn 28.

[53] KKOWiG-*Rengier*, vor §§ 15, 16 Rn 8; *Bohnert*, OWiG, § 16 Rn 29.

[54] Dazu, daß dieses „nicht können" kein Fall tatbestandsmäßigkeitsausschließender Unmöglichkeit ist, vgl. *Baumann/Weber/Mitsch*, § 17 Rn 134; vgl. auch *Mitsch*, Rechtfertigung und Opferverhalten, S. 208.

[55] KKOWiG-*Rengier*, vor §§ 15, 16 Rn 4; *Bohnert*, OWiG, § 16 Rn 27.

[56] KKOWiG-*Rengier*, vor § 15, 16 Rn 5.

[57] *Baumann/Weber/Mitsch*, § 17 Rn 136; KKOWiG-*Rengier*, vor §§ 15, 16 Rn 4.

ist die Vernachlässigung der in § 34 Abs. 1 StVO beschriebenen und in § 49 Abs. 1 Nr. 29 StVO i. V. mit § 24 StVG bußgeldbewehrten Handlungspflichten am Unfallort gerechtfertigt, wenn der Pflichtadressat gleichzeitig eine Rettungsmaßnahme durchführt, deren Unterlassung als unterlassene Hilfeleistung (§ 323c StGB) oder gar als unechtes Unterlassungsdelikt i. S. des § 13 StGB strafbar wäre.

5. Behördliche Genehmigung

a) Deliktssystematischer Standort der Genehmigung

21   Behördliche Erlaubnisse spielen im Leben eines jeden Bürgers eine mehr oder weniger große Rolle. Viele Handlungen und Projekte – z. B. Teilnahme am Straßenverkehr als Kraftfahrzeugführer, Bau eines Einfamilienhauses – sind erst zulässig, nachdem sie von einer Behörde genehmigt worden sind. Häufig ist die genehmigungslose Vornahme einer solchen Handlung mit Geldbuße oder sogar Strafe bedroht, also Ordnungswidrigkeit oder Straftat. Dann hat die Genehmigung ahndbarkeitsausschließende Wirkung. Da die Genehmigung attestiert, daß eine genehmigungskonforme Handlung mit der Rechtsordnung in Einklang steht, ist sie Unrechtsausschlußgrund. Unrechtsausschluß ist aber sowohl in Form von Ausschluß der Tatbestandsmäßigkeit als auch in Form von Rechtfertigung möglich. Die behördliche Genehmigung fällt in beide dogmatischen Kategorien, sie kann – natürlich nur in bezug auf verschiedene Tatbestände – **Tatbestandsausschluß**- oder **Rechtfertigungsgrund** sein[58].

22   Mitunter ist nicht leicht zu erkennen, ob die behördliche Genehmigung ihre unrechtsausschließende Wirkung schon auf der Ebene des Tatbestandes oder erst auf der Ebene der Rechtfertigung entfaltet[59]. Materiell ist die Genehmigung als Tatbestandsausschlußgrund gekennzeichnet, wenn das genehmigungsbedürftige Verhalten an sich sozialadäquat oder wertneutral und deshalb nicht verbotswürdig ist, das ahndungswürdige Unrecht also durch die Mißachtung des Genehmigungserfordernisses begründet wird.

Beispielsweise ist es gewiß ein grundsätzlich begrüßenswertes Ereignis, wenn ein schönes Einfamilienhaus in bautechnisch einwandfreier Weise[60] auf einem zur Bebauung ausgewiesenen Grundstück errichtet wird. Daß ein solcher Vorgang als Ordnungswidrigkeit ahndbar sein könnte, wird erst verständlich, wenn man erfährt, daß das Gesetz die Bußgeldandrohung an die Errichtung des Baues *ohne die erforderliche Genehmigung* knüpft[61].

---

[58]   *Lenckner*, FS Pfeiffer, S. 27; *Tiedemann*, Wirtschaftsstrafrecht, Rn 206; *Bohnert*, OWiG, § 15 Rn 32.

[59]   Siehe dazu bereits oben § 7 Rn 38.

[60]   Beim Verstoß gegen die allgemein anerkannten Regeln der Technik kann eine Straftat gem. § 319 StGB (konkretes Gefährdungsdelikt) vorliegen.

[61]   Vgl. z. B. § 79 Abs. 1 Nr. 1 BbgBO: „Ordnungswidrig handelt, wer vorsätzlich oder fahrlässig ohne die nach § 54 erforderliche Baugenehmigung oder ohne die nach § 68 Abs. 1 erforderlichen Genehmigungen, Prüfzeugnisse oder Bescheinigungen bauliche Anlagen errichtet, ändert oder in ihrer Nutzung ändert".

Das Genehmigungserfordernis hat hier den Zweck, der Verwaltung die präventive Kontrolle über Vorgänge zu ermöglichen, die für die öffentliche Sicherheit oder Ordnung gefährlich werden könnten[62]. Dagegen hat die Genehmigung materiell den Charakter eines Rechtfertigungsgrundes, wenn das genehmigungsbedürftige Verhalten bereits unabhängig von dem Aspekt der Genehmigungslosigkeit rechtsgutsbeeinträchtigend, unwertig, sozial inadäquat – also verbots- und ahndungswürdig – ist[63]. Hier beseitigt die Genehmigung das Unrecht, weil im konkreten Einzelfall mit den unrechtsbegründenden Tatumständen tendenziell unrechtsbeseitigende Gegengründe zusammentreffen, deren Gesamtgewicht das Interesse an der Gestattung der Tat schwerer wiegen läßt als das Interesse am Verbot der Tat[64].

Äußerlich erkennt man die Tatbestände, bei denen die Genehmigung tatbestandsausschließende Wirkung hat, meistens an Formulierungen wie "ohne die erforderliche Erlaubnis" oder "ohne die vorgeschriebene Genehmigung"[65], vgl. z. B. § 127 Abs. 1 OWiG. Bußgeldvorschriften, bei denen die Genehmigung als Rechtfertigungsgrund wirkt, erwähnen das Wort "Genehmigung" oder ein Synonym nicht ausdrücklich, sondern verwenden das Wort "unbefugt" bzw. sprechen die Rechtswidrigkeit überhaupt nicht an.   **23**

Ein Tatbestand, der von rechtfertigender Genehmigungswirkung betroffen sein kann, ist z. B. in § 29 Abs. 1 StVO normiert: "Rennen mit Kraftfahrzeugen sind verboten." Der Verstoß gegen dieses Verbot erfüllt gem. § 49 Abs. 2 Nr. 5 StVO den Tatbestand einer Ordnungswidrigkeit. Wegen der typischen Gefährlichkeit und Sozialschädlichkeit von Rennen mit Kraftfahrzeugen ist dieses Verhalten verboten und unabhängig von der Verletzung einer Genehmigungspflicht mit Geldbuße bedroht. Ausnahmsweise kann aber die Veranstaltung eines Rennens – z. B. Rallye auf öffentlichen Wegen und Straßen – gem. § 46 Abs. 2 S. 1 StVO behördlich genehmigt werden. Ordnungswidrig ist also nur die ungenehmigte Veranstaltung eines Rennens. Weder § 29 Abs. 1 StVO noch § 49 Abs. 2 Nr. 5 StVO sprechen die Ahndbarkeitsvoraussetzung "Genehmigungsmangel" an. Dies entspricht der auch sonst praktizierten gesetzestechnischen Regel, das Fehlen von Rechtfertigungsgründen nicht ausdrücklich in den Gesetzestext aufzunehmen. Tatbestandsmäßig ist also auch die Teilnahme an einem genehmigten Rennen. Erst die Rechtswidrigkeit wird durch die Genehmigung ausgeschlossen.   **24**

b) Erlaubnistatbestand der behördlichen Genehmigung

Die behördliche Genehmigung ist ein **Verwaltungsakt** i.S.d. § 35 VwVfG. Daher richtet sich die Wirksamkeit der Genehmigung nach Verwaltungsrecht. Die Rechtfertigungswirkung setzt voraus, daß die Genehmigung nach verwaltungsrechtlichem Maßstab wirksam ist. Eine nichtige Genehmigung (vgl. §§ 43, 44 VwVfG)   **25**

---

[62] OLG Düsseldorf, BauR 2000, 123 (124); LK-*Hirsch*, vor § 32 Rn 160; *Bohnert*, OWiG, § 15 Rn 33.

[63] *Bohnert*, OWiG, § 15 Rn 39.

[64] KKOWiG-*Rengier*, vor §§ 15, 16 Rn 15.

[65] J. *Meyer*, JuS 1983, 513 (514); KKOWiG-*Rengier*, vor §§ 15, 16 Rn 16.

entfaltet weder im Verwaltungsrecht noch im Ordnungswidrigkeitenrecht unrechtsausschließende Wirkung. Das gilt auch dann, wenn die materiell-verwal-
tungsrechtlichen Voraussetzungen, von denen die Genehmigungsfähigkeit der Tat
abhängt, erfüllt sind. Genehmigungsfähigkeit allein rechtfertigt eine tatbestandsmäßige Handlung also nicht[66].

26   Umstritten ist, ob eine Genehmigung im Ordnungswidrigkeitenrecht als Rechtfertigungsgrund anerkannt werden kann, wenn sie **rechtswidrig, aber dennoch
wirksam** ist. Verwaltungsrechtlich ist eine Genehmigung nämlich auch dann beachtlich, wenn sie die materiellen und formellen Rechtsmäßigkeitsvoraussetzun-
gen nicht vollständig erfüllt, dieser Mangel aber kein Nichtigkeitsgrund i.s.d.
§ 44 VwVfG ist. Die wohl herrschende Meinung schreibt einer wirksamen rechtswidrigen Genehmigung auch im Strafrecht volle Rechtfertigungswirkung zu[67].
Diese Konsequenz sei erforderlich, weil anderenfalls verwaltungsrechtliche und
strafrechtliche Wertung einander widersprechen würden. Zu folgen ist jedoch der
Gegenmeinung, die die Rechtfertigungswirkung nur dann eintreten läßt, wenn die
Genehmigung mit allen ihre Rechtmäßigkeit bestimmenden Normen im Einklang
steht. Nur so läßt sich die Einheit und Widerspruchsfreiheit der Rechtsordnung
wahren[68].

6. Hoheitliche Befugnisse

27   Soweit Hoheitsträger bei der **Amtsausübung** – nicht im privaten Bereich – Straf-
oder Bußgeldtatbestände verwirklichen, hängt die Rechtmäßigkeit ihres Handelns
vom Eingreifen eines Rechtfertigungsgrundes ab. Häufig können sie sich dabei
auf gesetzlich geregelte Rechtfertigungsgründe stützen, die speziell der Erfüllung
hoheitlicher Aufgaben gewidmet sind und daher das Handeln einer Privatperson
nicht erfassen. Eine Ausnahme von diesem Grundsatz bildet das **Festnahmerecht**
des § 127 Abs. 1 StPO, der auch dem Nichtamtsträger die Befugnis zu einem qua-
si-hoheitlichen ("pro magistratu") Eingriff in die Freiheit eines straftatverdächtigen Mitbürgers verleiht. Im Ordnungswidrigkeitenrecht ist eine Anwendung des
§ 127 Abs. 1 StPO allerdings nur ausnahmsweise möglich[69]. Das Festnahmerecht
gestattet nur die Beeinträchtigung des Rechtsguts "Fortbewegungsfreiheit", beseitigt also die Rechtswidrigkeit einer Nötigung (§ 240 StGB) und Freiheitsberau-
bung (§ 239 StGB) sowie gegebenenfalls mit der Festnahmehandlung notwendig
zusammenhängender leichter Körperverletzungen (§ 223 StGB) und Sachbeschä-
digungen (§ 303 StGB). Die Erfüllung von Bußgeldtatbeständen anläßlich einer
Festnahmeaktion kommt vor allem dann in Betracht, wenn der Vorgang Berüh-
rungspunkte mit dem Straßenverkehr hat. Eine Rechtfertigung der Verkehrsregel-
übertretung durch § 127 Abs. 1 StPO ist möglich, wenn der Eingriff für Verkehrsteilnehmer ungefährlich ist und nur die Qualität einer Behinderung oder Belästigung i.s.d. § 1 Abs. 2 StVO hat (z. B. Bereiten eines Hindernisses mit einem

---

[66] *Bohnert*, OWiG, § 15 Rn 37.
[67] KKOWiG-*Rengier*, vor §§ 15, 16 Rn 21.
[68] *Baumann/Weber/Mitsch*, § 17 Rn 129.
[69] KKOWiG-*Rengier*, vor §§ 15, 16 Rn 2.

Kfz zur Fluchtverhinderung, vgl. § 12 Abs. 3 Nr. StVO)[70]. Dagegen erlaubt § 127 Abs. 1 StPO keine Festnahmemethoden, mit denen eine Gefährdung des Straßenverkehrs verbunden ist (z. B. eine Verfolgungsfahrt mit einem Kfz)[71].

Für die ausschließlich amtsträgerermächtigende Vorschrift des § 127 Abs. 2 **28** StPO gilt nichts anderes. Da die Festnahme eines Straftatverdächtigen aber eine hoheitliche Aufgabe ist, kommt bei Festnahmeaktionen mit Straßenverkehrsberührung der besondere Amtsträger-Rechtfertigungsgrund des § 35 Abs. 1 StVO zur Anwendung. Im übrigen findet man hoheitliche Befugnisse mit ordnungswidrigkeitenrechtlich relevanter Rechtfertigungswirkung vor allem in Prozeßordnungen, Polizei-, Sicherheits- und Ordnungsgesetzen sowie den Gesetzen über die Anwendung unmittelbaren Zwangs[72].

7. Dienstliche Anordnung

Ein Beamter, der in Ausführung einer dienstlichen Anordnung[73] seines Vorgesetz- **29** ten eine tatbestandsmäßige Handlung begeht, befindet sich in einer der Pflichtenkollision ähnelnden Konfliktsituation: Es kollidiert die dienstrechtliche **Gehorsamspflicht** (§§ 37 S. 1 BRRG, 55 S. 1 BBG, 20 Abs. 1 S. 3 LBG Bbg, 11 Abs. 1 S. 1 SG) mit der Pflicht zur Befolgung tatbestandlicher Ver- und Gebote, also der Pflicht zur Vermeidung bußgeldbedrohten Verhaltens. Die rechtliche Bedeutung der dienstlichen Anordnung als Rechtfertigungsgrund entfaltet sich bei Taten des Weisungsempfängers, die einen Ordnungswidrigkeitentatbestand erfüllen und von keinem Rechtfertigungsgrund - außer eben der dienstlichen Anordnung - gedeckt sind. Diese Taten wären also rechtswidrig, wenn die dienstliche Anordnung keine Rechtfertigungswirkung hätte.

Als eigenständiger Rechtfertigungsgrund anerkannt ist die dienstliche Anord- **30** nung in Situationen, in denen die Anordnung für den Untergebenen **verbindlich** ist, also von diesem befolgt werden muß, obwohl dem eine Verbotsvorschrift entgegensteht. Verbindlich ist selbstverständlich eine Anordnung, die dem Adressaten eine Handlung aufträgt, die unabhängig von einer eventuellen Rechtfertigungswirkung der Anordnung ohnehin rechtmäßig ist. Insoweit hat der Rechtfertigungsgrund "dienstliche Anordnung" keine Entscheidungserheblichkeit. Die hier allein interessierende Frage ist also, ob und unter welchen Voraussetzungen eine dienstliche Anordnung auch dann verbindlich sein kann, wenn sie die Begehung einer Tat verlangt, die einen Bußgeldtatbestand verwirklicht und dabei von keinem sonstigen Rechtfertigungsgrund (z. B. einer Befugnis nach § 35 Abs. 1 StVO) gedeckt ist. Grundsätzlich sind nämlich für einen Beamten Anordnungen unverbindlich, die auf die Begehung einer Straftat oder einer Ordnungswidrigkeit gerichtet sind (§§ 38 Abs. 2 S. 2 BRRG, 56 Abs. 2 S. 3 BGB, 21 Abs. 2 S. 3 LBG

---

[70] *Göhler*, vor § 1 Rn 25 b.
[71] BayObLG, NStZ 1988, 518 (519).
[72] KKOWiG-*Rengier*, vor §§ 15, 16 Rn 26.
[73] Im zivilen Bereich heißt die Weisung eines Vorgesetzten „Anordnung", im militärischen Bereich „Befehl".

Bbg, 11 Abs. 2 S. 1 SG). Folglich kann eine derartige Anordnung die Straftat oder Ordnungswidrigkeit nicht rechtfertigen[74].

31   Für **Soldaten** und **Vollzugsbeamte** ist hingegen eine dienstliche Weisung verbindlich, deren Ausführung "nur" eine Ordnungswidrigkeit ist (§§ 11 Abs. 2 S. 1 SG, 7 Abs. 2 S. 1 UZwG, 97 Abs. 2 S. 1 StVollZG)[75]. Erkennt der Soldat oder Vollzugsbeamte jedoch, daß die Anordnung von ihm die Begehung einer Ordnungswidrigkeit verlangt, muß er den Vorgesetzten darauf hinweisen (§ 7 Abs. 3 UZwG). Unterläßt er eine solche Gegenvorstellung, begeht er mit der Ausführung der Anordnung eine nicht gerechtfertigte Ordnungswidrigkeit. Eine Rechtfertigung folgt aus der verbindlichen Anordnung also nur unter der Voraussetzung, daß der Soldat oder Vollzugsbeamte vor Ausführung der Anordnung seine Remonstrationspflicht nicht verletzt hat[76]. Das ist der Fall, wenn der Anordnungsempfänger nicht erkannt hat, daß die Weisung auf eine Ordnungswidrigkeit zielt, sowie wenn der Vorgesetzte trotz der Gegenvorstellung weiter auf der Befolgung der Weisung besteht. Dann ist die dienstliche Weisung zwar rechtswidrig, für den Untergebenen aber verbindlich und daher ein Rechtfertigungsgrund (str.)[77]. Die dienstliche Gehorsamspflicht geht in diesem Fall der allgemeinen staatsbürgerlichen Pflicht zur Beachtung bußgeldbewehrter Verhaltensregeln vor. Ein Soldat hätte bei Nichtbefolgung des Befehls sogar mit Bestrafung wegen Gehorsamsverweigerung zu rechnen, §§ 19-21 WStG. Im Umkehrschluß aus § 22 Abs. 1 S. 1 WStG ergibt sich nämlich, daß die Gehorsamsverweigerung des Soldaten rechtswidrig ist, wenn der militärische Befehl die Begehung einer Ordnungswidrigkeit fordert. Folglich muß die Befolgung des Befehls rechtmäßig, also gerechtfertigt sein.

32   Da eine Anordnung unverbindlich und kein Rechtfertigungsgrund ist, wenn sie auf Begehung einer Straftat gerichtet ist, rechtfertigt sie auch die vom Weisungsempfänger anordnungskonform begangene Ordnungswidrigkeit nicht, wenn die Anordnung von vornherein auch das konkrete Risiko umfaßte, daß die Ausführungshandlung nicht im Rahmen der Ordnungswidrigkeit bleibt, sondern zu einer Straftat wird[78].

---

[74]   Vgl. § 21 LBG Bbg: (1) Der Beamte ist für die Rechtmäßigkeit seiner dienstlichen Handlungen verantwortlich. (2) Bedenken gegen die Rechtmäßigkeit dienstlicher Anordnungen hat der Beamte unverzüglich bei seinem unmittelbaren Vorgesetzten geltend zu machen. Wird die Anordnung aufrechterhalten, so hat sich der Beamte, wenn seine Bedenken gegen ihre Rechtmäßigkeit fortbestehen, an den nächsthöheren Vorgesetzten zu wenden. Bestätigt dieser die Anordnung, so muß der Beamte sie ausführen, sofern nicht das ihm aufgetragene Verhalten strafbar oder ordnungswidrig ist und die Strafbarkeit oder Ordnungswidrigkeit für ihn erkennbar ist oder das ihm aufgetragene Verhalten die Würde des Menschen verletzt; von der eigenen Verantwortung ist er befreit."

[75]   KKOWiG-*Rengier*, vor §§ 15, 16 Rn 28.

[76]   KKOWiG-*Rengier*, vor §§ 15, 16 Rn 27.

[77]   *Lenckner*, FS Stree/Wessels, S. 223 (224); KKOWiG-*Rengier*, vor §§ 15, 16 Rn 29.

[78]   KKOWiG-*Rengier*, vor §§ 15, 16 Rn 32.

Kontrollfragen

1.	Warum haben die Rechtfertigungsgründe Einwilligung, mutmaßliche Einwilligung und Notwehr im Ordnungswidrigkeitenrecht nur geringe Bedeutung? (Rn 11, 12)
2.	Was war der „übergesetzliche Notstand"? (Rn 14)
3.	Woran erkennt man die tatbestandsausschließende und die rechtfertigende Wirkung einer behördlichen Genehmigung? (Rn 22)
4.	Kann eine rechtswidrige dienstliche Anordnung die Tat des Anordnungsempfängers rechtfertigen? (Rn 30, 31)

Literatur

Dencker, Der verschuldete rechtfertigende Notstand, JuS 1979, 779

Lenckner, Behördliche Genehmigungen und der Gedanke des Rechtsmißbrauchs im Strafrecht, Festschrift für Gerd Pfeiffer, 1988, S. 27

Lenckner, Der „rechtswidrige verbindliche Befehl" im Strafrecht – nur noch ein Relikt ?, Festschrift für Stree/Wessels, 1993, S. 223

§ 10 Vorwerfbarkeit

I. Allgemeines

Ordnungswidrigkeit ist eine tatbestandsmäßige, rechtswidrige und vorwerfbare 1
Handlung, § 1 Abs. 1 OWiG. Die Vorwerfbarkeit ist also eine Voraussetzung für
das Vorliegen einer „volldeliktischen" ordnungswidrigen Tat und somit auch für
die Verhängung der Sanktion "Geldbuße". Vorwerfbar sind nur tatbestandsmäßige
und rechtswidrige Handlungen. Diese Merkmale der Ordnungswidrigkeit müssen
gegeben sein, bevor die Vorwerfbarkeit thematisiert wird[1]. Während auf der Ebene der Tatbestandsmäßigkeit und der Rechtswidrigkeit jeweils die Entscheidung
darüber fällt, ob die Tat überhaupt ordnungswidrigkeitenrechtliche Rechtsfolgen
auslösen kann, hat das Vorliegen oder Fehlen der Vorwerfbarkeit differenziertere
Konsequenzen: § 1 Abs. 2 OWiG zeigt, daß die Nichterfüllung der Voraussetzung
"Vorwerfbarkeit" zwar die Rechtsfolgen einer vollständigen Ordnungswidrigkeit –
insbesondere die Geldbuße – ausschließt, dennoch gewisse Rechtsfolgen einer tatbestandsmäßigen und rechtswidrigen Tat möglich sind.

Der Sache nach bedeutet "Vorwerfbarkeit" dasselbe wie "**Schuld**"[2]: Die rechts- 2
widrige Tat ist vorwerfbar, wenn sie schuldhaft begangen wurde. Das ist der Fall,
wenn die Tat unter Voraussetzungen ausgeführt worden ist, unter denen der Täter
für das von ihm begangene Unrecht deswegen persönlich einzustehen hat, weil er
dieses Unrecht hätte vermeiden können[3]. Materiell meint "Vorwerfbarkeit" also
das individuelle "Dafür-Können" oder "Anders-Handeln-Können" des Täters.
Schuld ist also Vorwerfbarkeit der Willensbildung[4]. Der Gesetzgeber hat allerdings im OWiG die Verwendung des Wortes "Schuld" bewußt vermieden, weil
damit eine sozialethische Mißbilligung assoziiert werden könnte, die dem gemin-
derten Sozialschädlichkeitsgehalt der Ordnungswidrigkeit nicht entspräche[5]. Das
ändert aber nichts an der Tatsache, daß sich strafrechtliche Schuld und ordnungswidrigkeitenrechtliche Vorwerfbarkeit nur quantitativ unterscheiden. Die einer
Straftat zugrunde liegende Schuld wiegt schwerer als die Vorwerfbarkeit, auf der
die Ordnungswidrigkeit basiert.

---

[1] S. o. § 6 Rn 3.

[2] *Bohnert*, OWiG, § 1 Rn 19; KKOWiG-*Rogall*, § 1 Rn 8; KKOWiG-*Rengier*, vor §§ 15,
16 Rn 54.

[3] Grundlegend BGHSt 2, 194 (200): „Strafe setzt Schuld voraus. Schuld ist Vorwerfbarkeit. Mit dem Unwerturteil der Schuld wird dem Täter vorgeworfen, daß er sich nicht
rechtmäßig verhalten, daß er sich für das Unrecht entschieden hat, obwohl er sich
rechtmäßig verhalten, sich für das Recht hätte entscheiden können".

[4] *Jescheck/Weigend*, S. 404, *Cramer*, Grundbegriffe, S. 67.

[5] KKOWiG-*Rogall*, § 1 Rn 8; KKOWiG-*Rengier*, vor §§ 15, 16 Rn 54; *Göhler*, vor § 1
Rn 30; *Hellmann*, in: Achenbach/Wannemacher, § 2 Rn 86.

3 Wie im Strafrecht die Schuld[6] wird auch im Ordnungswidrigkeitenrecht die Vorwerfbarkeit von der Dogmatik in einzelne Bestandteile zerlegt. Für die Rechtsanwendung bedeutet dies, daß nicht durch "Gesamtwürdigung" ermittelt wird, ob der konkrete Täter in der Tatsituation "für sein rechtswidriges Handeln verantwortlich ist" oder "rechtmäßig hätte handeln können". Würde man so verfahren, könnte z. B. im Einzelfall durchaus auch die Vorwerfbarkeit der Tat eines Zwölfjährigen bejaht werden. Vielmehr wird der Sachverhalt unter die einzelnen Vorschriften subsumiert, die die Elemente der Vorwerfbarkeit regeln. Führt diese Subsumtion bei jeder Einzelvorschrift zu dem Ergebnis, daß das geprüfte Vorwerfbarkeitselement vorliegt, folgt aus der Zusammenfassung sämtlicher Einzelergebnisse das End-Resultat: Die Tat ist vorwerfbar. Ergibt auch nur eine der Einzelsubsumtionen, daß ein Vorwerfbarkeitsmerkmal nicht vorhanden ist, folgt daraus, daß die rechtswidrige Handlung dem Täter nicht vorgeworfen werden kann.

4 Die Elemente der Vorwerfbarkeit im Ordnungswidrigkeitenrecht sind die **Verantwortlichkeit**, das **Unrechtsbewußtsein** und das Fehlen von **Entschuldigungsgründen**. Keine Bestandteile der Vorwerfbarkeit, sondern Unrechtsmerkmale sind nach moderner Auffassung der Vorsatz und die Fahrlässigkeit (s. o. § 8 I). Positivgesetzlich geregelt sind die Verantwortlichkeit (§ 12 OWiG), das Unrechtsbewußtsein (§ 11 Abs. 2 OWiG) sowie der Entschuldigungsgrund "Notwehrexzeß" (§ 15 Abs. 3 OWiG).

5 Für alle Vorwerfbarkeitselemente gilt, daß sie nur dann für Tatbeurteilung und Rechtsfolgen beachtlich sind, wenn sie **im Zeitpunkt des Tatvollzugs** – also synchron zu der tatbestandsmäßigen Handlung bzw. Unterlassung – vorliegen: Vgl. §§ 11 Abs. 2, 12 Abs. 1, Abs. 2 OWiG: „... bei Begehung der Handlung ...". In der praktischen Rechtsanwendung bedürfen einer positiven Feststellung überwiegend nur die Tatsachen, die die Vorwerfbarkeit ausschließen können. Denn nach der gesetzlichen Konzeption wird auf der Grundlage eines Mindestrepertoires von Reifemerkmalen (Alter, Einsichts- und Steuerungsfähigkeit bei Jugendlichen) unterstellt, daß der Täter sich hätte rechtmäßig verhalten können. Positiv festgestellt werden müssen auf dieser Basis dann lediglich diverse Umstände, deren rechtliche Bedeutung im Ausschluß der Vorwerfbarkeit besteht. Sofern der Fall für das Vorliegen derartiger Umstände keine Anzeichen bietet, ist eine Prüfung entbehrlich.

II. Vorwerfbarkeitsmerkmale

1. Verantwortlichkeit

a) Übersicht

6 Die Verantwortlichkeit ist in § 12 OWiG geregelt. Wie im Strafrecht[7] bilden die beiden Faktoren "**Alter**" und "**Einsichts- und Steuerungsfähigkeit**" das Funda-

---

[6] Vgl. z. B. *Jescheck/Weigend*, § 39 IV (S. 429): „Die Merkmale des Schuldbegriffs"; *Haft*, AT, S. 128 Abb. 1: „Struktur der Schuld".

[7] Vgl. z. B. *Jescheck/Weigend*, § 40.

ment. § 12 Abs. 1 S. 1 OWiG entspricht § 19 StGB, § 12 Abs. 2 OWiG entspricht § 20 StGB. Eine Parallelvorschrift zu § 21 StGB gibt es im OWiG nicht. Gleichwohl ist verminderte Verantwortlichkeit im Ordnungswidrigkeitenrecht rechtlich erheblich. Sie ist bei der Bemessung der Geldbuße als allgemeiner Milderungsgrund zu berücksichtigen[8].

b) Alter

Die absolute Untergrenze verantwortlichkeitsbegründenden Alters ist wie im Strafrecht bei 14 Jahren gezogen, § 12 Abs. 1 S. 1 OWiG. Ein zur Tatzeit noch nicht 14-jähriger ist **Kind** und nicht "bußgeldmündig". Begeht ein Kind eine mit Geldbuße bedrohte Handlung (§ 1 Abs. 2 OWiG), kann sich eine bußgeldrechtliche Verantwortlichkeit der Eltern für diesen Vorfall nur unter dem Gesichtspunkt der Beteiligung (§ 14 OWiG) ergeben. Eine spezielle Ahndungsnorm gegen elterliche Aufsichtspflichtverletzungen wie § 32 OWiG 1968[9] enthält das geltende OWiG nicht mehr. Die gesetzliche Pauschalvermutung, daß bei Kindern die verantwortlich-keitsbegründende Altersreife fehlt, ist absolut und unwiderleglich[10]. Die Tat eines "frühreifen" Kindes kann trotz einer im konkreten Fall vielleicht positiv festgestellten Einsichts- und Steuerungsfähigkeit nicht mit Geldbuße geahndet werden[11]. Eine solche Tat ist nicht vorwerfbar. Die Altersgrenze muß im Zeitpunkt der Tatbegehung überschritten sein. Welche Teile der Tat hierfür maßgeblich sind, regelt § 6 OWiG. Bei Begehungsdelikten kommt es auf das Alter zur Zeit des Handlungsvollzugs (§ 6 S. 1 Alt. 1 OWiG), bei – den im Ordnungswidrigkeitenrecht sehr häufigen (dazu näher unten § 11) – Unterlassungsdelikten ist das Alter während des Zeitraums der pflichtwidrigen Untätigkeit relevant (§ 6 S. 1 Alt. 2 OWiG).

Bei einem **Jugendlichen** i.S.d. § 1 Abs 2 JGG[12] muß gem. § 12 Abs. 1 S. 2 OWiG zusätzlich ermittelt werden, ob er "zur Zeit der Tat nach seiner sittlichen und geistigen Entwicklung reif genug ist, das Unrecht der Tat einzusehen und nach dieser Einsicht zu handeln", § 3 S. 1 JGG. Anders als bei Erwachsenen wird diese Reife bei Jugendlichen nicht gesetzlich vermutet und muß deshalb im kon-

7

8

---

8   *Cramer*, Grundbegriffe, S. 69; KKOWiG-*Rengier*, § 12 Rn 25.

9   § 32 Abs. 1 OWiG 1968: „Ordnungswidrig handelt, wer leichtfertig durch Verletzung der Pflicht zur Aufsicht über ein Kind oder einen Jugendlichen, für die ihm die Personensorge obliegt oder die seiner Erziehung anvertraut sind, dazu beiträgt, daß der Schutzbefohlene vorsätzlich eine mit Geldbuße bedrohte Handlung begeht".

10 *Brunner/Dölling*, JGG, § 1 Rn 13; § 3 Rn 4.

11 Das gilt auch für einen OWi-Tatbestand, der wie § 75 Nr. 7 FeV im objektiven Tatbestand den Täterkreis auf Personen unter 15 Jahren beschränkt: „Ordnungswidrig im Sinne des § 24 Straßenverkehrsgesetzes handelt, wer vorsätzlich oder fahrlässig entgegen § 10 Abs. 3 ein Kraftfahrzeug, für dessen Führung eine Fahrerlaubnis nicht erforderlich ist, vor Vollendung des 15. Lebensjahres führt." Diese Ordnungswidrigkeit kann nur von 14-jährigen begangen werden.

12 „Jugendlicher ist, wer zur Zeit der Tat vierzehn, aber noch nicht achtzehn ... Jahre alt ist".

kreten Fall positiv festgestellt werden[13]. "Sittliche Reife" bedeutet die Fähigkeit zur Internalisierung von Werten, aufgrund deren der Jugendliche befähigt ist, den ethischen Gehalt von Geboten und Verboten nachzuvollziehen. Die "geistige Reife" meint das entsprechende intellektuelle Vermögen, das es dem Menschen ermöglicht, den Unterschied zwischen "gut" und "schlecht" zu erkennen[14].

9 Wenn die Verantwortlichkeit des Jugendlichen zu bejahen ist, können gegen ihn nur die Sanktionen des Ordnungswidrigkeitenrechts verhängt werden. Die speziellen – erzieherischen – Tatfolgen des JGG kommen nicht zur Anwendung[15]. Gegen den Jugendlichen wird also wie gegen einen Erwachsenen Geldbuße verhängt. Bei der Vollstreckung der Geldbuße sind allerdings einige jugendgemäße Sonderregeln zu beachten, vgl. §§ 78 Abs. 4, 98 OWiG.

10 Für **Heranwachsende** i.S.d. § 1 Abs. 2 JGG[16] sieht § 12 OWiG keine Sonderbe-handlung vor[17]. Dies entspricht der Regelung im Strafrecht, wo die spezielle Verantwortlichkeitsregel des § 3 JGG ebenfalls selbst dann nicht anwendbar ist, wenn die Tat des Heranwachsenden gem. § 105 Abs. 1 JGG jugendstrafrechtlichem Regime unterliegt[18]. Heranwachsende werden hinsichtlich der Verantwortlichkeit wie Erwachsene behandelt, die 21 Jahre oder älter sind. Sittliche und geistige Reife als Basis der Einsichts- und Steuerungsfähigkeit wird also bei ihnen unterstellt. Im Rahmen der Vollstreckung gelten aber die §§ 78 Abs. 4, 98 OWiG und zwar unabhängig davon, ob die Person oder die Tat des Heranwachsenden noch durch jugendtümliche Züge i.S.d. § 105 Abs. 1 JGG geprägt ist[19].

c) Einsichts- und Steuerungsfähigkeit

11 Täter, die zur Zeit der Tat 18 Jahre oder älter waren, sind nach gesetzlicher Vermutung im Besitz der vorwerfbarkeitsbegründenden Einsichts- und Steuerungsfähigkeit. Diese Vermutung kann nach Maßgabe des § 12 Abs. 2 OWiG widerlegt werden. Hier ist der Verantwortlichkeitsausschluß infolge **seelischer Störungen** geregelt. Das Gesetz stellt dabei auf dieselben biologisch-psychischen Defekte ab wie § 20 StGB. Das Vorliegen eines dieser Defekte im Zeitpunkt der Tat reicht für die Anwendung des § 12 Abs. 2 OWiG aus, wenn dieser Defekt entweder die Unrechtseinsichtsfähigkeit oder die Fähigkeit zu einsichtsgemäßer Verhaltenssteuerung ausgeschlossen hatte.

12 Da eine "krankhafte seelische Störung" auch auf übermäßigen Genuß alkoholischer Getränke oder sonstiger berauschender Mittel beruhen kann[20], scheint der

[13] *Brunner/Dölling*, JGG § 3 Rn 5.

[14] KKOWiG-*Rengier*, § 12 Rn 5; *Meier/Rössner/Schöch*, Jugendstrafrecht, § 5 Rn 11.

[15] BayObLG, NJW 1972, 837; OLG Köln, VRS 60, 454 (455); KKOWiG-*Rengier*, § 12 Rn 12.

[16] „... Heranwachsender, wer zur Zeit der Tat achtzehn, aber noch nicht einundzwanzig Jahre alt ist."

[17] KKOWiG-*Rengier*, § 12 Rn 15.

[18] Vgl. RiLi Nr. 1 zu § 105; *Brunner/Dölling*, JGG, § 105 Rn 2.

[19] KKOWiG-*Boujong*, § 98 Rn 40; *Göhler*, § 98 Rn 31.

[20] KKOWiG-*Rengier*, § 12 Rn 19.

Täter die Möglichkeit zu haben, sich selbst in einen Zustand ausgeschlossener Verantwortlichkeit zu versetzen, um dann eine mit Geldbuße bedrohte Handlung zu begehen, auf die die Rechtspflege nicht mit Geldbuße reagieren kann. Einer solcher Gesetzesumgehung tritt jedoch § 122 OWiG entgegen: Dieser Vollrauschtatbestand ist die bußgeldrechtliche Parallele zu § 323a StGB und unterscheidet sich von diesem nur dadurch, daß die ahndbarkeitsbegründende "Rauschtat" hier keinen Straftatbestand, sondern einen Bußgeldtatbestand verwirklicht. Darüber hinaus ist im Ordnungswidrigkeitenrecht die umstrittene Figur der "**actio libera in causa**" anerkannt[21]. Unter deren Voraussetzungen kann der Täter sogar aus dem Bußgeldtatbestand zur Verantwortung gezogen werden, den er im Zustand der Trunkenheit verwirklicht hat. Gegenüber dieser Ahndungsmöglichkeit ist § 122 OWiG subsidiär[22].

2. Unrechtsbewußtsein

Das Gesetz geht davon aus, daß bei einem einsichtsfähigen (§ 12 OWiG) Täter das **13** Vorhandensein von Unrechtsbewußtsein die Regel und sein Fehlen die Ausnahme ist. Deshalb normiert das OWiG nicht das Unrechtsbewußtsein, sondern den Ausschluß des Unrechtsbewußtseins, den Verbotsirrtum, § 11 Abs. 2 OWiG. Wenngleich diese Vorschrift den Verbotsirrtum etwas ausführlicher beschreibt als § 17 StGB, stimmen beide Irrtumsnormen inhaltlich überein[23].

a) Vorsatz- und Schuldtheorie

Im dogmatischen Streit um die straftatsystematische Stellung des Unrechtsbe- **14** wußtseins hat sich die **Schuldtheorie** gegen die Vorsatztheorie durchgesetzt. So jedenfalls wird § 17 StGB überwiegend verstanden[24]. Danach ist das Unrechtsbewußtsein kein Bestandteil des Vorsatzes[25], sondern ein **eigenständiges Schuldelement**. Der Verbotsirrtum läßt demzufolge den Vorsatz unberührt. Sofern der Verbotsirrtum vermeidbar war, wird der mit Tatvorsatz (vgl. dazu oben § 8 II 2) handelnde Täter wegen vorsätzlicher Tat bestraft. Die Vorsatztheorie kommt demgegenüber bei einem vermeidbaren Verbotsirrtum nur zur Bejahung eines Fahrlässigkeitsdelikts.

Anders als im Strafrecht kann sich die **Vorsatztheorie** im Ordnungswidrig- **15** keitenrecht noch behaupten und wird hier sogar von Strafrechtswissenschaftlern vertreten, die im Strafrecht die Schuldtheorie befürworten[26]. Begründet wird dies damit, daß das Ordnungswidrigkeitenrecht viele Tat-Sachverhalte tatbestandlich erfasse, von deren Kenntnis ein Schluß auf ihr Verboten-Sein nicht möglich sei. Die Appellfunktion des Tatbestandes, die im Strafrecht für die Schuldtheorie

---

[21] *Bohnert*, Grundriß, S. 20; KKOWiG-*Rengier*, § 12 Rn 26-30 a.
[22] KKOWiG-*Rengier*, § 122 Rn 43, 44.
[23] *J. Meyer*, JuS 1983, 513.
[24] *Neumann*, JuS 1993, 793; *Jescheck/Weigend*, § 41 I 2; *Haft*, AT, S. 260.
[25] Anders der Vorsatzbegriff des Zivilrechts, vgl. z. B. Palandt-*Heinrichs*, § 276 Rn 11.
[26] *Weber*, ZStW 92 (1980), 313 (340); *ders.*, ZStW 96 (1984), 376 (393).

spricht, müsse im Ordnungswidrigkeitenrecht häufig versagen. Denn es gebe eine große Zahl bußgeldbewehrter Verbote und Gebote, deren Existenz selbst einen Juristen überraschen würde und mit denen der Laie daher nicht zu rechnen brauche[27]. Sachverhaltskenntnis – d. h. Tatvorsatz – ziehe also nicht zwangsläufig Verbotskenntnis nach sich. Daher müsse die Unkenntnis der Verbotswidrigkeit den Vorsatz ausschließen.

16 Es trifft zu, daß das Ordnungswidrigkeitenrecht in großer Zahl Lebensvorgänge mit Geldbuße bedroht, deren Bußgeldwürdigkeit sich dem Bürger nicht gerade aufdrängt[28]. Gleichwohl sieht die Literatur überwiegend in § 11 Abs. 2 OWiG eine Entscheidung des Gesetzgebers für die Schuldtheorie[29]. Auch sprechen sachliche Gründe gegen eine unterschiedliche Behandlung des Verbotsirrtums im Strafrecht und im Ordnungswidrigkeitenrecht[30]. Denn im Ordnungswidrigkeitenrecht gibt es viele Tatbestände, die im allgemeinen Rechtsbewußtsein der Bevölkerung ähnlich fest verankert sind wie Straftatbestände. Dies gilt vor allem für den Bereich des Straßenverkehrs[31]. Zudem besteht bei den unbekannten Bußgeldtatbeständen kein praktisches Bedürfnis für die Vorsatztheorie[32]. Der Verbotsirrtum schließt ja die Ahndbarkeit als Ordnungswidrigkeit aus, wenn er unvermeidbar war, § 11 Abs. 2 OWiG. Es liegt dann zwar vorsätzliches, also subjektiv-tatbestandsmäßiges, aber nicht vorwerfbares und deshalb nicht mit Geldbuße ahndbares Handeln vor. Im Einzelfall kann gerade wegen der "Unverdächtigkeit" des Handelns die Unvermeidbarkeit des Irrtums zu bejahen sein. Im Falle eines vermeidbaren Verbotsirrtums führen Vorsatz- und Schuldtheorie zwar insoweit zu unterschiedlichen Ergebnissen, als erstere ein Fahrlässigkeitsdelikt und letztere ein Vorsatzdelikt begründet. Praktisch ist der Unterschied aber gering, da die fahrlässige Tatbestandsverwirklichung nur ausnahmsweise nicht mit Geldbuße bedroht ist (siehe oben § 8 III 1) und die Schuldtheorie den vermeidbaren Verbotsirrtum trotz Bejahung eines Vorsatzdelikts im Rahmen der Bußgeldbemessung mildernd berücksichtigen kann (vgl. § 17 S. 2 StGB), so daß der Täter im Ergebnis nicht zwangsläufig schlechter steht, als er bei Annahme eines Fahrlässigkeitsdelikts stünde[33].

b) Verbotsirrtum

17 Verbotsirrtum ist der **Irrtum über die Rechtswidrigkeit** der Tat. Der Täter befindet sich in einem Verbotsirrtum, wenn er nicht weiß, daß seine Tat rechtswidrig ist. Irrtum ist also schon die bloße Unkenntnis der Rechtswidrigkeit, die positive

---

[27] *Weber*, ZStW 92 (1980), 313 (339); *ders.*, ZStW 96 (1984), 376 (393).

[28] OLG Saarbrücken, VRS 38, 471 (473).

[29] BayObLG, VRS 58, 458 (459); *J. Meyer*, JuS 1983, 513; KKOWiG-*Rengier*, § 11 Rn 51; *Göhler*, § 11 Rn 20; *Jescheck/Weigend*, § 41 I 2.

[30] KKOWiG-*Rengier*, § 11 Rn 6; *Göhler*, § 11 Rn 21.

[31] *Weber*, ZStW 92 (1980), 313 (338); KKOWiG-*Rengier*, § 11 Rn 6.

[32] *Jescheck/Weigend*, § 41 II 2 c.

[33] KKOWiG-*Rengier*, § 11 Rn 9, 125, *Göhler*, § 11 Rn 29.

Fehlvorstellung, rechtmäßig zu handeln, ist nicht erforderlich[34]. Da bereits bedingtes Unrechtsbewußtsein die Vorwerfbarkeit begründet, unterliegt keinem Verbotsirrtum der Täter, der an der Rechtmäßigkeit zweifelt, es also für möglich hält, daß
sein Handeln verboten ist und dies billigend in Kauf nimmt[35]. Diese abgeschwäch-
te Form des Unrechtsbewußtseins wird im Ordnungswidrigkeitenrecht sehr häufig
vorkommen. Ist dem Täter die übertretene Verbotsvorschrift unbekannt, liegt darin noch kein Verbotsirrtum[36]. Erst wenn dem Täter aufgrund dieser Unkenntnis
auch das Bewußtsein fehlt, das eigene Verhalten könnte rechtswidrig sein, befindet er sich in einem Verbotsirrtum. Irrtumsirrelevant ist das vorhandene oder fehlende Wissen um die Sanktionsbewehrtheit des Verbots. Es spielt keine Rolle, ob
der Täter weiß, daß die Verbotsübertretung mit Bußgeld oder Strafe geahndet
werden kann. Denn über derartige Spezialkenntnisse werden in der Regel – wenn
überhaupt – nur Juristen verfügen. Wären sie Vorwerfbarkeitsvoraussetzung, liefe
das Ordnungswidrigkeitenrecht weitgehend leer. Unrechtsbewußtsein verlangt
nicht mehr als die laienhafte Bewertung der Handlung als rechtsnormwidrig[37].
Fehlt es daran, liegt ein Verbotsirrtum vor.

Ein Verbotsirrtum kann außer aus den in § 11 Abs. 2 OWiG beispielhaft ge- **18**
nannten Gründen "Unkenntnis der Norm" bzw. "Unkenntnis der Normanwendbar-
keit" auch auf der **unrichtigen Annahme eines Rechtfertigungsgrundes** beruhen[38]. Hier ist allerdings zu differenzieren zwischen der irrtümlichen Vorstellung
eines Sachverhalts, der einen rechtlich anerkannten Rechtfertigungsgrund trägt,
und der irrigen Annahme eines "scheinbaren" Rechtfertigungsgrundes, also eines
Komplexes von Tatumständen, dem die Rechtsordnung keine Rechtfertigungswirkung zuschreibt[39]. Der erstgenannte "Erlaubnistatbestandsirrtum" wird von der
herrschenden "eingeschränkten Schuldtheorie" wie ein vorsatzausschließender
Tatbestands-irrtum (§ 11 Abs. 1 S. 1 OWiG) behandelt (s. o. § 9 I 2b)[40]. Nur die
zweite Irrtumsversion ("Erlaubnisirrtum") ist also ein Verbotsirrtum i.S.d. § 11
Abs.   2
OWiG[41]. Schließlich kann ein Verbotsirrtum auch noch darauf beruhen, daß der
Täter den Anwendungsbereich eines anerkannten Rechtfertigungsgrundes irrtüm-
lich überschätzt[42], z. B. glaubt, rechtfertigender Notstand sei bereits bei "unwe-
sentlich" überwiegendem Gefahrabwendungsinteresse gegeben[43].

---

[34] *J. Meyer*, JuS 1983, 513 (514).
[35] OLG Stuttgart, JR 1973, 509 (510); *Rudolphi*, JR 1973, 511; *Neumann*, JuS 1993, 793
      (795); *Cramer*, Grundbegriffe, S. 72; KKOWiG-*Rengier*, § 11 Rn 53; *Göhler*, § 11
      Rn 22.
[36] OLG Celle, NJW 1987, 78 (79).
[37] *Göhler*, § 11 Rn 56.
[38] KKOWiG-*Rengier*, § 11 Rn 56.
[39] OLG Köln, VRS 26, 107 (108).
[40] OLG Köln, NZV 1995, 119 (121); *Cramer*, Grundbegriffe, S. 70.
[41] OLG Hamburg, VRS 31, 136 (138); AG Schwäbisch-Hall, NJW 1997, 2765 (2766);
      KKOWiG-*Rengier*, § 11 Rn 108.
[42] OLG Saarbrücken, VRS 38, 471 (473); *Neumann*, JuS 1993, 793 (796).
[43] Vgl. OLG Düsseldorf, NStZ 1990, 396 (397).

c) Vermeidbarkeit

19 Der unvermeidbare Verbotsirrtum schließt die Vorwerfbarkeit aus, der vermeidbare nicht. Unvermeidbar ist der Irrtum, wenn dem Täter die nach den Umständen des Falles, seiner Persönlichkeit sowie seinem Lebens- und Berufskreis zuzumutende Anspannung des Gewissens die Einsicht in das Unerlaubte seines Tuns nicht verschaffen kann[44]. Vom Täter wird verlangt, daß er alle seine geistigen Erkenntniskräfte einsetzt und dabei eventuell auftauchende Unrechtszweifel mit Nachdenken und erforderlichenfalls mit der Einholung sachkundigen Rechtsrates aufzuklären versucht[45]. Da nach herrschender Meinung bedingtes Unrechtsbewußtsein hinreichende Vorwerfbarkeitsbedingung ist, stellt sich im Zusammenhang mit Zweifeln über die Rechtmäßigkeit die Frage nach der Vermeidbarkeit nur dann, wenn der Täter in der Hoffnung handelt, von den für möglich gehaltenen Alternativen werde sich die Rechtmäßigkeit der Tat als die richtige erweisen[46]. In diesem Fall handelt der Täter im Verbotsirrtum. Unvermeidbar ist dieser Irrtum, wenn der Täter seine **Prüfungs- und Erkundigungsobliegenheit** erfüllt hat. Die Anforderungen an die Gewissensanspannung sind dann besonders hoch, wenn der verwirklichte Bußgeldtatbestand ein Verhalten im Rahmen der beruflichen oder gewerblichen Tätigkeit normiert. Denn es gehört in der Regel zu den mit der Berufs- oder Gewerbeausübung verbundenen Pflichten, sich über die Rechtslage zu informieren[47]. Vor allem bei bußgeldrelevanten Tätigkeiten, die einem Lebensbereich angehören, zu dem der Täter erst nach einer erfolgreich abgelegten Prüfung Zugang hat, wird ein Verbotsirrtum nur ausnahmsweise unvermeidbar sein. Wer z. B. die Fahrprüfung bestanden hat, wird sich nach der Übertretung einer Straßenverkehrsvorschrift regelmäßig nicht darauf berufen können[48], er habe sich unvermeidbar über die Existenz oder Anwendbarkeit der Vorschrift geirrt[49].

3. Fehlen von Entschuldigungsgründen

20 Entschuldigungsgründe schließen die Vorwerfbarkeit einer von einem verantwortlichen Täter (§ 12 OWiG) mit Unrechtsbewußtsein (§ 11 Abs. 2 OWiG) begange-

---

[44] BGHSt 21, 18 (20); KKOWiG-*Rengier*, § 11 Rn 57.

[45] BGHSt 21, 18 (20); OLG Düsseldorf, NStZ 1981, 444; KKOWiG-*Rengier*, § 11 Rn 58.

[46] Zu eng OLG Stuttgart, JR 1973, 509 (510): Verbotsirrtum liege nur vor, wenn der Täter von der Rechtmäßigkeit seines Tuns überzeugt ist; dagegen zutreffend *Rudolphi*, JR 1973, 511.

[47] BGHSt 21, 18 (21); 27, 196 (202); BayObLG, NStZ 2000, 148; OLG Oldenburg, VRS 65, 71 (73); OLG Celle, VRS 53, 392 (394); *J. Meyer*, JuS 1983, 513 (515); *Bohnert*, Grundriß, S. 23, KKOWiG-*Rengier*, § 11 Rn 65 ff.; *Göhler*, § 11 Rn 25 ff.

[48] BayObLG, VRS 98, 292 (293): „Jeder Verkehrsteilnehmer muß die Verkehrsregelungen in den Grundzügen kennen."

[49] Vgl. § 16 Abs. 1 Nr. 1 FeV: „In der theoretischen Prüfung hat der Bewerber nachzuweisen, daß er ausreichende Kenntnisse der für das Führen von Kraftfahrzeugen maßgebenden gesetzlichen Vorschriften sowie der umweltbewussten und energiesparenden Fahrweise hat".

nen rechtswidrigen Tat aus. Der materiale Grund dieser Rechtsfolge ist die **Unzumutbarkeit** normgemäßen Verhaltens in der konkreten Tatsituation[50]. Straf-
oder bußgeldbewehrte Verhaltensnormen richten sich an den Durchschnittsbürger
mit all seinen "normalen" Schwächen und Unzulänglichkeiten. Sie ziehen daher
ihren Tadel zurück, wenn die normkonforme Bewältigung der Tatsituation nur mit
der Stärke eines idealen – und irrealen – Mustermenschen möglich gewesen wäre.

a) Entschuldigende Notwehrüberschreitung

Der einzige im OWiG geregelte Entschuldigungsgrund ist der Notwehrexzeß, § 15 **21**
Abs. 3 OWiG. Obwohl diese Vorschrift – wie § 33 StGB – nicht erklärt, warum
die im Notwehrexzeß begangene Handlung "nicht geahndet" wird, ist allgemein
anerkannt, daß der Grund für die Nichtahndbarkeit im Ausschluß der Vorwerfbarkeit liegt[51]. Entschuldigt ist nach h. M. nur die **Überschreitung der Erforder-
lichkeitsgrenze** ("intensiver Notwehrexzeß"), nicht dagegen die Überschreitung
der Gegenwärtigkeitsgrenze ("extensiver Notwehrexzeß")[52]. Der Notwehrexzeß
entschuldigt, sofern er auf "Verwirrung, Furcht oder Schrecken" (asthenische Affekte) beruht. Eine durch "sthenische Affekte" (z. B. Wut) verursachte Notwehr-
überschreitung beseitigt die Vorwerfbarkeit nicht.

b) Entschuldigender Notstand

Eine Parallelvorschrift zu § 35 StGB gibt es im OWiG nicht. Daraus ist jedoch **22**
nicht der Schluß zu ziehen, das Ordnungswidrigkeitenrecht erkenne den Notstand
nicht als Entschuldigungsgrund an[53]. Es trifft zwar zu, daß eine bußgeldtatbestandsmäßige Tat, die zur Abwendung einer gegenwärtigen Gefahr für eines der in
§ 35 Abs. 1 S. 1 StGB genannten Rechtsgüter begangen wird, in der Regel bereits
nach § 16 OWiG gerechtfertigt sein wird. Denn wegen des verhältnismäßig geringen Unwertes der bußgeldbedrohten Normübertretung ist das "wesentlich über-
wiegende Interesse" an der Gefahrabwendung meistens leicht zu begründen, wenn
die Gefahr "Leben, Leib oder Freiheit" droht. Jedoch muß das nicht immer so
sein[54]. Vor allem im Straßenverkehr sind Fälle denkbar, wo eine Beeinträchtigung
anderer Verkehrsteilnehmer (§ 1 Abs. 2 StVO) zur Abwendung einer Gefahr erforderlich ist, ohne daß das Interesse an der Abwendung dieser Gefahr wesentli-
ches Übergewicht hat[55]. Wenn in einem solchen Fall nicht die Voraussetzungen
des § 16 OWiG, aber immerhin die Voraussetzungen des § 35 StGB erfüllt sind,

[50]   *Bohnert*, Grundriß, S. 21; KKOWiG-*Rengier*, vor §§ 15, 16 Rn 56.
[51]   KKOWiG-*Rengier*, § 15 Rn 42; *Göhler*, § 15 Rn 8; *Hellmann*, in: Achenbach/Wanne-
       macher, § 2 Rn 94.
[52]   KKOWiG-*Rengier*, § 15 Rn 42.
[53]   So aber *Göhler*, § 16 Rn 16; *Lemke*, § 16 Rn 17; *Hellmann*, in: Achenbach/Wanne-
       macher, § 2 Rn 94; dagegen zutr. KKOWiG-*Rengier*, vor §§ 15, 16 Rn 58.
[54]   *Weber*, ZStW 96 (1984), 376 (396); *Schumann*, Einheitstätersystem, S. 25 Fn 3; *Cra-
       mer*, Grundbegriffe, S. 72.
[55]   KKOWiG-*Rengier*, vor §§ 15, 16 Rn 58.

muß auch bei der Anwendung des Ordnungswidrigkeitenrechts der entschuldigende Notstand Berücksichtigung finden (**entsprechende Anwendung des § 35 StGB**)[56]. Es wäre nicht einzusehen, daß in derselben Verkehrssituation die Verwirklichung des § 316 StGB oder § 315c StGB nach § 35 StGB entschuldigt ist, nicht aber die Verwirklichung des § 24a StVG.

4. Vorwerfbarkeit beim Fahrlässigkeitsdelikt

23 Die oben erörterten Vorwerfbarkeitsmerkmale gelten grundsätzlich für Vorsatz- und Fahrlässigkeitsdelikte in gleicher Weise. Eine Modifizierung ist nur da erforderlich, wo die Vorwerfbarkeit die Kenntnis der Tatbestandsmäßigkeit voraussetzt, also auf dem Vorsatz aufbaut.

a) Subjektive Erkennbarkeit

24 Zur Begründung des Fahrlässigkeits**unrechts** reicht die objektive Erkennbarkeit der Verwirklichung des objektiven Tatbestandes. Ob dies auch für den konkreten Täter erkennbar war, wird dabei nicht berücksichtigt. Vor der Erhebung eines Tat**vorwurfs** muß jedoch positiv feststehen, daß gerade der konkrete Täter in der Lage gewesen wäre, die Umstände zu erkennen, die die objektive Tatbestandsmäßigkeit seines Verhaltens begründen. Diese "subjektive Erkennbarkeit" ist also ein besonderes Vorwerfbarkeitselement des Fahrlässigkeitsdelikts[57].

b) Potentielles Unrechtsbewusstsein

25 Das Bewußtsein der Rechtswidrigkeit setzt Bewußtsein der Tatbestandsmäßigkeit voraus. Wer nicht erkennt, daß er objektiv tatbestandsmäßig handelt, kann sein Verhalten auch nicht zutreffend[58] als "rechtswidrig" beurteilen. Aktuelles Unrechtsbewußtsein hat also nur der Täter eines Vorsatzdelikts. Der Täter eines Fahrlässigkeitsdelikts befindet sich zwangsläufig in einem Verbotsirrtum. Die Vermeidbarkeit dieses Irrtums wird auf der Grundlage unterstellten Vorsatzes beurteilt. Diese Unterstellung ist zulässig, weil zuvor die subjektive Erkennbarkeit bejaht worden ist. Potentielles Unrechtsbewußtsein liegt also vor, wenn der Täter die Tatbestandsmäßigkeit seines Verhaltens und – aufgrund der Kenntnis – die Rechtswidrigkeit seines Verhaltens hätte erkennen können[59].

---

[56] *Weber*, ZStW 96 (1984), 376 (397); *Bohnert*, Grundriß, S. 21; *ders.*, OWiG, § 15 Rn 49.

[57] KKOWiG-*Rengier*, § 10 Rn 40.

[58] Faktisch möglich ist dann nur die unzutreffende Bewertung eines Verhaltens, das die Rechtsordnung als rechtmäßig bewertet, als rechtswidrig. Diese Fehleinschätzung entspricht dem Vorstellungsbild beim „Wahndelikt" und vermag Vorwerfbarkeit nicht zu begründen.

[59] KKOWiG-*Rengier*, § 11 Rn 120, 122.

c) Zumutbarkeit

Anders als bei Vorsatzdelikten ist bei Fahrlässigkeitsdelikten anerkannt, daß die **26** Unzumutbarkeit normgemäßen Verhaltens die Vorwerfbarkeit auch dann ausschließen kann, wenn weder die Voraussetzungen des entschuldigenden Notwehrexzesses (§ 15 Abs. 3 OWiG) noch die Voraussetzungen des entschuldigenden Notstands (§ 35 StGB) erfüllt sind[60]. In Betracht kommen vor allem Fälle, in denen der Täter die Tat begeht, um ein Interesse zu wahren, das für eine Rechtfertigung nach § 16 OWiG nicht gewichtig genug ist und von § 35 StGB wegen dessen Beschränkung auf die Rechtsgüter Leben, Leib und Freiheit nicht erfaßt wird.

Kontrollfragen

1.	Kann gegen einen 13-, 17-, 19-jährigen eine Geldbuße verhängt werden? (Rn 7-10)
2.	Richtet sich die Behandlung des Verbotsirrtums nach der Vorsatz- oder nach der Schuldtheorie? (Rn 15, 16)
3.	Welche Bedeutung hat der entschuldigende Notstand im Ordnungswidrigkeitenrecht? (Rn 22)

---

[60] *Cramer*, Grundbegriffe, S. 73; KKOWiG-*Rengier*, § 10 Rn 43.

§ 11 Unterlassung

I. Allgemeines

1. Unterlassung als Tatbestandsmerkmal

Die Unterlassung ist im Aufbau der Ordnungswidrigkeit (s. o. § 6) auf der Ebene **1** des **objektiven Tatbestandes** platziert. Dies gilt sowohl für echte als auch für unechte Unterlassungsdelikte[1]. Als Grundform rechtlich relevanten menschlichen Verhaltens hat das Unterlassen seinen deliktssystematischen Anknüpfungspunkt in dem Tatbestandsmerkmal, welches das mit Geldbuße bedrohte Verhalten näher beschreibt (s. o. § 7 II 1). Die Elemente der Verhaltensbeschreibung, die dem Delikt seine besondere und konkrete Gestalt geben, werden im Strafrecht wie im Ordnungswidrigkeitenrecht dem "Besonderen Teil" zugeordnet. Dagegen gehören Strukturelemente, die durch Abstrahierung aus den besonderen Tatbildern gewonnen und auf der abstrakten Ebene dann als gemeinsame Bausteine dieser Tatbilder sichtbar werden, zum "Allgemeinen Teil" dieser Rechtsgebiete. Das trifft auch auf die Unterlassung zu. Die Verhaltensbeschreibungen der Ordnungswidrigkeitentatbestände bauen entweder auf der Verhaltensform "aktives Tun" oder der Verhaltensform "Unterlassung" auf.

Bei der praktischen Rechtsanwendung dreht sich die juristische Beschäftigung **2** mit der Unterlassung stets um die Frage, ob ein Unterlassen das Verhaltensmerkmal im objektiven Tatbestand einer Bußgeldnorm erfüllen kann oder nicht. Dieser Fragestellung geht die Erkenntnis voraus, daß das zu beurteilende Verhalten – der Beurteilungsgegenstand – ein Unterlassen ist. Entgegen mißverständlichen Darstellungen in der Strafrechtsliteratur ist diese Erkenntnis in der Regel leicht durch natürliche Anschauung des zu beurteilenden Sachverhalts zu gewinnen. Weder hier noch an einer Stelle der Unterlassungsdogmatik spielt der "Schwerpunkt der Vorwerfbarkeit" eine Rolle[2]. "Begehung" bedeutet Bewegung des eigenen Körpers durch Energieeinsatz, Unterlassen bedeutet **Unterlassen bestimmter Körperbewegungen**. Hat also ein Mensch innerhalb eines Zeitraums derartige Körperbewegungen nicht ausgeführt, kann dieser Sachverhaltsausschnitt die Grundlage eines Unterlassungsdelikts sein.

Das Fehlen einer Körperbewegung besagt aber nur, daß aktives Tun in dem zu **3** beurteilenden Fall tatsächlich nicht vorliegt und als rechtlich relevantes Verhalten allenfalls Unterlassen in Betracht kommt. Ob die Untätigkeit wirklich ein Unterlassen im Rechtssinne ist, hängt zusätzlich von der **Möglichkeit** der Handlung (Handlungsvermögen) ab[3]. Denn nur die Nichtvornahme einer möglichen Hand-

---

[1]   Zu echten und unechten Unterlassungsdelikten unten Rn 6.
[2]   Anders aber die h.M., vgl. *Bohnert*, OWiG, § 8 Rn 7; KKOWiG-*Rengier*, § 8 Rn 4.
[3]   *Cramer*, Grundbegriffe, S. 97; *Bohnert*, Grundriß, S. 26; *ders.*, OWiG, § 8 Rn 20; KKOWiG-*Rengier*, § 8 Rn 55; *Rebmann/Roth/Herrmann*, § 8 Rn 12.

lung ist Unterlassung der Handlung. Unmöglich ist eine Handlung z. B., wenn der Untätige durch unüberwindlichen körperlichen Zwang (vis absoluta) an Körperbewegungen gehindert wird. Während also die physische Möglichkeit des Handlungsvollzugs Voraussetzung der objektiven Tatbestandsmäßigkeit ist, wirkt sich die **Zumutbarkeit** der Handlung als Ahndbarkeitsvoraussetzung erst auf der Ebene der Vorwerfbarkeit aus[4].

4   Ungleich schwieriger als die Unterlassungsqualität ist die Tatbestandsmäßigkeit dieses Unterlassens zu erkennen. Dabei geht es um die Frage, ob der Rechtsbegriff, den der Bußgeldtatbestand zur Bezeichnung des tatbestandsmäßigen Verhaltens verwendet, die Vornahme oder die Unterlassung von Körperbewegungen – oder vielleicht sogar beides – umfaßt.

Meint beispielsweise das "Halten" und "Parken" (§§ 12, 13 StVO) eine aktive Handlung oder ein Unterlassen? Ein Fahrzeugführer, der sein Fahrzeug an einer Stelle zum Stillstand bringt, wo § 12 Abs. 1 StVO jegliches Halten verbietet, verwirklicht den Tatbestand durch aktives Tun. Denn damit das fahrende Fahrzeug stehenbleibt, sind Körperbewegungen des Fahrers notwendig. Er muß z. B. den Fuß vom Gaspedal nehmen und auf die Bremse treten. "Halten" ist also ein Tun. Da aber das Anhalten und anschließende Stehenlassen eines Fahrzeugs unter bestimmten Voraussetzungen – z. B. Ablauf der Parkuhr, § 13 Abs. 1 S. 1 StVO – erst nach Verstreichen einer Zeitspanne tatbestandsmäßig[5] bzw. rechtswidrig wird, der Fahrzeugführer dann jedoch nicht mehr aktiv handelt[6], muß zumindest auch das Nichtwegfahren des Fahrzeugs ein "Halten" bzw. "Parken" sein[7]. Diese Tatbestandsmerkmale können somit durch aktives Tun und durch Unterlassen verwirklicht werden.

5   Im Ordnungswidrigkeitenrecht weit verbreitet ist eine Form der sprachlichen Gestaltung des tatbestandsmäßigen Verhaltensmerkmals, die man als „neutral" hinsichtlich der Anknüpfung an aktives Tun oder Unterlassen bezeichnen könnte. Sie ist neutral, weil die zur Beschreibung verwendeten Worte beide Verhaltensformen gleichermaßen erfassen. Das gilt vor allem für Bußgeldvorschriften, die „blanketthaft" und „verwaltungsakzessorisch" ausgestaltet sind und das tatbestandsmäßige Verhalten „Zuwiderhandeln" in bezug auf eine „Vorschrift" oder „vollziehbare Anordnung" nennen. Je nachdem, ob die Vorschrift oder Anordnung von ihrem Adressaten ein bestimmtes Tun (Gebot) oder Unterlassen (Verbot) fordert, ist das tatbestandsmäßige Zuwiderhandeln ein gebotswidriges Unterlassen oder ein verbotswidriges Tun.

---

4   *Cramer*, Grundbegriffe, S. 98; KKOWiG-*Rengier*, § 8 Rn 57; a. A. *Bohnert*, OWiG, § 8 Rn 22; *Rebmann/Roth/Herrmann*, § 8 Rn 13; *Lemke*, § 8 Rn 8: Tatbestandsmerkmal.

5   Vgl. § 12 Abs. 2 StVO: „Wer sein Fahrzeug verlässt oder länger als drei Minuten hält, der parkt." Das Nichtwegfahren macht aus dem „Halten" nach drei Minuten ein „Parken". Aktives Tun ist es aber zweifellos nicht.

6   Zu einer ähnlichen Problematik bei der Anwendung des § 5 WiStG auf Staffelmietverträge vgl. *Bohnert*, JZ 1994, 605 (608).

7   OLG Stuttgart, VRS 39, 373 (374).

Beispiel § 39 Abs. 3 WpHG:

„Ordnungswidrig handelt, wer vorsätzlich oder fahrlässig
1. einer vollziehbaren Anordnung nach
a) § 15 Abs. 5 Satz 1, § 15 a Abs. 4, § 16 Abs. 2 Satz 1, auch in Verbindung mit Satz 2, § 16 Abs. 2 Satz 3 oder 4, Abs. 3 Satz 1, Abs. 4 oder 5, § 29 Abs. 1 Satz 1, auch in Verbindung mit Satz 2, jeweils auch in Verbindung mit § 30 Abs. 3, oder § 35 Abs. 1 Satz 1, auch in Verbindung mit Abs. 4 Satz 1 oder
b) § 36 b Abs. 1
zuwiderhandelt ...“

Die Bundesanstalt für Finanzdienstleistungsaufsicht kann auf der Grundlage des § 15 Abs. 5 S. 1 WpHG eine Anordnung erlassen, mit der sie von dem Emittenten Auskünfte und die Vorlage von Unterlagen verlangt, die zur Überwachung der Einhaltung der in § 15 Abs. 1 bis 4 WpHG geregelten Pflichten erforderlich ist. Einer solchen Anordnung handelt der Emittent zuwider, wenn er die verlangten Auskünfte überhaupt nicht erteilt oder wenn er unrichtige Angaben macht. Im ersten Fall handelt es sich eindeutig um ein Unterlasen, im zweiten Fall handelt es sich um aktives Tun. Beide Verhaltensweisen erfüllen das tatbestandsmäßige Verhaltensmerkmal „Zuwiderhandeln".

2. Echte und unechte Unterlassungsdelikte

Ein Tatbestand, dessen Verhaltensmerkmal nur oder auch durch Unterlassen ver- **6** wirklicht werden kann, regelt ein **echtes Unterlassungsdelikt**[8]. Dieses Verhaltensmerkmal beschreibt den Verstoß gegen ein Handlungsgebot. Gebotskonform ist der Vollzug der Handlung, gebotswidrig und damit tatbestandsmäßig ist das Unterlassen der Handlung. Der Adressat des Gebotes ergibt sich aus der Bußgeldnorm – bzw. bei Blankettnormen aus der ausfüllenden Vorschrift oder Anordnung – selbst, nicht aus einer "Garantenstellung". Die Gebotsvorschrift beschreibt eine bestimmte Situation und ordnet an, daß ein Mensch ("wer"), der Teil dieser Situation ist, eine Handlung vornehmen muß. Täter des echten Unterlassungsdelikts kann daher jeder sein, der unter den in der Bußgeldnorm beschriebenen Umständen die gebotene Handlung nicht vornimmt. Eine Garantenstellung ist zur Erfüllung des Tatbestandes nicht erforderlich. § 8 OWiG findet auf echte Unterlassungsdelikte keine Anwendung.

Beispielsweise verwirklicht den Tatbestand des echten Unterlassungsdelikts aus § 34 Abs. 1 Nr. i.V.m. § 49 Abs. 1 Nr. 29 StVO, wer es als Beteiligter an einem Verkehrsunfall unterläßt, den Verkehr zu sichern. Die Voraussetzungen der Tatbestandsmäßigkeit sind in § 34 Abs. 1 Nr. 2 StVO vollständig beschrieben, der Heranziehung des § 8 OWiG bedarf es nicht.

Den Tatbestand eines echten Unterlassungsdelikts nach § 17 Kulturgutschutzgesetz verwirklicht, wer „seine Mitteilungspflicht nach den §§ 9 oder 14 verletzt." § 8 OWiG ist nicht anwendbar, da sich aus §§ 9, 14 KulturschutzG ergibt, wer eine Mitteilungspflicht hat und somit tauglicher Täter des § 17 KulturschutzG ist.

Echte Unterlassungsdelikte sind im Ordnungswidrigkeitenrecht sehr häufig, **7** weil vor allem im Umgang mit Behörden dem Bürger umfangreiche bußgeldbe-

---

[8] *Cramer*, Grundbegriffe, S. 95; *Bohnert*, Grundriß, S. 24; *ders.*, OWiG, § 8 Rn 2; KKOWiG-*Rengier*, § 8 Rn 8.

wehrte Leistungspflichten (Anzeigen, Meldungen, Auskünfte, Vorlage von Dokumenten usw.)[9] auferlegt sind[10].

8 Der Anwendungsbereich des § 8 OWiG ist beschränkt auf die **unechten Unterlassungsdelikte**. Das unechte Unterlassungsdelikt verwirklicht einen Tatbestand, dessen Verhaltensmerkmal ausschließlich aktives Tun, also ein Begehungsdelikt, erfaßt[11]. Dieses Verhaltensmerkmal beschreibt den Verstoß gegen ein Handlungsverbot. Verbotskonform ist das Unterlassen der Handlung, verbotswidrig und damit tatbestandsmäßig ist der Vollzug der Handlung. Beispielsweise ist die "Erregung von Lärm" als menschliches Verhalten nur in Form aktiven Verhaltens möglich. § 117 Abs. 1 OWiG normiert deshalb ein Begehungsdelikt. Gemäß § 8 OWiG wird aber die Nichtabwendung eines verbotstatbestandsmäßigen Erfolges[12] der aktiven Verbotsverletzung gleichgestellt, wenn der Mensch, der den Erfolg nicht abgewendet hat, eine Garantenstellung hat[13]. Deshalb wird die Nichtunterbindung von Geräuschen, die der Garant nicht erzeugt hat, durch § 8 OWiG in den Tatbestand des § 117 Abs. 1 OWiG einbezogen (Bsp.: Hundehalter unterbindet nicht lautes Bellen und Jaulen seines Hundes[14]; Vater schreitet nicht gegen den Lärm ein, den seine Kinder mit Musikinstrumenten entfachen)[15]. In der Verbindung mit § 8 OWiG normiert § 117 Abs. 1 OWiG ein unechtes Unterlassungsdelikt.

II. Garantenstellung

1. Garantenstellung als Tatbestandsmerkmal

9 Als "Garantenstellung" bezeichnet man die tatsächlichen Gegebenheiten, die einen Menschen zum "Garanten" machen, aus denen sich seine **Zuständigkeit für die Verhinderung tatbestandsmäßiger Erfolge** ergibt (§ 8 OWiG: "...wenn er rechtlich dafür einzustehen hat..."). Die Garantenstellung ist objektives Tatbestandsmerkmal von unechten Unterlassungsdelikten[16]. Nur das Unterlassen eines Garanten ist objektiv tatbestandsmäßig. Nichtgaranten können sich an dem tatbestands-

---

9   *Weber*, ZStW 92 (1980), 313 (323); *Rengier*, FS Schmitt, S. 263; KKOWiG-*Rengier*, § 8 Rn 8.

10 Kritisch dazu *Weber*, ZStW 92 (1980), 313 (320 ff.).

11 KKOWiG-*Rengier*, § 8 Rn 8.

12 Nach vorzugswürdiger Ansicht gilt bei § 8 OWiG und § 13 StGB ein weiter Erfolgsbegriff, *Bohnert*, Grundriß, S. 25; KKOWiG-*Rengier*, § 8 Rn 10; *Baumann/Weber/ Mitsch*, § 15 Rn 42; a. A. *Rebmann/Roth/Herrmann*, § 8 Rn 2.

13 Zu dem weitgehend funktionslosen zweiten Gleichstellungsmerkmal des § 8 OWiG, der „Entsprechungsklausel", vgl. KKOWiG-*Rengier*, § 8 Rn 56.

14 BayObLG, GA 1981, 412 (413); OLG Koblenz, NJW 1973, 290 (291).

15 OLG Düsseldorf, GewArch 1989, 203 (zu § 9 Abs. 1 LImSchG NRW); KKOWiG-*Rogall*, § 117 Rn 17; *Bohnert*, OWiG, § 117 Rn 4; *Göhler*, § 117 Rn 9; *Rebmann/ Roth/Herrmann*, § 117 Rn 7.

16 *Bohnert*, Grundriß, S. 25.

mäßigen Unterlassen eines Garanten beteiligen (§ 14 OWiG), allerdings nur durch aktives Tun.

> **Beispiel:** Die Schüler der ersten Klasse verursachen unzulässigen Lärm (§ 117 Abs. 1 OWiG). Der Ehemann der Klassenlehrerin empfiehlt seiner Gattin, die Kinder gewähren zu lassen.
>
> Die Schüler erfüllen das Verhaltensmerkmal des § 117 Abs. 1 OWiG durch aktives Tun[17], die Lehrerin erfüllt das Verhaltensmerkmal durch garantenpflichtwidriges Unterlassen (§ 8 OWiG), der Ehemann der Lehrerin erfüllt das Verhaltensmerkmal, indem er sich aktiv am garantenpflichtwidrigen Unterlassen seiner Ehefrau und mittelbar am aktiven Lärmen der Kinder beteiligt (§ 14 OWiG).

Als objektives Tatbestandsmerkmal ist die Garantenstellung Bezugspunkt von **10** Vorsatz und Fahrlässigkeit, § 10 OWiG. Die Unkenntnis der pflichtbegründenden Tatsachen ist ein Tatbestandsirrtum i.S.d. § 11 Abs. 1 S. 1 OWiG, die Unkenntnis der rechtlichen Bedeutung dieser Tatsachen, nämlich der Erfolgsabwendungspflicht, ist dagegen Verbotsirrtum, § 11 Abs. 2 OWiG[18]. Die irrige Vorstellung eines Nichtgaranten, die tatsächlichen Voraussetzungen der Garantenstellung lägen vor, begründet einen untauglichen Versuch.

2. Rechtsgrund der Garantenstellung

Da die Voraussetzungen der Ahndbarkeit "gesetzlich bestimmt" (Art. 103 Abs. 2 **11** GG, § 3 OWiG) sein müssen und diesem Gebot im objektiven Tatbestand die größte Beachtung gebührt, sind für die Garantenstellungen gesetzliche Grundlagen erforderlich. Für jede Garantenstellung muß es ein Gesetz geben, das ihre Voraussetzungen so präzise beschreibt, daß der Garant sich in ihm wie in einem Spiegel als Inhaber dieser rechtserheblichen Position erkennen kann. § 8 OWiG erfüllt diese Aufgabe genauso wenig wie § 13 StGB[19]. Diese Vorschriften sagen nur, daß der Inhaber einer Erfolgsabwendungspflicht den Straf-/Bußgeldtatbestand durch Unterlassen verwirklichen kann, nicht aber, wer überhaupt eine solche Pflicht hat. Die Voraussetzungen der Garantenstellung müssen also in anderen Normen gesucht werden[20]. Solche Normen gibt es[21], sie erfassen aber längst nicht alle Garantenstellungen, die gegenwärtig zum festen Bestand des Straf- und Ordnungswidrigkeitenrechts gehören[22]: Garantenstellungen aus Gesetz, Rechtsgeschäft, tatsächlicher Gewährübernahme, gefahrbegründendem Vorverhalten, Herrschaft über gefährliche Gegenstände, Gefahren- und Lebensgemeinschaften. Es ist offenkundig,

---

[17] Eine Ordnungswidrigkeit begehen sie dadurch wegen § 12 Abs. 1 OWiG jedoch nicht.
[18] *Cramer*, Grundbegriffe, S. 98; *Bohnert*, OWiG, § 8 Rn 26; *Rebmann/Roth/Herrmann*, § 8 Rn 17.
[19] *Rebmann/Roth/Herrmann*, § 8 Rn 1; *Baumann/Weber/Mitsch*, § 15 Rn 39.
[20] Treffend *Lewisch*, Verfassung und Strafrecht, S. 80 (zu § 2 öStGB, der § 13 StGB und § 8 OWiG inhaltlich entspricht).
[21] *Bohnert*, OWiG, § 8 Rn 11.
[22] Vgl. *Bohnert*, OWiG, § 8 Rn 13-17.

daß die Strafrechtspflege im Bereich der unechten Unterlassungsdelikte die von Art. 103 Abs. 2 GG auferlegten Beschränkungen tatsächlich nicht anerkennt. Die Praxis operiert vielfältig mit Garantenstellungen, als deren Rechtsgrund allenfalls Gewohnheitsrecht angeführt werden kann, was mit Art. 103 Abs. 2 GG genauso wenig zu vereinbaren ist wie die Ahndbarkeitsbegründung ohne rechtliche Grundlage. Von der Literatur wird dies überwiegend widerspruchslos zur Kenntnis genommen[23]. Die Konsequenz, den Katalog der Garantenstellungen radikal auf die Fälle zu reduzieren, in denen als Pflichtbegründungstatbestand wenigstens ein Rechtsgeschäft vorliegt[24], befürwortet kaum jemand ausdrücklich. Keine als allgemein akzeptiert und konsensfähig geltende Lösung des Problems ist die Behauptung, "daß im Allgemeinen Teil das Verbot von belastendem Gewohnheitsrecht jedenfalls nicht uneingeschränkt gilt"[25]. Denn zum einen gehören die Voraussetzungen der Garantenstellung wohl eher in den Besonderen als in den Allgemeinen Teil[26], zum anderen räumt die zitierte Behauptung den Verstoß gegen das Bestimmtheitsgebot nicht aus. Der Einwand der Verfassungswidrigkeit ist also durchaus ernst zu nehmen.

12   Vorsorge gegen tatbestandsmäßige Erfolge kann auf zweierlei Weise betrieben werden: Überwachung der potentiellen Quelle des Erfolges oder Beschützung des potentiellen Opfers des Erfolges. Dementsprechend beinhaltet die Rechtspflicht zur Erfolgsabwendung entweder eine Überwachungs- oder eine Schutzpflicht. Folglich kann man die zur Erfolgsabwendung verpflichteten Garanten in **Überwachungsgaranten** (synonym : Sicherungsgaranten) und **Beschützergaranten** (synonym: Obhutsgaranten) gliedern. Die moderne Unterlassungsdogmatik („Funktionenlehre") benutzt diesen Funktionsdualismus nicht nur als Systematisierungsgesichtspunkt, sondern schreibt ihm auch die Kraft zu, Garantenstellungen rechtlich zu begründen[27]: Danach hat eine Person eine Garantenstellung im Sinne der §§ 13 StGB, 8 OWiG, wenn sie entweder zum Schutz von Rechtsgütern oder zur Überwachung von Gefahrenquallen rechtlich verpflichtet ist.

Beispielsweise sind Eltern verpflichtet, Körperverletzungserfolge (§§ 223 ff. StGB) von ihren Kindern abzuwenden, weil Eltern ihren Kindern familienrechtlich Schutz und Fürsorge schulden, also Beschützergaranten sind. Auch der Halter eines Hundes ist verpflichtet, andere Menschen vor gesundheitsschädigenden Bissen des Hundes (§ 223 StGB) zu bewahren, weil er zur Überwachung seines Hundes rechtlich verpflichtet, also Überwachergarant ist.

13   Richtiger Ansicht nach ist mit der Einteilung der Garanten in Beschützer und Überwacher das Problem der rechtlichen Fundierung aber nicht gelöst[28]. Als bloßes Faktum ersetzt die Beschützer- oder Überwacherposition keinen Rechtssatz. Soweit die Beschützer- oder Überwacherstellung auf einer Rechtsnorm beruht, kann diese zugleich Grundlage der Garantenstellung sein, vorausgesetzt sie wird

---

[23] *Jescheck/Weigend*, § 58 IV 4; *Lackner/Kühl*, § 13 Rn 21.
[24] So der Vorschlag von *Seebode*, FS Spendel, S. 317 ff.
[25] So KKOWiG-*Rengier*, § 8 Rn 2.
[26] *Weber*, ZStW 96 (1984), 376 (387).
[27] *Tröndle/Fischer*, § 13 Rn 5 a ff.
[28] *Baumann/Weber/Mitsch*, § 15 Rn 50.

den Anforderungen des Art. 103 Abs. 2 GG gerecht. Dann ist aber nicht die Schutz- oder Überwachungsfunktion, sondern die ihr zugrundeliegende Rechtsnorm Entstehungsgrund der Garantenstellung. Soweit es an einer solchen Norm fehlt, ist eine Garantenstellung nicht verfassungskonform begründbar. Eine gesellschaftlichen Erwartungen entsprechende und vielleicht gewohnheitsrechtlich anerkannte Rollenübernahme kann daran nichts ändern.

Im Ordnungswidrigkeitenrecht hat die Beschützergarantenstellung eine untergeordnete Bedeutung. Hauptsächlich handelt es sich um Obhutspositionen aufgrund familiärer oder sonstiger enger persönlicher Beziehung, vertraglich übernommene Schutzpflichten sowie Dienstpflichten von Amtsträgern. Einen größeren Raum nimmt die Überwachungsgarantenstellung ein[29]. Denn viele Bußgeldtatbestände beziehen sich auf Störungen aus Gefahrenquellen, für deren Überwachung bestimmte Personen zuständig sind: Kraftfahrzeug- und Tierhalter, Eigentümer und Besitzer von Grundstücken und Gebäuden, Inhaber von Betrieben und Unternehmen, Amtsträger usw. Als "Gefahrenquelle" in diesem Sinne kommt auch der Mensch in Frage. Daher sind Eltern gegenüber ihren unreifen Kindern nicht nur Beschützer-, sondern auch Überwachungsgaranten. Als Überwachungsgarant wird der Mensch sogar gegenüber sich selbst angesehen, soweit es um die Abwendung von Erfolgen geht, die aufgrund eigenen vorangegangenen Tuns (Ingerenz) einzutreten drohen. Alle diese Personen sind verpflichtet, tatbestandsmäßige Erfolge, deren Ursache in dem ihrer Überwachung unterstellten Bereich liegt, zu verhindern.

14

Kontrollfragen

1. An welcher Stelle des Deliktsaufbaus ist das Unterlassen zu erörtern? (Rn 1)
2. Worin unterscheiden sich echte und unechte Unterlassungsdelikte? (Rn 6)
3. Welche Bedeutung hat die „Garantenstellung"? (Rn 9, 10)
4. Was ist ein „Beschützergarant"? (Rn 12)
5. Was ist ein „Überwachergarant"? (Rn 12)

Literatur

Gössel, Zur Lehre vom Unterlassungsdelikt, ZStW 96 (1984), 321

Maiwald, Grundlagenprobleme der Unterlassungsdelikte, JuS 1981, 473

---

[29]   *Cramer*, Grundbegriffe, S. 99; Einzelheiten bei KKOWiG-*Rengier*, § 8 Rn 29 ff.

§ 12 Versuch

I. Allgemeines

Ein Verhalten ist eine **vollendete** Ordnungswidrigkeit, wenn es sämtliche objekti- 1
ve Tatbestandsmerkmale erfüllt. Fehlt die Erfüllung wenigstens eines objektiven
Tatbestandsmerkmals, ist das Verhalten ordnungswidrigkeitenrechtlich irrelevant,
es sei denn, die Tat ist ein Versuch, und dieser ist mit Geldbuße bedroht. Versuch
ist also ein Delikt, das sich von der Vollendung durch einen verkürzten objektiven
Tatbestand unterscheidet.

Im Ordnungswidrigkeitenrecht hat der Versuch eine **geringe Bedeutung**[1]. Ge- 2
mäß § 13 Abs. 2 OWiG setzt die Ahndbarkeit des Versuchs mit Geldbuße eine
ausdrückliche gesetzliche Anordnung voraus. Dies entspricht der Regelung für
Vergehensversuche in § 23 Abs. 1 StGB. Während aber das Besondere Strafrecht
die Pönalisierung des versuchten Vergehens eher zur Regel als zur Ausnahme gemacht hat, ist der Kreis der mit Geldbuße bedrohten Versuche im Ordnungswidrigkeitenrecht klein und überschaubar[2]. Dies hat mehrere Gründe:

Schon die vollendete Ordnungswidrigkeit weist im Normalfall einen geringeren 3
Grad an Sozialschädlichkeit auf als ein Vergehen. Beim Versuch ist die objektive
Substanz des Ahndungswürdigen noch weiter reduziert. Der Unrechtsschwerpunkt
des Versuchsdelikts liegt im subjektiven Bereich, der – wie die weitgehende
Gleichbehandlung von Vorsatz und Fahrlässigkeit zeigt – als Ahndungsgrundlage
für das Ordnungswidrigkeitenrecht eine verminderte Bedeutung hat[3]. Die Verhängung von Geldbußen wegen versuchter Ordnungswidrigkeit wäre deshalb in der
Regel unverhältnismäßig. Zahlreiche Ordnungswidrigkeitentatbestände des geltenden Rechts verdanken ihre Existenz der Aufhebung der früheren Straftatgat-
tung "Übertretung". Der Übertretungsversuch war im Strafgesetzbuch alter Fassung generell von Strafbarkeit freigestellt[4]. Die weitgehende Straflosigkeit der
versuchten Ordnungswidrigkeit ist insoweit auch ein Produkt historischer Kon-
tinuität.

---

[1] *Cramer*, Grundbegriffe, S. 75; für einen völligen Verzicht auf Versuchsahndbarkeit im
     Ordnungswidrigkeitenrecht *Weber*, ZStW 92 (1980), 313; *ders.*, ZStW 96 (1984), 376
     (398); dagegen KKOWiG-*Rengier*, § 13 Rn 2.
[2] KKOWiG-*Rengier*, § 13 Rn 4-11.
[3] *Lange*, FS Maurach, S. 235 (239).
[4] Vgl. § 43 StGB aF: (1) Wer den Entschluß, ein Verbrechen oder Vergehen zu verüben,
     durch Handlungen, welche einen Anfang der Ausführung dieses Verbrechens oder
     Vergehens enthalten, betätigt hat, ist, wenn das beabsichtigte Verbrechen oder Verge-
     hen nicht zur Vollendung gekommen ist, wegen Versuches zu bestrafen. (2) Der Ver-
     such eines Vergehens wird jedoch nur in den Fällen bestraft, in welchen das Gesetz
     dies ausdrücklich bestimmt.

4   Zudem haben viele formell vollendete Ordnungswidrigkeiten aufgrund der **Vorverlagerungsfunktion** des ihnen zugrundeliegenden Tatbestandes materiell Versuchs- oder Vorbereitungscharakter[5]. Beispielsweise ist die Ordnungswidrigkeit des § 117 Abs. 1 OWiG bereits vollendet, wenn der Täter Lärm erregt hat, der geeignet ist, die Gesundheit eines anderen zu beschädigen. Eine tatsächliche Gesundheitsschädigung ist zur Vollendung nicht erforderlich, es genügt die Geeignetheit des Lärms. Bezogen auf das Rechtsgut "Gesundheit" wird hier also als Vollendung auch ein erfolgskupiertes Verhalten – eben ein Versuch – anerkannt. Eine weitere Ahndbarkeitsvorverlagerung durch Anordnung der Versuchsahndbarkeit wäre sicher übermäßig. Bezogen auf das Rechtsgut "Gesundheit" würde damit der "Versuch des Versuchs" unter Bußgelddrohung gestellt, was mit der erst durch das 6. StrRG 1998 aufgehobenen Straflosigkeit des Versuchs in § 223 StGB – vgl. jetzt § 223 Abs. 2 StGB – nicht zu vereinbaren wäre.

5   Besonders augenfällig ist der Vorverlagerungseffekt von Verkehrsordnungswidrigkeiten. Im Straßenverkehr ereignen sich viele bußgeldbedrohte folgenlose Regelverstöße in konkret vollkommen ungefährlichen Situationen und stellen daher für Leben, Leib oder Eigentum anderer Bürger allenfalls eine abstrakte Gefährdung dar[6].

> **Beispiel:** T fährt nach dem Genuß alkoholischer Getränke, der bei ihm eine Blutalkoholkonzentration von 0,8 ‰ begründet hat, mit seinem Pkw nach Hause. Er beherrscht sein Fahrzeug trotz der Alkoholisierung sicher, ist also nicht relativ fahruntüchtig. Während er fährt, stellt sich T aber vor, er habe mehr als 1,1 ‰ Alkohol im Blut.
>
> T begeht einen Versuch des § 316 Abs. 1 StGB, der nicht mit Strafe bedroht ist, vgl. § 23 Abs. 1 StGB. Zugleich begeht er eine vollendete Ordnungswidrigkeit nach § 24a StVG. Die vollendete Ordnungswidrigkeit deckt hier also das nichtpönalisierte Versuchsfeld eines Vergehens ab.

6   Gegen eine umfangreiche Versuchsahndbarkeit im Ordnungswidrigkeitenrecht sprechen vor allem Erwägungen der praktischen Vernunft. Die meisten Versuche würden überhaupt nicht entdeckt, Verfolgung und Ahndung wären in einer extrem gleichheits- und gerechtigkeitswidrigen Weise zufallsabhängig. Zudem stünde der Verfahrensaufwand, der erforderlich wäre, um den Vollendungsvorsatz im Einzelfall nachzuweisen, in keinem einigermaßen angemessenen Verhältnis zu Anlaß und Nutzen des Verfahrens. Das Ausweichen auf die Fahrlässigkeits-Schiene ist im Versuchsbereich ja ausgeschlossen. Praktisch würde deshalb die Verfolgung von Versuchen in den meisten Fällen dem Opportunitätsprinzip (§ 47 OWiG) zum Opfer fallen[7].

7   Die Fälle, die von einer gesetzlich vorgeschriebenen Versuchsahndbarkeit betroffen sind, zeichnen sich überwiegend dadurch aus, daß der Täter bei der Begehung der Ordnungswidrigkeit eine staatliche Kontrolle passieren muß, bei der sein

[5]   KKOWiG-*Rengier*, § 13 Rn 2.
[6]   *Arzt/Weber*, BT, § 35 Rn 48.
[7]   *Weber*, ZStW 92 (1980), 313 (337).

Versuch entdeckt werden kann[8]. Beispielsweise korrespondiert § 115 Abs. 1 Nr. 1 OWiG den strafvollzugsrechtlichen Vorschriften, die die Überwachung von Besuchen, Schriftwechsel, Ferngesprächen, Paketempfang und -versand regeln (§§ 24 Abs. 3, 27 Abs. 1, 29 Abs. 3, 32, 33 StVollzG). Wäre hier der Versuch nicht gemäß § 115 Abs. 3 OWiG mit Geldbuße bedroht, böten sich dem Vollzugspersonal Manipulationsmöglichkeiten, die dem Ansehen eines Rechtsstaats abträglich wären: Um der Bußgeldvorschrift des § 115 Abs. 1 Nr. 1 OWiG praktische Geltungskraft zu verschaffen, müßten die Bediensteten die Durchsuchung (§ 24 Abs. 3 StVollzG) von Besuchern und die Überwachung der Besuche (§ 27 Abs. 1 StVollzG) bewußt nachlässig gestalten, damit der Besucher die Ordnungswidrigkeit vollenden kann. Bei der anschließenden Durchsuchung des Haftraumes des besuchten Strafgefangenen (§ 84 StVollzG) würde die Tat dann aufgedeckt werden. Ähnlich verhält es sich mit Ordnungswidrigkeiten, deren Vollendung die Einfuhr, Durchfuhr oder Ausfuhr von Waren oder sonstige gesetzwidrige Grenzübertritte voraussetzt (z. B. § 33 Abs. 7 i. V. m. § 33 Abs. 2 Nr. 1 a AWG). Hier kommt noch hinzu, daß der Täter dem Zugriff der deutschen Behörden entzogen ist, wenn seine Ordnungswidrigkeit im unerlaubten Verlassen des deutschen Staatsgebietes besteht. Praktische Anwendbarkeit des Bußgeldtatbestandes erfordert hier also Verhinderung der Vollendung. Wäre der Versuch nicht mit Geldbuße bedroht, würde die erfolgreiche Grenzkontrolle nicht nur die Vollendung, sondern auch die Ahndbarkeit des Verhaltens verhindern[9].

In ermittlungstaktischer Hinsicht ist die Versuchsahndbarkeit eine rechtliche **8** Bedingung für den Einsatz des agent provocateur. Durch Provokation einer Tat, die im Versuchsstadium stecken bleiben soll, kann eine bußgeldbedrohte Handlung des Provozierten herbeigeführt werden, ohne daß der Provokateur selbst eine ahndbare Beteiligung (§ 14 Abs. 1 OWiG) beginge.

II. Ahndbarkeitsvoraussetzungen des Versuchs

1. Tatbestand

Das Versuchsdelikt unterscheidet sich von der vollendeten Ordnungswidrigkeit **9** nur im **objektiven Tatbestand**. Die Ahndbarkeit setzt nicht die vollständige Erfüllung des objektiven Tatbestands voraus, es genügt das unmittelbare Ansetzen zur Tatbestandserfüllung, § 13 Abs. 1 OWiG. Das Verhalten des Täters muß mehr sein als bloße Vorbereitung.

---

[8]   KKOWiG-*Rogall*, § 115 Rn 35.
[9]   KKOWiG-*Rengier*, § 13 Rn 2.

Beispiel: S verbüßt in der JVA X eine Freiheitsstrafe. Seine Ehefrau E will ihm bei einem Besuch heimlich eine Flasche Schnaps zustecken.

E hat die Ordnungswidrigkeit des § 115 Abs. 1 Nr. 1 OWiG vollendet, sobald sie dem S die Flasche übergeben hat. Solange sie sich noch außerhalb der JVA aufhält, befindet sie sich zweifellos in der bußgeldfreien Vorbereitungsphase. Spätestens wenn sie ihrem Ehemann im Besucherzimmer gegenübersitzt, hat sie die bußgeldbedrohte Versuchszone (§ 115 Abs. 3 OWiG) betreten.

Im übrigen richtet sich die Beurteilung des Versuchsbeginns nach den zu § 22 StGB entwickelten Regeln und Grundsätzen[10].

10   Von der vollendeten Ordnungswidrigkeit abweichend (s. o. § 6 II 1), steht der objektive Tatbestand im **Aufbau des Versuchs** erst an zweiter Stelle. Die Prüfung des Versuchsdelikts beginnt mit dem subjektiven Tatbestand. Inhaltlich stimmt der subjektive Tatbestand der versuchten Ordnungswidrigkeit aber mit dem subjektiven Tatbestand der vollendeten Ordnungswidrigkeit überein[11]. Erforderlich und in der Regel ausreichend ist also Vorsatz. Fahrlässiges Handeln begründet keinen tatbestandsmäßigen Versuch. Soweit zur Ahndung der vollendeten Ordnungswidrigkeit bedingter Vorsatz ausreicht, genügt diese Vorsatzform auch für die Ahndung des Versuchs. Wie im Strafrecht ist im Ordnungswidrigkeitenrecht der untaugliche dem tauglichen Versuch gleichgestellt[12].

Beispiel: T spricht von außen einen auf dem Gelände einer JVA stehenden Mann an. Er hält den Mann für einen Strafgefangenen. Tatsächlich gehört der Angesprochene zum Personal der Justizvollzugsanstalt.

Durch eine Unterhaltung mit diesem Gesprächspartner den objektiven Tatbestand des § 115 Abs. 1 Nr. 2 OWiG zu verwirklichen, war von vornherein unmöglich. Die Handlung des T war also vollendungsuntauglich. Da T sich aber von seiner Tat ein – teilweise unrichtiges – tatbestandsmäßiges Bild machte, handelte er vorsätzlich und beging einen untauglichen Versuch.

11   Keinen untauglichen Versuch begründet das sogenannte Wahndelikt[13]. Dabei handelt der Täter in der – zutreffenden oder irrigen – Vorstellung von einem Sachverhalt, der nicht objektiv tatbestandsmäßig ist und verbindet mit ihm die unrichtige Vorstellung einer objektiv tatbestandsmäßigen Tat.

Beispiel: T unterhält sich von außen mit einem Bediensteten einer JVA, der im Inneren der Anstalt steht. Obwohl T erkennt, daß sein Gesprächspartner kein Gefangener ist, glaubt er, die Unterhaltung sei verboten und mit Geldbuße bedroht.

T hat keinen Versuch nach § 115 Abs. 1 Nr. 2, Abs. 3 OWiG, sondern ein nichtahndbares Wahndelikt begangen, da sein Vorsatz einen Sachverhalt erfaßte, der den objektiven Tatbestand des § 115 Abs. 1 Nr. 2 OWiG nicht erfüllt.

---

[10]   KKOWiG-*Rengier*, § 13 Rn 17.
[11]   KKOWiG-*Rengier*, § 13 Rn 13.
[12]   KKOWiG-*Rengier*, § 13 Rn 43.
[13]   KKOWiG-*Rengier*, § 13 Rn 49.

2. Sonstige Ahndbarkeitsvoraussetzungen

Der tatbestandsmäßige Versuch ist ahndbar, wenn er rechtswidrig und vorwerfbar **12** begangen wurde. Rechtswidrigkeit und Vorwerfbarkeit haben hier dieselbe Struktur und denselben normativen Gehalt wie bei der vollendeten Ordnungswidrigkeit. Als besonderer Ahndbarkeitsausschlußgrund kommen Rücktritt und tätige Reue in Betracht. § 13 Abs. 3 und Abs. 4 OWiG regeln dies in gleicher Weise wie § 24 StGB. Innerhalb dieser Normierung sind drei Differenzierungen bedeutsam: Je nachdem, ob es um die Tat eines einzelnen oder die Tat mehrerer Beteiligter geht, richten sich die Bedingungen des Ahndbarkeitsausschlusses entweder nach § 13 Abs. 3 oder nach § 13 Abs. 4 OWiG. Je nachdem, ob die Versuchshandlung bereits volle Vollendungstauglichkeit erreicht hatte oder nicht[14], sind unterschiedliche Rücktrittsleistungen notwendig: Nach Erreichung voller Vollendungstauglichkeit sind aktive Vollendunghinderungsmaßnahmen erforderlich, zuvor genügt bloßes Aufgeben der Tatausführung. Je nachdem, ob eine Rücktrittsleistung zur Vollendungsverhinderung objektiv erforderlich ist oder nicht, besteht der Rücktritt in abwendungstauglichem Verhalten oder in ernsthaftem Abwendungsbemühen. In jedem Fall muß sich der Zurücktretende freiwillig gegen die Tatvollendung entscheiden.

Kontrollfragen

1. Worin unterscheidet sich die versuchte von der vollendeten Ordnungswidrigkeit? (Rn 9)
2. Warum hat der Versuch im Ordnungswidrigkeitenrecht geringe Bedeutung? (Rn 3-6)
3. Was ist der Unterschied zwischen einem untauglichen Versuch und einem Wahndelikt? (Rn 11)

Literatur

Roxin, Tatentschluß und Anfang der Ausführung beim Versuch, JuS 1979, 1

Krauß, Der strafbefreiende Rücktritt vom Versuch, JuS 1981, 883

---

[14] Die Strafrechtsdogmatik differenziert hier zwischen „unbeendetem" und „beendetem" Versuch, *Cramer*, Grundbegriffe, S. 77; KKOWiG-*Rengier*, § 13 Rn 52.

§ 13 Beteiligung

I. Fall mit mehreren Beteiligten

"Beteiligung" ist die Verallgemeinerung einer **Sonderform tatbestandsmäßigen** 1
Verhaltens: Der Tatbestand wird von einer Person dadurch erfüllt, daß sie sich an
dem Verhalten einer anderen Person beteiligt. Aus diesem Grund kommen Regeln
über die Beteiligung im Strafrecht und im Ordnungswidrigkeitenrecht dann zur
Anwendung, wenn der Gegenstand der rechtlichen Behandlung ein Mehr-
Personen-Fall ist. Zur rechtlichen Bewältigung von Eine-Person-Fällen braucht
man besondere Beteiligungsvorschriften nicht. Das in den vorangegangenen Kapiteln thematisierte dogmatische Instrumentarium des Allgemeinen Ordnungswidrigkeitenrechts genügt dafür voll und ganz. Mehr-Personen-Fälle sind aber praktisch häufig und bedürfen daher straf- und ordnungswidrigkeitenrechtlicher Regelung. Das Strafrecht normiert die Erscheinungsformen der Beteiligung in
§§ 25 Abs. 2 bis 27 StGB, das Ordnungswidrigkeitenrecht in § 14 OWiG[1].

1. Eine-Person-Fall

Einen Eine-Person-Fall erkennt man daran, daß das vom Tatbestand geschützte 2
Rechtsgutsobjekt **nur von einer Person angegriffen** wird[2]. Deswegen bezieht
sich die Prüfung der Ahndbarkeitsvoraussetzungen nur auf das Verhalten dieser
Person. Das Verhalten anderer Personen gerät allenfalls als potentiell ahndbarkeit-
sausschließender Umstand[3] in den Blick des Rechtsanwenders, im übrigen hat es
keinen Einfluß auf die Verhaltensbeurteilung der ersten Person (des Täters). Der
Akteur in einem Eine-Person-Fall erfüllt sämtliche Ahndbarkeitsvoraussetzungen
durch sein eigenes Verhalten. Die Einbeziehung des Verhaltens einer weiteren
Person zur Schließung einer sonst bestehenden Lücke ist nicht erforderlich. Dagegen ist in einem Mehr-Personen-Fall zur Bejahung der Ahndbarkeit einer Person
die Mitberücksichtigung des Verhaltens einer anderen Person notwendig.

---

[1] Vorläufer des § 14 OWiG war der im Wortlaut identische § 9 OWiG 1968. Demgegenüber regelte das OWiG 1952 die Beteiligung folgendermaßen: § 10 Teilnahme „(1) Eine Geldbuße kann auch gegen Anstifter und, soweit das Gesetz nichts anderes bestimmt, gegen Gehilfen festgesetzt werden. (2) Die Vorschriften des Strafgesetzbuchs
über die Teilnahme (§§ 47 bis 49 und 50) gelten entsprechend."

[2] Auf der Opferseite kann natürlich das Verhalten noch weiterer Personen ahndbarkeits-
relevant sein, wie z. B. bei den Straftaten Betrug (§ 263 StGB) und Erpressung (§ 253
StGB).

[3] Nach den Regeln über die „objektive Erfolgszurechnung" kann das eigenverantwortli-
che Eingreifen eines anderen – des Opfers oder eines Dritten – in den Kausalverlauf die
Zurechenbarkeit des Erfolges ausschließen, vgl. z. B. *Hellmann*, FS Roxin,
S. 271 ff. Kritisch zur Kategorie „objektive Erfolgszurechnung" *Hilgendorf*, FS Weber,
S. 33 ff.

Beispiele:
(1) T erschießt den O.
(2) A fordert den T auf, den O zu erschießen. Darauf erschießt T den O.

In Beispiel 1 wird das Ergebnis der Strafbarkeit des T aus § 212 Abs. 1 StGB durch alleinige Subsumtion seines eigenen Verhaltens unter die Strafbarkeitsvoraussetzungen des Verbrechens "Totschlag" erreicht. In Beispiel 2 gilt für die Strafbarkeit des T dasselbe, nicht aber für die Strafbarkeit des A. Um seine Strafbarkeit aus § 212 StGB[4] bejahen zu können, ist die Heranziehung des § 26 StGB erforderlich. Dessen Tatbestand bezieht sich u.a. auf das Verhalten des T, obwohl seine Rechtsfolge allein die Strafbarkeit des A ist. Die Strafbarkeit des A läßt sich nur mit einer Vorschrift begründen, die ausschließlich in Mehr-Personen-Fällen zur Anwendung kommt. § 26 StGB gehört deshalb zu dem dogmatischen Bezirk "Beteiligung".

3 Eine Rechtsordnung, die ihre Sanktionsdrohungen nur gegen Personen richten will, die die Ahndbarkeitsvoraussetzungen vollständig durch eigenes Verhalten erfüllen, hat für den dogmatischen Begriff "Beteiligung" keine Verwendung und braucht keine besonderen Rechtsregeln über die Beteiligung. Das ahndbarkeitsbegründende "eigenhändige" Verhalten wird in den **Tatbeständen des Besonderen Teils** hinreichend beschrieben[5]. Daher ist eine Vorschrift wie § 25 Abs. 1 Alt. 1 StGB neben den Verhaltensbeschreibungen des Besonderen Teils des StGB überflüssig[6]. Sie hat nur klarstellende Funktion und appelliert an den Rechtsanwender, daß er nicht - wie in den berühmten Rechtsfällen "Badewanne" (RGSt 74, 84) und "Staschinsky" (BGHSt 18, 87) – die Tatbestandsmäßigkeit tatbestandsmäßigen Verhaltens verneinen soll[7].

2. Mehr-Personen-Fall

4 Bei einem Mehr-Personen-Fall sind mindestens zwei Personen mit ihrem rechtsgutsfeindlichen Verhalten in einen Tatvorgang involviert. Charakteristikum dieses Falltyps ist also die **Einheit des Angriffs trotz Mehrheit der angreifenden Personen.** Das Verhalten der Personen muß so aufeinander bezogen sein, daß trotz der Mehrheit von Verhaltensvollzügen nur eine Tat vorliegt[8]. Daher handelt es sich nicht um einen Mehr-Personen-Fall, wenn z. B. der A den X erschießt und der B den Y erschießt, zwischen diesen beiden Schüssen aber kein sie zu einer Tat vereinigendes Band besteht. Vielmehr spricht die Mehrheit der Tatopfer eher für

---

[4] Strafbarkeit des A aus § 212 StGB als Täter scheitert an der alleinigen Tatherrschaft des T. Nach den Regeln der objektiven Zurechnung steht dieser Umstand einer täterschaftlichen Tatbestandserfüllung durch A entgegen.

[5] *Kienapfel*, JuS 1974, 1.

[6] Für die Strafandrohung gegen Anstifter und Gehilfen ist § 25 Abs. 1 Alt. 1 StGB aber unverzichtbar, weil er die Formulierung der §§ 26, 27 StGB wesentlich vereinfacht. Gäbe es § 25 Abs. 1 Alt. 1 StGB nicht, müßten die §§ 26, 27 StGB als zusätzliche Absätze jeder Tatbestandsvorschrift des StGB-BT hinzugefügt werden.

[7] *Fuhrmann*, Das Begehen der Straftat, S. 6; *Herzberg*, Täterschaft, S. 5; *Cramer*, FS Bockelmann, S. 389 (393).

[8] *Jakobs*, 21/3.

das Vorliegen von zwei – voneinander unabhängigen, separaten – Eine-Person-Fällen. Anders verhält es sich, wenn den Schüssen eine Verabredung zu gemeinschaftlicher Tatausführung zugrundelag und jeder der beiden Partner zu der Handlung des anderen einen – mittäterschaftlichen – Mitwirkungs-Beitrag geleistet hat, § 25 Abs. 2 StGB[9].

Im Mehr-Personen-Fall wird zumindest die Verhaltensbewertung einer Person **5** durch das mitwirkende Verhalten einer anderen Person beeinflußt. Die typische Form dieser Beeinflussung ist die **Ahndbarkeitsmitbegründung**: Erst durch Einbeziehung des Verhaltens der zweiten Person läßt sich das Urteil begründen, daß die erste Person sämtliche Ahndbarkeitsvoraussetzungen erfüllt hat. Denn zur Begründung dieses Urteils reicht das Verhalten der ersten Person allein nicht aus.

II. Die Regelung der Ahndbarkeit in Fällen mit mehreren Beteiligten

1. Extensive Verhaltensbeschreibung im Besonderen Teil

Eine Rechtsordnung, die im Falle des rechtsgutsbeeinträchtigenden Zusammen- **6** wirkens mehrerer Personen jeden einzelnen Mitwirkenden erfassen will, kann dies dadurch erreichen, daß sie die Verhaltensmerkmale in den Tatbestandsvorschriften entsprechend weit faßt[10]. Beispielsweise könnte man den Tatbestand des § 242 Abs. 1 StGB durch Umformulierung des Wegnahme-Merkmals in "bewirkt, daß ein anderer den Gewahrsam verliert" auf alle Personen ausdehnen, die nur mittelbar zum Gewahrsamsverlust beitragen, indem sie z.B. den unmittelbar Wegnehmenden anstiften oder unterstützen[11]. Allgemeine Vorschriften über die Ahndbarkeit von Beteiligten - wie z.B. §§ 26, 27 StGB - sind in einem so konzipierten System entweder überflüssig oder Ahndbarkeitseinschränkungsgründe[12].

Als Produkt einer solchen Regelungstechnik können im geltenden Strafrecht **7** die reinen Erfolgsdelikte wie §§ 212, 222, 230 oder 303 StGB betrachtet werden[13], deren weiter Tatbestand erst durch das allgemein-strafrechtliche Dogma eines restriktiven Täterbegriffs sowie durch die Regeln über die objektive Erfolgszurechnung auf ein rechtsstaatlich vertretbares Maß zurückgestutzt wird. Die extensive Tatbestandsfassung geht auf Kosten der **Bestimmtheit** und stößt daher in Art. 103

---

[9] Soweit die Strafbarkeit aus § 212 StGB bereits durch die jeweilige Einzelhandlung allein begründet werden kann, ist § 25 Abs. 2 StGB funktionslos. Allenfalls läßt sich ihm die klarstellende Aussage entnehmen, daß die Mitwirkung des jeweils anderen die volle strafrechtliche Verantwortlichkeit des einzelnen nicht ausschließt. Ob die Verantwortlichkeit des einzelnen durch die Mitwirkung des anderen gemindert oder gesteigert wird, ist eine Frage der Strafzumessung.

[10] *Kienapfel*, JuS 1974, 1 (2).

[11] *Kienapfel*, JuS 1974, 1 (5).

[12] *Cramer*, NJW 1969, 1929 (1931); *Welp*, VOR 1972, 299 (301); *Schumann*, Einheitstätersystem, S. 12.

[13] *Seier*, JA 1990, 342 (344); *Herzberg*, Täterschaft, S. 3, der freilich wie die h. M. einen extensiven Täterbegriff ablehnt.

Abs. 2 GG auf unüberwindliche Grenzen[14]. Das deutsche Straf- und Ordnungswidrigkeitenrecht folgt deshalb dem Prinzip einer restriktiven Verhaltensbeschreibung im Besonderen Teil[15]. Im Zusammenwirken mit dem **Analogieverbot** gewährleistet dieses Normgestaltungsprinzip, daß der Tatbestand grundsätzlich nur Personen erfaßt, die durch eigenes Verhalten die Ahndbarkeitsvoraussetzungen vollständig erfüllen. Allerdings wird diese Begrenzung durch Schaffung von Sondertatbeständen, die bestimmte Formen kollektiven oder auf eine Personenmehrheit bezogenen Individualverhaltens pönalisieren, teilweise durchbrochen. Beispielsweise können §§ 111, 124 ff StGB als Beteiligungsdelikte im weiteren Sinne bezeichnet werden. Aus dem Ordnungswidrigkeitenrecht sind hier §§ 113, 116 und 130 OWiG einzuordnen.

2. Restriktiver Täterbegriff und ahndbarkeitsausdehnende Beteiligung

8 Wenn der Tatbestand im Besonderen Straf- oder Ordnungswidrigkeitenrecht nur das Verhalten desjenigen erfaßt, der selbst die Tatbestandsmerkmale erfüllt, bedarf es zur Erstreckung der Ahndbarkeit auf mitwirkende Personen einer Ausdehnungsnorm im Allgemeinen Teil[16]. Da sowohl das Strafrecht als auch das Ordnungswidrigkeitenrecht der Bundesrepublik Deutschland seinen tatbestandlichen Verhaltensbeschreibungen das Modell des restriktiven Täterbegriff zugrundegelegt hat[17], findet man im Allgemeinen Straf- und Ordnungswidrigkeitenrecht Ahndbarkeitsausdehnungsgründe. Im Strafrecht sind dies die §§ 25 Abs. 2, 26 und 27 StGB, im Ordnungswidrigkeitenrecht ist es § 14 OWiG.

9 Die Modellfigur des restriktiven Täterbegriffs ist der **unmittelbare Alleintäter**, der durch sein eigenes Verhalten den Tatbestand einer Straf- oder Bußgeldnorm vollständig erfüllt und zu dessen Person sich der Tatbestand in der Regel nur mit dem farblosen Wörtchen "wer" äußert[18]. Zur Begründung der Ahndbarkeit dieses Täters brauchen die §§ 25 Abs. 2 bis 27 StGB bzw. § 14 OWiG nicht herangezogen zu werden. Diese Beteiligungsvorschriften kommen zur Anwendung, um die Ahndbarkeit von Personen zu begründen, deren eigenes Verhalten allein dazu nicht ausreicht, weil es den im Besonderen Teil (des Straf- oder Ordnungswidrigkeitenrechts) aufgestellten Tatbestand nicht erfüllt. Die Normen über die Ahndbarkeit der Beteiligung haben also sowohl **ahndbarkeitsausdehnende** als auch **ahndbarkeitsbegrenzende** Funktion. Denn gegen eine Person, die den Tatbestand weder als Alleintäter noch als Beteiligter im Zusammenwirken mit einem anderen erfüllt, können keine Sanktionen verhängt werden.

---

14 *Kienapfel*, JuS 1974, 1 (2); *Jakobs*, 21/6.
15 *Dreher*, NJW 1970, 217 (219); *Schumann*, Einheitstätersystem, S. 28.
16 *Kienapfel*, JuS 1974, 1 (2); *Welp*, VOR 1972, 299 (301).
17 *Dreher*, NJW 1970, 217 (219); *Gropp*, AT, § 10 Rn 18 ff.; *Roxin*, AT II, § 25 Rn 5; MK-*Joecks*, Vor § 25 Rn 9.
18 *Herzberg*, Täterschaft, S. 1.

III. Einheitsprinzip und Differenzierungsprinzip

Sollen außer dem Alleintäter - der (bzw. dessen tatbestandsmäßiges, d. h. täter- **10**
schaftsbegründendes Verhalten) in den Tatbeständen des Besonderen Teils abgebildet ist - auch sonstige Beteiligte dem Straf- oder Ordnungswidrigkeitenrecht
unterfallen, bedarf es einer Regelung im Allgemeinen Teil, die den Personenkreis
erweitert. Diese Regelung kann entweder die unterschiedlichen Positionen der Beteiligten im Tatgeschehen in ein differenzierendes System von Beteiligungsformen
übertragen oder über die tatsächliche Vielfalt von Beteiligungsmöglichkeiten hin-
weggehen und sämtliche Beteiligungsvarianten unter dem Dach eines einheitlichen Beteiligungstatbestands vereinigen[19].

1. Rollendifferenzierung

Die rechtliche Differenzierung zwischen unterschiedlichen Arten der Beteiligung **11**
liegt dem **deutschen Strafrecht** und den meisten europäischen Strafrechtsordnun-
gen zugrunde[20]. Das StGB faßt zunächst alle Formen tatbestandsmäßigen Agierens
in Mehr-Personen-Sachverhalten unter dem Oberbegriff "Beteiligung" zusammen
(vgl. § 28 Abs. 2 StGB)[21], teilt ihn aber auf der nächsten Stufe in Täter (§ 25
StGB) und Teilnehmer (§§ 26, 27 StGB). Wegen dieser "Zweispurigkeit"[22] spricht
man auch von "dualistischem System"[23]. Innerhalb dieser beiden Gruppen sind
weitere Unterscheidungsmerkmale berücksichtigt und spezielle Beteiligungsformen gebildet worden.
   Dabei beschränkt sich die gesetzliche Differenzierung nicht auf Tatbestand und **12**
Terminologie. Auch auf der **Rechtsfolgenseite** ist die Einheitlichkeit aufgebro-
chen und den unterschiedlichen Unrechts- und Schuldgehalten Rechnung getragen[24]: Beihilfe (§ 27 Abs. 2 S. 2 StGB) wird milder bestraft als Anstiftung und Täterschaft, der Anstifter wird gem. § 26 StGB gleich einem Täter bestraft. Der Versuch der Anstiftung steht nur unter Strafdrohung, wenn die Haupttat ein Verbrechen ist (§§ 30 Abs. 1, 12 Abs. 1 StGB), während der täterschaftliche Versuch
auch bei vielen Vergehen mit Strafe bedroht ist (§ 23 Abs. 1 StGB). Außerdem ist
beim Anstiftungsversuch die Strafe obligatorisch zu mildern (§ 30 Abs. 1 S. 2
StGB), beim Täterversuch nur fakultativ (§ 23 Abs. 2 StGB). Der Versuch der
Beihilfe ist generell straflos[25].

---

[19] *Maurach/Gössel/Zipf*, AT 2, § 47 Rn 2; *Roxin*, AT II, § 25 Rn 1,2.
[20] *Roxin*, AT II, § 25 Rn 6.
[21] *Gropp*, AT, § 10 Rn 2.
[22] *Bloy*, FS Schmitt, S. 33 (34).
[23] *Seier*, JA 1990, 342; *Welp*, VOR 1972, 299; *Hellmann*, in: Achenbach/Wannemacher,
     Teil 1 § 2 Rn 112; *Schumann*, Einheitstätersystem, S. 9; *Trunk*, Einheitstäterbegriff,
     S. 1; *Bloy*, FS Schmitt, S. 33 (36); *Herzberg*, Täterschaft, S. 1.
[24] *Welp*, VOR 1972, 29 (302); *Maiwald*, FS Bockelmann, S. 343 (352).
[25] *Baumann/Weber/Mitsch*, § 26 Rn 12.

13   Das System der differenzierten Rollen stellt Wissenschaft und Praxis vor
schwierige **Abgrenzungsprobleme**[26]. Denn nicht nur die "Außengrenze" zwischen strafbarer Beteiligung und straflosem Verhalten muß möglichst exakt mar-
kiert werden. Wegen der oben aufgezeigten Auswirkungen auf der Rechtsfolgenseite müssen auch im "Binnenbereich" der strafbaren Beteiligung Unterschei-
dungskriterien gefunden und im konkreten Fall vom Rechtsanwender beachtet
werden[27].

2. Rollenvereinheitlichung

14   Das Gegenmodell zum System der differenzierten Beteiligungsformen ist dadurch
gekennzeichnet, daß der **einheitliche Beteiligungsbegriff ungeteilt** bleibt. Das
Recht erfaßt zwar unterschiedliche Wirklichkeitsformationen der Deliktsbeteili-
gung, kennt aber nur eine rechtliche Form der Beteiligung, eben die (Einheits-)
"Beteiligung"[28]. Die phänomenologische Unterschiedlichkeit wird nicht in die
dogmatische Begriffsbildung transformiert, sondern abgeschliffen.

15   Diesem "Einheitsprinzip" folgt das deutsche Ordnungswidrigkeitenrecht[29]. Im
Bereich der allgemeinen Lehren des materiellen Ordnungswidrigkeitenrechts ist
dies die einzige klare Abweichung vom Strafrecht. Man findet im Text ordnungswidrigkeitenrechtlicher Normen keine Begriffe wie "Mittäterschaft", "Anstiftung"
oder "Beihilfe". Auch eine dem § 25 Abs. 1 Alt. 1 StGB entsprechende Legaldefinition des unmittelbaren Alleintäters kennt das OWiG nicht, was wegen deren rein
deklaratorischer Funktion verständlich ist. Der Alleintäter erhält seine normative
Gestalt durch die Bußgeldtatbestände des Besonderen Ordnungswidrigkeitenrechts[30]. Personen, die die Ahndbarkeitsvoraussetzungen eines solchen Tatbestandes nicht allein durch ihr eigenes Verhalten, sondern durch Zusammenwirken mit
einer anderen Person vollständig erfüllen, sind, sofern ihr Beitrag eine "Beteiligung" ist, als "Beteiligte" ahndbar, § 14 Abs. 1 OWiG. Was das Strafrecht als
"Mittäterschaft", "Anstiftung" oder "Beihilfe" bezeichnet, heißt im Ordnungswidrigkeitenrecht - unterstellt, diese Arten von Mitwirkung werden auch vom Beteiligungsbegriff des OWiG gedeckt (dazu unten) - schlicht "Beteiligung"[31].

16   Allerdings ist die Terminologie des OWiG nicht ganz einheitlich: In vielen
Vorschriften wird der Ausdruck "Täter" verwendet und damit sowohl der Alleintäter als auch jeder Beteiligte i.S.d. § 14 OWiG gemeint, z. B. in §§ 6 S. 1, 11

---

[26]   *Gropp*, AT, § 10 Rn 26 ff.

[27]   *Weber*, ZStW 96 (1984), 376 (401); *Maiwald*, FS Bockelmann, S. 343 (353).

[28]   *Kienapfel*, NJW 1970, 1826.

[29]   KG, NJW 1976, 1465; OLG Düsseldorf, NStZ 1984, 29; *Welp*, VOR 1972, 299 (302);
Weber, ZStW 96 (1984), 376 (403); *Bloy*, Beteiligungsform, S. 151; *Cramer*, Grundbegriffe, S. 80; *Bohnert*, Grundriß, S. 27; *ders.*, OWiG, § 14 Rn 1; *Hellmann*, in: A-
chenbach/Wannemacher, Teil 1 § 2 Rn 112; FK-*Achenbach,* Vorbem, § 81 Rn 61;
Lemke, § 14 Rn 1.

[30]   *Dreher*, NJW 1971, 121 (123).

[31]   *Cramer*, Grundbegriffe, S. 81; KKOWiG-*Rengier*, § 14 Rn 4.

Abs. 2, 15 Abs. 3, 17 Abs. 4, 22 Abs. 2, Abs. 3, 25 Abs. 1, Abs. 2 OWiG[32]. Es gibt aber auch Vorschriften, wo sich das Merkmal "Täter" ausschließlich auf den Alleintäter bezieht, so in §§ 7 Abs. 1, 13 Abs. 3 OWiG. Im Bußgeldverfahren lautet der Name des Delinquenten einheitlich "Betroffener".

Der Vereinheitlichung auf der Tatbestandsseite entspricht das Fehlen gesetzli-   **17** cher Vorgaben für eine Ungleichbehandlung auf der **Rechtsfolgenseite**[33]. Das OWiG sieht weder obligatorische noch fakultative Bußgeldmilderungen für Beteiligungsformen minderen Gewichts vor. Gleichwohl ist der Rechtsanwender verpflichtet, alle bemessungsrelevanten Fakten des konkreten Falles quantifizierend zu erfassen und zu dem Bußgeldrahmen in Beziehung zu setzen. Daß dabei u.a. auch eine zwischen "mittäterschaftlicher" und "gehilfenschaftlicher" Beteiligung bestehende Unwertdifferenz zu Buche schlagen muß, versteht sich von selbst[34].

Das Einheitsprinzip dient vor allem der **Vereinfachung der Rechtsanwen-**   **18** **dungspraxis**[35]. Der Rechtsanwender soll von den diffizilen Unterscheidungen und Abgrenzungen, die z. B. im Strafrecht zwischen Mittäterschaft und Beihilfe große Probleme bereiten, verschont bleiben[36]. Was er an Abgrenzungsarbeit leisten muß, beschränkt sich im wesentlichen auf die "Außengrenze", die den Bereich der ahndbaren Beteiligung von dem weiten Feld für eine "Beteiligung" nicht ausreichender und daher nicht mit Geldbuße bedrohter Verhaltensweisen trennt. Im Innenbereich sind die Grenzen aufgehoben, ob eine Beteiligung Mittäterschaft oder nur Beihilfe ist, interessiert nicht.

Es hat sich allerdings inzwischen gezeigt, daß der erstrebte Vereinfachungsef-   **19** fekt nur teilweise erreicht werden kann[37]. Denn die unumgängliche Frage, was denn eine ahndbarkeitsbegründende "Beteiligung" ist, führt in mancherlei Hinsicht wieder in das differenzierende System des StGB zurück. Wenn nämlich vermieden werden soll, daß die Ahndbarkeit von Deliktsbeteiligungen im Ordnungswidrigkeitenrecht weiter reicht als im Strafrecht, müssen zwangsläufig limitierende Kriterien aus dem Beteiligungssystem des StGB in das Einheitssystem des OWiG integriert werden[38]. Das betrifft die Bereiche der fahrlässigen Beteiligung,

---

[32]   *Dreher*, NJW 1971, 121 (122); *Schumann*, Einheitstätersystem, S. 21; *Trunk*, Einheitstäterbegriff, S. 67. Eine generelle Ersetzung des Terminus „Täter" durch „Beteiligter"
ist nicht möglich, weil die Vorschriften auch in Eine-Person-Fällen anwendbar sein
müssen.

[33]   Kritisch dazu *Cramer*, NJW 1969, 1929 (1930).

[34]   *Cramer*, NJW 1969, 1929 (1931); *ders.*, Grundbegriffe, S. 84; *Dreher*, NJW 1970, 217
(218); *Kienapfel*, NJW 1970, 1826 (1827); *ders.*, JuS 1974, 1 (7); *Weber*, ZStW 96
(1984), 376 (404); *Schumann*, Einheitstätersystem, S. 71; *Bohnert*, OWiG, § 14 Rn 3;
KKOWiG-*Rengier*, § 14 Rn 15; *Rebmann/Roth/Herrmann*, § 14 Rn 2.

[35]   *Schumann*, Einheitstätersystem, S. 9; *Trunk*, Einheitstäterbegriff, S. 69; *Lemke*, § 14
Rn 2; *Rebmann/Roth/Herrmann*, § 14 Rn 4.

[36]   OLG Düsseldorf, NStZ 1984, 29; *Dreher*, NJW 1970, 217 (218); *ders.*, NJW 1971, 121
(122); *Kienapfel*, JuS 1974, 1 (6); *Knapp*, JuS 1979, 609 (613); *Schumann*, Einheitstätersystem, S. 72; *Trunk*, Einheitstäterbegriff, S. 73.

[37]   *Cramer*, NJW 1969, 1929 (1930); *Welp*, VOR 1972, 299 (314); *Seier*, JA 1990, 342
(434); *Bohnert*, Grundriß, S. 27; *ders.*, OWiG, § 14 Rn 3; KKOWiG-*Rengier*, § 14
Rn 14; wohlwollender *Schumann*, Einheitstätersystem, S. 70.

[38]   *Bloy*, Beteiligungsform, S. 156.

der versuchten Beteiligung sowie der Beteiligung an Sonderdelikten. Nur wenn
man in Kauf zu nehmen bereit ist, daß das Ordnungswidrigkeitenrecht in diesen
Teilbereichen die Ahndbarkeit auf Verhaltensweisen erstreckt, die nach den Regeln des StGB nicht tatbestandsmäßig wären, bewirkt das Einheitsprinzip wirklich
eine erhebliche Erleichterung der Rechtsanwendung.

20   Ein weiterer Grund für die Installierung des Einheitsprinzips im Ordnungswidrigkeitenrecht ist die **Dominanz der Fahrlässigkeit** in diesem Rechtsgebiet.
Fahrlässigkeitsdelikte kennen keine Differenzierung zwischen Täterschaft und
Teilnahme[39]. Im rollendifferenzierenden Strafrecht wird daher die "fahrlässige
Anstiftung" oder "fahrlässige Beihilfe" entweder in fahrlässige Täterschaft[40] um-
gedeutet[41] oder sie bleibt straflos. Dagegen bereitet es unter dem Regime des Einheitsprinzips keine Schwierigkeiten, die fahrlässige Beteiligung oder die Beteiligung an fahrlässiger Tat als ahndbare fahrlässige Tatbestandsverwirklichung anzuerkennen[42].

IV. Mittelbare Täterschaft und Nebentäterschaft

1. Mittelbare Täterschaft

21   Die Funktion jeder Beteiligungsregelung – mag sie dem Einheits- oder dem Diffe-
renzierungsprinzip folgen – besteht darin, den Anwendungsbereich eines Tatbestandes auf Verhaltensweisen **auszudehnen**, die den im Besonderen Teil aufgestellten Tatbestand nicht erfüllen, also nicht tatbestandsmäßig wären, wenn es keine Beteiligungsregelung gäbe. Überflüssig und demzufolge unanwendbar sind die
Beteiligungsvorschriften demnach stets dann, wenn das zu beurteilende Verhalten
unter den auf den Alleintäter zugeschnittenen Tatbestand subsumiert werden kann.

22   Letzteres gilt auch für die Tatbestandsverwirklichung in Form der **mittelbaren
Täterschaft**. Denn der mittelbare Täter begeht die Tat als Alleintäter, indem er
den Tatbestand durch eigenes Verhalten vollständig verwirklicht. Vom unmittelbaren Täter unterscheidet er sich lediglich dadurch, daß er tatbestandsmäßige
Körperbewegungen einer anderen Person unter die Herrschaft seines tatsteuernden
Willens bringt. Er eignet sich gewissermaßen den fremden Körper an und setzt ihn
zur Ausführung eines eigenen Tatprojektes wie ein Werkzeug ein. Diese Technik
der Tatbegehung wird von den Handlungsmerkmalen der Tatbestände ebenso erfaßt wie die völlig eigenhändige Tatbegehung[43]. Das StGB von 1871 enthielt nicht
nur keine den unmittelbaren Täter beschreibende – also dem § 25 Abs. 1 Alt. 1
StGB entsprechende – Vorschrift, sondern auch keine dem heutigen § 25 Abs. 1

---

[39]   *Bottke*, Täterschaft, S. 23; *Maurach/Gössel/Zipf*, AT 2, § 47 Rn 7; *Roxin*, AT II, § 25
Rn 8.

[40]   Z. B. bei der in der Strafrechtsliteratur vorherrschenden Lösung des „Rose-Rosahl-
Falles", vgl. z. B. *Alwart*, JuS 1979, 351 (356).

[41]   *Bottke*, Täterschaft, S. 25.

[42]   Näher dazu unten Rn 53.

[43]   *Herzberg*, Täterschaft, S. 9.

Alt. 2 StGB entsprechende Vorschrift über die mittelbare Täterschaft[44]. Gleichwohl war diese Täterschaftsform anerkannt, was wegen des damals geltenden
Prinzips der strengen Teilnahmeakzessorietät[45] auch unverzichtbar war. Daran erkennt man, daß die 2. Alt. des § 25 Abs. 1 StGB an sich genauso überflüssig ist
wie die 1. Alt. § 25 Abs. 1 Alt. 2 StGB dehnt also die Strafbarkeit nicht aus, sondern stellt lediglich etwas klar, was sich ohnehin aus dem Besonderen Teil des
StGB ergibt[46].

Im Ordnungswidrigkeitenrecht ist dies nicht anders. Auch hier ist die mittelbare **23**
Täterschaft bereits in den Handlungsmerkmalen der Besonderen Bußgeldtatbestände enthalten. Die mittelbare Täterschaft ist daher keine Form der "Beteiligung"[47]. Zur Ahndung des mittelbaren Täters braucht § 14 OWiG nicht herangezogen zu werden[48].

> **Beispiel:** V schenkt seinem 7-jährigen Sohn S zu Weihnachten eine Trompete und for-
> dert ihn auf, fleißig auf dem Instrument zu üben.
>
> Sofern das Üben des S die von § 117 Abs. 1 OWiG beschriebene Beeinträch-
> tigungswirkung entfaltet und V dies mit seinem Geschenk beabsichtigt hatte, ist V mit-
> telbarer Täter dieser Ordnungswidrigkeit. Daß das Verhalten des V hier wegen
> § 14 Abs. 3 S. 1 OWiG auch als Beteiligung ordnungswidrig wäre[49], ändert daran
> nichts.

Die dogmatische Figur einer fahrlässigen mittelbaren Täterschaft ist bekanntlich **24**
umstritten[50]. Unbestritten ist jedenfalls, daß der Täter ein Fahrlässigkeitsdelikt
auch durch unvorsätzliche Benutzung des Verhaltens einer anderen Person begehen kann, die die Merkmale eines "Werkzeugs" im Sinne der mittelbaren Täterschaft aufweist. Eine zweitrangige Frage ist demgegenüber, ob dies ein Fall mittelbarer oder unmittelbarer Täterschaft oder ob diese Unterscheidung bei Fahrlässigkeitsdelikten ohnehin obsolet ist. Im Ordnungswidrigkeitenrecht unterfällt der
fahrlässige Einsatz eines menschlichen "Werkzeugs" ebenso wie die vorsätzliche
mittelbare Täterschaft dem "Alleintäter"-Bußgeldtatbestand, nicht dem Beteili-
gungstatbestand.

Wäre also in § 117 OWiG auch die fahrlässige Begehung bußgeldbedroht (was
nicht der Fall ist, vgl. § 10 OWiG), so würde der Vater des obigen Beispiels die
Ahndbarkeitsvoraussetzungen auch dann erfüllen, wenn er bei seiner Aufforde-

---

[44] Das RStGB von 1871 regelte nur die Mittäterschaft (§ 47), die Anstiftung (§ 48) und
      die Beihilfe (§ 49).
[45] Strafbare Anstiftung setzte eine „strafbare Handlung" des Täters voraus.
[46] *Fuhrmann*, Das Begehen der Straftat, S. 8; *Freund*, AT, § 10 Rn 3.
[47] Aus diesem Grund sind nach vorzugswürdiger Ansicht nicht § 24 Abs. 2 StGB und
      § 13 Abs. 4 OWiG, sondern § 24 Abs. 1 StGB und § 13 Abs. 3 OWiG auf den Rücktritt
      des mittelbaren Täters vom Versuch anwendbar, vgl. *Baumann/Weber/Mitsch*, § 27 Rn
      36; *Maurach/Gössel/Zipf*, AT 2, § 48 Rn 122.
[48] *Bloy*, FS Schmitt, S. 33 (40); KKOWiG-*Rengier*, § 14 Rn 4.
[49] KKOWiG-*Rengier*, § 14 Rn 94.
[50] *Cramer*, FS Bockelmann, S. 389 (399); *Gropp*, AT, § 10 Rn 62; *Maurach/Gössel/Zipf*,
      AT 2, § 47 Rn 103; *Bohnert*, OWiG, § 14 Rn 16.

rung an den Sohn fahrlässig nicht bedacht hätte, daß das Üben auf der Trompete unzulässigen Lärm erregen könnte. In der Begründung dieses Ergebnisses würde § 14 OWiG nicht auftauchen.

25   Soweit mittelbare Täterschaft ausgeschlossen ist, weil der Tatbestand ein nur „eigenhändig" erfüllbares Handlungsmerkmal oder ein besonderes Tätermerkmal hat, muß allerdings die Ahndbarkeit des "Hintermanns" auch in den Fällen, in denen der "Vordermann" Werkzeugqualität hat (z. B. nicht verantwortlich ist, § 12 OWiG), über § 14 OWiG begründet werden[51]. Umstritten ist diese Möglichkeit vor allem bei einem unvorsätzlich handelnden Werkzeug (dazu unten Rn 53).

2. Nebentäterschaft

26   Das differenzierende System des StGB kennt keine Beteiligungsform "Nebentäterschaft". Dem Begriff korrespondiert keine eigenständige dogmatische Kategorie, er ist daher **dogmatisch überflüssig**[52]. Gleichwohl lassen sich Fälle bilden, in denen eine spezifische "Wirkungsgemeinschaft" mehrerer Einzelhandlungen mit "Nebentäterschaft" treffend und anschaulich bezeichnet ist. Es handelt sich um Fälle, in denen durch die Kumulation der von mehreren Handlungen ausgehenden rechtsgutsbeeinträchtigenden Einzelwirkungen ein Gesamt-Erfolg verursacht wird, der Voraussetzung der Tatbestandsmäßigkeit ist.

Beispiel[53]: A führt einem Bach Chemikalien in einem Umfang zu, der noch keine nachteilige Veränderung der Gewässereigenschaften verursacht. Nun beginnt B, ebenfalls Chemikalien in den Bach einzuleiten. Auch diese Stoffe würden allein keine nachteilige Veränderung der Gewässereigenschaft bewirken. Zusammen mit den von A eingeleiteten Chemikalien führen die Einleitungen des B zu einer nachteiligen Veränderung der Gewässereigenschaften[54].

Die Täterschaft des B ergibt sich schlicht aus der Tatsache, daß sein Verhalten den Straftatbestand der Gewässerverunreinigung gem. § 324 StGB erfüllt. Daß sich dies nur unter Mitberücksichtigung der von A verursachten Gewässerbeeinflussung begründen läßt, ist unerheblich[55]. Das Vorhandensein einer durch menschliches Verhalten ausgelösten Gefährdung des Rechtsguts ist für einen daran anknüpfenden Täter genauso ein tatförderndes Situationsdetail wie etwa eine Krankheit des Opfers, die dem

---

[51]   KKOWiG-*Rengier*, § 14 Rn 95, 100.
[52]   *Fincke*, GA 1975, 161 (176); *Gropp*, AT, § 10 Rn 5, 45; *Maurach/Gössel/Zipf*, AT 2, § 49 Rn 80; *Roxin*, AT II, § 25 Rn 266.
[53]   *Samson*, ZStW 99 (1987), 617 (618).
[54]   Die Beurteilung des Falles ändert sich, wenn die beiden Einzelbeiträge getrennt bleiben und sich nicht zu einem tatbestandsmäßigen Gesamterfolg vereinigen, vgl. *Samson*, ZStW 99 (1987), 617 (629).
[55]   OLG Stuttgart, MDR 1976, 690. Wenn schon jede der beiden Einleitungen für sich ausreicht, um den objektiven Tatbestand des § 324 StGB zu erfüllen, ist die „Nebentäterschaft" als dogmatischer Begriff erst recht überflüssig.
[56]   Vgl. die Fälle BGH, NStZ 1992, 333; BGHSt 39, 195; sowie *Rogall*, JZ 1993, 1066 (1067); *Murmann/Rath*, NStZ 1994, 215 (217).
[57]   *Toepel*, JuS 1994, 1009 (1014); *Trunk*, Einheitstäterbegriff, S. 80; *Maurach/Gössel/ Zipf*, AT 2, § 49 Rn 80.

Mörder die Tötung erleichtert[56]. Setzen A und B ihre Einleitungen jeweils in Kenntnis des Kumulationseffekts fort, sind sie beide Täter, auch wenn sie keine Tat- und Willensgemeinschaft i.s.d. § 25 Abs. 2 StGB bilden. Die – hier vorliegende – Nebentäterschaft ist also eine Erscheinungsform der Alleintäterschaft, für deren strafrechtliche Berücksichtigung weder eine besondere Täterkategorie noch eine zusätzliche Täterschaftsvorschrift erforderlich ist[57].

Ebenso verhält es sich im Ordnungswidrigkeitenrecht. Der "Nebentäter" erfüllt **27** selbst den Bußgeldtatbestand. Die Verbindung seines Verhaltens mit dem einer anderen Person ist keine Beteiligung i.s.d. § 14 OWiG. Entgegen anders lautenden Äußerungen im Schrifttum[58] ist Nebentäterschaft nicht nur bei Fahrlässigkeits-, sondern auch bei Vorsatzdelikten möglich[59].

Beispiel: A hört, wie B auf seiner Trompete spielt. Die von B verursachte Lautstärke liegt noch unterhalb der in § 117 Abs. 1 OWiG tatbestandsrelevanten Grenze. Nun fängt A an, ebenfalls auf seiner Trompete zu spielen. Auch dies würde allein den Tatbestand des § 117 Abs. 1 OWiG nicht erfüllen. Die von beiden Trompeten zusammen ausgehende Beschallung belästigt aber die Nachbarschaft erheblich.

Gegen A kann aus § 117 Abs. 1 OWiG Geldbuße verhängt werden. Auf § 14 OWiG braucht zur Begründung dieses Ergebnisse nicht rekurriert zu werden. Im Verhältnis zur Tat des A ist das Trompetenspiel des B ebenso ein berücksichtigungsfähiges "Hintergrundgeräusch" wie etwa das Gebell eines Hundes, dessen "Begleitung" durch Trompetentöne den Gesamt-Lärmpegel in die bußgeldrelevante Zone steigen läßt. Sowenig Trompeter und Hund Beteiligte i.s.d. § 14 OWiG sind, sowenig sind dies A und B, ohne daß daran die Ahndbarkeit ihres lärmerregenden Handelns scheitern müßte.

V. Die ahndbarkeitsausdehnende Beteiligung (§ 14 OWiG)

1. Struktur des Beteiligungstatbestands

Ahndbarkeitsausdehnende Wirkung hat § 14 OWiG in bezug auf Verhaltens- **28** weisen, die den Bußgeldtatbestand nicht in "alleintäterschaftlicher" Manier erfüllen, aber als "Beteiligung" tatbestandsmäßigem Verhalten gleichgestellt sind. Erhebliche Entscheidungsrelevanz gewinnt daher die Bestimmung der Merkmale, aus denen sich "Beteiligung" i.s.d. § 14 OWiG zusammensetzt.

Da die Beteiligung die Funktion des tatbestandlichen Handlungsmerkmals hat, **29** gehört sie zum objektiven Tatbestand (siehe oben § 7 II)[60]. Aus diesem Grund ist zunächst zu klären, welche objektive Qualität ein Verhalten haben muß, um Beteiligung zu sein. Da Beteiligung das aufeinander bezogene Verhalten mehrerer Personen ist, bedarf des weiteren der Klärung, welche Anforderungen der andere - zweite - (Mit-)Beteiligte erfüllen muß, damit das prüfungsgegenständliche Verhal-

---

[58] *Bohnert*, Grundriß, S. 27; *Rebmann/Roth/Herrmann*, § 14 Rn 11.
[59] *Freund*, AT, § 10 Rn 5.
[60] *Kienapfel*, JuS 1974, 1; *Jakobs*, AT, S. 593: „Ergänzung zur Tatbestandsverwirklichung: Die Beteiligung".

ten des ersten Beteiligten als tatbestandsmäßige Beteiligung (an der Tat des zweiten Beteiligten) qualifiziert werden kann[61]. Da durch die Beteiligung nur die Nichterfüllung des tatbestandsmäßigen Verhaltensmerkmals kompensiert werden kann, stellt sich weiterhin die Frage, welchen Einfluß die Nichterfüllung von besonderen täterbezogenen Merkmalen auf die Tatbestandsmäßigkeit hat. Abschließend ist mit Blick auf den subjektiven Tatbestand die Frage zu erörtern, welche Rolle Vorsatz und Fahrlässigkeit bei der Ahndbarkeitsbegründung nach § 14 OWiG spielen.

2. Objektive Verhaltensmerkmale der Beteiligung

a) Tatbestandserfüllung durch Verhaltenskumulierung

30 Negativ gewendet zeichnet sich die Beteiligung dadurch aus, daß sie das alleintäterschaftlich konzipierte Verhaltensmerkmal des Bußgeldtatbestandes nicht vollständig verwirklicht[62]. Die Zusammenfassung der Beiträge mehrerer Mitbeteiligter muß aber eine dieses Verhaltensmerkmal erfüllende Qualität haben[63]. Es gibt zwei Varianten der Verhaltenskumulation, die diese Bedingung erfüllen:

31 (1) Ein Beteiligter verwirklicht durch sein Verhalten vollständig das Tatbestandsmerkmal und schafft damit die Grundlage dafür, daß das nichttatbestandsmäßige Verhalten anderer Beteiligter ebenfalls ahndbar ist.

> **Beispiel:** T verursacht mit einer Trompete in einer ruhigen Wohngegend unzulässigen Lärm. A hat den T auf die Idee gebracht, das Instrument ausgerechnet an diesem lärmempfindlichen Ort zu spielen, G hat den T mit seinem Pkw an diesen Ort gebracht.
>
> Das Musizieren des T ist unmittelbar aus § 117 Abs. 1 OWiG ahndbar, § 14 OWiG entfaltet insoweit keine ahndbarkeitsbegründende Wirkung. Soweit die Ahndbarkeit von A und G in Rede steht, ist T zwar auch ein "Beteiligter", aber dadurch bekommt sein Verhalten keine rechtliche Qualität, die es ohne den Gesichtspunkt der Beteiligung nicht hätte. Anders verhält es sich mit A und G: Ihre Tatbeiträge sind bezogen auf § 117 Abs. 1 OWiG nicht tatbestandsmäßig; nur als Beteiligung gem. § 117 Abs. 1 i.V.m. § 14 Abs. 1 OWiG sind sie ahndbar.

32 (2) Keiner der Beteiligten verwirklicht durch sein eigenes Verhalten vollständig das tatbestandliche Verhaltensmerkmal. Zusammengefaßt haben die Einzelbeiträge dagegen tatbestandsmäßige Qualität.

---

[61] Geht es darum, ob A durch Beteiligung an der Tat des B eine Ordnungswidrigkeit begangen hat, muß geklärt werden, welche Voraussetzungen das Verhalten des B erfüllen muß, damit das Verhalten des A eine ordnungswidrige Beteiligung ist.
[62] Anderenfalls wäre der Handelnde Täter und nicht bloß Beteiligter.
[63] *Schumann*, Einheitstätersystem, S. 23.

Beispiel: A, B und C spielen mit Gitarre, Baß und Schlagzeug in einem vornehmen Villenviertel Heavy-Metal-Music. Jedes Einzelinstrument allein wäre für die Anwohner noch erträglich, der von dem Trio gemeinsam entfachte Lärm übersteigt dagegen die Schmerzgrenze des § 117 Abs. 1 OWiG.

Zu einer tatbestandsmäßigen Ordnungswidrigkeit erwächst das Verhalten des einelnen Musikers hier erst durch die Beteiligung an den Beiträgen der Mitmusiker, also nach § 14 Abs. 1 OWiG.

b) Versuch und Beteiligung

Da eine Beteiligung erst dann tatbestandsmäßig ist, wenn sie wenigstens zusam- **33** men mit anderen Beteiligungsakten den Tatbestand einer Bußgeldnorm vollständig erfüllt, muß die Zusammenfassung der Einzelbeiträge meistens für eine vollendete Ordnungswidrigkeit ausreichen.

Beispiel: A und B blasen gemeinsam auf Trompete und Posaune, um die Nachbarschaft mit ihrem Lärm erheblich zu belästigen. Die Kraft ihrer Lungen reicht aber nicht aus, um die notwendige Lautstärke zu produzieren.

Da bei § 117 OWiG der Versuch nicht mit Geldbuße bedroht ist (§ 13 Abs. 2 OWiG), haben A und B keine Ordnungswidrigkeit begangen. Die Beteiligungsregeln ändern daran nichts.

Sofern der Versuch mit Geldbuße bedroht ist, kann auch die **Beteiligung an ei-** **34** **nem Versuch** ordnungswidriges Verhalten sein, § 14 Abs. 2 OWiG.

Beispiel: A gibt dem Strafverteidiger T einen Brief mit wichtigen Informationen an den Strafgefangenen X, der Mandant des T ist. T soll den Brief dem X beim nächsten Besuch in der JVA heimlich aushändigen. Der Übergabeversuch scheitert aber, weil der Brief bei der Durchsuchung des T (vgl. § 26 S. 2 StVollzG) entdeckt wird.

T hat als "Täter" eine Ordnungswidrigkeit versucht, § 115 Abs. 1 Nr. 1, Abs. 3 OWiG. Gegen A kann wegen Beteiligung an diesem Versuch ebenfalls eine Geldbuße verhängt werden, § 14 Abs. 1, Abs. 2 OWiG.

Von der Beteiligung am Versuch strikt zu unterscheiden ist die "**versuchte Betei-** **35** **ligung**". Diese ist bereits im Strafrecht nur partiell tatbestandsmäßig (vgl. § 30 StGB)[64], im Ordnungswidrigkeitenrecht ist sie völlig von Ahndbarkeit freigestellt[65]. Dies ergibt sich eindeutig aus dem Wortlaut des § 14 Abs. 1, Abs. 2 OWiG, wo nur von "Beteiligung", nicht aber von "versuchter Beteiligung" die Rede ist. Vor allem ist Gegenteiliges nicht dem § 14 Abs. 2 Hs. 2 OWiG zu entnehmen. Auch diese Norm besagt nur, daß die Zusammenfassung der Beteiligungsakte mindestens den Tatbestand eines mit Geldbuße bedrohten Ordnungswidrigkei-

---

[64]   Versuchte Anstiftung ist nur strafbar, wenn sie sich auf Haupttatverbrechen (§ 12 Abs. 1 StGB) bezieht, versuchte Beihilfe ist gänzlich straflos, desgleichen die versuchte Begünstigung (§ 257 StGB).

[65]   *Dreher*, NJW 1970, 217 (219); *Schumann*, Einheitstätersystem, S. 51.

ten-Versuchs erfüllen muß. Damit ist der im Besonderen Teil alleintäterschaftlich konstruierte Tatbestand, nicht etwa der in § 14 OWiG normierte Beteiligungs-Tatbestand, gemeint[66]. Demgegenüber behaupten Kritiker der Einheitstäterregelung, § 14 OWiG ziehe auch die versuchte Anstiftung und sogar die versuchte Beihilfe in die Ahndbarkeitszone ein. Denn da Beteiligung der Alleintäterschaft gleichstehe, müsse versuchte Beteiligung der versuchten Alleintäterschaft gleichstehen und unter der Voraussetzung des § 13 Abs. 2 OWiG ebenso tatbestandsmäßig sein wie diese[67]. Dabei wird aber übersehen, daß die Angleichung der Beteiligung an die alleintäterschaftliche Erfüllung des BT-Tatbestandes erst die Folge des § 14 Abs. 1, Abs. 2 OWiG ist und daher nicht schon auf der Tatbestandsseite dieser Norm berücksichtigt werden darf. Die Kritik stützt sich also auf eine zirkuläre Argumentation.

Beispiel: Strafverteidiger T weist das Ansinnen des A (obiges Beispiel Rn 34) sofort zurück.

Die versuchte Beteiligung des A wäre eine tatbestandsmäßige Beteiligung nur unter der Bedingung, daß das Verhalten von A und T zusammen wenigstens versuchte Verwirklichung des Tatbestandes § 115 Abs. 1 Nr. 1 OWiG ist. Das ist nicht der Fall, da weder A noch T noch beide zusammen unmittelbar dazu angesetzt haben, die Tatbestandsmerkmale des § 115 Abs. 1 Nr. 1 OWiG zu erfüllen. Das Verhalten des A ist keine Beteiligung an einer Ordnungswidrigkeit, sondern eine "Beteiligung an nichts"[68].

c) Der Beitrag zur Tatbestandsverwirklichung

36 Der äußeren Form nach kann "Beteiligung" ein Verhalten sein, das im Strafrecht als **"Anstiftung"**, **"Beihilfe"** oder **"Mittäterschaft"** qualifiziert würde[69]. Wenngleich dem Einheitsprinzip diese Kategorisierung fremd ist, kommt man ohne sie im Ordnungswidrigkeitenrecht doch nicht aus, wenn das objektive Bild der "Beteiligung" Konturen erhalten soll. Mindestvoraussetzung von Beteiligung ist also ein objektiver Beitrag, der das Zustandekommen einer vollständigen tatbestandsmäßigen Ordnungswidrigkeit wenigstens **fördert**[70]. Aus diesem Grund scheiden alle Handlungen aus, die erst **nach Beendigung** der Ordnungswidrigkeit vollzogen werden[71]. Auch im Strafrecht wird dieses zeitliche Kriterium zur Trennung der Beteiligung i.S.d. §§ 25 ff StGB von spezialgesetzlich normierten "Anschlußtaten" (§§ 257 bis 259 StGB) verwendet[72].

---

[66] *Dreher*, NJW 1970, 217 (220); *Trunk*, Einheitstäterbegriff, S. 63.
[67] *Cramer*, NJW 1969, 1929 (1932); *Welp*, VOR 1972, 299 (305); *Schöneborn*, ZStW 87 (1975), 902 (909); *Bloy*, FS Schmitt, S. 33 (37); *ders.*, Beteiligungsform, S. 152; *Jakobs*, 21/6; *Jescheck/Weigend*, § 61 II 1; *Maurach/Gössel/Zipf*, AT 2, § 47 Rn 11.
[68] *Trunk*, Einheitstäterbegriff, S. 62.
[69] BayObLG, VRS 58, 458 (459); KG, VRS 70, 294 (295).
[70] *Schumann*, Einheitstätersystem, S. 11: Mitverursachung der Tatbestandsverwirklichung.
[71] KKOWiG-*Rengier*, § 14 Rn 25; *Rebmann/Roth/Herrmann*, § 14 Rn 14.
[72] Vgl. z. B. *Mitsch*, BT II/ 1, § 9 Rn 40.

Beispiel: Nachdem A, B und C ihr ruhestörendes Konzert beendet haben, bietet der Produzent X den Dreien einen Schallplattenvertrag an.

Das Angebot des X ist keine Beteiligung an der Ordnungswidrigkeit (§ 117 Abs. 1 OWiG), die A, B und C begangen und bereits beendet haben.

Dagegen ist eine Beteiligung im Zeitraum zwischen **Vollendung und Beendigung** der Ordnungswidrigkeit möglich, vorausgesetzt, das Verhalten des „täterschaftlichen" Beteiligten erfüllt auch noch in der Phase zwischen Vollendung und Beendigung den Tatbestand der Bußgeldvorschrift.   **37**

Beispiel: T hat seinen Pkw im absoluten Halteverbot abgestellt. Als sich der Polizeibeamte P dem Fahrzeug nähert, lenkt B den P ab, so daß dieser die Ordnungswidrigkeit des T nicht bemerkt. T kann deshalb seinen Wagen noch einige Minuten ungehindert im Halteverbot stehenlassen.

T hat eine Verkehrsordnungswidrigkeit nach §§ 49 Abs. 3 Nr. 4, 41 (Zeichen 283) StVO i.V.m. § 24 StVG begangen. Diese Ordnungswidrigkeit ist mit dem Anhalten des Pkw bereits vollendet. Die Verwirklichung des Bußgeldtatbestandes dauert aber so lange an, wie der Pkw im Halteverbot steht (Dauer-Ordnungswidrigkeit). Beendet ist die Tat erst, wenn der Pkw aus dem Halteverbot entfernt ist. Bis zu diesem Zeitpunkt ist eine Beteiligung i.S.d. § 14 Abs. 1 OWiG möglich. Daher hat sich B an der Ordnungswidrigkeit des T beteiligt[73].

Keine Beteiligung sind Verhaltensweisen, die weder physisch noch psychisch vermittelten Einfluß auf die Tat genommen haben.   **38**

Beispiel: X und Y unterhalten sich darüber, wie amüsant es wäre, in der ruhigen Villengegend einmal ein wildes Rock-Konzert zu veranstalten. Ohne von diesem Gespräch zu wissen, treten A, B und C wenig später mit ihren elektrisch verstärkten Instrumenten an diesem Ort auf.

Die Unterhaltung von X und Y kann allein keine tatbestandsmäßige Beteiligung sein. Denn kommunikative Akte im Tatvorfeld sind gem. § 30 StGB nicht einmal in bezug auf künftige Vergehen sanktionsbedroht. Öffentliche Deliktsaufforderung ist nach § 111 StGB nur strafbar, wenn sie sich auf eine straftatbestandsmäßige Tat richtet. Eine künftige Ordnungswidrigkeit kann daher erst recht keine taugliche Bezugstat ahndbarer kollektiver Planungs- und Vorbereitungshandlungen sein[74]. Die von A, B und C begangene Ordnungswidrigkeit vermag Ahndbarkeit von X und Y ebenfalls nicht zu begründen. Mangels irgendeiner tatgestaltenden Beziehung ist die Unterhaltung keine Beteiligung an der Ordnungswidrigkeit.

Beteiligung kann in aktivem Tun und in **Unterlassen** bestehen. In letzterem Fall muß der Beteiligte Inhaber einer Garantenstellung i.S.d. § 8 OWiG sein[75].   **39**

---

73 *Lemke*, § 14 Rn 8.
74 *Rebmann/Roth/Herrmann*, § 14 Rn 27.
75 OLG Hamm, VRS 61, 131 (132); KG, VRS 70, 294 (297); *Bohnert*, Grundriß, S. 28; *Cramer*, Grundbegriffe, S. 83; KKOWiG-*Rengier*, § 14 Rn 27; *Rebmann/Roth/Herrmann*, § 14 Rn 15.

> **Beispiel:** V geht mit seinem 10-jährigen Sohn S spazieren. Als sie am Gelände einer Justizvollzugsanstalt vorbeikommen, beginnt S eine Unterhaltung mit einem Strafgefangenen, der gerade Gärtnerarbeiten verrichtet. Außerdem wirft S eine Tafel Schokolade über den Zaun. V schreitet dagegen nicht ein.
>
> S hat den Tatbestand des § 115 Abs. 1 Nr. und Nr. 2 OWiG verwirklicht. Gemäß § 12 Abs. 1 S. 1 OWiG handelte er aber nicht vorwerfbar. V hat sich an der Tat seines Sohnes durch Unterlassen beteiligt. Als Überwachergarant war V verpflichtet, die Tat seines Sohnes zu verhindern. Die fehlende Vorwerfbarkeit des S schließt ahndbare Beteiligung nicht aus, § 14 Abs. 3 S. 1 OWiG.

40   Keine Beteiligung durch Unterlassen ist die **Aufsichtspflichtverletzung** nach § 130 OWiG[76]. Zwar wird bei diesem Tatbestand das Unterlassen des Betriebs- oder Unternehmensinhabers erst dadurch zu einer Ordnungswidrigkeit, daß ein Mitarbeiter seines Betriebes eine straf- oder bußgeldtatbestandsmäßige Tat begeht. Das Fehlverhalten des Mitarbeiters ist aber keine Bezugstat einer Beteiligung i. S. d. § 14 OWiG, sondern eine objektive Bedingung der Ahndbarkeit des Inhabers[77]. Deshalb braucht der Inhaber in bezug auf das Verhalten des Mitarbeiters weder vorsätzlich noch fahrlässig zu handeln[78]. Liegt aber ein Vorsatz- oder Fahrlässigkeitsbezug vor, kann der Inhaber Täter oder Beteiligter der Ordnungswidrigkeit sein, die sein Mitarbeiter unmittelbar begangen hat[79]. Eine Anwendung des § 130 OWiG kommt dann nicht in Betracht, denn dieser Tatbestand ist gegenüber dem Tatbestand, den das Mitarbeiterverhalten verwirklicht, subsidiär[80].

41   Keine Beteiligung i.S.d. 14 Abs. 1 OWiG sind Verhaltensweisen, die als "**notwendige Beteiligung**" bezeichnet werden[81]. Dabei handelt es sich um das Verhalten einer Person, das nach der Deliktsbeschreibung im Bußgeldtatbestand unverzichtbare Bedingung dafür ist, daß dieser Tatbestand überhaupt von einer anderen Person als Täter verwirklicht werden kann. Die "notwendige Beteiligung" ist schon aus diesem Grund eine tatfördernde Handlung und könnte daher an sich als "Beteiligung" i.S.d. § 14 Abs. 1 OWiG qualifiziert werden. Gleichwohl werden sowohl im Strafrecht als auch im Ordnungswidrigkeitenrecht einzelne Fälle der notwendigen Beteiligung aus §§ 26, 27 StGB, § 14 OWiG herausgehalten. Im einzelnen ist dabei noch vieles umstritten. Ein einheitliches Sachkriterium für die Unterscheidung ahndbarer Beteiligung von der nichtahndbaren notwendigen Beteiligung ist bisher nicht gefunden worden.

---

[76]   Näher dazu unten Rn 58.
[77]   *Weber*, ZStW 96 (1984), 376 (405); *Bohnert*, OWiG, § 130 Rn 2; KKOWiG-*Rogall*, § 130 Rn 18.
[78]   *Bohnert*, OWiG, § 130 Rn 2; KKOWiG-*Rogall*, § 130 Rn 18.
[79]   *Weber*, ZStW 96 (1984), 376 (405).
[80]   KG, JR 1972, 121 (122); *Bohnert*, OWiG, § 130 Rn 1; *Göhler*, § 130 Rn 26; KKOWiG-*Rogall*, § 130 Rn 108.
[81]   *Bohnert*, Ordnungswidrige Mietpreisüberhöhung, S. 40; *Bohnert*, OWiG, § 14 Rn 36; KKOWiG-*Rengier*, § 14 Rn 52; *Lemke*, § 14 Rn 7; *Rebmann/Roth/Herrmann*, § 14 Rn 19.

Beispiel: Bei einem Besuch in der JVA steckt T dem Strafgefangenen N eine Flasche Schnaps zu.

T hat als Täter die Ordnungswidrigkeit § 115 Abs. 1 Nr. 1 OWiG begangen. Durch die Annahme der Flasche hat N eine im Strafrecht als Beihilfe (§ 27 StGB) einzuordnende Beteiligungshandlung vollzogen. Dennoch ist das Verhalten des N keine Beteiligung i.S.d. § 14 Abs. 1 OWiG, weil es im Rahmen dessen bleibt, was für die Tatbestandserfüllung durch T gem. § 115 Abs. 1 Nr. 1 OWiG notwendig ist[82].

Sobald der Strafgefangene mehr tut als zur Ahndbarkeitsbegründung bezüglich **42** des Besuchers notwendig ist, wird sein Verhalten als "Beteiligung" i.S.d. § 14 Abs. 1 OWiG bewertet[83].

Beispiel: Strafgefangener S fordert seine Ehefrau T auf, ihm eine Flasche Schnaps in die JVA zu bringen.

Da die Aufforderung des S nicht notwendig ist, um die Ahndbarkeit des Verhaltens der T nach § 115 Abs. 1 Nr. 1OWiG zu begründen, ist diese Art der Tatmitwirkung keine notwendige, sondern nach § 14 Abs. 1 OWiG ahndbare Beteiligung[84].

3. Der Mitbeteiligte

a) Besondere persönliche Merkmale

Die ahndbarkeitsausdehnende Wirkung des § 14 OWiG beruht auf der Zurech- **43** nung von Tatsachen, deren rechtserhebliche Beziehung mit einer anderen Person, dem Mitbeteiligten, besteht. Der Mitbeteiligte tut etwas, und dies wird dem anderen Beteiligten, der es nicht selbst getan, der aber eigenes Verhalten zu dem Tun des Mitbeteiligten in eine Beziehung gesetzt hat, zugerechnet. Zurechenbare Tatsachen sind also vor allem Verhaltensvollzüge. Zugerechnet werden aber gem. § 14 Abs. 1 S. 2 OWiG auch personenbezogene Merkmale, die nicht durch Handeln oder Unterlassen realisiert werden, sondern der Person außerhalb wie innerhalb des Tatgeschehens anhaften.

§ 14 Abs. 1 S. 2 OWiG ist eine Regelung, die in einer vom Einheitsprinzip ge- **44** prägten Beteiligungsordnung notwendig ist, um **Ahndbarkeitslücken** zu vermeiden. Unter dem Reglement des Akzessorietätsprinzips versteht es sich von selbst, daß die Strafbarkeit von Teilnehmern nicht daran scheitern kann, daß besondere persönliche strafbarkeitsbegründende Merkmale nur beim Täter und nicht bei den Teilnehmern vorliegen, vgl. § 28 Abs. 1 StGB.

---

[82] *Bohnert*, OWiG, § 115 Rn 6; *Göhler*, § 115 Rn 18; KKOWiG-*Rengier*, § 14 Rn 52, 53; KKOWiG-*Rogall*, § 115 Rn 7.

[83] *Liesching*, in: Erbs/Kohlhaas, § 28 JuSchG Rn 8 (Abgabe von alkoholischen Getränken oder Videokassetten an Jugendliche entgegen §§ 9, 12 JuSchG, ordnungswidrig gem. § 28 Abs. 1 Nr. 10, Nr. 15 JuSchG).

[84] *Göhler*, § 115 Rn 18; KKOWiG-*Rogall*, § 115 Rn 7; *Rebmann/Roth/Herrmann*, § 14 Rn 19; a. A. *Gropp*, Deliktstypen, S. 255.

45 Dagegen hat im Einheitssystem die Gleichstellung des Beteiligten mit dem Alleintäter und die damit einhergehende Eliminierung von akzessorischen Teilnahmeformen die Konsequenz, daß jeder Beteiligte nur dann tatbestandsmäßig handelt, wenn er selbst alle personenbezogenen Ahndbarkeitsvoraussetzungen erfüllt, also "Intraneus" ist[85]. Der Extraneus bleibt immer von Geldbuße verschont, auch wenn seine Beteiligung phänomenologisch Anstiftung oder Beihilfe wäre. Denn die Beteiligungsregel kann nur die unvollständige Verwirklichung des tatbestandlichen Handlungsmerkmals kompensieren, indem sie z. B. die "Beteiligung an der Unterlassung von Aufsichtsmaßnahmen" der (alleintäterschaftlichen) "Unterlassung von Aufsichtsmaßnahmen" in § 130 Abs. 1 OWiG gleichstellt. Das Fehlen der Eigenschaft "Inhaber eines Betriebes und Unternehmens" kann durch die Ausdehnung der Ahndbarkeit auf Beteiligte dagegen gerade dann nicht "geheilt" werden, wenn jeder Beteiligte unterschiedslos als Täter gilt. Ohne das besondere Tätermerkmal erfüllt zwar das Handeln, nicht aber die Person des Beteiligten den Tatbestand.

46 Da es also der Logik des Einheitsprinzips entspräche, alle Beteiligungstaten ungeahndet zu lassen, die von nichtqualifzierten Beteiligten begangen wurden, fiele das Ordnungswidrigkeitenrecht in diesem Bereich weit hinter das Strafrecht zurück. Denn alle Beteiligungsakte von Extranei, die strafrechtlich als Anstiftung oder Beihilfe zu qualifizieren wären, wären im Strafrecht ahndbar (§ 28 Abs. 1 StGB), im Ordnungswidrigkeitenrecht dagegen nicht. Eine solche Ahndbarkeitslücke wird von § 14 Abs. 1 S. 2 OWiG verhindert. Auch der extrane Beteiligte erfüllt den Tatbestand einer Sonderordnungswidrigkeit, wenn er sich an der Tat eines Intraneus beteiligt.

Beispiel: Auf Anraten seiner Ehefrau E verzichtet Unternehmensinhaber U zur Kostensenkung auf die Durchführung verschiedener Aufsichtsmaßnahmen. Infolgedessen werden von Mitarbeitern des Unternehmens abwendbare Straftaten und Ordnungswidrigkeiten begangen.

Als "Alleintäterin" könnte E den Tatbestand des § 130 Abs. 1 OWiG nicht erfüllen. Obwohl ihre - als "Anstiftung" zu qualifizierende - Beteiligung an der Tat des U gem. § 14 Abs. 1 S. 1 OWiG wie Täterschaft behandelt wird - wirkt sich in dieser Konstellation das Fehlen der Eigenschaft "Unternehmensinhaber" nicht aus. Für die Ahndbarkeit der E reicht es, daß U das ahndbarkeitsbegründende persönliche Merkmal erfüllt, § 14 Abs. 1 S. 2 OWiG. Zutreffend wird diese Regelung als Einbruchstelle des Fremdkörpers "Akzessorietät" im Einheitprinzip betrachtet[86].

47 Im System der akzessorischen Teilnahme kann die Mitwirkung eines qualifizierten Beteiligten (Intraneus) die Ahndbarkeit eines nichtqualifizierten Beteiligten (Extraneus) nur dann mitbegründen, wenn der Intraneus "Täter" und der Extraneus "Teilnehmer" ist, § 28 Abs. 1 StGB. Bei umgekehrter Rollenverteilung – der Extraneus ist "Täter" und der Intraneus ist "Teilnehmer" – fehlt es an einer tatbestandsmäßigen Haupttat, was die Nichtahndbarkeit beider Beteiligter zur Folge hat. Bekanntlich läßt sich diese Ahndbarkeitslücke in vielen Fällen vermeiden, in-

---

[85] *Jakobs*, 21/6.
[86] *Jakobs*, 21/7 Fn 9.

dem man den Intraneus trotz seiner vordergründig marginalen Position im Tatgeschehen normativ – als "mittelbaren Täter" oder "Pflichtdelinquenten" – zur Zentralgestalt hochstuft[87]. Dann ist der Intraneus Täter und der eigentlich den Tathergang beherrschende Extraneus wird zum Teilnehmer. Die Ahndbarkeit beider Beteiligter ist damit ermöglicht[88].

Das Ordnungswidrigkeitenrecht scheint dieses Problem nicht zu tangieren. **48** Denn die Formulierung des § 14 Abs. 1 S. 2 OWiG erweckt den Eindruck, es sei für die Ahndbarkeit des Extraneus generell gleichgültig, ob der Intraneus – "dualistisch" gesprochen – "Täter" oder nur "Teilnehmer" ist[89]. Das hätte die merkwürdige Konsequenz, daß ein Extraneus, gegen den keine Geldbuße verhängt werden kann, wenn er allein eine sonderdeliktische Handlung vornimmt, dadurch in den Kreis bußgeldbedrohter Beteiligter hineingezogen wird, daß ein Intraneus ihm bei der Tat Hilfe leistet oder ihn zu der Tatbegehung bestimmt[90]. Soweit diese Mitwirkung des Intraneus als "mittelbare Täterschaft" oder "Pflichtdelikt" bewertet werden kann, ist gegen dieses Ergebnis nichts einzuwenden[91]. Auch im Strafrecht rückt unter diesen Voraussetzungen der "Vordermann" ins "zweite Glied" mit der Folge, daß er als Gehilfe gem. §§ 27, 28 Abs. 1 StGB bestraft werden kann. Wo mit der mittelbaren Täterschaft oder dem Pflichtdelikt aber nicht argumentiert werden kann, sollte die ahndbarkeitsbegründende Wirkung des § 14 Abs. 1 S. 2 OWiG auf den Fall beschränkt bleiben, daß der Intraneus "Hauptbeteiligter" – also "Täter" – und der Extraneus "Nebenbeteiligter" – "Anstifter" oder "Gehilfe" – ist[92]. Unerträgliche Ahndbarkeitsdefizite in der Praxis müssen deswegen nicht befürchtet werden[93].

b) Strafbarkeitsbegründende Merkmale

Die Existenz von "**Mischtatbeständen**[94]" hat zur Folge, daß Beteiligungskonstel- **49** lationen möglich sind, in denen die Tat für einen Beteiligten Ordnungswidrigkeit und für einen anderen Beteiligten Straftat ist. Verantwortlich für diese Differenz sind besondere persönliche Merkmale, deren Vorliegen die Tat - die ohne sie Ordnungswidrigkeit wäre - zu einer Straftat macht.

---

[87] *Jescheck/Weigend*, § 62 II 7; zur Kritik vgl. z. B. *Freund*, AT, § 10 Rn 73.
[88] *Schumann*, Einheitstätersystem, S. 42.
[89] *Bohnert*, OWiG, § 14 Rn 40.
[90] *Dreher*, NJW 1970, 217 (220).
[91] KKOWiG-*Rengier*, § 14 Rn 44.
[92] *Welp*, VOR 1972, 299 (321); a. A. *Bohnert*, Grundriß, S. 29; *Cramer*, Grundbegriffe, S. 83; *Lemke*, § 14 Rn 9; *Rebmann/Roth/Herrmann*, § 14 Rn 25, 26.
[93] *Maiwald*, FS Bockelmann, S. 343 (367); KKOWiG-*Rengier*, § 14 Rn 42.
[94] KKOWiG-*Rogall*, vor § 1 Rn 11 ff.

> **Beispiel:** Unter beharrlicher Verletzung eines durch Rechtsverordnung verhängten Verbots übt P an einem bestimmten Ort die Prostitution aus. Ein einziges Mal unterstützt ihr Ehemann E sie dabei, indem er sie mit seinem Pkw zu ihrem "Arbeitsplatz" fährt.
>
> P hat eine Straftat nach § 184 d StGB begangen. Würde sie nicht "beharrlich" handeln, hätte ihr Verhalten nur die Qualität einer Ordnungswidrigkeit nach § 120 Abs. 1 Nr. 1 OWiG (unechter Mischtatbestand)[95]. Da somit die Ordnungswidrigkeit in der Straftat enthalten ist, kann die Beteiligung des E an dieser Tat gem. § 14 Abs. 1 S. 1 OWiG als Ordnungswidrigkeit qualifiziert werden. Als Straftat oder Beteiligung an einer Straftat könnte das Verhalten des E nur nach den strafrechtlichen Regeln §§ 27, 28 StGB bewertet werden. § 14 Abs. 1 S. 2 OWiG erklärt das Fehlen eines besonderen persönlichen Merkmals beim Beteiligten nur im Rahmen der Beteiligung an Ordnungswidrigkeiten für unschädlich. Strafbarkeit des Beteiligten kann durch § 14 Abs. 1 S. 2 OWiG also nicht begründet werden. § 14 Abs. 4 OWiG stellt klar, daß für E die Beteiligung an der Tat der P nur bußgeldrechtliche Qualität hat, obwohl das Verhalten der mitbeteiligten E Straftat ist[96].

50 Darüber hinaus ist § 14 Abs. 4 OWiG zu entnehmen, daß das Merkmal "beharrlich" in § 184 d StGB nicht als strafbarkeitsbegründendes Merkmal i.S.d. § 28 Abs. 1 StGB, sondern wie ein strafschärfendes Merkmal i.S.d. § 28 Abs. 2 StGB zu behandeln ist[97]. § 184 d StGB ist im Verhältnis zu § 120 Abs. 1 Nr. 1 OWiG eine Qualifikation[98]. Daraus folgt, daß die Beteiligung des E auch dann nur aus §§ 120 Abs. 1 Nr. 1, 14 Abs. 1 OWiG und nicht aus §§ 184 d, 27 StGB geahndet werden kann, wenn E hinsichtlich der Beharrlichkeit der P vorsätzlich handelte. Eine weitere Folge dieser Regelung ist, daß E aus §§ 184 d, 27 StGB strafbar wäre, wenn zwar er, nicht aber die P beharrlich handelt. Obwohl die "Täterin" P nur eine Ordnungswidrigkeit gem. § 120 Abs. 1 Nr. 1 OWiG begeht, ist E strafbarer Gehilfe, nicht bloß Beteiligter einer Ordnungswidrigkeit[99]. § 14 Abs. 4 OWiG ermöglicht also die eigenartige – von § 11 Abs. 1 Nr. 5 StGB abweichende – Konstruktion der Straftatteilnahme trotz Fehlens einer straftatbestandsmäßigen Haupttat[100].

51 § 14 Abs. 4 ist funktionell bezogen auf § 14 Abs. 1 S. 2 OWiG und daher nicht anwendbar bei Mischtatbeständen, bei denen die Umqualifizierung von der Ordnungswidrigkeit zur Straftat nicht von einem besonderen persönlichen, sondern von einem tatbezogenen Merkmal abhängt. Dies ist z. B. im Verhältnis zwischen § 106 b StGB und § 112 OWiG der Fall. Zur Straftat wird das deliktische Verhalten, wenn es die Tätigkeit des Gesetzgebungsorgans hindert oder stört. Dieser Effekt ist kein besonderes persönliches Merkmal i.S.d. § 14 Abs. 4 OWiG. Die

---

[95] *Tröndle/Fischer*, § 184 d Rn 5.

[96] *Cramer*, NJW 1969, 1929 (1934).

[97] BayObLG, NJW 1985, 1566; *Trunk*, Einheitstäterbegriff, S. 10; *Cramer*, Grundbegriffe, S. 84; *Göhler*, § 14 Rn 19.

[98] *Tröndle/Fischer*, § 184 d Rn 5.

[99] BayObLG, NJW 1985, 1566; *Schumann*, Einheitstätersystem, S. 68; *Rebmann/Roth/ Herrmann*, § 14 Rn 33.

[100] *Cramer*, Grundbegriffe, S. 84; KKOWiG-*Rengier*, § 14 Rn 50; *Lemke*, § 14 Rn 12.

Kombination einer Beteiligung, die aus § 106 b StGB strafbar ist, mit einer Beteiligung, die aus § 112 OWiG mit Geldbuße geahndet wird, ist daher erst recht nicht möglich.

Beispiel: T verstößt gegen eine vom Präsidenten des Bundestags erlassene Anordnung und stört dadurch eine Bundestagsdebatte. A hatte ihn zu der Tat angestiftet, dabei aber nicht mit einem Störungseffekt gerechnet.

T ist aus § 106 b StGB strafbar. Der von ihm ebenfalls erfüllte § 112 Abs. 1 OWiG tritt dahinter gem. § 21 Abs. 1 OWiG zurück[101]. A kann mangels Vorsatzes hinsichtlich des Störungserfolges nicht aus §§ 106 b Abs. 1, 26 StGB bestraft werden. Sein Verhalten ist aber eine Beteiligung (§ 14 Abs. 1 OWiG) an der Ordnungswidrigkeit des T aus § 112 Abs. 1 OWiG.

Dieselbe Kombination ist auch mit den Tatbeständen § 316 StGB und § 24 a StVG möglich.

Beispiel: T fährt mit 1, 1 ‰ Alkohol im Blut. A hat ihn dazu angestiftet, dabei aber nur mit einer Alkoholisierung des T von ca. 0, 8 ‰ gerechnet.

T ist aus § 316 StGB wegen Trunkenheit im Verkehr strafbar. Der von T ebenfalls verwirklichte Bußgeldtatbestand § 24 a StVG wird verdrängt., § 21 Abs. 1 OWiG. Eine Strafbarkeit des A aus §§ 316, 26 StGB wegen Anstiftung zur Trunkenheit im Verkehr scheitert am Vorsatzmangel. Eine Strafbarkeit des A wegen fahrlässig täterschaftlicher Trunkenheit im Verkehr aus § 316 Abs. 2 StGB scheitert daran, daß A das Fahrzeug nicht selbst geführt hat[102] und zudem nicht alkoholisiert war. Ahndbar ist das Verhalten des A als Beteiligung (§ 14 Abs. 1 OWiG) an der Ordnungswidrigkeit des T aus § 24 a StVG.

4. Vorsatz und Fahrlässigkeit

Da im Ordnungswidrigkeitenrecht fahrlässiges Handeln in großem Umfang mit **52** Geldbuße bedroht ist, stellt sich die Frage, ob dies jeweils auch für fahrlässige Beteiligung i.S.d. § 14 OWiG gilt. Das dualistische Beteiligungssystem des Strafrechts kennt weder fahrlässige Teilnahme noch Teilnahme an fahrlässiger Tat[103]. **Strafbar** ist nur die vorsätzliche Teilnahme an einer vorsätzlichen Tat. Während in §§ 26, 27 StGB diese Beschränkung bereits dem Gesetzestext unmißverständlich zu entnehmen ist, sieht § 14 OWiG eine Ausgrenzung der Fahrlässigkeit zumindest nicht ausdrücklich vor[104]. „Für den unbefangenen Leser scheint somit die Ahndung fahrlässiger Teilnahme an einer vollverantwortlichen Ordnungswidrig-

---

[101] KKOWiG-*Rogall*, § 112 Rn 21; *Tröndle/Fischer*, § 106 b Rn 1.

[102] Trunkenheit im Verkehr wird überwiegend als eigenhändiges Delikt qualifiziert, vgl. z. B. *Tröndle/Fischer*, § 316 Rn 49.

[103] *Stratenwerth/Kuhlen*, § 15 Rn 74 ff.

[104] *Cramer*, NJW 1969, 1929 (1932); *ders.*, Grundbegriffe, S. 81; *Kienapfel*, NJW 1970, 1826 (1828); auch BGHSt 31, 309 (311) räumt ein, daß der Gesetzeswortlaut „verschiedene Deutungen" zulasse.

keit mit dem Gesetzestext vereinbar zu sein"[105]. Die Behauptung, aus der Formulierung "sich beteiligen" folge, daß Beteiligung nur das vorsätzliche Ausrichten des eigenen Verhaltens auf das Verhalten eines anderen sein könne[106], ist nicht schlüssig[107]. Denn bewußtes finales Handeln und Fahrlässigkeit schließen sich nicht aus, sondern können zusammentreffen, z. B. im Fall eines Tatbestandsirrtums bzgl. eines Täter- oder Opfermerkmals[108]. Auch würde es dem Grundgedanken des Einheitsprinzips widersprechen, zwischen ahndbarer fahrlässiger Alleintäterschaft und nichtahndbarer fahrlässiger Beteiligung zu differenzieren[109]. Zudem liefe der Zwang zu dieser Unterscheidung dem Streben nach Vereinfachung und Beschleunigung der Bußgeldpraxis zuwider[110].

53   Die **Anerkennung fahrlässiger Beteiligung als tatbestandsmäßige Ordnungswidrigkeit** hat allerdings zur Folge, daß das Ordnungswidrigkeitenrecht den Bereich ahndbarkeitsbegründender Beteiligung weit über die Grenzen ausdehnt, die im Strafrecht der Beteiligtenstrafbarkeit gezogen sind. Fahrlässige "Anstiftung" und "Beihilfe" wären ebenso ordnungswidrig wie "Anstiftung" oder "Beihilfe" zur fahrlässigen Ordnungswidrigkeit. Dieser Ausdehnungseffekt betrifft die Fälle, in denen eine Erfassung als mittelbare Täterschaft oder Nebentäterschaft an dem Erfordernis eigenhändiger Tatbegehung oder an der Sonderdeliktsnatur scheitert[111]. Während das Strafrecht dann wegen des Vorsatzerfordernisses nicht in den Teilnahmebereich (§§ 26, 27 StGB) ausweichen kann, stünde dem Ordnungswidrigkeitenrecht der Weg über die fahrlässige Beteiligung offen. Die herrschende Meinung sieht darin einen Wertungswiderspruch. Sie wendet daher § 14 OWiG nur an, wenn „Täter" und Beteiligter vorsätzlich handeln[112].

---

[105] *Renzikowski*, Restriktiver Täterbegriff und fahrlässige Beteiligung, S. 297.

[106] OLG Köln, NJW 1979, 826; *Dreher*, NJW 1970, 217 (221); *Knapp*, JuS 1979, 609 (613); *Brammsen*, NJW 1980, 1729; *ders.*, DAR 1981, 38 (39); *Schumann*, Einheitstätersystem, S. 15; *Trunk*, Einheitstäterbegriff, S. 85.

[107] *Cramer*, NJW 1969, 1929 (1934); *ders.*, NJW 1970, 1114 (1115); *Renzikowski*, Restriktiver Täterbegriff, S. 297; KKOWiG-*Rengier*, § 14 Rn 6.

[108] *Lange*, FS Maurach, S. 235 (241); *Bloy*, Beteiligungsform, S. 151; *Cramer*, Grundbegriffe, S. 82.

[109] *Welp*, VOR 1972, 299 (312); *Kienapfel*, NJW 1983, 2236; *Bloy*, FS Schmitt, S. 33 (36); *Renzikowski*, Restriktiver Täterbegriff, S. 297.

[110] *Kienapfel*, NJW 1970, 1826 (1829); *ders.*, NJW 1983, 2236 (2237).

[111] *Dreher*, NJW 1971, 121 (123); *Göhler*, wistra 1983, 242 (243); *Schumann*, Einheitstätersystem, S. 17.

[112] OLG Köln, NJW 1979, 826; OLG Düsseldorf, VRS 56, 365 (368); BayObLG, VRS 58, 458 (459); 92, 232; OLG Hamm, VRS 61, 131 (132); OLG Köln, VRS 63, 283; KG, VRS 70, 294; OLG Düsseldorf, NStZ 1984, 29; *Brammsen*, NJW 1980, 1729 (1731); *Göhler*, wistra 1983, 242 (244); *Bouska*, DAR 1984, 265 (266); *Schumann*, Einheitstätersystem, S. 18; *Bohnert*, Grundriß, S. 27; *ders.*, OWiG, § 10 Rn 41; *Cramer*, Grundbegriffe, S. 82; *Thieß*, S. 75; *Lemke*, § 14 Rn 4; *Rebmann/Roth/Herrmann*, § 14 Rn 13.

Beispiel: A bittet den T, ihn mit seinem Pkw nach Hause zu bringen. T hat nach Alkoholgenuß eine Blutalkoholkonzentration von 1,4 ‰ – Abwandlung: 0,9 ‰ –, was sowohl von A als auch von T fahrlässig verkannt wird.

T ist im Ausgangsfall nach § 316 Abs. 2 StGB strafbar. In der Abwandlung[113] hat er eine Ordnungswidrigkeit nach § 24a Abs. 3 StVG begangen. A kann nicht aus § 316 StGB bestraft werden. Täterschaft scheidet aus, weil das Delikt nur eigenhändig begehbar ist, Anstiftung scheitert am Vorsatzerfordernis. An diesem Ergebnis würde sich auch nichts ändern, wenn A hinsichtlich der absoluten Fahruntüchtigkeit des T Vorsatz gehabt hätte. Anstiftung zu einer unvorsätzlichen Haupttat ist nicht strafbar.

In der Abwandlung könnte gegen A Geldbuße wegen Beteiligung an der Ordnungswidrigkeit des § 24a Abs. 2 StVG verhängt werden, wenn die fahrlässige Beteiligung von § 14 Abs. 1 OWiG erfaßt wäre. Das lehnt die herrschende Meinung ab. Es sei widersprüchlich, den mitwirkenden A in dem schwereren Fall (§ 316 StGB) "ohne Folgen"[114] davonkommen zu lassen, ihm dagegen in dem leichteren Fall (§ 24a StVG) eine Sanktion aufzuerlegen[115].

Diese Argumentation ist zumindest in dem vorliegenden Trunkenheits-Fall evi-   **54** dent unrichtig[116]. Selbstverständlich bleibt das Verhalten des A auch im Ausgangsfall nicht ganz "ohne Folgen", sondern ist mit Geldbuße gem. §§ 24a Abs. 3 StVG, 14 Abs. 1, 40, 43, 82 Abs. 1 OWiG zu ahnden, sofern man die fahrlässige Beteiligung prinzipiell für ahndbar hält. Daß die Alkoholmenge sogar für den Straftatbestand § 316 StGB ausreicht, schließt ja die Erfüllung des Bußgeldtatbestandes § 24a StVG nicht aus, im Gegenteil: "... 0, 5 Promille oder mehr ...", heißt es dort. Solange aus dem Straftatbestand bestraft werden kann, tritt § 24a StVG gem. § 21 OWiG zurück, lebt aber wieder auf, wenn sich die Nichtanwendbarkeit des § 316 StGB erwiesen[117] hat[118].

Aber nicht nur in diesem speziellen Fall, sondern generell ist es kein Wer-   **55** tungswiderspruch, daß das Ordnungswidrigkeitenrecht in Beteiligungskonstellationen einen größeren Personenkreis erfaßt als das Strafrecht. Um einen Wertungswiderspruch annehmen zu können, müßten die beiden zu vergleichenden Wertungen und ihre Folgen auf derselben Ebene liegen. Das ist aber nicht der Fall, weil das Ordnungswidrigkeitenrecht ordnungswidrigkeitenrechtliche und nicht strafrechtliche Sanktionen androht[119]. Also kann es sich nicht zu einer strafrechtlichen Regelung, die strafrechtliche Sanktionen ausschließt, in Widerspruch setzen. Schließlich empfindet es ja auch niemand als Wertungswiderspruch zwischen Ordnungswidrigkeitenrecht und Strafrecht, daß beispielsweise im Straßenverkehrsrecht in großem Umfang fahrlässige Fehlverhaltensweisen bußgeldbedroht

---

[113] Es sei unterstellt, daß für „relative Fahruntüchtigkeit" keine Anhaltspunkte vorliegen.
[114] So ausdrücklich BGHSt 31, 309 (312); ebenso KKOWiG-*Rengier*, § 14 Rn 9 („könnte nicht mit Sanktionen belegt werden").
[115] *Seier*, JA 1990, 342.
[116] *Renzikowski*, Restriktiver Täterbegriff, S. 298 Fn. 159.
[117] Bei rechtserheblichen Tatsachenzweifeln ist nach „in dubio pro reo" eindeutig aus § 24 a StVG zu verurteilen, vgl. KKOWiG-*Rogall*, vor § 1 Rn 37, 39.
[118] OLG Köln, VRS 63, 283 (284); a. A. *Trunk*, Einheitstäterbegriff, S. 115.
[119] Dagegen BGHSt 31, 309 (312).

sind, deren Gefahrpotential zur Erfüllung der einschlägigen Straftatbestände viel zu gering ist. Wäre die herrschende Meinung konsequent, müßte sie einen Wertungswiderspruch etwa darin sehen, daß im Strafrecht der Versuch bei §§ 222, 229, 315c Abs. 3, 316 StGB sanktionslos bleibt, die vorsätzliche oder fahrlässige Behinderung oder Belästigung im Straßenverkehr dagegen gem. §§ 49 Abs. 1 Nr. 2, 1 Abs. 2 StVO i.V.m. § 24 StVG mit Geldbuße geahndet wird.

56   Gewiß kann man bezweifeln, ob es kriminalpolitisch vernünftig ist, die Zugriffsmöglichkeiten des Ordnungswidrigkeitenrechts bei der Beteiligung so weit über die vergleichbare strafrechtliche Dimension hinaus auszudehnen[120]. Immerhin kann man unwillkommenen Ergebnissen mit § 47 OWiG begegnen[121]. Daß dies zudem dem Willen des Gesetzgebers nicht entspricht, ist bei der Auslegung des § 14 OWiG ebenfalls zu berücksichtigen[122]. Auf der anderen Seite ist die Ersetzung des § 10 OWiG 1952, der die Teilnahmeregeln des StGB in das OWiG per Verweisung einbezog, durch den § 14 OWiG im wesentlichen gleichenden § 9 OWiG 1968 eine Maßnahme gewesen, die objektiv auch als Distanzierung von den strafrechtlichen Teilnahmeregeln verstanden werden kann[123]. Zudem darf bei der Problemlösung nicht außeracht gelassen werden, daß sowohl der Wortlautvergleich zwischen §§ 26, 27 StGB und § 14 OWiG als auch die Grundentscheidung des OWiG für das Einheitsprinzip die extensive Auffassung stützen[124].

57   Der h.M. ist daher auf der Grundlage des geltenden Rechts zu widersprechen: Auch "fahrlässige Beteiligung" ist eine Ordnungswidrigkeit, soweit die fahrlässige Verwirklichung des Bußgeldtatbestandes mit Geldbuße bedroht ist, § 10 OWiG. Das gilt für alle drei denkbaren Kombinationen[125]:

1. Beteiligter und Mitbeteiligter handeln fahrlässig,
2. der Beteiligte handelt vorsätzlich, der Mitbeteiligte fahrlässig,
3. der Beteiligte handelt fahrlässig, der Mitbeteiligte vorsätzlich.

---

[120] OLG Köln, NJW 1979, 826; *Rengier*, JZ 1996, 788; KKOWiG-*Rengier*, § 14 Rn 6 ff.

[121] *Kienapfel*, NJW 1970, 123 (124).

[122] OLG Köln, NJW 1979, 826; OLG Düsseldorf, NStZ 1984, 29; *Dreher*, NJW 1971, 121 (122); *Welp*, VOR 1972, 299 (314); *Schumann*, Einheitstätersystem, S. 16; *Cramer*, Grundbegriffe, S. 82.

[123] OLG Koblenz, NStZ 1982, 473; *Lange*, FS Maurach, S. 235 (237); *Kienapfel*, NJW 1970, 1826; *ders.*, NJW 1983, 2236 (2237).

[124] *Kienapfel*, NJW 1970, 1826 (1830).

[125] *Kienapfel*, NJW 1970, 1826 (1831).

VI. Beteiligungsähnliche Sondertatbestände

1. Verletzung der Aufsichtspflicht in Betrieben und Unternehmen, § 130 OWiG

a) Beteiligungsähnlichkeit

Zu den Ahndbarkeitsvoraussetzungen der in § 130 Abs. 1 OWiG normierten Ord- **58** nungswidrigkeit gehört unter anderem, daß „eine solche Zuwiderhandlung begangen wird". Dies ist die Umschreibung einer rechtswidrigen straftatbestandsmäßigen oder bußgeldtatbestandsmäßigen Tat, nämlich einer mit Strafe oder Geldbuße bedrohte Pflichtverletzung. Der Täter der pflichtverletzenden Tat ist aber nicht Täter der in § 130 Abs. 1 OWiG normierten Ordnungswidrigkeit. Das ist der Inhaber eines Betriebes oder Unternehmens. Dieser wiederum ist nicht Täter der pflichtverletzenden Tat. Denn anderenfalls wäre er aus dem Pflichtverletzungs-Tatbestand strafbar bzw. ahndbar. Er ist auch nicht im Sinne des § 14 Abs. 1 OWiG an der pflichtverletzenden Tat beteiligt. Denn auch unter dieser Voraussetzung wäre er aus dem Pflichtverletzungs-Tatbestand strafbar oder ahndbar. § 130 OWiG wäre dann entbehrlich. Dieser **Auffangtatbestand**[126] erfaßt also ein Fehlverhalten des Betriebs- oder Unternehmensinhabers, dessen Ahndbarkeit davon abhängt, daß ein anderer eine mit Strafe oder Geldbuße bedrohte[127] pflichtverletzende Tat begeht. Zwischen dem Verhalten des Betriebs- oder Unternehmensinhabers und der ahndbarkeitsbegründenden Pflichtverletzungs-Tat muß ein bestimmter Zusammenhang bestehen. Die der Ordnungswidrigkeit immanente Struktur ähnelt also der einer Beteiligung i. S. des § 14 Abs. 1 OWiG, ist aber keine Beteiligung im eigentlichen Sinn[128]. Insbesondere braucht der Betriebs- oder Unternehmensinhaber bezüglich der Pflichtverletzungs-Tat weder vorsätzlich noch fahrlässig zu handeln[129]. Der Gesichtspunkt der Beteiligungsähnlichkeit wird durch das Erfordernis menschlichen Mitarbeiterversagens unterstrichen. § 130 OWiG knüpft nicht an eine allgemeine Gefahrenquellenverantwortlichkeit des Betriebs- oder Unternehmensinhabers an. Aufsichtsversagen mit rechtsgutsbeeinträchtigender Wirkung ohne zwischengeschaltete „Zuwiderhandlung" begründet vielmehr eine unmittelbare Verantwortlichkeit aus dem entsprechenden Gefährdungs- oder Verletzungstatbestand, z. B. § 325 StGB. Erforderlich ist dann aber Vorsatz oder Fahrlässigkeit bezüglich der Gefährdung bzw. Verletzung. Die dogmatische Figur der objektiven Strafbarkeits- bzw. Ahndbarkeitsbedingung kommt nicht zur Anwendung.

---

[126] *Többens*, NStZ 1999, 1 (5); *Ignor/Rixen*, Arbeitsstrafrecht, Rn 948; *Bohnert*, Grundriß, S. 32; *ders.*, OWiG, § 130 Rn 1; KKOWiG-*Rogall*, § 130 Rn 108.

[127] Nicht erforderlich ist, daß die Pflichtverletzung tatsächlich strafbar bzw. ahndbar ist.

[128] Hat die Aufsichtspflichtverletzung die Qualität einer Beteiligung, tritt § 130 OWiG subsidiär zurück; *Ignor/Rixen*, Arbeitsstrafrecht, Rn 955, 968.

[129] *Ignor/Rixen*, Arbeitsstrafrecht, Rn 955; *Achenbach*, in: WpÜG-Komm., vor § 60 Rn 97; *Bohnert*, OWiG, § 130 Rn 2.

b) Ahndbarkeitsvoraussetzungen

59 Täter des **Sonderdelikts** können nur Inhaber von Betrieben oder Unternehmen sein[130]. Nichtinhaber können Täter sein, wenn sie zu dem Inhaber in einem Verhältnis stehen, das gem. § 9 OWiG die Zurechnung des Inhaber-Merkmals begründet[131]. Das gilt auch, wenn Inhaber eine juristische Person oder Personengesellschaft, also ein Subjekt ist, das selbst keine Ordnungswidrigkeiten begehen kann[132]. Als Beteiligter kann jedermann die Ordnungswidrigkeit des § 130 OWiG begehen, wenn er sich an der Tat eines Inhabers oder einer gem. § 9 OWiG wie ein Inhaber gestellten Person beteiligt, § 14 Abs. 1 S. 2 OWiG[133].

60 Tatbestandsmäßiges Verhalten ist die **Unterlassung von Aufsichtsmaßnahmen**, die erforderlich sind, um straf- oder bußgeldrechtlich relevante Pflichtverletzungen im Betrieb oder Unternehmen zu verhindern. Dabei handelt es sich um Pflichten, deren Wahrnehmung der Inhaber des Betriebs oder Unternehmens auf Mitarbeiter delegiert hat und die er daher nicht selbst verletzen kann. Damit diese Abwälzung der Pflichten nicht zugleich eine Entledigung straf- oder bußgeldrechtlicher Verantwortlichkeit („Zurechnungslücke"[134]) bewirkt, bleibt der Inhaber verpflichtet, durch entsprechende Aufsichtsmaßnahmen für die Einhaltung der Sorgfaltsstandards Sorge zu tragen, die er selbst zu beachten hätte, wenn er die Pflichten persönlich wahrnehmen würde[135].

61 In subjektiver Hinsicht haftet der Täter für **Vorsatz** und **Fahrlässigkeit**. Ausserhalb des Vorsatz- und Fahrlässigkeitsbezugs steht die **Zuwiderhandlung** gegen eine Pflicht, die den Inhaber als solchen trifft. Im System der Ahndbarkeitsvoraussetzungen ist das eine objektive Ahndbarkeitsbedingung[136]. Die Zuwiderhandlung muß tatbestandsmäßig und rechtswidrig sein, wobei sich die Tatbestandsmäßigkeit entweder aus der Erfüllung eines Straftatbestandes oder aus der Erfüllung eines Bußgeldtatbestandes ergibt[137]. Schuldhaft bzw. vorwerfbar braucht die Zuwiderhandlung nicht begangen zu sein[138]. Allerdings ist denkbar, daß im Falle einer schuldlosen Tat der Kausal-[139] bzw. Risikoerhöhungszusammenhang[140] zwischen

---

[130] *Többens*, NStZ 1999, 1 (3); *Ignor/Rixen*, Arbeitsstrafrecht, Rn 950; FK-*Achenbach*, vor § 81 Rn 68.

[131] *Többens*, NStZ 1999, 1 (3); *Bohnert*, Grundriß, S. 31; *Achenbach*, in: WpÜG-Kommentar, vor § 60 Rn 90; FK-*Achenbach*, vor § 81 Rn 70; KKOWiG-*Rogall*, § 130 Rn 31.

[132] *Bohnert*, OWiG, § 130 Rn 8.

[133] A. A. *Bohnert*, OWiG, § 130 Rn 15.

[134] KKOWiG-*Rogall*, § 130 Rn 4.

[135] *Bohnert*, Grundriß, S. 31.

[136] *Többens*, NStZ 1999, 1 (4); *Ignor/Rixen*, Arbeitsstrafrecht, Rn 955; FK-*Achenbach*, vor § 81 Rn 83; *Bohnert*, OWiG, § 130 Rn 2; KKOWiG-*Rogall*, § 130 Rn 18.

[137] Der Unterschied zwischen Straftatbestandsmäßigkeit und Bußgeldtatbestandsmäßigkeit wirkt sich auf die Bemessung der Geldbuße aus, vgl. § 130 Abs. 3 OWiG.

[138] *Többens*, NStZ 1999, 1 (5); *Ignor/Rixen*, Arbeitsstrafrecht, Rn 955; *Bohnert*, Grundriß, S. 32; *ders.*, OWiG, § 130 Rn 26.

[139] *Többens*, NStZ 1999, 1 (5); *Lemke*, § 130 Rn 16.

Aufsichtsversagen und Zuwiderhandlung entfällt. Eine unter den Voraussetzungen des § 35 Abs. 1 S. 1 StGB begangene Zuwiderhandlung hätte möglicherweise auch nicht durch „gehörige Aufsicht verhindert oder wesentlich erschwert" werden können.

2. Öffentliche Aufforderung zu Ordnungswidrigkeiten, § 116 OWiG

a) Beteiligungsähnlichkeit

Die öffentliche Aufforderung zu Ordnungswidrigkeiten ist der Sache nach ein **62** **Spezialfall der (versuchten) Anstiftung.** Das bußgeldrechtliche Gegenstück zum Straftatbestand § 111 StGB läßt als Gegenstand der Aufforderung eine „mit Geldbuße bedrohte Handlung" i. S. des § 1 Abs. 2 OWiG genügen. Die Tat, zu deren Begehung aufgefordert wird, braucht also nicht vorwerfbar zu sein, muß aber den Tatbestand einer Bußgeldvorschrift erfüllen und rechtswidrig sein. Dies und die Bußgeld-Akzessorietät in § 116 Abs. 2 OWiG verdeutlichen den beteiligungsähnlichen Charakter dieser Ordnungswidrigkeit.

b) Ahndbarkeitsvoraussetzungen

Die Tat, zu deren Begehung der Täter auffordert, braucht nicht begangen worden **63** zu sein[141]. Anderenfalls wäre der Auffordernde in der Regel als Beteiligter gem. § 14 Abs. 1 OWiG aus dem Tatbestand ahndbar, den der Aufgeforderte verwirklicht hat. Tathandlung ist die Aufforderung zur Tatbegehung. Von einer einfachen „Bestimmung" i. S. des § 26 StGB unterscheidet sie sich durch ihre spezifische Kundgabeform, die typischerweise an einen größeren und unbestimmten Adressatenkreis gerichtet ist und demzufolge die Gefahr, daß die Aufforderung – von wenigstens einem oder mehreren – Adressaten befolgt wird, erhöht[142]. Inhalt der Aufforderung ist eine hinreichend konkretisierte Tat, die den objektiven Tatbestand einer Ordnungswidrigkeit erfüllen sowie vorsätzlich und rechtswidrig sein muß[143]. Der Auffordernde muß vorsätzlich handeln, Fahrlässigkeit reicht nicht, § 10 OWiG[144].

---

[140] *Achenbach*, in: WpÜG-Kommentar, vor § 60 Rn 100; FK-*Achenbach*, vor § 81 Rn 84; *Ignor/Rixen*, Arbeitsstrafrecht, Rn 965; KKOWiG-*Rogall*, § 130 Rn 100.
[141] KKOWiG-*Rogall*, § 116 Rn 17.
[142] KKOWiG-*Rogall*, § 116 Rn 18.
[143] KKOWiG-*Rogall*, § 116 Rn 13.
[144] KKOWiG-*Rogall*, § 116 Rn 29.

Kontrollfragen

1. Was bedeutet „restriktiver Täterbegriff"? (Rn 8)
2. Was versteht man unter „dualistischem System"? (Rn 11)
3. Ist versuchte Beteiligung an einer Ordnungswidrigkeit ahndbar? (Rn 35)
4. Ist fahrlässige Beteiligung an einer Ordnungswidrigkeit ahndbar? (Rn 52, 53)
5. Kann die Beteiligung an einer Ordnungswidrigkeit strafbar sein? (Rn 49)
6. Welche Ahndbarkeitsvoraussetzung in § 130 Abs. 1 OWiG ist eine objektive Ahndbarkeitsbedingung? (Rn 61)

Literatur

Bloy, Neuere Entwicklungstendenzen der Einheitstäterlehre in Deutschland und Österreich, Festschrift für Rudolf Schmitt, 1992, S. 33

Kienapfel, „Beteiligung" und „Teilnahme", NJW 1970, 1826

Kienapfel, Das Prinzip der Einheitstäterschaft, JuS 1974, 1

Kieanpfel, Zur Einheitstäterschaft im Ordnungswidrigkeitenrecht, NJW 1983, 2236

Seier, Der Einheitstäter im Strafrecht und im Gesetz über Ordnungswidrigkeiten, JA 1990, 342, 382

Többens, Die Bekämpfung der Wirtschaftskriminalität durch die Troika der § 9, 130 und 30 des Gesetzes über Ordnungswidrigkeiten, NStZ 1999, 1

Welp, Der Einheitstäter im Ordnungswidrigkeitenrecht, VOR 1972, 299

Teil III

Sanktionen

§ 14 Übersicht und Grundsätze

I. Übersicht

Das Ordnungswidrigkeitenrecht kennt nur eine Hauptsanktion, die **Geldbuße** (oft 1
auch „Bußgeld" genannt[1]), § 17 OWiG. Die Rechtsfolgenseite der Ordnungswidrigkeit ist viel einfacher und enger normiert als das ausdifferenzierte und breit gefächerte Sanktionensystem des Strafrechts. Neben der Geldbuße, die unter bestimmten Voraussetzungen auch gegen Personenverbände verhängt werden kann (§ 30 OWiG), regelt das OWiG noch die **Einziehung** (§§ 22 ff. OWiG) und den **Verfall** (§ 29a OWiG). Keinen Sanktionscharakter haben die Verwarnung und das Verwarnungsgeld des § 56 OWiG[2] sowie die Erzwingungshaft des § 96 OWiG. Außerhalb des OWiG existieren einige besondere Nebenfolgen mit eng begrenztem Anwendungsbereich: Fahrverbot (§ 25 StVG), Abführung des Mehrerlöses (§§ 8 ff. WiStG 1954), Verbot der Jagdausübung (§ 41a BJagdG).

II. Grundsätze

1. Abweichungen vom Strafrecht

In der Ausgestaltung des ordnungswidrigkeitenrechtlichen Sanktionensystems 2
sind die spezifischen Eigenheiten und Aufgaben dieses Rechtszweigs recht deutlich abgebildet. Anders als im Allgemeinen Teil der Ahndbarkeitsvoraussetzungen hat die Unterscheidung vom Strafrecht im engeren Sinn - mag sie qualitativer oder quantitativer Natur sein – in den Rechtsfolgen, die eine Ordnungswidrigkeit nach sich ziehen kann, ihre Spuren hinterlassen.

Dem **geringeren Unrechts- und Schuldgehalt** der Ordnungswidrigkeit ent- 3
sprechend haben die Sanktionen des Ordnungswidrigkeitenrechts einen **schwächeren Diskriminierungseffekt**. Über den Delinquenten wird kein ehrenrühriges "sozialethisches Unwerturteil" gefällt[3]. Ihm wird ein "Denkzettel" verpaßt, der sein Bewußtsein für das zugrunde liegende Fehlverhalten schärfen, ihn an seine Pflichten erinnern und zur Normtreue ermahnen soll[4]. Dem typischen Bagatellcharakter der Ordnungswidrigkeit ist durch eine Verminderung der Sanktionslast Rechnung getragen worden. Vor allem gibt es im Ordnungswidrigkeitenrecht **kei-**

---

[1]   Vgl. den „Bußgeldkatalog", § 26 a StVG, BKatV.
[2]   *Schmitt*, Ordnungswidrigkeitenrecht, S. 69 : Unrechtsfolgen eigener Art.
[3]   BVerfGE 9, 167 (171), *Lange*, FS Maurach, S. 235 (236); KKOWiG-*Steindorf*, § 17 Rn 8.
[4]   *Schumann*, Einheitstätersystem, S. 29; KKOWiG-*Steindorf*, § 17 Rn 9, 10.

ne freiheitsentziehende Sanktion[5]. Alle Rechtsfolgen sind ambulanter Natur. Die Anordnung ordnungswidrigkeitenrechtlicher Sanktionen wird nicht in das Bundeszentralregister eingetragen, gleich ob ihr eine verwaltungsbehördliche Entscheidung (Bußgeldbescheid) oder eine gerichtliche Entscheidung im Bußgeld- oder im Strafverfahren zugrunde liegt, §§ 3, 4 BZRG[6]. Für Verkehrsordnungswidrigkeiten ist allerdings ein Verkehrszentralregister eingerichtet, § 28 StVG.

4   Mit seinen Sanktionen erzeugt das Ordnungswidrigkeitenrecht nicht nur weniger Druck als das Strafrecht. Es verfolgt auch **bescheidenere Ziele.** Ordnungswidrigkeitenrechtliche Sanktionen haben nicht den Zweck, auf das künftige Legalverhalten des Delinquenten durch einen längerfristigen staatlich überwachten und gesteuerten Anpassungsprozeß Einfluß zu nehmen. Daher fehlt im Ordnungswidrigkeitenrecht nicht nur die Freiheitsentziehung, sondern auch das Instrument der Probation. Die Sanktionen können nicht "zur Bewährung" ausgesetzt und im Erfolgsfalle erlassen werden, sondern verlangen vom Betroffenen sofortige und bedingungslose Leistung. Eine weitere Konsequenz dieser "erzieherischen Abstinenz" ist das Fehlen altersgerechter Sondersanktionen für Jugendliche und Heranwachsende. Ein "Jugendordnungswidrigkeitenrecht" gibt es nicht. Auch die Maßregeln des § 61 StGB haben im Ordnungswidrigkeitenrecht keine Parallele. Das OWiG sieht keine Maßnahmen für die Behandlung von gestörten und gefährlichen Ordnungswidrigkeit-Tätern vor.

5   Die relative Eigenständigkeit des Ordnungswidrigkeitenrechts äußert sich aber nicht nur im Fehlen sanktionenrechtlicher Phänomene des Strafrechts, sondern umgekehrt auch in der Existenz eines Instituts, dem im Strafrecht unüberwindliche dogmatische Schranken gesetzt zu sein scheinen: Das OWiG verfügt mit der "Verbandsgeldbuße" des § 30 über eine Sanktion, die gegen juristische Personen und andere Personenvereinigungen verhängt werden kann.

2. Vereinfachung und Beschleunigung

6   Da das Ordnungswidrigkeitenrecht eine einfache und zügige Erledigung einer enormen Fallmenge ermöglichen soll, müssen auch seine Sanktionen so augestaltet sein, daß sie unter den Bedingungen eines **unkomplizierten, aufwandarmen und schnellen Verfahrensgangs** verhängt und durchgesetzt werden können. Dem trägt zunächst der Ausschluß freiheitsentziehender Maßnahmen Rechnung, weil damit das Erfordernis eines gerichtlichen Verfahrens (Art. 104 Abs. 2 S. 1 GG) ausgeschaltet ist. Zugleich ist mit dem Wegfall des Richtervorbehalts die strenge verfassungsrechtliche Anhörungspflicht (Art. 103 Abs. 1 GG, vgl. § 33 StPO) beseitigt und der Weg einer beschleunigten Entscheidungsfindung mit schwächerer Betroffenen-Beteiligung bereitet (vgl. § 55 OWiG)[7].

---

[5]   Die Erzwingungshaft des § 96 OWiG ist nicht – wie die Ersatzfreiheitsstrafe (§ 43 StGB) – Sanktion (keine „Ersatzgeldbuße", vgl. *Bohnert,* OWiG, § 96 Rn 1), sondern ein Vollstreckungsinstrument, KKOWiG-*Boujong,* § 96 Rn 1; *Rebmann/Roth/Herrmann,* § 96 Rn 1.

[6]   *Jescheck/Weigend,* § 7 V 4.

[7]   KKOWiG-*Wache,* vor § 53 Rn 64.

Das Fehlen der Aussetzung zur Bewährung befreit das Verfahren von der Last   7
schwieriger und aufwendiger Persönlichkeitserforschung und Prognosestellung[8].
Zudem entfällt der zeit- und personalintensive Komplex der bewährungsbeglei-
tenden Maßnahmen – z. B. Überwachung der Weisungsbefolgung bzw. Auflagen-
erfüllung – und Folgeentscheidungen (z. B. Widerruf der Aussetzung).

Auch die Sanktionsbemessung ist vereinfacht. Da die Geldbuße im Verfahren   8
bis zum Bußgeldbescheid nicht durch Richter, sondern Verwaltungsbeamte verhängt wird, kann die Sanktionspraxis durch Verwaltungsrichtlinien erleichtert und
vereinheitlicht werden. Außerdem ermöglicht der monetäre Charakter dieser
Sanktion die Arbeitserleichterung durch Aufstellung von Taxen, Tabellen und
Bußgeldkatalogen.

Als vermögensmindernder Rechnungsposten ist die Geldbuße prinzipiell geeig-   9
net, im Verbund mit restriktiven Kostenregelungen auf die Anfechtungsfreudig-
keit des Betroffenen dämpfend Einfluß zu nehmen. Dessen Neigung zur Einlegung eines Einspruchs gegen den Bußgeldbescheid wird um so schwächer sein, je
stärker der in der möglichen Befreiung von der Geldbuße liegende Gewinn durch
verfahrensbedingte Kosten und Auslagen aufgesogen wird. Bei einer monetären
Sanktion läßt sich dies natürlich leichter kalkulieren als bei der andersartigen und
deshalb inkommensurablen Sanktion mit freiheitsentziehender Wirkung. Zudem
ist die hohe Eingriffsintensität der stationären Sanktion oft allein schon ein ausreichendes Motiv, den Rechtsmittelweg trotz der drohenden zusätzlichen Kosten-
last zu beschreiten. Die widerspruchslose Hinnahme der Geldbuße kann dagegen
durchaus eine wirtschaftlich vernünftige Entscheidung sein, wenn sie im Vergleich mit dem Aufwand des Rechtsbehelfsverfahrens das kleinere Übel ist. Auf
diesem Prinzip beruht ja auch die verfahrensentlastende Funktion der Verwarnung
mit Verwarnungsgeld (§ 56 OWiG). Ein niedriger Bußgeldbetrag bei gleichzeitig
hohem Kostenrisiko könnte somit die Zahl der Einspruchsverfahren senken und
zur Beschleunigung und Entlastung beitragen (vgl. § 109 Abs. 2 OWiG). Praktisch wird dieser Entlastungseffekt allerdings durch die Existenz von Rechts-
schutzversicherungen teilweise vereitelt.

Kontrollfragen

1.	Gibt es im Ordnungswidrigkeitenrecht freiheitsentziehende Sanktionen? (Rn 3)
2.	Können Sanktionen des Ordnungswidrigkeitenrechts zur Bewährung ausge-setzt werden? (Rn 4)

---

[8] *Krüger*, NJW 1981, 1642 (1644).

§ 15 Geldbuße

Die Geldbuße ist die einzige Hauptsanktion des Ordnungswidrigkeitenrechts. **1** Auch wenn die Ordnungswidrigkeit im Strafverfahren verfolgt und abgeurteilt wird (§§ 64, 82 OWiG), sind die Sanktionen des Strafrechts ausgeschlossen[1]. Daher darf die Geldbuße weder mit der Geldstrafe (§ 40 StGB) noch mit den diversen Geldauflagen (z. B. §§ 56b Abs. 2 Nr. 2 StGB, 153a Abs. 1 S. 1 Nr. 2 StPO, 15 Abs. 1 S. 1 Nr. 4 JGG) verwechselt werden. Alle diese Zahlungssanktionen sind Rechtsfolgen von Straftaten. Die Verhängung der Geldbuße setzt eine materiellrechtlich „vollständige" Ordnungswidrigkeit, also eine Tat voraus, die sämtliche Ahndbarkeitsvoraussetzungen - Tatbestandsmäßigkeit, Rechtswidrigkeit, Vorwerfbarkeit und gegebenenfalls objektive Ahndbarkeitsbedingung - erfüllt, § 1 Abs. 1 OWiG. Eine mit Geldbuße bedrohte Handlung (§ 1 Abs. 2 OWiG) reicht dafür nicht. Da es neben der Geldbuße keine weitere Hauptsanktion gibt, ist eine **individulalisierte** und **differenzierte** Ahndung der Ordnungwidrigkeit nur über die Höhe der Geldbuße möglich.

I. Höhe der Geldbuße

1. Allgemeines

Die Höhe der im konkreten Fall zu verhängenden Geldbuße wird von zwei Fakto- **2** ren beeinflußt[2]: Der **Bußgeldrahmen** fixiert mit seiner Unter- und Obergrenze den Mindest- und Maximalbetrag für Extremfälle (Untergrenze: extrem leicht, Obergrenze: extrem schwer) und gibt damit zugleich einen Anhaltspunkt für die Bußgeldhöhe in "durchschnittlichen" Fällen[3]. Innerhalb dieses Rahmens wird der genaue Bußgeldbetrag für den konkreten Fall durch den **Bußgeldbemessungsakt** des Rechtsanwenders (Verwaltungsbehörde, Richter) gefunden.

Die Höhe der Geldbuße, die der Tat angemessen erscheint, hat Bedeutung für **3** die Möglichkeit einer Verfahrenserledigung durch Verwarnung mit Verwarnungsgeld, § 56 Abs. 1 OWiG. Im Bereich bis zu 35 EUR ist diese Verfahrensweise statthaft. Bei Verkehrsordnungswidrigkeiten hängt von der Höhe der Geldbuße die Eintragung ins Verkehrszentralregister ab: Gemäß § 28 Abs. 3 Nr. 3 StVG werden Ordnungswidrigkeiten, die mit Geldbuße unter 40 EUR geahndet worden sind, nicht eingetragen.

---

[1] *Jescheck/Weigend*, § 7 V 4; *Schönke/Schröder/Stree*, vor § 38 Rn 35.
[2] *Wegner*, wistra 2000, 361 (362).
[3] OLG Köln, NJW 1988, 1606; *Göhler*, § 17 Rn 25; KKOWiG-*Steindorf*, § 17 Rn 36.

2. Bußgeldrahmen

4 Das gesetzliche Mindestmaß der Geldbuße beträgt 5 EUR, das gesetzliche Höchstmaß 1000 EUR, § 17 Abs. 1 OWiG. Diese Obergrenze gilt für vorsätzliche Ordnungswidrigkeiten. Bei Fahrlässigkeitsdelikten wird dieser Betrag halbiert, § 17 Abs. 2 OWiG. Fahrlässige Verkehrsordnungswidrigkeiten nach § 49 StVO i.V.m. § 24 StVG können also mit maximal 500 EUR Geldbuße geahndet werden. Auf § 17 Abs. 1, Abs. 2 OWiG ist immer dann zu rekurrieren, wenn der einschlägige Bußgeldtatbestand keinen besonderen Bußgeldrahmen aufstellt[4]. Der Gesetzgeber kann nämlich für bestimmte Ordnungswidrigkeiten eine von § 17 OWiG abweichende Regelung treffen: "...wenn das Gesetz nichts anderes bestimmt...". Ein Abrücken von dem gesetzlichen Mindestmaß des § 17 Abs. 1 OWiG ist allerdings in beiden Richtungen ausgeschlossen. Die Untergrenze von 5 EUR darf also in der vorrangigen Spezialregelung weder unter- noch überschritten werden[5]. Nur eine Verschiebung der Obergrenze des § 17 Abs. 1 OWiG ist zulässig.

5   Reduzierte Obergrenzen sind selten[6], erhöhte Obergrenzen findet man dagegen in vielen Gesetzen[7], z. B.[8]:

- § 24a Abs. 4 StVG: 1.500 EUR
- § 28 Abs. 3 GaststättenG: 5.000 EUR
- § 23 Abs. 2 StVG: 5.000 EUR
- § 55 Abs. 3 WaffG: 5.000 EUR
- § 19 Abs. 4 Eichgesetz: 10.000 EUR
- § 32 Abs. 2 BtMG: 25.000 EUR
- § 62 Abs. 3 BImSchG: 50.000 EUR
- § 40 Abs. 2 BbgFischG: 50.000 EUR
- § 28 Abs. 5 JuSchG: 50.000 EUR
- § 33 Abs. 6 AWG: 5.00.000 EUR
- § 130 Abs. 3 S. 1 OWiG: 1.000.000 EUR
- § 60 Abs. 3 WpÜG: 1.000.000 EUR
- § 39 Abs. 4 WpHG: 1.500.000 EUR

Sofern das Gesetz auch die fahrlässige Begehung mit Geldbuße bedroht, ohne im Höchstmaß zwischen Vorsatz und Fahrlässigkeit zu differenzieren – was bei allen oben aufgeführten Vorschriften der Fall ist –, gilt § 17 Abs. 2 OWiG: Der gesetz-

---

[4] KKOWiG-*Steindorf*, § 17 Rn 3.

[5] *Göhler*, § 17 Rn 6; KKOWiG-*Steindorf*, § 17 Rn 22; *Rebmann/Roth/Herrmann*, § 17 Rn 5.

[6] *Göhler*, § 17 Rn 5; KKOWiG-*Steindorf*, § 17 Rn 19.

[7] Krit. dazu *Jescheck*, JZ 1959, 457 (462): „Höhere Geldauflagen sind ihrer Natur nach in jedem Fall kriminelle Strafe, und es verbietet sich, sie einfach in nicht-kriminelle Sanktionen umzuetikettieren."; vgl. auch *Seier*, NZV 1996, 17 (18): „ ... daß die Geldbuße mit dieser Dimensionierung dichter an die Geldstrafe heranrückt".

[8] Vgl. auch *Wegner*, wistra 2000, 361 (362) Fn 8.

liche Höchstbetrag betrifft nur das Vorsatzdelikt, die Fahrlässigkeitstat kann mit maximal der Hälfte dieses Betrags geahndet werden[9].

Das Ordnungswidrigkeitenrecht kennt **keine Sonderbußgeldrahmen** für – be- **6** nannte oder unbenannte – minder schwere oder besonders schwere Fälle. Anders als im Strafrecht hat der Gesetzgeber zum Beispiel für die verminderte Verantwortlichkeit (§ 21 StGB), den Versuch (§ 23 Abs. 2 StGB), die Unterlassung (§ 13 Abs. 2 StGB), den vermeidbaren Verbotsirrtum (§ 17 S. 2 StGB) oder den der strafrechtlichen "Beihilfe" (§ 27 Abs. 2 S. 2 StGB) entsprechenden Beteiligungstyp keine Bußgeldrahmensenkung angeordnet. Folglich gibt es im OWiG keine dem § 49 StGB entsprechende Vorschrift. Die Berücksichtigung der genannten und weiterer Gesichtspunkte als Milderungsgrund erfolgt deshalb bei der Bußgeldbemessung durch den Rechtsanwender[10]. Dabei darf allerdings die gesetzliche Untergrenze nicht unterschritten werden[11]. In der Gegenrichtung ist es nicht anders: Erschwerende Umstände führen nicht zur Anwendung eines verschärften Bußgeldrahmens, sondern zur verschärfenden Bemessung innerhalb des Normalrahmens. Zur Abschöpfung eines deliktisch erlangten wirtschaftlichen Vorteils darf erforderlichenfalls die gesetzliche Obergrenze überschritten werden, § 17 Abs. 4 S. 2 OWiG.

3. Bußgeldbemessung

a) Allgemeines

Die Geldbuße wird nicht wie die Geldstrafe (§ 40 Abs. 1 S. 1 StGB) in **Tagessät- 7 zen** bemessen. Stattdessen wird durch den Zumessungsakt ein bestimmter Euro-Betrag ermittelt, der im Tenor der Bußgeldentscheidung als **Geldsumme** verlautbart wird (vgl. § 66 Abs. 1 Nr. 5 OWiG). Bemessungskriterien sind gem. § 17 Abs. 3 S. 1 OWiG vorrangig die Bedeutung der Ordnungswidrigkeit und der Vorwurf, der gegen den Täter[12] erhoben wird. Damit ist zunächst klargestellt, daß die Höhe der Geldbuße in einer Korrelation mit Unrecht der Tat und Schuld des Täters steht. Des weiteren werden Quantitäts-Dimensionen innerhalb der mit "Bedeutung" und "Vorwurf" beschriebenen Merkmalskomplexe für maßgeblich erklärt, wenngleich der Gesetzeswortlaut dies nicht deutlich ausdrückt. "Bedeutung" meint also das Quantum der Faktoren, die die Ordnungswidrigkeit als strafrechtliches Unrecht im weiteren Sinne kennzeichnen. Ebenso ist unter "Vorwurf" das Gewicht der Fakten zu verstehen, die die Fehlerhaftigkeit der persönlichen Verhaltenssteuerung des Täters einschließlich der die Tat tragenden oder begleitenden Gesinnung charakterisieren. Bei der Berücksichtigung unrechts- und schuldrele-

---

[9]   *Achenbach*, in : WpÜG-Kommentar, vor § 60 Rn 20, § 60 Rn 4.

[10] KKOWiG-*Rengier*, § 8 Rn 60 (Unterlassung); § 11 Rn 125 (Verbotsirrtum); § 12 Rn. 25 (Verantwortlichkeitsminderung); § 13 Rn 69 (Versuch); KKOWiG-*Steindorf*, § 17 Rn 141 (Beteiligungsform).

[11] *Bohnert*, OWiG, § 17 Rn 3.

[12] „Täter" ist in diesem Zusammenhang auch, wer als Beteiligter (§ 14 Abs. 1 OWiG) ordnungswidrig gehandelt hat.

vanter Umstände ist wie im Strafrecht (§ 46 Abs. 3 StGB) das **Doppelverwer-tungsverbot** zu beachten[13]. Was die Ahndbarkeit begründet hat, ist für die Buß-geldbemessung „verbraucht".

b) Bemessungskriterium „Bedeutung"

8 Die **Bedeutung** der Ordnungswidrigkeit wird primär durch die Art und den Wert des konkret[14] betroffenen Interesses oder Rechtsgutsobjekts sowie den Grad und das Ausmaß der Beeinträchtigung, die diesem zugefügt worden ist, bestimmt[15]. Beispielsweise wird das Gewicht eines Verstoßes gegen § 1 Abs. 2 StVO u.a. davon beeinflußt, ob ein anderer Verkehrsteilnehmer geschädigt oder nur belästigt worden ist, ob die Beeinträchtigung nur einen oder mehrere andere Verkehrsteil-nehmer betroffen hat und ob den beeinträchtigten Verkehrsteilnehmer ein Mitver-schulden trifft oder nicht[16].

Besonders leicht zu messen ist die Beeinträchtigungsschwere bei Ordnungswid-rigkeiten, die in der Überschreitung einer bestimmten numerisch markierten Gren-ze liegen: Die Bedeutung eines Park- oder Halteverstoßes (§ 12 StVO) wächst mit dem Zeitraum, während dessen der Verstoß andauert, die Bedeutung der Über-schreitung eines Geschwindigkeitslimits (§ 3 StVO) korreliert mit der Anzahl der Stundenkilometer, um die die Grenze überschritten wurde. Bei der Nichteinhal-tung des gebotenen Sicherheitsabstands (§§ 4, 5 Abs. 4 S. StVO) ist es genau um-gekehrt.

9 Zum Maßkriterium "Bedeutung" sind auch Tatmerkmale zu rechnen, deren un-rechtsmindernde Wirkung das Strafrecht durch fakultative oder obligatorische Strafrahmenmilderung nach § 49 StGB berücksichtigen würde. Da das Ordnungs-widrigkeitenrecht keine dem § 49 StGB funktionsgleiche Vorschrift enthält, muß die Unrechtsminderung in den Bemessungsakt einfließen. Das gilt für die Unter-lassung (vgl. § 13 Abs. 2 StGB), für den Versuch (vgl. § 23 Abs. 2 StGB)[17], für die Beihilfe (vgl. § 27 Abs. 2 S. 2 StGB)[18] sowie für alle Beteiligungen von Extra-nei an Sonderordnungswidrigkeiten (vgl. § 28 StGB)[19].

10 Neben den unrechtskonstituierenden Umständen umfaßt der Bemessungsfaktor "Bedeutung" auch Sanktionszweckerwägungen, vor allem **generalpräventiver**

---

[13] *Bohnert*, OWiG, § 17 Rn 23; *Rebmann/Roth/Herrmann*, § 17 Rn 17.

[14] Dagegen fließen die abstrakte Art und der abstrakte Wert des tangierten Interesses oder Rechtsgutes nicht in die Bußgeldbemessung, sondern bereits in die gesetzliche Festle-gung des Bußgeldrahmens ein; *Bohnert*, OWiG, § 17 Rn 10.

[15] OLG Köln, NJW 1988, 1606; *Schall*, NStZ 1986, 1 (4); *Bohnert*, OWiG, § 17 Rn 9; *Göhler*, § 17 Rn 16; KKOWiG-*Steindorf*, § 17 Rn 39, 40, 43, 47, 48; *Rebmann/Roth/ Herrmann*, § 17 Rn 16.

[16] KKOWiG-*Steindorf*, § 17 Rn 45.

[17] KKOWiG-*Steindorf*, § 17 Rn 146.

[18] *Cramer*, NJW 1969, 1929 (1931); *Dreher*, NJW 1970, 217 (218); KKOWiG-*Steindorf*, § 17 Rn 48.

[19] *Cramer*, NJW 1969, 1929 (1931); *Trunk*, Einheitstäterbegriff, S. 50.

Art[20]. Gerade im Bagatellbereich, zu dem die Ordnungswidrigkeiten mehrheitlich zu rechnen sind, begründet erst die massenhafte Wiederholung von Verstößen deren gesellschaftliche Intolerabilität. Der einzelne Fall könnte vom Gemeinwesen meistens ohne repressive Reaktion verkraftet werden, die Vielzahl der Fälle dagegen wirkt sich als massive Störung des gesellschaftlichen Zusammenlebens aus, die das Bedürfnis nach gegensteuernden staatlichen Maßnahmen weckt. Der Gesichtspunkt "Verteidigung der Rechtsordnung" hat daher hier besonderes Gewicht, weil der geringe Unrechtsgehalt und die dementsprechend niedrige Hemmschwelle gegenüber der Begehung von Ordnungswidrigkeiten auch sozial angepaßte Bürger zur Normübertretung verleitet. Bekanntlich sind Nachlässigkeiten und bewußte Regelmißachtungen vor allem im Straßenverkehr ein ubiquitäres Massenphänomen, dessen Entstehung und Ausbreitung auf Sogwirkungen, Nachahmungs-, Konkurrenz- und Selbstbehauptungseffekten beruht[21]. Individuelles Fehlverhalten zieht schnell kollektive Folgewirkungen nach sich, führt zu einer Verschlechterung der allgemeinen "Verkehrsmoral", zur "Verwilderung der Sitten" im Straßenverkehr und korrumpiert auch Verkehrsteilnehmer, die an sich zu normkonformem Verhalten bereit sind, sich dem Sog oder Druck aber nicht entziehen können. Dieser Aspekt wird daher die Bußgeldbemessung im Einzelfall mit beeinflussen dürfen, wobei jedoch die Begrenzungsfunktion des Schuldprinzips beachtet werden muß.

c) Bemessungskriterium „Vorwurf"

Der **Vorwurf**, der den Täter trifft, ist die Summe der den Grad des Verschuldens **11** ausmachenden Tat- und Tätermerkmale. Schuld ist wie Unrecht ein Steigerungsbegriff. Es gibt verschiedene Schweregrade von Vorwerfbarkeit[22]. Soweit dieser Gesichtspunkt noch nicht bei der Gestaltung der Bußgeldvorschrift – insbesondere des Bußgeldrahmens – verwertet worden ist, beeinflußt er die Bußgeldbemessung im konkreten Einzelfall. In diesem Bereich dominieren also die subjektiven Merkmale[23]. Beispielsweise lassen sich hier unterschiedliche Vorsatz- oder Fahrlässigkeitsformen berücksichtigen. Direkter Vorsatz begründet einen schwereren Vorwurf als bedingt vorsätzliches Verhalten[24], Leichtfertigkeit (grobe Fahrlässigkeit) wiegt schwerer als einfache Fahrlässigkeit[25]. Auch vermeidbare Verbotsirrtümer, die die Ahndbarkeit unberührt lassen (§ 11 Abs. 2 OWiG) und im Strafrecht zur Strafrahmenmilderung nach § 49 Abs. 1 StGB führen (vgl. § 17 S. 2 StGB), sind als vorwurfabschwächende Umstände in die Bemessung einzubeziehen[26]. Das gleiche gilt für die auf den Defekten des § 12 Abs. 2 OWiG beruhende

[20] *Schall*, NStZ 1986, 464 (466); *Bohnert*, OWiG, § 17 Rn 12; *Göhler*, § 17 Rn 16; KKOWiG-*Steindorf*, § 17 Rn 10, 42; *Rebmann/Roth/Herrmann*, § 17 Rn 16.
[21] *Arzt/Weber*, BT, § 38 Rn 8.
[22] *Baumann/Weber/Mitsch*, § 3 Rn 59.
[23] *Bohnert*, OWiG, § 17 Rn 8, 11.
[24] KKOWiG-*Steindorf*, § 17 Rn 82; *Rebmann/Roth/Herrmann*, § 17 Rn 21.
[25] *Göhler*, § 17 Rn 18; KKOWiG-*Steindorf*, § 17 Rn 60; *Rebmann/Roth/Herrmann*, § 17 Rn 21.
[26] OLG Saarbrücken, VRS 38, 471 (473); KKOWiG-*Steindorf*, § 17 Rn 73.

verminderte Verantwortlichkeit entsprechend § 21 StGB[27] und die vermeidbar irrtümliche Annahme einer entschuldigenden Notstandslage (vgl. § 35 Abs. 2 StGB).

d) Wirtschaftliche Verhältnisse

12 Die **wirtschaftlichen Verhältnisse** des Täters[28] "kommen in Betracht", bei geringfügigen Ordnungswidrigkeiten jedoch nur ausnahmsweise, § 17 Abs. 3 S. 2 OWiG. Zur Eingrenzung der "geringfügigen" Taten i.S.d. § 17 Abs. 3 S. 2 Hs. 2 OWiG gibt § 56 Abs. 1 S. 1 OWiG einen Orientierungspunkt: Rechtfertigen die Bedeutung der Ordnungswidrigkeit und der dem Täter zu machende Vorwurf (§ 17 Abs. 3 S. 1 OWiG) eine Geldbuße von nicht mehr als 35 EUR, kann man die Tat als geringfügig bezeichnen[29]. Auch bei erheblichen Ordnungswidrigkeiten müssen die wirtschaftlichen Verhältnisse des Täters nicht in jedem Fall berücksichtigt werden[30]. Zudem schreibt das Gesetz mit der vagen Formulierung "in Betracht kommen" nicht vor, wie diese Berücksichtigung auszufallen hat. Die Funktion der Klausel besteht darin, bei der Behandlung verschiedener Täter oder Beteiligter Ungerechtigkeiten und Ungleichheiten auszuschließen, die aus ungleicher wirtschaftlicher Potenz bei gleichem Unrecht und gleicher Schuld resultieren können. Vor allem unterschiedliche Geldbußen gegen mehrere Beteiligte an einer Ordnungswidrigkeit (§ 14 Abs. 1 OWiG) können ihre Rechtfertigung in unterschiedlichen wirtschaftlichen Verhältnissen finden. Im Strafrecht wird der unterschiedlichen Strafempfindlichkeit durch eine unterschiedliche Bemessung der Tagessatzhöhe Rechnung getragen, § 40 Abs. 2 StGB. Da das Ordnungswidrigkeitenrecht die Bemessungsmethode des Tagessatzsystems nicht übernommen hat, müssen die wirtschaftlichen Verhältnisse ihren Einfluß bei der Festsetzung des Gesamtbetrags geltend machen.

e) Bußgeldkataloge

13 Die Bußgeldbemessung ist im ordnungswidrigkeitenrechtlichen Verfahren nur partiell und bedingt richterliche Tätigkeit. Denn die Geldbuße wird im Bußgeldverfahren durch einen Bußgeldbescheid (§§ 65, 66 OWiG) der Verwaltungsbehörde (§ 35 Abs. 1, Abs. 2 OWiG) verhängt. Nur im Falle eines gerichtlichen Verfahrens nach zulässiger Einspruchseinlegung (§ 71 OWiG) oder bei Verfolgung und Ahndung der Ordnungswidrigkeit im Strafverfahren (§ 82 OWiG) wird der Richter mit der Bußgeldbemessung befaßt. Aus diesem Grund ist es im Ordnungswidrigkeitenrecht zulässig, die Bemessungspraxis durch Verwaltungsvorschriften zu standardisieren und zu vereinheitlichen[31]. Dazu dient der Verwaltung

---

[27] KKOWiG-*Steindorf*, § 17 Rn 73; *Rebmann/Roth/Herrmann*, § 17 Rn 35.

[28] „Täter" kann auch ein „Beteiligter" (§ 14 Abs. 1 OWiG) sein, vgl. Fn 12.

[29] *Göhler*, § 17 Rn 23; KKOWiG-*Steindorf*, § 17 Rn 90; *Rebmann/Roth/Herrmann*, § 17 Rn 27; a. A. OLG Zweibrücken, NStZ 2000, 95 : Orientierung an §§ 79, 80 OWiG (500 DM).

[30] *Schall*, NStZ 1986, 1 (6); *Göhler*, § 17 Rn 21.

[31] *Göhler*, § 17 Rn 27; KKOWiG-*Steindorf*, § 17 Rn 34.

die Aufstellung von Richtlinien oder **Bußgeldkatalogen**. Soweit diese den Charakter verwaltungsinterner Anweisungen ohne Rechtssatzqualität haben[32], sind sie nur für die untergeordneten Verwaltungsbehörden, nicht aber für die Gerichte verbindlich. Dies trifft auf die vereinzelt außerhalb des Straßenverkehrsrechts existierenden Bußgeldkataloge zu[33]. Für den Richter sind Verwaltungsvorschriften lediglich eine Empfehlung zur Behandlung typischer Fälle. Er braucht von dieser Empfehlung keinen Gebrauch zu machen, sollte aber auch nicht ohne Begründung von ihr abweichen, wenn der Fall dem Leitbildtatbestand der Richtlinie entspricht[34]. Soweit dagegen ein Bußgeldkatalog in Gestalt einer Rechtsverordnung (Art. 80 Abs. 1 GG) aufgestellt worden ist, hat er die Qualität eines Gesetzes im materiellen Sinn und bindet daher auch die Gerichte. So verhält es sich mit der Bußgeldkatalog-Verordnung (BKatV)[35] des Bundesverkehrsministers nach § 26a StVG[36].

Vor allem bei der Bearbeitung der massenhaft vorkommenden Verstöße gegen **14** Bußgeldvorschriften im Straßenverkehr sorgt die BKatV für gleichmäßige Bemessungspraxis und für Beschleunigung und Entlastung des Verfahrens[37]. Die Bußgeldkatalog-Verordnung stellt keine besonderen Bußgeldtatbestände[38] auf, sondern enthält - der Regelbeispielstechnik des Strafrechts (z. B. § 243 Abs. 1 S. 2 StGB) ähnlich[39] - **Regelsätze** über die Höhe der Geldbuße zur Ahndung von Ordnungswidrigkeiten im Straßenverkehr nach §§ 24, 24a StVG. Richtpunkt dieser Regelsätze sind typisierte Situationen fahrlässigen Fehlverhaltens unter "gewöhnlichen Tatumständen" (§ 1 Abs. 2 BKatV[40]), die anhand bestimmter Merkmale im Bußgeldkatalog skizziert sind. Von den Bemessungskriterien des § 17 Abs. 3 OWiG hat allein die "Bedeutung der Ordnungswidrigkeit" differenzierenden Einfluß auf die Höhe der Regelsätze, § 26a Abs. 2 StVG. Nur insoweit kommt der Bußgeldkatalog-Verordnung eine lex-specialis-Funktion gegenüber § 17 Abs. 3 OWiG zu[41]. Hinsichtlich der Faktoren "Vorwurf" und "wirtschaftliche Verhältnisse" geht der Regelsatz starr von durchschnittlichen Gegebenheiten aus[42]. Überoder unterdurchschnittliche Quanten müssen also ebenso wie bedeutungsrelevante "außergewöhnliche Umstände" individuell gewogen werden und können zu einer vom Regelsatz abweichenden Geldbuße führen, vgl. § 28a StVG[43]. Da die Regelsätze auf fahrlässiges Fehlverhalten zugeschnitten sind, wird die vorsätzliche Ord-

---

[32]   Instruktiv *Röhl*, Allgemeine Rechtslehre, S. 522 f.
[33]   *Göhler*, § 17 Rn 32.
[34]   *Schall*, NStZ 1986, 1 (2); *ders.*, NStZ 1986, 464 (465).
[35]   BKatV v. 13. 11. 2001 (BGBl. I 3033).
[36]   *Bohnert*, Grundriß, S. 44; *Göhler*, § 17 Rn 31; KKOWiG-*Steindorf*, § 17 Rn 101; *Rebmann/Roth/Herrmann*, § 17 Rn 33.
[37]   *Schall*, NStZ 1986, 1 (2).
[38]   *Schall*, NStZ 1986, 1 (8); *Rebmann/Roth/Herrmann*, § 17 Rn 31.
[39]   BVerfG, NJW 1996, 1809 (1810).
[40]   § 1 Abs. 2 BKatV: „Die im Bußgeldkatalog bestimmten Beträge sind Regelsätze, die von fahrlässiger Begehung und gewöhnlichen Tatumständen ausgehen".
[41]   Ausführlich und instruktiv *Schall*, NStZ 1986, 1 ff.
[42]   *Bohnert*, OWiG, § 17 Rn 37; *Göhler*, § 17 Rn 29.
[43]   OLG Hamburg, NJW 2004, 1813 (1814); *Bohnert*, Grundriß, S. 44.

nungswidrigkeit bei ansonsten regelsatzkonformen Umständen mit Geldbuße über dem Regelsatz geahndet werden müssen[44].

f) Gewinnabschöpfung

15 Die Begehung von Ordnungswidrigkeiten darf sich für den Täter genauso wenig lohnen wie die Begehung von Straftaten ("crime does not pay")[45]. Es wäre unerträglich und geradezu kontra-generalpräventiv, wenn sich die Tat trotz der auferlegten Geldstrafe oder Geldbuße als "gutes Geschäft" erwiese, weil die aus ihr erzielten Vorteile die durch Sanktion und Verfahrenskosten verursachten Verluste aufwiegen oder übersteigen würden. Daher muß die Bußgeldbemessung dafür sorgen, daß die Ordnungswidrigkeit den Täter per Saldo schlechter stellt, als er ohne die Tat stünde[46]. Die Geldbuße darf nicht hinter einem durch die Tat erzielten unrechtmäßigen **wirtschaftlichen Vorteil** zurückbleiben oder durch diesen Vorteil kompensiert werden. Damit der Täter die Geldbuße als Übel empfinden kann, muß sie ihm einen finanziellen Verlust zufügen. Daher soll der deliktische Gewinn mit der Geldbuße abgeschöpft werden, § 17 Abs. 4 OWiG. Erst auf der Grundlage vollständiger Gewinneutralisation kann die nach § 17 Abs. 3 OWiG bemessene Geldbuße "greifen"[47]. Aus diesem Grund dürfen erforderlichenfalls die gesetzlichen Obergrenzen überschritten werden, § 17 Abs. 4 S. 2 OWiG. Nur Gewinn, der beim Täter noch vorhanden ist, wird abgeschöpft. Gewinnminderungen nach der Tat – z. B. aufgrund Schadensersatzleistungen an Verletzte[48] – sind zugunsten des Täters in Rechnung zu stellen[49]. Aufwendungen, die der Täter machte, um den Gewinn zu erzielen, sind aufzurechnen[50]. Es gilt also das Nettoprinzip.

II. Vollstreckung

1. Vollstreckbarkeit

16 Die Geldbuße wird im Bußgeldverfahren der Verwaltungsbehörde durch Bußgeldbescheid (§ 65 OWiG), im gerichtlichen Bußgeldverfahren durch Urteil (§ 46 Abs. 1 OWiG, § 260 StPO) oder Beschluß (§ 72 OWiG) und im Strafverfahren durch Strafurteil (§ 82 OWiG, § 260 StPO) oder Strafbefehl (§§ 63 Abs. 2, 64 OWiG, § 407 StPO) verhängt. Im Normalfall muß der Betroffene die Geldbuße sofort und vollständig zahlen, sobald die Entscheidung **rechtskräftig** geworden

---

[44]   OLG Düsseldorf, VRS 96, 140 (141); OLG Celle, NStZ 1986, 464; *Schall*, NStZ 1986, 464 (466); *Göhler*, § 17 Rn 30.
[45]   KKOWiG-*Steindorf*, § 17 Rn 117.
[46]   OLG Hamburg, NJW 1971, 1000 (1002); *Göhler*, § 17 Rn 38.
[47]   *Bohnert*, OWiG, § 17 Rn 25; *Rebmann/Roth/Herrmann*, § 17 Rn 46.
[48]   KKOWiG-*Steindorf*, § 17 Rn 131.
[49]   *Göhler*, § 17 Rn 39; KKOWiG-*Steindorf*, § 17 Rn 131.
[50]   OLG Hamburg, NJW 1971, 1000 (1003); *Bohnert*, OWiG, § 17 Rn 26; *Göhler*, § 17 Rn 42; KKOWiG-*Steindorf*, § 17 Rn 124; *Rebmann/Roth/Herrmann*, § 17 Rn 50.

ist, § 89 OWiG, § 449 StPO. Die Rechtskraft tritt ein, sobald gegen die Entscheidung kein zulässiger Rechtsbehelf mehr eingelegt werden kann[51].

Bereits in dem Bußgeldbescheid wird der Betroffene zur Zahlung binnen einer **17** Frist von zwei Wochen nach Rechtskraft aufgefordert, § 66 Abs. 2 Nr. 2a OWiG. Vor Ablauf dieser "Schonfrist" werden grundsätzlich keine Beitreibungsmaßnahmen durchgeführt, § 95 Abs. 1 OWiG. Gem. § 18 OWiG ist dem Betroffenen eine fälligkeitshinausschiebende **Zahlungsfrist** zu bewilligen oder **Teilzahlungsrecht** einzuräumen, wenn seine wirtschaftlichen Verhältnisse die sofortige Zahlung des Gesamtbetrages unzumutbar erscheinen lassen. Die Vollstreckungsbehörde kann diese Zahlungserleichterungen auch noch nach Rechtskraft der Bußgeldentscheidung gewähren, § 93 OWiG. Um den entsprechenden Zeitraum verschiebt sich der Beginn der 2-Wochen-Frist der §§ 66 Abs. 2 Nr. 2a, 95 Abs. 1 OWiG.

Ein dauerndes Vollstreckungshindernis ist die **Vollstreckungsverjährung**, **18** § 34 OWiG. Die Verjährungsfrist korreliert mit der Höhe der Geldbuße, § 34 Abs. 2 OWiG. Ihr Lauf beginnt mit Rechtskrafteintritt, § 34 Abs. 3 OWiG. Verzögert wird der Verjährungseintritt durch Ruhen, § 34 Abs. 4 OWiG. Eine Unterbrechung der Vollstreckungsverjährung gibt es nicht[52].

2. Vollstreckungsmaßnahmen

Zahlt der Betroffene nicht fristgemäß, können zur zwangsweisen Durchsetzung **19** der Bußgeldforderung Vollstreckungsmaßnahmen getroffen werden. Die Vollstreckung eines Bußgeldbescheids richtet sich nach den **Verwaltungs-Vollstreckungsgesetzen** des Bundes bzw. des betroffenen Bundeslandes, § 90 Abs. 1 OWiG[53], die Vollstreckung gerichtlicher Bußgeldentscheidungen nach der **Justizbeitreibungsordnung**, §§ 91 OWiG, 459 StPO.

Neben den in diesen Gesetzen normierten Beitreibungsmaßnahmen steht der **20** Vollstreckungsbehörde als besonderes Beugemittel die **Erzwingungshaft** zur Verfügung, § 96 OWiG. Anders als die Ersatzfreiheitsstrafe des § 43 StGB hat die Erzwingungshaft keinen pönalen Charakter[54]. Sie soll den Zahlungspflichtigen zur Leistung zwingen und hat selbst keine Tilgungswirkung. Die Geldbuße bleibt also nach verbüßter Erzwingungshaft weiter bestehen, wenn der Betroffene noch nicht gezahlt hat[55]. Länger als 6 Wochen darf die Haft allerdings wegen einer Geldbuße nicht dauern, § 96 Abs. 3 S. 1 OWiG. Die Bemessung richtet sich nach der Höhe des ausstehenden Bußgeldbetrags, wobei nicht ein schematischer Umrechnungsschlüssel, sondern das Prinzip der Verhältnismäßigkeit das Maß bestimmt. Dieser Grundsatz verlangt von der Vollstreckungsbehörde auch, möglichst den milderen Beitreibungsinstrumenten der Vollstreckungsgesetze Priorität einzuräumen, sofern deren Anwendung nicht aussichtslos erscheint. Von der Erzwingungshaft sollte nur subsidiär Gebrauch gemacht werden. Begrenzt wird die Zu-

---

[51] *Göhler*, § 89 Rn 2.
[52] *Göhler*, § 34 Rn 3.
[53] KKOWiG-*Boujong*, § 90 Rn 4.
[54] *Göhler*, § 96 Rn 1; KKOWiG-*Boujong*, § 96 Rn 1.
[55] KKOWiG-*Boujong*, § 96 Rn 2.

lässigkeit der Erzwingungshaft weiterhin durch das Prinzip der Geeignetheit. Nur gegen einen zahlungsunwilligen, nicht gegen einen zahlungsunfähigen Bußgeldschuldner darf Haft angeordnet werden, § 96 Abs. 1 Nr. 2 u. Nr. 4 OWiG. Zur Vollstreckung gegen Jugendliche und Heranwachsende sieht § 98 Abs. 1 S. 1 OWiG haftvermeidende Surrogate vor, die der Jugendrichter bereits in dem Beschluß (§ 72 OWiG) oder Urteil (§ 46 Abs. 1 OWiG, § 260 StPO) anordnen kann. Anders als durch Verbüßung der Erzwingungshaft wird durch die Erbringung der nach § 98 Abs. 1 S. 1 OWiG auferlegten Leistungen die Geldbuße getilgt ("anstelle der Geldbuße").

Kontrollfragen

1.	Wie wirken sich unrechtsmindernde Umstände auf die Höhe der Geldbuße aus? (Rn 6)
2.	An welcher Stelle des Bußgeldbemessungsvorgangs wirken sich Vorsatz- und Fahrlässigkeitsformen aus? (Rn 4, 5, 11)
3.	Sind Bußgeldkataloge für Gerichte verbindlich? (Rn 13)
4.	Hat die Erzwingungshaft dieselbe Rechtsnatur und Funktion wie die Ersatzfreiheitsstrafe? (Rn 20)

Literatur

Schall, Die richterliche Zumessung der Geldbuße bei Verkehrsordnungswidrigkeiten, NStZ 1986, 1

§ 16 Verbandsgeldbuße

I. Allgemeines

Straftaten und Ordnungswidrigkeiten können nach deutschem Recht[1] nur von **na-** **1**
türlichen Personen – Menschen – begangen werden[2]. Dies gilt auch für die Erscheinungsformen der Unterlassung (§ 13 StGB, § 8 OWiG) und der Beteiligung
(§§ 25 Abs. 2 ff StGB, § 14 OWiG). Insbesondere folgt Abweichendes nicht etwa
aus § 14 StGB, § 9 OWiG[3]. Es gibt weder im Straf- noch im Ordnungswidrigkeitenrecht der Bundesrepublik Deutschland ein "Delikt des Kollektivs" oder ein
"Verbandsdelikt". Auch wenn eine Straftat durch das Zusammenwirken mehrerer
Einzelpersonen – wie etwa bei der Mittäterschaft (§ 25 Abs. 2 StGB) – oder durch
Betätigung innerhalb von bzw. im Zusammenhang mit Zusammenschlüssen mehrerer Personen – wie z. B. bei §§ 129, 129a, 244 Abs. 1 Nr. 2, 244 a StGB – kon-
stituiert wird, richtet sich die strafrechtliche Betrachtung stets nur auf die einzelne
natürliche Person und ihr individuelles Verhalten[4]. Deshalb können straf- oder
bußgeldrechtliche Sanktionen allein wegen des kriminellen oder ordnungswidrigen Fehlverhaltens natürlicher Personen verhängt werden.

Daraus folgt aber nicht zwangsläufig eine Beschränkung des Sanktions-Adres- **2**
satenkreises auf natürliche Personen. Wenn es nach geltendem Recht möglich ist,
daß Rechtsfolgen des Verhaltens einer Person auch gegen eine andere Person, die
selbst nicht in straf- oder ordnungswidrigkeitenrechtlich relevanter Weise gehandelt oder unterlassen hat, gerichtet werden, ist es nicht notwendig, daß diese andere Person überhaupt zur Begehung einer sanktionsbegründenden Tat in der Lage
ist. Ein derartiger **Drittbezug** strafrechtlicher Sanktionen ist dem deutschen Recht
nicht unbekannt. Verfall und Einziehung werden unter bestimmten Voraussetzungen gegen Personen angeordnet, die an der zugrundeliegenden Tat weder als Täter
noch als Teilnehmer beteiligt sind, §§ 73 Abs. 3, Abs. 4, 74 Abs. 2 Nr. 2, 74a, 75
StGB. Da der Verfalls- oder Einziehungsbetroffene nicht einmal deliktshandlungs-
fähiges Subjekt zu sein braucht, kommen auch juristische Personen und sonstige
Personenvereinigungen in Betracht[5].

Die Hauptsanktionen des StGB – Freiheits- und Geldstrafe – können allerdings **3**
gegen Personenvereinigungen nicht verhängt werden, sie sind streng individuum-

---

[1]   Zur – teilweise abweichenden – Rechtslage im Ausland vgl. *Eidam*, Straftäter Unter-
      nehmen, S. 30 ff.
[2]   BGHSt 5, 28 (32); *Achenbach*, FS Stree/Wessels, S. 545 (546); *Lang-Hinrichsen*, FS
      H. Mayer, S. 49 (53); *Bohnert*, Grundriß, S. 46; *Rebmann/Roth/Herrmann*, vor § 30
      Rn 5.
[3]   *Maurach/Zipf*, AT 1, § 15 Rn 9.
[4]   Instruktive Zusammenfassung und Würdigung der Argumente pro et contra Strafbar-
      keit juristischer Personen bei *Eidam*, Straftäter Unternehmen, S. 91 ff.
[5]   *Achenbach*, FS Stree/Wessels, S. 545 (546).

bezogen. Für die in §§ 17, 18 OWiG geregelte Geldbuße gilt nichts anderes. Mit dem Wort "Geldbuße" knüpfen diese Vorschriften an die Bußgeldnormen des Besonderen Ordnungswidrigkeitenrechts, deren ausdrückliche Bußgeldandrohung den Gegenstand ihrer Normierung gem. § 1 Abs. 1 OWiG als "Ordnungswidrigkeit" ausweist. Da Ordnungswidrigkeiten nur von natürlichen Personen begangen werden können, richten sich §§ 17, 18 OWiG also ausschließlich an natürliche Personen.

4   Ein über den Kreis der natürlichen Personen hinausreichender Drittbezug wird der Geldbuße durch § 30 OWiG verliehen[6]. Dadurch ist die Möglichkeit geschaffen, Geldbuße auch gegen Subjekte zu verhängen, die selbst das zugrundeliegende Delikt nicht begangen haben, weil ihnen die Grundvoraussetzung der Deliktshandlungsfähigkeit fehlt. Die Vorschrift hat ausschließlich Rechtsfolgenrelevanz und macht keine Aussage über die Möglichkeit einer Ordnungswidrigkeit (oder Straftat) des Unternehmens als solchem. Anders als § 9 OWiG ist § 30 OWiG keine Norm, deren Funktion in der Zurechnung von Deliktsmerkmalen besteht. Vielmehr setzt ihre Anwendung voraus, daß nach den allgemeinen Regeln – zu denen immer noch auch die Beschränkung auf natürliche Personen gehört[7] – ein Delikt vorliegt, welches die Ahndbarkeit begründet[8]. Daher weicht sie auch nicht von dem Prinzip ab, daß das deutsche Straf- und Ordnungswidrigkeitenrecht Delikte von Personenvereinigungen nicht anerkennt. Sie fingiert also weder ein "Verbandsunrecht" noch eine "Verbandsschuld" und demzufolge auch kein "Verbandsdelikt"[9].

5   § 30 OWiG funktioniert nach dem Prinzip der **Akzessorietät**, wie es beispielsweise im Zivilrecht die Bürgenhaftung oder die Haftung des Staates für Amtspflichtverletzungen repräsentieren. Denn Sanktionsvoraussetzung ist das Verhalten einer vom Sanktionsbetroffenen verschiedenen Person, und dieses Verhalten muß eine bestimmte bußgeld- oder strafrechtliche Qualität haben. Die Ahndbarkeitsvoraussetzungen werden von einer Person erfüllt, die Rechtsfolge aus § 30 OWiG trifft aber eine andere Person. Im Unterschied zu den genannten Beispielen des Bürgen und der Staatshaftung läuft die Anbindung der Verbandssanktion an die Tat einer natürlichen Person aber nicht auf eine alternative Tilgung einer Schuld, sondern auf Sanktionenkumulation hinaus[10]. Da die Sanktionen sich gegen verschiedene Subjekte richten, liegt in der Kumulation kein Verstoß gegen das Verbot der Doppelbestrafung (Art. 103 Abs. 3 GG)[11]. Durch die Sanktionierung der Personenvereinigung wird die Sanktionierung der verantwortlichen natürlichen Personen nicht ausgeschlossen, und die Erfüllung der Zahlungspflicht hat keine Tilgungswirkung – nach dem Muster der Gesamtschuld (§ 422 Abs. 1 BGB)

---

[6] Aus grundsätzlichen Erwägungen gegen diese Regelung *Lang-Hinrichsen*, FS H. Mayer, S. 49 (66).

[7] *Pohl-Sichtermann*, NJW 1973, 2217 (2218).

[8] *Achenbach*, wistra 2002, 441 (443); FK-*Achenbach*, vor § 81 Rn 93; *Achenbach*, in: WpÜG-Kommentar, vor § 60 Rn 45.

[9] Str., a. A. z. B. *Tiedemann*, NJW 1988, 1169 ff.

[10] FK-*Achenbach*, vor § 81 Rn 106.

[11] OLG Hamm, NJW 1973, 1851 (1853); *Schmitt*, FS Lange, S. 877 (882); *Bohnert*, OWiG, § 30 Rn 46; *Rebmann/Roth/Herrmann*, § 30 Rn 38.

– für den jeweils anderen Bußgeldschuldner. Ob die Personenvereinigung im Innenverhältnis bei der Einzelperson, deren Fehlverhalten sie die Geldbuße zu "verdanken" hat, Regreß nehmen kann, ist eine Frage des Gesellschafts-, Arbeits- und Schuldrechts.

Mit der Verbandsgeldbuße werden mehrere **Zwecke** verfolgt. Zum einen soll **6** erreicht werden, daß die gem. § 17 Abs. 3 S. 2 OWiG generell bemessungsrelevanten wirtschaftlichen Verhältnisse auch in solchen Fällen bußgelderhöhend berücksichtigt werden können, in denen die berücksichtigungsfähige Vermögensmasse nicht dem Täter, sondern einer Personenvereinigung zusteht, für die der Täter agiert hat und die daher wirtschaftlich in das Delikt involviert ist. Ohne § 30 OWiG könnte das Volumen der wirtschaftlichen Substanz nur über § 17 Abs. 3 S. 2 OWiG, also bei Einzelunternehmen (Täter und Inhaber des Unternehmens sind eine Person) in die Bußgeldbemessung einbezogen werden. Es wäre aber nicht einzusehen, daß die juristische Trennung des delinquenten Subjekts von der wirtschaftlich betroffenen Unternehmenseinheit eine derartige Besserstellung zur Folge haben sollte[12]. § 30 OWiG ändert zwar nichts daran, daß die wirtschaftlichen Verhältnisse des Verbandes auf die Bußgeldbemessung gegenüber dem Täter keinen Einfluß haben. Dem Täter gegenüber sind nur seine eigenen wirtschaftlichen Verhältnisse berücksichtigungsfähig. Indem aber gegen den Verband selbst eine gesonderte Geldbuße festgesetzt wird, schlagen sich dessen wirtschaftliche Verhältnisse doch als Bemessungsfaktor in einer Sanktion nieder. Auf diese Weise können Vorteile, die ihren Ursprung in der Tat haben, aber nicht dem Täter selbst, sondern dem Verband zugeflossen sind, über § 17 Abs. 4 OWiG und § 73 StGB hinaus abgeschöpft werden, § 30 Abs. 3 OWiG[13].

Weiterhin bezweckt die Verbandsgeldbuße mittelbar präventiven Einfluß auf **7** das Verhalten der für den Verband agierenden Einzelpersonen[14]. Zielrichtung ist einmal die Personenvereinigung selbst, die bei Auswahl, Instruktion und Überwachung der handelnden Organe durch das Motiv der Sanktionsvermeidung zu gehöriger Sorgfalt veranlaßt werden soll[15]. Präventive Wirkung kann die Verbandssanktion aber auch gegenüber dem einzelnen Funktionsträger entfalten, der durch sein Fehlverhalten den Grund für die Sanktionierung des Verbandes legt und damit nicht nur das Innenverhältnis atmosphärisch belastet, sondern möglicherweise auch zivilrechtliche Haftungs- oder Statusfolgen[16] (Ausschluß, außerordentliche Kündigung) riskiert.

Die Ausgestaltung des § 30 OWiG war lange Zeit Gegenstand wissenschaftli **8** cher Kritik, die auch nach der vorletzten Neufassung durch das zweite WiKG nicht verstummt ist und nach den letzten Änderungen und Ergänzungen durch das 2. UKG vom 27. 6. 1994 und das Gesetz zur Bekämpfung der Korruption vom 13.

---

[12] *Bode*, NJW 1969, 1286; *Demuth/Schneider*, BB 1970, 642 (650); *Göhler*, vor § 29 a Rn 9; KKOWiG-*Rogall*, § 30 Rn 17; *Rebmann/Roth/Herrmann*, vor § 30 Rn 8.

[13] KKOWiG-*Rogall*, § 30 Rn 18.

[14] KKOWiG-*Rogall*, § 30 Rn 16; *Rebmann/Roth/Herrmann*, vor § 30 Rn 8.

[15] *Göhler*, vor § 29 a Rn 11.

[16] Z. B. die Abberufung eines Vorstandsmitglieds der Aktiengesellschaft durch den Aufsichtsrat, dazu *Cramer*, FS Stree/Wessels, S. 563 (575).

8. 1997 nicht verstummen wird[17]. Der persönliche Anwendungsbereich wurde als zu eng empfunden, eine Ausdehnung auf Verbandsangehörige empfohlen, die zwar nicht den rechtlichen Status der in § 30 Abs. 1 OWiG aufgeführten Funktionsträger haben, aber mit gleichwertigen Leitungsaufgaben betraut sind[18]. Im Zuge der Neufassung des Umweltstrafrechts hat der Gesetzgeber diesen Forderungen Rechnung getragen und den Anwendungsbereich des § 30 OWiG ausgedehnt.

II. Voraussetzungen und Höhe der Geldbuße

1. Voraussetzungen

a) Personenvereinigung

9   Drei Gattungen von Personenvereinigungen kommen als sanktionierbares Verbandssubjekt in Betracht: **juristische Personen, nichtrechtsfähige Vereine** und **rechtsfähige Personengesellschaften**. Die erste Gruppe umfaßt juristische Personen des Privatrechts und des Öffentlichen Rechts[19]. Geldbuße kann also z. B. auch gegen eine Gemeinde verhängt werden, was vor allem im Bereich des Umweltrechts praktisch relevant ist[20]. Juristische Personen des Privatrechts sind die Aktiengesellschaft (AG), Kommanditgesellschaft auf Aktien (KGaA, vgl. §§ 278-290 AktG), Gesellschaft mit beschränkter Haftung (GmbH), Genossenschaft, der eingetragene Verein (§§ 21 ff BGB), die selbständige rechtsfähige Stiftung (§§ 80 ff BGB) und die bergrechtliche Gewerkschaft[21]. Personenhandelsgesellschaften – und damit „rechtsfähige Personengesellschaften" – sind die Offene Handelsgesellschaft (OHG, § 105 HGB) und die Kommanditgesellschaft (KG, § 161 HGB) einschließlich der GmbH & Co. KG[22].

10   Nicht erfaßt war lange Zeit die **Gesellschaft des Bürgerlichen Rechts** (§ 705 BGB)[23], da diese keine „Personenhandelsgesellschaft" ist. Dies stand nur schein-

---

[17]   *Achenbach*, in: Achenbach/Ransiek, Handbuch Wirtschaftsstrafrecht, Kapitel I 2 Rn 20 (S. 12).

[18]   *Achenbach*, FS Stree/Wessels, S. 545 (559 ff.); *Schmitt*, FS Lange, S. 877 (880).

[19]   OLG Hamm, NJW 1979, 1312; OLG Frankfurt, NJW 1976, 1276; *Achenbach*, FS Stree/Wessels, S. 545 (554); FK-*Achenbach*, vor § 81 Rn 95; *Achenbach*, in: WpÜG-Kommentar, vor § 60 Rn 44; KKOWiG-*Rogall*, § 30 Rn 32; *Rebmann/Roth/Herrmann*, § 30 Rn 3; a. A. *Pohl-Sichtermann*, VOR 1973, 411 (415).

[20]   Vgl. z. B. den BGHSt 38, 325 zugrunde liegenden Fall.

[21]   Zur Einbeziehung von „Vor-Gesellschaften" vgl. *K. Schmidt*, wistra 1990, 131 (134).

[22]   BGH, NStZ 1986, 79; OLG Hamm, NJW 1973, 1851 (1852); OLG Köln, DB 1972, 1717; *Schmitt*, FS Lange, S. 877 (878); *K. Schmidt*, wistra 1990, 131 (133), FK-*Achenbach*, vor § 81 Rn 95; *Achenbach*, in: WpÜG-Kommentar, vor § 60 Rn 44; *Achenbach*, in: Achenbach/Ransiek, Handbuch Wirtschaftsstrafrecht, Kapitel I 2 Rn 4 (S. 6); a. A. *Pohl-Sichtermann*, NJW 1973, 2217 (2218).

[23]   Dazu kritisch *K. Schmidt*, wistra 1990, 131 (134); für die Ausgrenzung der BGB-Gesellschaft dagegen FK-*Achenbach*, vor § 81 Rn 95; *Göhler*, § 30 Rn 6; KKOWiG-*Rogall*, § 30 Rn 38; *Rebmann/Roth/Herrmann*, § 30 Rn 7. Für die Einbeziehung der

bar in Widerspruch zur Aufnahme des nichtrechtsfähigen Vereins in den Kreis der tauglichen Haftungssubjekte. Zwar unterstellt § 54 BGB diesen Verband nominell den Reglement der §§ 705 ff BGB. Im praktischen Rechtsleben haben aber Zivilrechtsprechung und Rechtslehre den nichtrechtsfähigen Verein aufgrund seiner körperschaftlichen Struktur dem rechtsfähigen Verein normativ angenähert, weshalb nicht mehr die §§ 705 ff BGB, sondern die §§ 21 ff BGB die rechtliche Gestalt dieses Gebildes bestimmen[24]. Nunmehr ist auch die am Rechtsverkehr teilnehmende Gesellschaft bürgerlichen Rechts als rechtsfähige Außengesellschaft taugliche Adressatin der Verbandsgeldbuße. Das ist Folge des Gesetzes mit dem „monströsen Titel"[25] *„Gesetz zur Ausführung des Zweiten Protokolls vom 19. Juni 1997 zum Übereinkommen über den Schutz der finanziellen Interessen der Europäischen Gemeinschaften, der Gemeinsamen Maßnahme betreffend die Bestechung im privaten Sektor vom 22. Dezember 1998 und des Rahmenbeschlusses vom 29. Mai 2000 über die Verstärkung des mit strafrechtlichen und anderen Sanktionen bewehrten Schutzes gegen Geldfälschung im Hinblick auf die Einführung des Euro"* vom 22. 8. 2002[26]. Dessen Artikel 2 Nr. 4 hat in § 30 Abs. 1 Nr. 3 OWiG das Wort „Personenhandelsgesellschaft" durch die Wörter „rechtsfähigen Personengesellschaft" ersetzt[27]. Die Rechtsfähigkeit der BGB-Gesellschaft ist inzwischen auch in der Rechtsprechung anerkannt. Darüber hinaus erfaßt § 30 Abs. 1 Nr. 3 OWiG auch die Partnerschaftsgesellschaft und die als Handelsgesellschaft im Sinne des HGB geltende[28] und mit Rechtsfähigkeit ausgestattete[29] Europäische Wirtschaftliche Interessenvereinigung (EWIV)[30].

b) Anlaßtat

Es muß eine Tat begangen worden sein, die entweder **Straftat** oder **Ordnungswidrigkeit** ist. In diesem Kontext kann also auch eine Straftat eine ordnungswidrigkeitenrechtliche Sanktion auslösen. Der Unterschied von Straftat und Ordnungswidrigkeit wirkt sich auf die Höhe der Verbandsgeldbuße aus, § 30 Abs. 2 OWiG. Die Anlaßtat muß sämtliche Ahndbarkeitsvoraussetzungen erfüllen, es gilt also das Prinzip der strengen Akzessorietät[31]. Daran erkennt man, daß § 30 OWiG

11

Reederei *Schmitt*, FS Lange, S. 877 (878); *Achenbach*, FS Stree/Wessels, S. 545 (550).

[24] BGHZ 13, 5 (11); 42, 210 (216).

[25] *Achenbach*, wistra 2002, 441.

[26] *Achenbach*, wistra 2002, 441 (443); *Achenbach*, in: Achenbach/Ransiek, Handbuch Wirtschaftsstrafrecht, Kapitel I 2 Rn 5 (S. 7); *ders.*, in : WpÜG-Kommentar, vor § 60 Rn 44.

[27] BGBl. I Nr. 61 vom 29. 7. 2002, S. 3388.

[28] Vgl. § 1 letzter Halbsatz des EWIV-Ausführungsgesetzes v. 14. 4. 1988.

[29] Vgl. Art. 1 Abs. 2 der Verordnung (EWG) Nr. 2137/85 des Rates vom 25. Juli 1985 über die Schaffung einer Europäischen wirtschaftlichen Interessenvereinigung (EWIV).

[30] FK-*Achenbach*, vor § 81 Rn 95; *Bohnert*, OWiG, § 30 Rn 14.

[31] *Bohnert*, Grundriß, S. 47; *Dannecker/Biermann*, in: Immenga/Mestmäcker, vor § 81 Rn 82.

keine Sonderform der Beteiligung darstellt (dort gilt das Prinzip der „limitierten" Akzessorietät, vgl. § 14 Abs. 3 S. 1 OWiG), sondern eine Sanktionsregelung eigener Art ist. Zur Erfüllung des Tatbestandes kann allerdings die Personenvereinigung dadurch etwas "beitragen", daß sie Trägerin von tatbestandsrelevanten Merkmalen ist, die dem Täter gem. § 14 StGB oder § 9 OWiG zugerechnet werden.

> **Beispiel:** Eine OHG ist Halterin mehrerer Kraftfahrzeuge. Nachdem wiederholt Verkehrsordnungswidrigkeiten mit Fahrzeugen der OHG begangen wurden, bei denen der Täter nicht ermittelt werden konnte, macht die Verwaltungsbehörde der OHG die Führung von Fahrtenbüchern für ihre Fahrzeuge zur Auflage. Der intern zuständige Gesellschafter T vergißt mehrfach, nach Beendigung von Fahrten mit Fahrzeugen der OHG den Namen des Fahrzeugführers in das Fahrtenbuch einzutragen.
>
> Da der Bußgeldtatbestand § 69a Abs. 5 Nr. 4 i.V.m. § 31a Abs. 2 StVZO nur vom Fahrzeughalter oder seinem Beauftragten verwirklicht werden kann, setzt die Verhängung einer Geldbuße gegen die OHG zunächst voraus, daß dem T die Haltereigenschaft der OHG über § 9 Abs. 1 Nr. 2 OWiG zugerechnet wird.

12 Der Täter der Anlaßtat muß eine **leitende Funktion** in dem Verband haben. Anders als bei § 9 Abs. 3 OWiG und § 29 Abs. 2 OWiG ist bei § 30 Abs. 1 OWiG eine rechtlich wirksame Begründung der leitenden Stellung erforderlich[32]. Beim Fehlen einer rechtlich wirksamen Begründung der Leitungsfunktion kann aber die Generalklausel des § 30 Abs. 1 Nr. 5 OWiG eingreifen[33]. Die in § 30 Abs. 1 Nr. 1 bis Nr. 3 OWiG verwendeten Begriffe verweisen auf die jeweiligen Spezialgesetze, in denen die innere Verbandsstruktur geregelt ist (z. B. § 26 BGB, § 78 AktG, § 35 GmbHG). Bei einer GmbH & Co. KG wird der Geschäftsführer der Komplementär-GmbH als vertretungsberechtigter Gesellschafter der KG behandelt[34]. Als zweifelsfreie Rechtsgrundlage für diese früher umstrittene Zurechnung fungiert jetzt der neue § 30 Abs. 1 Nr. 5 OWiG[35]. Durch das Wort "als" signalisiert § 30 Abs. 1 OWiG, daß nur eine Tat sanktionsbegründend ist, die mit dem Funktionskreis des Täters in dem Verband in einem inneren Zusammenhang steht[36].

---

[32] *Achenbach,* FS Stree/Wessels, S. 545 (562); *Hellmann,* in: Hellmann/Beckemper, Rn 944; a. A. *Rebmann/Roth/Herrmann,* § 30 Rn 20.

[33] *Achenbach,* in: Achenbach/Ransiek, Handbuch Wirtschaftsstrafrecht, Kapitel I 2 Rn 10 (S. 8).

[34] BGHSt 28, 371 (372); BGH, NStZ 1986, 79; OLG Hamm, NJW 1973, 1851 (1852); OLG Köln, DB 1972, 1717; a. A. *Pohl-Sichtermann,* NJW 1973, 2217 (2218); *dies.,* VOR 1973, 411 (434).

[35] *Achenbach,* in: Achenbach/Ransiek, Handbuch Wirtschaftsstrafrecht, Kapitel I 2 Rn 8 (S. 8).

[36] *Wegner,* wistra 2000, 361; *Achenbach,* in: Achenbach/Ransiek, Handbuch Wirtschaftsstrafrecht, Kapitel I 2 Rn 11 (S. 8); *Dannecker/Biermann,* in: Immenga/ Mestmäcker, vor § 81 Rn 84; *Bohnert,* Grundriß, S. 47; KKOWiG-*Rogall,* § 30 Rn 71; *Rebmann/Roth/Herrmann,* § 30 Rn 34.

Beispiel: Bei den Verhandlungen über den Abschluß eines Kaufvertrages zwischen O und der G-GmbH begeht T, der Geschäftsführer der GmbH, einen Betrug zum Nachteil des O.

Delikte, die nur "bei Gelegenheit" der Aufgabenwahrnehmung begangen werden, begründen keine Sanktionierbarkeit der Personenvereinigung[37]. Dasselbe gilt für Taten, deren Opfer die juristische Person oder sonstige Personenvereinigung selbst ist[38].

Zur Legitimation der Geldbuße gegen den Verband ist erforderlich, daß durch die **13** Anlaßtat entweder eine dem Verband als solchem obliegende ("betriebsbezogene"[39]) Pflicht verletzt wurde oder der Verband bereichert wurde bzw. werden sollte. Als **betriebsbezogene Pflicht** kommt vor allem die Aufsichtspflicht des § 130 OWiG in Betracht[40]. Die **Bereicherung** braucht nicht Produkt der Verletzung einer betriebsbezogenen Pflicht zu sein[41]. Anderenfalls hätte die zweite Alternative neben der ersten keine eigenständige Funktion und wäre überflüssig. Ausreichend ist ein (hypothetischer) Kausalzusammenhang zwischen Anlaßtat und (erstrebter) Bereicherung, wobei jedoch einschränkend zu beachten ist, ob die verletzte Norm die Verhinderung dieser Bereicherung bezweckt[42]. Verfolgt der Täter nur die Mehrung seines eigenen Vermögens, ist eine Verbandsgeldbuße nur unter der Voraussetzung der betriebsbezogenen Pflichtverletzung möglich.

2. Höhe

Die Höhe der im konkreten Fall verhängten Geldbuße richtet sich nach dem an- **14** zuwendenden Bußgeldrahmen und der Bußgeldzumessung[43]. § 30 Abs. 2 OWiG regelt die **Rahmengrenzen** teilweise abweichend von § 17 Abs. 1 OWiG. Die Untergrenze von 5 EUR ist unverändert übernommen worden, die Obergrenze wurde dagegen in § 30 Abs. 2 S. 1 OWiG für den Fall einer strafbaren Anknüpfungstat auf 1.000.000 EUR bei Vorsatzdelikten und 500.000 EUR bei Fahrlässigkeitsdelikten erhöht. Die Obergrenze im Fall einer Ordnungswidrigkeit als Anknüpfungstat ist der Bußgeldnorm zu entnehmen, deren Tatbestand durch die Tat verwirklicht wurde, § 30 Abs. 2 S. 2 OWiG.

Ist also die Anlasstat eine Ordnungswidrigkeit nach § 39 Abs. 1 Nr. 1 WpHG liegt die Obergrenze der Verbandsgeldbuße bei 1.500.000 EUR (§ 39 Abs. 4 WpHG) und damit sogar höher als bei einer vorsätzlichen Straftat, vgl. § 30 Abs. 2 S. 1 Nr. 1 OWiG. Die aus § 39 Abs. 1 Nr. 1, Abs. 4 WpHG abgeleitete Buß-

---

[37] FK-*Achenbach*, vor § 81 Rn 99; *Achenbach*, in: WpÜG-Kommentar, vor § 60 Rn 49.

[38] KKOWiG-*Rogall*, § 30 Rn 91.

[39] *Bode*, NJW 1969, 1286 (1287).

[40] *Achenbach*, in: Achenbach/Ransiek, Handbuch Wirtschaftsstrafrecht, Kapitel I 2 Rn 7 (S.7); *Dannecker/Biermann*, in: Immenga/Mestmäcker, vor § 81 Rn 82; *Hellmann*, in: Hellmann/Beckemper, Rn 952; *Bohnert*, Grundriß, S. 47; *ders.*, OWiG, § 30 Rn 32; KKOWiG-*Rogall*, § 30 Rn 75; *Rebmann/Roth/Herrmann*, § 30 Rn 27; FK-*Achenbach*, vor § 81 Rn 94.

[41] *Bode*, NJW 1969, 1286 (1287).

[42] KKOWiG-*Rogall*, § 30 Rn 85, 86.

[43] *Wegner*, wistra 2000, 361 (362).

geldobergrenze bleibt auch dann maßgeblich, wenn die den Tatbestand des § 39 Abs. 1 Nr. 1 WpHG erfüllende Tat auf den Börsen- oder Marktpreis einwirkt und deshalb (mit 5 Jahren Freiheitsstrafe bedrohte) Straftat gem. § 38 Abs. 1 Nr. 4 WpHG ist[44], obwohl die Ordnungswidrigkeit von der Straftat gem. § 21 Abs. 1 S. 1 OWiG „verdrängt" wird, § 30 Abs. 2 S. 3 OWiG[45].

15 Spezielle **Bemessungskriterien** sind in § 30 OWiG nicht normiert, es gilt also § 17 Abs. 3 OWiG. Im Vordergrund steht der Unrechtsgehalt und die Gemeinlästigkeit der zugrundeliegenden Tat. Die individuelle Schuld des Täters tritt dagegen in den Hintergrund. Unter Umständen kann dieser Gesichtspunkt bei Täter und Personenvereinigung konträr zu berücksichtigen sein: Reduziert sich der Vorwerfbarkeitsgehalt der Tat gerade aufgrund deliktsfördernder Verhältnisse in der Verbandsinnenstruktur ("kriminelle Verbandsattitüde"[46]), für die der Täter selbst nicht verantwortlich ist, so kann dieser den Täter entlastende Umstand bei der Bemessung der Verbandsgeldbuße erschwerend zu Buche schlagen[47]. Der Anteil der Verbandsorganisation an der Deliktsgenese ist ein für die Verbandsgeldbuße spezifischer und ihre Höhe erheblich mitbestimmender Zumessungsgrund. Wie es der in der Bereicherungs-Alternative des § 30 Abs. 1 OWiG zum Ausdruck gebrachten Gewinnentziehungsfunktion der Verbandsgeldbuße entspricht, soll die Bemessung gewährleisten, daß der illegale Deliktsgewinn, der nicht in das Vermögen des Täters, sondern in das Vermögen der Personenvereinigung geflossen ist, vollständig abgeschöpft wird, §§ 30 Abs. 3, 17 Abs. 4 OWiG. Aus diesem Grund geht die Verbandsgeldbuße dem Verfall vor, § 30 Abs. 5 OWiG[48].

III. Verfahren

1. Erkenntnisverfahren

a) Einheitliches Verfahren

16 Die Verbandsgeldbuße wird grundsätzlich in dem Verfahren verhängt, das sich gegen das delinquente Organ richtet und die ihm vorgeworfene Anlaßtat zum Gegenstand hat[49]. Getrennte Verfahren gegen Organ einerseits und Verband andererseits sind nicht zulässig[50]. Zu einem Verfahren, daß sich gegen die Personvereini-

---

[44] *C. Schröder*, in: Achenbach/Ransiek, Handbuch Wirtschaftsstrafrecht, Kapitel X 2 Rn 71 (S. 730).

[45] Ebenso bei der Konkurrenz von § 81 Abs. 1 Nr. 1 iVm § 1 GWB GWB und § 298 StGB oder § 263 StGB, FK-*Achenbach*, vor § 81 Rn 104; *Achenbach*, in: Achenbach/Ransiek, Handbuch Wirtschaftsstrafrecht, Kapitel I 2 Rn 14 (S. 10).

[46] *Cramer*, in : KKOWiG (1. Aufl.), § 30 Rn 128.

[47] *Göhler*, § 30 Rn 36 a.

[48] Kritisch zu dieser Regelung *Schmitt*, FS Lange, S. 877 (885).

[49] *Achenbach*, wistra 1998, 168; *Wegner*, wistra 2000, 361; *Hellmann*, in: Hellmann/Beckemper, Rn 949; *Bohnert*, Grundriß, S. 48; *Rebmann/Roth/Herrmann*, § 30 Rn 37.

[50] *Achenbach*, wistra 1998, 168 (172); KKOWiG-*Rogall*, § 30 Rn 141, 142, 158; *Rebmann/Roth/Herrmann*, § 30 Rn 40.

gung allein richtet, kommt es nur unter den Voraussetzungen des § 30 Abs. 4 S. 1
OWiG. Zwar ist die Verbandsgeldbuße keine Nebenfolge der Tat mehr[51], dennoch
entspricht ihre Miteinbeziehung in das **einheitliche Verfahren** (synonym: „verbundene Verfahren") der prozessualen Behandlung von Nebenfolgen (wie Verfall
oder Einziehung)[52]. Je nachdem, ob die Anknüpfungstat straf- oder ordnungswidrigkeitenrechtliche Qualität hat, handelt es sich um ein Straf- oder ein Bußgeldverfahren. In beiden Verfahrensarten ist die juristische Person oder Personenvereinigung Nebenbeteiligte, § 444 Abs. 1 StPO, § 88 Abs. 1 OWiG. Sie wird von
ihren vertetungsberechtigten Organen im Verfahren vertreten, wobei das Organ,
welches der Anlaßtat beschuldigt wird, wegen Interessenkollision von der Vertretung ausgeschlossen ist[53]. Die Verbandsgeldbuße wird zusammen mit der Strafe
oder Geldbuße gegen das Organ in einem einheitlichen Urteil oder Bußgeldbescheid festgesetzt.

b) Selbständiges Verfahren

Die Verbandsgeldbuße kann unter den Voraussetzungen des § 30 Abs. 4 S. 1   **17**
OWiG auch in einem **selbständigen Verfahren** festgesetzt werden. Denn die
Geldbuße gegen den Verband ist nur materiellrechtlich streng akzessorisch zu der
Tat des Organs. Eine entsprechende prozeßrechtliche Abhängigkeit besteht dagegen nicht[54]. Die juristische Person oder Personenvereinigung soll nicht davon profitieren können, daß der Täter aus prozessualen Gründen ohne straf- oder bußgeldrechtliche Sanktion davonkommt, obwohl er eine ahndbare Tat begangen hat.
Letzteres muß also auch im selbständigen Verfahren festgestellt werden, wobei allerdings die Identität des Organs offenbleiben kann („anonyme Verbandsgeldbuße"[55]), sofern in allen denkbaren Sachverhalts-Alternativen die Voraussetzungen
des § 30 Abs. 1 OWiG erfüllt sind[56].

Verfahrenstatsächlicher Anknüpfungspunkt des selbständigen Verfahrens ist   **18**
die Nichteinleitung oder Einstellung eines Verfahrens gegen das Organ. Die
Gründe dafür können tatsächlicher oder rechtlicher Natur sein, solange sie nicht
die Qualität eines rechtlichen Verfolgungshindernisses haben, § 30 Abs. 4 S. 3
OWiG[57]. Kann also z. B. wegen vor Einleitung des selbständigen Verfahrens ein-
getretener[58] Verjährung gegen das Organ keine Strafe oder Geldbuße mehr ver-

---

[51] Dazu *Schroth*, wistra 1986, 158 (162).
[52] *Achenbach*, in: Achenbach/Ransiek, Handbuch Wirtschaftsstrafrecht, Kapitel I 2
      Rn 16 (S. 10); *Göhler*, vor § 29 a Rn 14; KKOWiG-*Rogall*, § 30 Rn 141.
[53] KKOWiG-*Rogall*, § 30 Rn 179.
[54] *Schmitt*, FS Lange, S. 877 (882).
[55] *Achenbach*, in: Achenbach/Ransiek, Handbuch Wirtschaftsstrafrecht, Kapitel I 2
      Rn 18 (S. 11); *Dannecker/Biermann*, in: Immenga/Mestmäcker, vor § 81 Rn 85.
[56] BayObLG, NJW 1972, 1771 (1772), OLG Köln, DB 1972, 1717 (1718); OLG Kob-
      lenz, BB 1977, 1571; *Hellmann*, in: Hellmann/Beckemper, Rn 953; KKOWiG-*Rogall*,
      § 30 Rn 165.
[57] KKOWiG-*Rogall*, § 30 Rn 141; *Rebmann/Roth/Herrmann*, § 30 Rn 58.
[58] Tritt die Verjährung erst während des Verfahrens ein, gilt § 33 Abs. 1 S. 2 OWiG.

hängt werden, ist auch eine Verbandsgeldbuße nicht mehr möglich[59]. Wird dagegen das Organ nicht oder nicht mehr verfolgt, weil es verstorben ist, darf gegen die juristische Person oder Personenvereinigung nach § 30 Abs. 4 S. 1 OWiG vorgegangen werden[60].

2. Vollstreckung

19 Die Vollstreckung der Verbandsgeldbuße entspricht gem. § 99 OWiG weitgehend der Durchsetzung einer Geldbuße gegen eine natürliche Person. Zu den anwendbaren Beugemitteln gehört auch die Erzwingungshaft, § 99 Abs. 1 Hs. 2 OWiG. Diese wird den natürlichen Personen auferlegt, die als Organe für die Personenvereinigung handeln und sie auch als Bußgeldschuldnerin im Vollstreckungsverfahren vertreten[61].

Kontrollfragen

1. Wird mit der Verbandsgeldbuße ein „Verbandsdelikt" geahndet? (Rn 4)
2. Kann gegen eine BGB-Gesellschaft eine Verbandsgeldbuße verhängt werden? (Rn 10)
3. Gegen wen kann eine Verbandsgeldbuße verhängt werden, wenn der Geschäftsführer einer GmbH, die Komplementärin einer GmbH & Co. KG ist, eine Straftat begangen hat? (Rn 12)
4. Ist es möglich, daß die Verbandsgeldbuße, die wegen einer Ordnungswidrigkeit verhängt wird, höher ist als die Verbandsgeldbuße, die gem. § 30 Abs. 2 S. 1 OWiG wegen einer Straftat maximal verhängt werden kann? (Rn 14)
5. Was bedeutet „selbständiges Verfahren"? (Rn 17)

Literatur

Achenbach, Diskrepanzen im Recht der ahndenden Sanktionen gegen Unternehmen, Festschrift für Stree/Wessels, 1993, S. 545

Achenbach, Die Verselbständigung der Unternehmensgeldbuße bei strafbaren Submissionsabsprachen – ein Papiertiger?, wistra 1998, 168

Achenbach, Ausweitung des Zugriffs bei den ahndenden Sanktionen gegen die Unternehmensdelinquenz, wistra 2002, 441

Wegner, Die Auswirkungen fehlerhafter Organisationsstrukturen auf die Zumessung der Unternehmensgeldbuße, wistra 2000, 361

---

[59] *Achenbach*, in: Achenbach/Ransiek, Handbuch Wirtschaftsstrafrecht, Kapitel I 2 Rn 17 (S. 10).
[60] *Demuth/Schneider*, BB 1970, 642 (651).
[61] *Göhler*, § 96 Rn 34.

§ 17 Verfall

I. Allgemeines

Der in § 29a OWiG normierte Verfall ist eine **Nebenfolge** der Ordnungswidrigkeit   1
(vgl. die Abschnittsüberschrift vor § 87 OWiG)[1]. Mit ihm wird die Verwirklichung des Grundsatzes bezweckt, daß strafbares oder ordnungswidriges Verhalten sich nicht lohnen darf ("Unrecht Gut darf nicht gedeihen")[2]. Denn die präventive Wirkung der Hauptsanktionen kann sich erst dann entfalten, wenn die Vorteile, die dem Täter oder anderen Personen aus der Tat zugeflossen sind, restlos abgeschöpft worden sind. Daraus folgt, daß der Gewinnentzug auf das Maß der Strafe oder Geldbuße nicht angerechnet wird, sondern kumulativ neben die Hauptsanktion tritt. Aufgabe des Verfalls ist also die **Abschöpfung deliktisch begründeter Vermögensvorteile**[3]. Obwohl diese Funktion Ähnlichkeit mit dem zivilrechtlichen Institut der Kondiktion hat[4], will der Verfall nicht mit §§ 812 ff BGB konkurrieren[5]. Erst recht geht es dieser Sanktion nicht um Schadensausgleich. Die Opfer der Taten, die dem Verfall zugrunde liegen, profitieren von dieser Rechtsfolge also nicht. Im Gegenteil: Konzeptionell ist der Verfall eher opferfeindlich, weil er dem Schuldner Mittel entzieht, die zur Befriedigung von Opferansprüchen verwendet werden könnten. Zur Vermeidung dieser sekundären Opferschädigung nimmt die Verfallregelung des Strafrechts in § 73 Abs. 1 S. 2 StGB auf das Restitutionsinteresse des Verletzten Rücksicht, indem sie den Verfall ausdrücklich auf den für die Anspruchsbefriedigung nicht benötigten Rest verweist. Das Ordnungswidrigkeitenrecht enthält eine derartige Klausel nicht, vgl. § 29a OWiG. Im Unterschied zum Verfall der §§ 73 ff StGB[6] ist der ordnungswidrigkeitenrechtliche Verfall aber eine Sanktion, deren Anordnung im Ermessen[7] des Rechtsanwenders steht[8]. Durch eine entsprechende Handhabung dieses Ermessens kann

---

[1]   *Rebmann/Roth/Herrmann*, § 29 a Rn 4.
[2]   *Brenner*, DRiZ 1977, 203; *Eberbach*, NStZ 1987, 486; *Achenbach*, FS Stree/Wessels, S. 545 (549); *Katholnigg*, JR 1994, 353 (356); *Hellmann*, in: Hellmann/Beckemper, Rn 915; *Achenbach*, in : Achenbach/Ransiek, Handbuch Wirtschaftsstrafrecht, Kapitel I 2 Rn 26 (S. 13); *Meier*, Strafrechtliche Sanktionen, S. 338.
[3]   *Schroth*, wistra 1986, 158 (159); KKOWiG-*Mitsch*, § 29 a Rn 1, 2.
[4]   *Eberbach*, NStZ 1987, 486 (490); *Meier*, Strafrechtliche Sanktionen, S. 339; *Tiedemann*, Wirtschaftsstrafrecht, Rn 280.
[5]   BGHSt 38, 23 (25); *Schroth*, wistra 1986, 158 (159).
[6]   *Lackner/Kühl*, § 73 Rn 11.
[7]   *Drathjer*, S. 142; *Bohnert*, OWiG, § 29 a Rn 10.
[8]   Aus diesem Grund ist bei § 29 a OWiG eine dem § 73 c StGB entsprechende Härteklausel entbehrlich, *Schroth*, wistra 1986, 158 (161); *Rebmann/Roth/Herrmann*, § 29 a Rn 14.

dem Vorrang der Ersatzansprüche des Opfers Rechnung getragen werden[9]. Im Vollstreckungsverfahren sorgt § 99 Abs. 2 OWiG dafür, daß die Ansprüche des Verletzten den Verfall mindern und der Betroffene vor einer Doppelbelastung bewahrt bleibt.

2   Gewinnabschöpfung ist auch ein **Zweck der Geldbuße**, §§ 17 Abs. 4, 30 Abs. 3 OWiG. Weil dies lange für ausreichend gehalten wurde, fand der Verfall erst mit dem 1986 in Kraft getretenen 2. WiKG Eingang in das Ordnungswidrigkeitenrecht[10]. An der Bußgeldrelevanz der Gewinnentziehung als Bemessungsfaktor hat sich dadurch aber nichts geändert[11]. Deshalb können Geldbuße und Verfall nicht kumulativ angeordnet werden, soweit sie sich gegen dieselbe Person richten und durch dieselbe Tat veranlaßt sind. Das Ordnungswidrigkeitenrecht hat der Gewinnabschöpfungsfunktion der Geldbuße den Vorrang eingeräumt und den Verfall als subsidiäre Auffangmaßnahme ausgestaltet, vgl. §§ 29a Abs. 1, 30 Abs. 5 OWiG[12]. Verfall kommt daher nur in Betracht gegenüber Personen und in bezug auf Taten, bei denen die Verhängung einer Geldbuße nicht möglich ist. § 29a OWiG tritt ebenfalls zurück, wenn gegen den Täter einer Ordnungswidrigkeit nach §§ 2 bis 6 WiStG 1954 die Abführung des Mehrerlöses angeordnet wird, vgl. § 8 Abs. 4 S. 1 WiStG[13].

II. Voraussetzungen

1. Tat

3   Die Anordnung des Verfalls setzt eine Tat voraus, die einen **Bußgeldtatbestand verwirklicht und rechtswidrig** ist. Die Ahndbarkeitsvoraussetzung "Vorwerfbarkeit" braucht also nicht erfüllt zu sein, vgl. § 1 Abs. 2 OWiG[14]. Denn bei einer vorwerfbaren Tat wird die Gewinnabschöpfung gegenüber dem Täter und gegebenenfalls einer für seine Tat einstehenden Personenvereinigung bereits durch die Geldbuße bewirkt, §§ 17 Abs. 4, 30 Abs. 3 OWiG. In einem solchen Fall wird auch die im Text des § 29 a Abs. 1 OWiG enthaltene Verfallsvoraussetzung *„und wird gegen ihn wegen der Handlung eine Geldbuße nicht festgesetzt"* nicht erfüllt. Möglich ist aber, daß aus Opportunitätsgründen (§ 47 OWiG) ein Bußgeldverfahren wegen einer Ordnungswidrigkeit entweder von vornherein nicht eingeleitet oder nach Einleitung eingestellt wird. Verfall kann dann gem. § 29 a Abs. 4 OWiG gleichwohl angeordnet werden[15]. Als Auffangnorm erfaßt § 29a Abs. 1

---

[9]   BayObLG, NStZ 2000, 537; *Schroth*, wistra 1986, 158 (160); KKOWiG-*Mitsch*, § 29 a Rn 45, 46.

[10]   Dazu *Weber*, NStZ 1986, 481 (483); *Schroth*, wistra 1986, 158 (160); *Drathjer*, S. 13 ff.

[11]   *Schroth*, wistra 1986, 158 (159).

[12]   *Hellmann*, in : Hellmann/Beckemper, Rn 928.

[13]   *Weber*, NStZ 1986, 481 (483); *Bohnert*, Ordnungswidrige Mietpreisüberhöhung, S. 114; *Drathjer*, S. 160.

[14]   *Drathjer*, S. 51; *Bohnert*, OWiG, § 29 a Rn 3.

[15]   *Drathjer*, S. 56; *Bohnert*, Grundriß, S. 49; *ders.*, OWiG, § 29 a Rn 8.

OWiG auch den Fall, daß die Tat möglicherweise vorwerfbar begangen wurde, wegen der verbleibenden Zweifel („in dubio pro reo"[16]) aber eine Geldbuße gegen den Täter nicht verhängt werden kann. Hat der Täter nachweisbar vorwerfbar gehandelt, kommt Verfall nur gegenüber Dritten in Betracht, die selbst weder Täter noch Beteiligte i.S.d. § 14 OWiG sind.

2. Vermögensvorteil

Der Täter muß aufgrund der Tat "etwas" erlangt haben. Als "Täter" gilt auch der **4** Beteiligte, der gem. § 14 Abs. 1 OWiG einem Täter gleichgestellt ist[17]. Bis 1992[18] bezeichnete das Gesetz den nunmehr mit dem Wort "etwas" angesprochenen Gegenstand als **"Vermögensvorteil"**[19]. Der Sache nach steht hinter dieser Neufassung des Gesetzeswortlauts der Übergang vom Netto- zum **Bruttoprinzip**[20]. Auch wenn die Erlangung des „etwas" dem Täter „unter dem Strich" keine Mehrung des eigenen Vermögens eingebracht hat, unterliegt der erworbene Gegenstand dem Verfall. Unter diesen Umständen erlangt die Sanktion Verfall allerdings pönalen Charakter[21], was verfassungsrechtlich nur bei einer vorwerfbaren Anlasstat vertretbar ist[22]. Zwischen der Tat und dem Zufluß des Vermögensvorteils muß ein Kausalzusammenhang bestehen. "Aus" der Tat erlangt sind nur Vorteile, deren Erwerb unmittelbar auf der Tatausführung beruht[23]. "Für" die Tat erlangt sind Vermögensvorteile, die der Geber dem Täter als Entgelt vor oder nach der Tatausführung gewährt[24]. Ein bereicherungsrechtlicher Rückzahlungsanspruch des Vorteilsgebers gegen den Täter ist gem. § 817 S. 2 BGB ausgeschlossen. Soweit wegen des gesetz- oder sittenwidrigen Zwecks des Entgelts auch das dingliche Rechtsgeschäft unwirksam ist (§§ 134, 138 BGB), besteht zwar an sich ein Rückgewähranspruch aus § 985 BGB. Zur Vermeidung von Wertungswidersprüchen muß der Rechtsgedanke des § 817 S. 2 BGB aber auch diesem Anspruch gegenüber beachtet werden.

Hat der Vorteilsempfänger **das Erlangte ersatzlos verloren**, ist der Verfall **5** nicht ausgeschlossen[25]. Einen befreienden "Wegfall der Bereicherung" (§ 818 Abs. 3 BGB) gibt es im Recht des Verfalls also nicht, vielmehr gilt das Prinzip der verschärften Haftung (§ 819 BGB). Anderenfalls könnte der präventive Zweck des Verfalls zu leicht unterlaufen werden, vor allem durch kollusives Zusammenwirken mit einem Dritten. Denn eine Verfallsanordnung gegen den Dritten, der

---

[16] *Bohnert*, Grundriß, S. 68; *ders.*, OWiG, § 3 Rn 18.

[17] *Göhler*, § 29 a Rn 6.

[18] AWGStGB-ÄndG vom 28. 2. 1992 (BGBl. I S. 372).

[19] *Achenbach*, FS Stree/Wessels, S. 545 (548) Fn 5.

[20] *Hantke*, NJW 1992, 2123 (2125); *Katholnigg*, JR 1994, 353 (356); *Eidam*, Straftäter Unternehmen, S. 85; *Bohnert*, Grundriß, S. 50; *ders.*, OWiG, § 29 a Rn 4; *Lemke*, § 29 a Rn 1; *Rebmann/Roth/Herrmann*, § 29 a Rn 6.

[21] *Eidam*, Straftäter Unternehmen, S. 85; *Meier*, Strafrechtliche Sanktionen, S. 339.

[22] *Drathjer*, S. 57.

[23] *Schroth*, wistra 1986, 158 (160); *Göhler*, § 29 a Rn 5; KKOWiG-*Mitsch*, § 29 a Rn 31.

[24] KKOWiG-*Mitsch*, § 29 a Rn 31.

[25] KKOWiG-*Mitsch*, § 29 a Rn 42.

den ursprünglich dem Täter zugeflossenen Vorteil von diesem derivativ erlangt hat, ist nicht möglich. Weder wird der Dritte durch die Vorteilsübernahme zum Tatbeteiligten i.S.d. § 14 OWiG noch ist er ein "anderer" i.S.d. § 29a Abs. 2 OWiG. Ein strafrechtlicher Zugriff gegen den Dritten über §§ 257 bis 259 StGB scheidet aus, da diese Tatbestände straftatbestandliche Vortaten voraussetzen[26]. Beruht der Verlust des unmittelbaren Vermögensvorteils auf einem entgeltlichen Geschäft mit einem Dritten, tritt der erlangte Erlös als "Ersatzvorteil" ohnehin an die Stelle des "Originalvorteils", und zwar auch, wenn und soweit der Wert des Surrogats den Wert des Originals übersteigt[27]. Das blasse Wort "etwas" dürfte diese Beurteilung wohl eher tragen als der früher verwendete Begriff "Vermögensvorteil". "Etwas" ist auch die mit dem unmittelbar erlangten Gut verbundene Chance, durch dessen Weiterveräußerung einen noch höheren Gewinn zu erzielen. Dafür spricht schließlich, daß der Verfall dem Betroffenen nicht den erlangten Gegenstand „in natura", sondern einen Geldbetrag entziehen soll, dessen Höhe dem Wert des Erlangten entspricht.

3. Betroffener

6 Der Verfall richtet sich grundsätzlich gegen den **Täter** (oder Beteiligten i. S. d. § 14 OWiG) der mit Geldbuße bedrohten Handlung, § 29a Abs. 1 OWiG, unter den Voraussetzungen des § 29a Abs. 2 OWiG auch gegen einen **Dritten**. Wirkungsvolle Deliktsprävention muß dafür sorgen, daß Straftaten und Ordnungswidrigkeiten sich auch für solche Personen nicht lohnen, in deren Auftrag oder Interesse der Täter handelt[28]. Diese Dritten können häufig nicht als Täter oder Beteiligte verfolgt werden, obwohl eine kriminogene Wirkung ihrer Mitwirkung als Vorteilsempfänger nicht auszuschließen ist. Zwar wird meistens der Täter von dem anderen, für den er handelt, ein nach § 29a OWiG dem Verfall unterworfenes bzw. nach § 17 Abs. 4 OWiG in die Bußgeldbemessung einfließendes Tatentgelt erhalten. Jedoch dürfte dessen Höhe in der Regel außer Verhältnis zu dem Gewinn stehen, der dem Dritten aus der Tat unmittelbar zufließt. Deshalb bleibt die Bußgeld- oder Verfallanordnung gegen den Täter in diesem Fall ohne präventive Wirkung, wenn sie nicht durch eine Verfallanordnung gegen den tatexternen Vorteilsempfänger ergänzt wird.

7 "**Für einen anderen**" handelt der Täter, wenn er Interessen des anderen wahrnimmt, seine Angelegenheiten besorgt oder in seinem Einflußbereich tätig ist[29]. Eine konkrete Beauftragung zur Begehung der Tat ist nicht erforderlich, zumal in diesem Fall der andere selbst Beteiligter (§ 14 OWiG) und damit Bußgeld- (§ 17 Abs. 4 OWiG) oder Verfallsadressat nach § 29a Abs. 1 OWiG ist. "Anderer" kann

---

[26] *Lackner/Kühl*, § 259 Rn 4.

[27] Dagegen *Göhler*, § 29 a Rn 5 unter Hinweis auf § 73 Abs. 1, Abs. 2 StGB. Die abweichende strafrechtliche Regelung besagt aber für die Auslegung des § 29 a OWiG nichts, da § 73 StGB den Verfall unmittelbar auf den erlangten Gegenstand bezieht (deutlich in § 73 a StGB), während nach § 29 a OWiG Verfallsobjekt von vornherein ein dem Gegenstandswert entsprechender Geldbetrag ist.

[28] *Achenbach*, FS Stree/Wessels, S. 545 (549).

[29] *Göhler*, § 29 a Rn 7; KKOWiG-*Mitsch*, § 29 a Rn 36.

auch eine juristische Person oder Personenvereinigung sein[30]. Zu beachten ist aber, daß die Gewinnabschöpfungsfunktion der Verbandsgeldbuße (§ 30 Abs. 3 OWiG) die Verfallsanordnung ausschließt, § 30 Abs. 5 OWiG. Der Dritte muß durch die Tat "etwas" – einen Vermögensvorteil – erlangt haben. Nur unmittelbare Vermögensvorteile begründen den Verfall[31]. Wird also der Dritte erst dadurch bereichert, daß er von dem Täter dessen Tatgewinn übertragen bekommt, ist eine Verfallanordnung nur nach § 29a Abs. 1 OWiG gegen den Täter, nicht aber nach § 29a Abs. 2 OWiG gegen den Dritten möglich.

III. Wirkungen

Anders als beim strafrechtlichen Verfall (vgl. § 73 e StGB) hat der Verfall gem. **8** § 29 a OWiG **keine unmittelbar dingliche Wirkung**. Denn der mit dem Verfall verbundene hoheitliche Zugriff erfaßt nicht das erlangte „etwas" (so im Strafrecht, vgl. § 73 Abs. 1 S. 1 StGB : „dessen Verfall"), sondern einen „Geldbetrag", § 29 a Abs. 1 OWiG[32]. Ein Geldbetrag ist aber kein dinglich-rechtlich fassbares Objekt, weder eine Sache noch eine Forderung oder ein sonstiges Recht. Selbst wenn es sich bei dem Erlangten um „Geld" handelt, richtet sich der Verfall nicht auf dieses Geld - Banknoten, Münzen -, sondern auf den Geldbetrag, der dem Wert des erlangten Geldes entspricht. Daher bedarf es im Ordnungswidrigkeitenrecht auch keiner Regelung über den „Verfall des Wertersatzes", vgl. § 73 a StGB. Die Wirkung einer rechtskräftigen Verfallsanordnung besteht also darin, daß eine **Forderung des Staates** (Bund oder Bundesland, vgl. § 90 Abs. 2 S. 2 OWiG) gegen den Verfallsbetroffenen auf Zahlung des festgesetzten Geldbetrages entsteht.

IV. Verfahren

Die Verfallsvoraussetzung des § 29a Abs. 1 OWiG, daß gegen den Täter eine **9** Geldbuße nicht festgesetzt wird oder werden kann, hat die prozessuale Folge, daß der Verfall "**selbständig angeordnet**" wird, § 29a Abs. 4 OWiG. Das Bußgeldverfahren wird also nicht mit dem Ziel der Bußgeldverhängung eingeleitet, bzw. es wird wegen der Unmöglichkeit der Bußgeldverhängung oder aus Opportunitätserwägungen eingestellt. Einziger Verfahrensgegenstand ist die Anordnung des Verfalls gegen den Täter, der eine mit Geldbuße bedrohte rechtswidrige – aber nicht vorwerfbare – Handlung begangen hat. Im Fall des § 29a Abs. 2 OWiG kann der Täter eine Ordnungswidrigkeit oder nur eine mit Geldbuße bedrohte nicht vorwerfbare Handlung begangen haben. Wird gegen den Täter ein Bußgeldverfahren durchgeführt, ist der Dritte an diesem Verfahren gem. § 46 Abs. 1 OWiG,

---

[30]   *Schroth*, wistra 1986, 158 (161); *Drathjer*, S. 127; *Göhler*, § 29 a Rn 7; KKOWiG-*Mitsch*, § 29 a Rn 35.
[31]   *Drathjer*, S. 135; KKOWiG-*Mitsch*, § 29 a Rn 8.
[32]   *Rebmann/Roth/Herrmann*, § 29 a Rn 12.

§ 442 StPO zu beteiligen[33]. Ansonsten kann der Verfall gegen den Dritten selbständig angeordnet werden, § 29a Abs. 4 OWiG. Die Vollstreckung der Verfallsanordnung richtet sich nach § 89 ff. OWiG.

Kontrollfragen

1.	Kann gegen den Täter einer Ordnungswidrigkeit der Verfall angeordnet werden? (Rn 2, 6)
2.	Kann der Verfall gegen eine juristische Person angeordnet werden? (Rn 7)
3.	Worin besteht die rechtliche Wirkung der Verfallsanordnung? (Rn 8)

Literatur

Schroth, Der Regelungsgehalt des 2. Gesetzes zur Bekämpfung der Wirtschaftskriminalität im Bereich des Ordnungswidrigkeitenrechts, wistra 1986, 158

---

[33] *Schroth*, wistra 1986, 158 (161).

§ 18 Einziehung

I. Allgemeines

Die in §§ 22 bis 29 OWiG geregelte Einziehung ist eine **Nebenfolge** der Ord- **1** nungswidrigkeit (§ 22 Abs. 1 OWiG: *„Als Nebenfolge* ...“). Ihre Anordnung steht im Ermessen des Rechtsanwenders[1]. Sie richtet sich auf bestimmte Gegenstände, die mit der Ordnungswidrigkeit in einem Zusammenhang stehen, der dieser Sanktion Sinn und Legitimität verleiht[2]. Durch ihre Involvierung in die Tat sind diese Gegenstände gewissermaßen "bemakelt" oder „kontaminiert“ worden, weshalb es im Interesse der Allgemeinheit geboten und dem Betroffenen gegenüber zumutbar erscheint, sie aus dem Verkehr zu ziehen. Die Sanktionswirkung besteht im Entzug der rechtlichen und tatsächlichen Verfügungsgewalt über die Gegenstände. Den Einziehungsbetroffenen berührt die Maßnahme also in seiner grundrechtlichen (Art. 14 GG) Stellung als Eigentümer oder als sonstiger Rechtsinhaber, vgl. § 26 OWiG. Primärer Zweck der Einziehung ist die Sicherung der Allgemeinheit vor der Bedrohung mit gefährlichen Gegenständen. Daneben werden auch Vorbeugungs- und Ahndungszwecke verfolgt[3].

Im Unterschied zum **Verfall** zielt die Einziehung nicht auf die Vernichtung ei- **2** nes Gewinns, den der Betroffene aufgrund der Tat erlangt hat[4]. Daher sind Einziehungsobjekte primär die "Originalgegenstände" (vgl. § 25 OWiG), während der Verfall stets den monetären Wert des Zugeflossenen erfaßt und dem Betroffenen die Zahlung eines Geldbetrags abverlangt. Einziehung und Verfall überschneiden sich, wenn der einzuziehende Gegenstand (productum sceleris) zugleich die Substanz eines aus der Tat resultierenden Vermögenszuwachses darstellt. Mit den zugrundeliegenden Sanktionszwecken wäre es in einem solchen Fall nicht zu vereinbaren, dem Betroffenen den Gegenstand zu entziehen und zusätzlich von ihm die Zahlung eines dem Wert entsprechenden Geldbetrags zu fordern. Eine Kumulation beider Sanktionen ist also ausgeschlossen. Da die Belastung mit der Einziehungsmöglichkeit den Wert des Vermögensvorteils mindert und die Vollstreckung der Einziehung den Gewinn aufzehrt, ist der Verfallsbetrag insoweit reduziert. Die Einziehung hat also Vorrang vor dem Verfall, der nur noch einen etwaigen den Gegenstandswert übersteigenden Vermögensvorteil abschöpfen kann.

Eine Kumulation von Einziehung und **Geldbuße** ist nicht nur möglich, sondern **3** die Regel, vgl. § 27 OWiG[5]. Allerdings richtet sich die Einziehung nicht immer gegen die Person, der die Geldbuße auferlegt wird, vgl. §§ 22 Abs. 2 Nr. 2, 23

---

[1] *Göhler*, vor § 22 Rn 18.
[2] *Göhler*, vor § 22 Rn 9 – 16.
[3] *Meier*, Strafrechtliche Sanktionen, S. 341; *Rebmann/Roth/Herrmann*, vor § 22 Rn 3.
[4] *Meier*, Strafrechtliche Sanktionen, S. 341.
[5] *Göhler*, § 22 Rn 4.

OWiG. Soweit die Einziehung nur Sicherungsfunktion hat[6], führt die Kombination mit der Geldbuße zu keinen Reibungen, da sich die Sanktionszwecke nicht überschneiden. Hat die Einziehung dagegen Ahndungscharakter – was der Fall ist, wenn sie sich gegen den Täter richtet und dieser vorwerfbar gehandelt hat (§ 22 Abs. 2 Nr. 1 OWiG) –, ist ihre Last bei der Bemessung der Geldbuße zu berücksichtigen[7]. Denn nicht nur die einzelne Sanktion, sondern die Gesamtheit der ahndenden Rechtsfolgen muß zu der sie veranlassenden Tat in einem angemessenen Verhältnis stehen, § 24 OWiG.

4   Als einziehungsergänzende Präventionsmaßnahme sieht § 123 Abs. 2 OWiG die **Unbrauchbarmachung** bestimmter deliktisch verwendbarer Gegenstände vor.

II. Voraussetzungen

1. Gesetzliche Anordnung

5   Rechtsgrundlage der Einziehung sind nicht die §§ 22 ff. OWiG. Diese Vorschriften setzen nur einen rechtlichen Rahmen, der die Einziehung zusätzlich begrenzt, wenn sie dem Grunde nach zulässig ist[8]. Die Zulässigkeit der Einziehung ergibt sich stets aus einem **Spezialgesetz**, welches diese Sanktion ausdrücklich zuläßt und durch §§ 22 ff. OWiG ergänzt wird[9]. Die einzuziehenden Gegenstände müssen in dieser Norm ihrer Art nach näher bezeichnet sein. Das OWiG erklärt die Einziehung bestimmter Gegenstände in §§ 123 und 129 für zulässig. Außerhalb des OWiG findet man Einziehungsgrundlagen z. B. in § 33 Abs. 2 BtMG, § 40 Abs. 1 BJagdG, § 7 WiStG 1954 und § 23 Abs. 3 StVG.

2. Tat

6   Sanktionsgrund ist eine Tat, die den Tatbestand des Gesetzes erfüllt, welches die Einziehung für zulässig erklärt. In Betracht kommen also z. B. Ordnungswidrigkeiten nach §§ 126, 127 und 128 OWiG (vgl. § 129 OWiG), §§ 2 - 4 WiStG 1954 (vgl. § 7 WiStG), § 39 Abs. 1 Nr. 5 oder Abs. 2 bis Abs. 3a oder Abs. 5 BJagdG (vgl. § 40 Abs. 1 BJagdG) oder § 23 Abs. 1 StVG (vgl. § 23 Abs. 3 StVG), nicht aber Ordnungswidrigkeiten nach §§ 124, 125 OWiG oder §§ 5, 6 WiStG 1954. Die Tat muß grundsätzlich sämtliche Ahndbarkeitsvoraussetzungen erfüllen, also auch **vorwerfbar** begangen sein[10]. Dies ergibt sich aus § 22 Abs. 1 OWiG, wo-

---

[6]   Zu den verschiedenen Funktionen der Einziehung vgl. OLG Saarbrücken, NJW 1975, 65 (66).

[7]   OLG Saarbrücken, NJW 1975, 65 (67); *Göhler*, vor § 22 Rn 6; *Meier*, Strafrechtliche Sanktionen, S. 342.

[8]   KKOWiG-*Mitsch*, § 22 Rn 1; *Rebmann/Roth/Herrmann*, vor § 22 Rn 1.

[9]   *Bohnert*, OWiG, § 22 Rn 1.

[10]   *Bohnert*, OWiG, § 22 Rn 5.

nach die Einziehung Nebenfolge[11] einer "Ordnungswidrigkeit" i.S.d. § 1 Abs. 1 OWiG ist. Sofern der Einziehungsgegenstand für die Allgemeinheit gefährlich ist oder als potentielles Instrument künftiger Straftaten oder Ordnungswidrigkeiten eine Gefahr darstellt (§ 22 Abs. 2 Nr. 2 OWiG), reicht als Anknüpfungstat auch eine **nicht vorwerfbare** Handlung, § 22 Abs. 3 OWiG. Die Einziehung wird dann nicht neben Geldbuße, sondern selbständig angeordnet, § 27 Abs. 2 OWiG.

3. Betroffene

Die Einziehung belastet unmittelbar den Eigentümer bzw. Inhaber des einzuzie-   7
henden Gegenstandes, § 26 OWiG. Dieser kann zugleich **Täter** der zugrundeliegenden Tat oder ein **Dritter** sein. Grundsätzlich ist die Einziehung nur gegen den Täter zulässig, wobei Beteiligte i.S.d. § 14 OWiG als Täter gelten, § 22 Abs. 2 Nr. 1 OWiG. Wie Täter behandelt werden weiterhin juristische Personen, nichtrechtsfähige Vereine und rechtsfähige Personengesellschaften, wenn der Täter die Tat als bestellter Vertreter dieser Personenvereinigungen begangen hat, § 29 OWiG[12]. Die Einziehung von Gegenständen, die diesen Vereinigungen gehören oder zustehen, richtet sich unter den Voraussetzungen des § 29 OWiG also nicht nach § 22 Abs. 2 Nr. 2 oder § 23 OWiG, sondern nach § 22 Abs. 2 Nr. 1 OWiG.

Gegenstandsinhaber, die weder Täter noch Beteiligte und auch nicht nach § 29   8
OWiG Tätern gleichgestellt sind, können unter den Voraussetzungen der §§ 22 Abs. 2 Nr. 2 oder § 23 OWiG Einziehungsbetroffene sein. Die dort aufgestellten zusätzlichen Voraussetzungen müssen auch erfüllt sein, wenn dem Täter der Gegenstand nicht allein gehört oder zusteht, er also z. B. neben einem Dritten Miteigentümer der Sache ist[13]. Dagegen stehen beschränkt dingliche Rechte Dritter (z. B. Pfandrecht) der Anwendung des § 22 Abs. 2 Nr. 1 OWiG nicht entgegen, da diese Rechte durch die Einziehung nicht nachteilig berührt werden, § 26 Abs. 2 S. 1 OWiG[14]. Der Eingriff in die Rechtsstellung eines Dritten wird im Fall des § 22 Abs. 2 Nr. 2 OWiG durch die Gefährlichkeit des Gegenstands, in den Fällen des § 23 OWiG durch ein mißbilligungswürdiges Verhalten des Dritten gerechtfertigt. Der von § 22 Abs. 2 Nr. 2 OWiG Betroffene ähnelt einem Zustandsstörer i.S.d. Polizeirechts, während die Verhaltensweisen in § 23 Nr. 1 und Nr. 2 OWiG Ähnlichkeit mit Beihilfe und Strafvereitelung haben. § 23 OWiG setzt aber zusätzlich eine besondere Verweisung voraus, wie sie z. B. in § 33 Abs. 2 S. 2 BtMG und § 40 Abs. 2 BJagdG, nicht aber in § 23 Abs. 3 StVG, § 123 und § 129 OWiG zu finden ist. Hat ein Dritter einen nicht von § 22 Abs. 2 Nr. 2 OWiG erfaßten Einziehungsgegenstand vom Täter unter Umständen erworben, die die Voraussetzungen des § 23 Nr. 2 OWiG nicht erfüllen, ist der Gegenstand uneinziehbar ge-

---

[11] Per definitionem setzt eine „Nebenfolge" voraus, daß die Tat auch eine „Hauptfolge" hat. Da das hier nur die Geldbuße sein kann, muß die zugrunde liegende Tat eine Ordnungswidrigkeit sein.

[12] *Achenbach*, FS Stree/Wessels, S. 545 (549).

[13] *Göhler*, § 22 Rn 11.

[14] *Göhler*, § 22 Rn 14.

worden. Als Surrogat läßt § 25 OWiG dann die Einziehung eines Geldbetrages zu, der dem Wert des Gegenstands entspricht.

III. Wirkungen

9 Die Einziehung hat **dingliche Wirkung**, d. h. sie führt unmittelbar kraft Gesetzes zu einer Auswechselung des Inhabers des von der Einziehung betroffenen Gegenstandes[15]. Handelt es sich um eine Sache, wird dem Betroffenen das Eigentum entzogen und auf den Staat (Bund oder Bundesland)[16] übertragen, § 26 Abs. 1 OWiG. Handelt es sich um ein Recht, geht dieses ebenfalls vom bisherigen Inhaber auf den Staat über. Soweit der Einziehungsgegenstand mit **Rechten Dritter** behaftet ist, bleiben diese grundsätzlich bestehen, § 26 Abs. 2 S. 1 OWiG. „Gegner" bzw. „Schuldner" des Rechts des Dritten ist auf Grund des Inhaberwechsels nunmehr der Staat, auf den der eingezogene Gegenstand übergegangen ist. Werden Rechte Dritter durch die Einziehung beeinträchtigt (z. B. § 26 Abs. 2 S. 2 OWiG), ist der Dritte für den Verlust angemessen zu **entschädigen**, § 28 Abs. 1 OWiG.

IV. Verfahren

10 Liegt der Einziehung eine Ordnungswidrigkeit zugrunde, deren Täter verfolgt wird, und eine Geldbuße auferlegt bekommt, so wird die Einziehung in demselben Verfahren angeordnet. Ist der Einziehungsbeteiligte mit dem Täter nicht identisch, so ist dieser Dritte als Nebenbeteiligter in das Verfahren einzubeziehen, § 46 Abs. 1 OWiG i.V.m. § 431 I 1 StPO. Dies gilt auch für juristische Personen usw., denen gem. § 29 OWiG das Handeln ihres Vertreters zugerechnet wird. In einem **selbständigen Verfahren** wird die Einziehung angeordnet, wenn aus den in § 27 OWiG genannten Gründen ein auf Verhängung einer Geldbuße abzielendes Verfahren nicht stattfindet. Die Vollstreckung richtet sich nach § 90 OWiG bzw. § 91 OWiG[17].

Kontrollfragen

1. Welche Zwecke werden mit der Einziehung verfolgt? (Rn 1)
2. In welches Grundrecht wird mit der Einziehung eingegriffen? (Rn 1)
3. Kann Einziehung gegen einen Betroffenen angeordnet werden, der nicht vorwerfbar gehandelt hat? (Rn 6)
4. Welche rechtliche Wirkungen hat die Anordnung der Einziehung? (Rn 9)

---

[15] *Rebmann/Roth/Herrmann*, § 26 Rn 4.
[16] *Bohnert*, OWiG, § 26 Rn 2; *Rebmann/Roth/Herrmann*, § 26 Rn 5.
[17] *Rebmann/Roth/Herrmann*, § 26 Rn 22.

§ 19 Sonstige Sanktionen

I. Fahrverbot

1. Allgemeines

Das Fahrverbot nach § 25 StVG ist eine Sanktion des Ordnungswidrigkeitenrechts **1** mit auf **Verkehrsordnungswidrigkeiten** beschränktem sachlichen Anwendungsbereich. Infolge der Umwandlung der früheren Verkehrsübertretungen – auf die mit dem strafrechtlichen Fahrverbot (§ 37 StGB a. F.) reagiert werden konnte – in Ordnungswidrigkeiten wurde die Einführung dieser Sanktionsart ins Ordnungswidrigkeitenrecht notwendig[1]. Es hat Erziehungsfunktion und ist nicht mit einem ethischen Schuldvorwurf verbunden[2]. Dem Betroffenen wird für eine bestimmte Zeit das Führen von Kraftfahrzeugen im öffentlichen Straßenverkehr untersagt. Kein Verbotsgegenstand sind somit Radfahren und das Führen von Kraftfahrzeugen außerhalb des "Straßenverkehrs", also auf privatem Grund. Nicht erfaßt ist außerdem das bloße „Mitfahren". Nur „eigenhändiges" Fahren ist verboten. Als **Nebenfolge** kann das Fahrverbot nur zusammen mit einer Geldbuße verhängt werden[3], die isolierte Anordnung der Maßnahme ist nach § 25 StVG nicht möglich. Der Gebrauch dieser Ahndungsmöglichkeit liegt im Ermessen der Verwaltungsbehörde (Polizei, vgl. § 26 Abs. 1 StVG)[4] bzw. des Gerichts.

Unterschieden und abgegrenzt werden muß das ordnungswidrigkeitenrechtliche **2** Fahrverbot vom strafrechtlichen Fahrverbot nach § 44 StGB, von der Maßregel "Entziehung der Fahrerlaubnis" nach § 69 StGB und von der verwaltungsrechtlichen Fahrerlaubnisentziehung gem. § 3 StVG und § 46 FeV.

a) Abgrenzung zu § 44 StGB

Das **Fahrverbot des § 44 StGB** ist eine kriminalstrafrechtliche Sanktion (Neben- **3** strafe) und setzt daher eine Straftat voraus. Bußgeldbedrohte Verfehlungen reichen als Anknüpfungstat für diese Nebenstrafe nicht aus. In § 258 StGB ist deshalb die Vereitelung des Fahrverbots aus § 44 StGB, nicht aber die Vereitelung

---

[1] *Bode*, DAR 1970, 57 (58); *Geppert*, DAR 1997, 260 (262); LK-*Geppert*, § 44 Rn 14.

[2] BVerfGE 27, 36 (42).

[3] § 25 Abs. 1 S. 2 StVG: „Wird ... wegen einer Ordnungswidrigkeit nach § 24 ... eine Geldbuße festgesetzt, ...".

[4] Für das Land Brandenburg vgl. § 1 VOWiZustV : „(1) Die Polizeipräsidien sind zuständig für die Feststellung von Ordnungswidrigkeiten nach den §§ 24 und 24 a des Straßenverkehrsgesetzes ... (2) Der Zentraldienst der Polizei mit seiner Zentralen Bußgeldstelle der Polizei ist, soweit sich aus Absatz 1 nichts anderes ergibt, zuständig für die Verfolgung und Ahndung der in Absatz 1 genannten Ordnungswidrigkeiten, soweit die Polizei die Verstöße festgestellt hat".

des Fahrverbots aus § 25 StVG als tatbestandsmäßiger Erfolg erfaßt[5]. Die Bezugnahme des JGG auf das „Fahrverbot" (vgl. § 76 S. 1 JGG) richtet sich nur auf § 44 StGB, nicht auf § 25 StVG[6]. Denn eine der Anwendung des JGG zugrunde liegende Tat muß mit Strafe bedroht sein, § 1 Abs. 1 a. E. JGG. Der Verstoß gegen das nach § 25 StVG angeordnete Fahrverbot ist allerdings in § 21 Abs. 1 Nr. 1 StVG mit Strafe bedroht. Als Sonderdelikt kann dieses Vergehen täterschaftlich zwar nur von dem mit Fahrverbot belegten Betroffenen begangen werden. Beteiligtenstrafbarkeit ist aber ohne personelle Begrenzung möglich. Darüber hinaus kann sich nach § 21 Abs. 1 Nr. 2 StVG auch der Halter eines Kraftfahrzeugs – gemäß § 21 Abs. 2 Nr. 1 StVG sogar bei Fahrlässigkeit - strafbar machen, wenn er die Übertretung eines Fahrverbotes mit seinem Fahrzeug anordnet oder zulässt.

4   Die Kumulation eines Fahrverbots nach § 25 StVG mit einem Fahrverbot nach § 44 StGB ist theoretisch denkbar, wenn eine Straftat und eine Ordnungswidrigkeit zusammentreffen, die jeweils das für ihr Gebiet vorgesehene Fahrverbot begründen[7]. Bei tateinheitlicher Verbindung der Delikte läßt aber der in § 21 Abs. 1 S. 1 OWiG angeordnete Vorrang des Strafgesetzes § 25 Abs. 1 StVG hinter § 44 StGB zurücktreten. Denn bei dieser Deliktskonstellation wird keine Geldbuße festgesetzt, sondern nur eine Strafe verhängt. Zu beachten ist jedoch, daß im Fall des § 25 Abs. 1 S. 2 StVG die ordnungswidrigkeitenrechtliche Sanktionsnorm im Vergleich mit § 44 Abs. 1 StGB die strengere Vorschrift sein kann und dann gem. § 21 Abs. 1 S. 2 OWiG anwendbar bleibt, obwohl der zugrundeliegende Bußgeldtatbestand nicht zum Zuge kommt und die Hauptsanktion nicht - wie § 25 Abs. 1 S. 1 StVG voraussetzt - eine "Geldbuße" ist[8]. Stehen Straftat und Ordnungswidrigkeit zueinander im Verhältnis der Realkonkurrenz, gilt § 21 OWiG nicht. Da nach § 20 OWiG bei realkonkurrierendem Zusammentreffen mehrerer Ordnungswidrigkeiten das Kumulationsprinzip auch in bezug auf Nebenfolgen zu einer Sanktionshäufung führt[9], muß Realkonkurrenz zwischen Straftat und Ordnungswidrigkeit ebenso die mehrfache Anordnung des Fahrverbots nach sich ziehen. Denn eine Verschmelzung der Einzelsanktionen nach Art der Gesamtstrafenbildung ist im Verhältnis zwischen Straftat und Ordnungswidrigkeit nicht möglich[10]. Dies hat allerdings zur Folge, daß bei dieser Deliktskombination der Täter scheinbar schlechter steht als bei realkonkurrierendem Zusammentreffen mehrerer Verkehrsstraftaten, die jeweils die Anwendbarkeit des § 44 StGB begründen. In diesem Fall wird nur ein Fahrverbot verhängt und zwar auch dann, wenn gem. § 53 Abs. 2 S. 2 StGB aus den Haupt-Einzelstrafen keine Gesamtstrafe gebildet wird[11].

---

[5]   *Lackner/Kühl*, § 258 Rn 11.

[6]   *Eisenberg*, JGG, § 6 Rn 5.

[7]   *Von der Aa/Pöppelmann*, Jura 1999, 462 (463).

[8]   *Hentschel*, Straßenverkehrsrecht, § 25 StVG Rn 13; *Bohnert*, OWiG, § 21 Rn 14; *Göhler*, § 21 Rn 14; KKOWiG-*Bohnert*, § 21 Rn 15; LK-*Geppert*, § 44 Rn 15.

[9]   *Bohnert*, OWiG, § 20 Rn 8; KKOWiG-*Bohnert*, § 20 Rn 7; a. A. BayObLG, VRS 51, 221 (223); *Widmaier*, NJW 1971, 1158 (1159): nur ein Fahrverbot.

[10] LG Verden, NJW 1975, 127; OLG Köln, NJW 1979, 379; KKOWiG-*Bohnert*, § 20 Rn 8; a. A. OLG Celle, BA 1993, 135: nur ein Fahrverbot nach § 44 StGB, dessen Dauer drei Monate nicht übersteigen darf.

[11] BayObLG, VRS 51, 221 (222); *Widmaier*, NJW 1971, 1158 (1159).

Tatsächlich wirkt sich aber die Verhängung mehrerer Fahrverbote in der Regel nicht belastungsvermehrend aus, da die Verbotsfristen nicht addiert werden und deshalb nicht hintereinander, sondern gleichzeitig nebeneinander laufen[12]. Werden dagegen eine Verkehrsstraftat und eine realkonkurrierende Verkehrsordnungswidrigkeit in verschiedenen Verfahren verfolgt, kann es nicht nur zur Kumulierung von Fahrverboten aus § 44 StGB und § 25 StVG, sondern auch zu asynchronem Lauf der Verbotsfristen kommen[13].

b) Abgrenzung zu § 69 StGB

Von der **Entziehung der Fahrerlaubnis** nach **§ 69 StGB** unterscheidet sich das   5
Fahrverbot des § 25 StVG ebenfalls durch seine bußgeldrechtliche Verankerung.
Wie § 44 StGB setzt auch § 69 StGB eine straftatbestandsmäßige Tat (§ 11 Abs. 1
Nr. 5 StGB) voraus. Ein ordnungswidrigkeitenrechtliches Pendant zu § 69 StGB
gibt es im geltenden Recht nicht. Hinzu kommt, daß es in § 69 StGB um eine
Maßregel der Besserung und Sicherung mit rein spezialpräventiver Zweckbe-
stimmung geht, während das Fahrverbot eine repressive Sanktion mit "Denkzettel"-Charakter ist[14]. Deswegen ist Fahrerlaubnisentzug einerseits nur gegenüber
Tätern zulässig, die sich durch ihre Tat als zum Führen von Kraftfahrzeugen ungeeignet erwiesen haben, andererseits auch im Falle fehlender oder nicht nach-
weisbarer Schuldfähigkeit (§ 20 StGB) möglich. Fahrverbot dagegen setzt volle
straf- oder bußgeldrechtliche Verantwortlichkeit voraus und kommt auch zur Anwendung, wenn kein Eignungsmangel vorliegt[15]. Das Fahrverbot – das auch in bezug auf erlaubnisfreies Fahren[16] verhängt werden kann[17] – tangiert die Fahrerlaubnis nicht, es untersagt dem Betroffenen nur ihren Gebrauch während der Gel-
tungsdauer des Verbots. Aus diesem Grund und wegen seiner kürzeren Dauer ist
die Belastungswirkung des Fahrverbots wesentlich geringer als die des Fahrerlaubnisentzugs[18]. Die Ersetzung eines Fahrerlaubnisentzugs durch ein Fahrverbot
in der Berufung ist deshalb kein Verstoß gegen das Verschlechterungsverbot des
§ 331 Abs. 1 StPO[19].

---

[12] BayObLG, VRS 51, 221 (224), *Widmaier*, NJW 1971, 1158 (1159).

[13] *Widmaier*, NJW 1971, 1158.

[14] BVerfGE 27, 36 (42), OLG Düsseldorf, VRS 92, 383 (385); 90, 231 (233); OLG
Hamm, VRS 90, 210 (212); *Bode*, DAR 1970, 57 (59); *von der Aa/Pöppelmann*, Jura
1999, 462; *Hentschel*, Straßenverkehrsrecht, § 25 StVG Rn 11; *Jagow/Burmann/Heß*,
§ 25 StVG Rn 1 b; LK-*Geppert*, § 44 Rn 2, 14.

[15] BVerfGE 27, 36 (41).

[16] Vgl. § 1 FeV (Grundregel der Zulassung): „Zum Verkehr auf öffentlichen Straßen ist
jeder zugelassen, soweit nicht für die Zulassung zu einzelnen Verkehrsarten eine Erlaubnis vorgeschrieben ist."; sowie § 4 Abs. 1 FeV: „Wer auf öffentlichen Straßen ein
Kraftfahrzeug führt, bedarf der Fahrerlaubnis. Ausgenommen sind 1. einspurige, einsit-
zige Fahrräder mit Hilfsmotor ... 2. motorisierte Krankenfahrstühle ... 3. Zugmaschinen
...".

[17] *Hentschel*, Straßenverkehrsrecht, § 25 StVG Rn 11 a. E.

[18] BVerfGE 27, 36 (41).

[19] KKStPO-*Ruß*, § 331 Rn 4.

6   Eine Kumulierung von Fahrverbot nach § 25 StVG und Fahrerlaubnisentzug nach § 69 StGB ist bei tateinheitlichem Zusammentreffen von Straftat und Ordnungswidrigkeit ausgeschlossen. Zum einen wird § 25 StVG grundsätzlich von § 44 StGB verdrängt (§ 21 Abs. 1 S. 1 OWiG), zum anderen - und das betrifft auch den Fall, wo § 25 Abs. 1 S. 2 StVG dem § 44 StGB vorgeht (§ 21 Abs. 1 S. 2 OWiG) - schließen sich die Anordnungsvoraussetzungen gegenseitig aus: Die Entziehung der Fahrerlaubnis betrifft ungeeignete, das Fahrverbot geeignete Kraftfahrzeugführer. Bei tatmehrheitlichem Zusammentreffen von Straftat und Ordnungswidrigkeit ist eine Häufung der verschiedenen Maßnahmen zwar theoretisch möglich. Praktisch sinnvoll ist dies aber nur, soweit das Fahrverbot die Benutzung von fahrerlaubnisfreien Fahrzeugen oder Kraftfahrzeugen erfaßt, die gem. § 69a Abs. 2 StGB von der Sperre für die Neuerteilung einer Fahrerlaubnis ausgenommen sind.

c) Abgrenzung zu § 3 StVG und § 46 FeV

7   Der behördliche Entzug der Fahrerlaubnis nach § 3 StVG und § 46 FeV ist ein **Verwaltungsakt** i.S.d. § 35 VwVfG, der dieselbe rechtsvernichtende Wirkung wie die Maßregel des § 69 StGB hat[20], in seinem Voraussetzungsteil aber vom Straf- und Ordnungswidrigkeitenrecht abgelöst ist. Auch Eignungsdefekte, die nicht im Zusammenhang mit einer Verkehrsstraftat oder Verkehrsordnungswidrigkeit manifest geworden sind[21], können der Straßenverkehrsbehörde Anlaß zu dieser präventiven Maßnahme geben.

2. Voraussetzungen

a) Anknüpfungstat

8   Der Betroffene muß eine **Verkehrsordnungswidrigkeit** begangen haben, die entweder den Tatbestand des § 24a StVG oder einen Bußgeldtatbestand verwirklicht, der in einer der von §§ 24, 6 Abs. 1 StVG erfaßten Rechtsverordnungen (StVO, StVZO) enthalten ist, § 25 Abs. 1 StVG. Da die Tat "Ordnungswidrigkeit" i.S.d. § 1 Abs. 1 OWiG sein muß, ist die Erfüllung aller materiellrechtlichen Ahndbarkeitsvoraussetzungen einschließlich der Vorwerfbarkeit erforderlich. Eine lediglich "mit Geldbuße bedrohte Handlung" i.S.d. § 1 Abs. 2 OWiG genügt nicht. Der persönliche Anwendungsbereich des Fahrverbots wird erheblich durch die in § 25 Abs. 1 S. 1 StVG aufgestellte Voraussetzung eingeschränkt, daß der Betroffene "Pflichten eines Kraftfahrzeugführers" verletzt haben muß. Daher kommen als Grundlage des Fahrverbots nur Tatbestände in Betracht, die ein bestimmtes

---

[20]   Vgl. § 3 Abs. 2 S. 1 StVG, § 46 Abs. 5 S. 1 FeV: „Mit der Entziehung erlischt die Fahrerlaubnis".

[21]   Vgl. § 2 Abs. 4 S. 1 StVG: „Geeignet zum Führen von Kraftfahrzeugen ist, wer die notwendigen körperlichen und geistigen Anforderungen erfüllt ..."; § 46 Abs. 1 S. 2 FeV: „Dies gilt insbesondere, wenn Erkrankungen oder Mängel nach den Anlagen 4, 5 oder 6 vorliegen ...".

Fehlverhalten des Kraftfahrzeugsführers normieren. Wer also in seiner Eigenschaft als Kraftfahrzeughalter eine Ordnungswidrigkeit begeht (z.B. § 69a Abs. 1 Nr. 11 StVZO) oder sich an der Ordnungswidrigkeit eines Kraftfahrzeugsführers lediglich beteiligt (§ 14 Abs. 1 OWiG), ohne selbst Adressat spezifisch fahrzeugführerbezogener Pflichten zu sein, kann nicht Fahrverbots-Betroffener sein. Aus demselben Grund scheidet auch § 122 OWiG (in Verbindung mit einer Bußgeldnorm aus § 49 StVO) als Grundlage des Fahrverbots aus. Denn wenn der Täter im Vollrausch ein Kraftfahrzeug führt, macht er sich bereits aus § 323a StGB (z. B. i.V.m. § 316 StGB) strafbar und fällt damit in den Geltungsbereich des § 44 StGB[22].

b) Pflichtverletzung

Die Ordnungswidrigkeit muß den Charakter einer "**groben** oder **beharrlichen**" **9** Verletzung der Pflichten eines Kraftfahrzeugführers haben, § 25 Abs. 1 S. 1 StVG. "Grob" ist eine Pflichtverletzung von besonders schwerem Gewicht[23]. Kriterien dafür sind z. B. gefährliches Verhalten, Leichtsinn, Nachlässigkeit oder Gleichgültigkeit. Ein einmaliger Verstoß von gesteigerter Intensität genügt. Auch ein fahrlässiges Fehlverhalten kann grob pflichtwidrig sein. "Beharrlichkeit" ist durch die mehrfache Wiederholung einer Zuwiderhandlung geprägt. Während bei der groben Pflichtverletzung die Intensität des Fehlverhaltens im Vordergrund steht, wird bei der beharrlichen Pflichtverletzung das deliktische Gewicht durch die zeitliche Ausdehnung begründet[24]. Die Bußgeldkatalogverordnung hat durch Aufstellung von Regelbeispielen dem Rechtsanwender die Prüfung der Merkmale "grob" und "beharrlich" erleichtert und zugleich seinen Ermessensspielraum eingeengt, § 2 Abs. 1, Abs. 2 BKatV. Durch die Erfüllung eines der in § 2 Abs. 1 S. 1 Nr. 1-4 BKatV aufgestellten Tatbestände wird die "Grobheit" der Pflichtverletzung "indiziert"[25]. Für das Merkmal "beharrlich" gilt entsprechendes im Fall des § 2 Abs. 2 S. 2 BKatV[26].

Ist die Anknüpfungstat eine Ordnungswidrigkeit nach § 24a StVG, bedarf es **10** der zusätzlichen Begründung der "Grobheit" oder "Beharrlichkeit" nicht. Die Verwirklichung des § 24a StVG ist bereits vom Gesetzgeber als Regelfall grober Pflichtverletzung qualifiziert worden, so daß der Rechtsanwender der Prüfung dieses Merkmals enthoben ist. Darüber hinaus ist im Fall des § 24a StVG das Ermessen der Verwaltungsbehörde - bzw. des Gerichts - eingeschränkt: Das Fahrverbot ist "in der Regel" anzuordnen (Regelfahrverbot), § 25 Abs. 1 S. 2 StVG. Die Verschonung des Betroffenen vom Fahrverbot ist also eine Ausnahme, die nur in Betracht kommt, wenn die Tat unter besonders mildernden Umständen begangen

---

[22] *Göhler*, § 122 Rn 3; KKOWiG-*Rengier*, § 122 Rn 2.

[23] BGHSt 38, 106 (110); *Bode*, DAR 1970, 57 (59); *Hentschel*, Straßenverkehrsrecht, § 25 StVG Rn 14; *Jagow/Burmann/Heß*, Straßenverkehrsrecht, § 25 StVG Rn 9.

[24] BGHSt 38, 231 (234).

[25] BGHSt 38, 125 (134).

[26] BGHSt 38, 231 (235).

wurde oder das Fahrverbot für den Betroffenen eine unverhältnismäßige, außergewöhnliche Härte bedeuten würde[27].

3. Dauer und Verfahren

11 Das Fahrverbot wird zusammen mit der Geldbuße in dem Bußgeldbescheid (vgl. § 6 Abs. 1 Nr. 5 OWiG), Beschluß (§ 72 OWiG) oder Urteil (§ 46 Abs. 1 OWiG, § 260 StPO) für eine Dauer von mindestens 1 Monat und höchstens 3 Monaten angeordnet. Zur Vereinfachung und Vereinheitlichung der Praxis stellt die BKatV für die Fälle des § 2 Abs. 1 Nr. 1-4, Abs. 2 S. 1, Abs. 3 Regelsätze auf. Diese Regelbeispiele haben Indizwirkung, stehen also einer abweichenden Bemessung der Verbotsdauer im Einzelfall nicht entgegen[28]. Die Dauer des Fahrverbots und die Höhe der Geldbuße sind so aufeinander abzustimmen, daß die dem Betroffenen auferlegte Gesamtbelastung vom Unrechts- und Vorwerfbarkeitsgehalt der zugrundeliegenden Tat gedeckt ist[29]. Die Verbotsfrist beginnt mit der Rechtskraft der Entscheidung, § 25 Abs. 2 S. 1 StVG[30]. Die Anordnung des Fahrverbots wird im Verkehrszentralregister beim Kraftfahrt-Bundesamt eingetragen, § 28 Abs. 3 Nr. 3 StVG.

II. Abführung des Mehrerlöses

1. Allgemeines

12 Eine weitere ordnungswidrigkeitenrechtliche Nebenfolge mit engem sachlichen Anwendungsbereich ist die Abführung des Mehrerlöses nach § 8 WiStG 1954. Das **Wirtschaftsstrafgesetz** war ursprünglich ein den besonderen Verhältnissen der Kriegs- und Nachkriegsjahre angepaßtes Gesetz, welches die knappen Rohstoffe, Bedarfsgüter und Dienstleistungen staatlicher Bewirtschaftung unterwarf und Verstöße mit Strafe und Geldbuße bedrohte[31]. Mit dem Wirtschaftsstrafgesetz 1949 wurde in Deutschland der Begriff "Ordnungswidrigkeit" erstmalig eingeführt[32]. Nachdem die Verhältnisse sich allmählich normalisiert hatten, wurde im Jahre 1954 das Wirtschaftsstrafgesetz 1954 geschaffen, das den Bestand an Ahndungsnormen auf zwei Mischtatbestände und einen Bußgeldtatbestand reduzierte[33]. Die Mischtatbestände wurden später wieder abgeschafft[34]. In seiner gegen-

---

27 *Rüth*, DAR 1974, 57 (62).
28 OLG Köln, VRS 95, 435 (437).
29 *Göhler*, § 17 Rn 26 g; KKOWiG-*Steindorf*, § 17 Rn 142.
30 *Hentschel*, Straßenverkehrsrecht, § 25 StVG Rn 30.
31 *Zieschang*, in: Achenbach/Ransiek, Handbuch Wirtschaftsstrafrecht, Kapitel IV 1 Rn 1 (S. 136).
32 S. o. § 4 Rn 3.
33 *Lackner*, MDR 1954, 578 (579): „Im ganzen bildet das WiStG nur noch einen unbedeutenden Torso derjenigen strafrechtlichen Regelung, die bis zum 30. Juni 1954 in Kraft war. Wahrscheinlich werden auch diese letzten Überbleibsel einer gebundenen Wirt-

wärtig geltenden Fassung[35] enthält das Wirtschaftsstrafgesetz eine Strafvorschrift (§ 1) und mehrere Bußgeldnormen (§§ 2, 3, 4, 5 und 6)[36].

Die Abführung des Mehrerlöses ist eine dem Verfall[37] ähnelnde **Abschöp-** 13 **fungsmaßnahme eigener Art** ohne Strafcharakter. Ihre Anordnung ist unter den Voraussetzungen des Abs. 1 (anders im Fall des Abs. 2) obligatorisch, also keine Ermessensentscheidung (vgl. § 8 Abs. 1 S. 1 WiStG: „... *so ist anzuordnen* ...“). Empfänger des abzuführenden Betrages ist das Bundesland. Im Unterschied zum Verfall, der grundsätzlich den vollständigen deliktischen Erwerb (§ 29a OWiG: "Wert des Erlangten") erfaßt, entzieht die Abführung des Mehrerlöses dem Täter nur den Differenzbetrag zwischen der tatsächlich illegaliter erzielten und der legaliter erzielbaren Einnahme, also die „unangemessene" Überhöhung nach Maßgabe des § 5 Abs. 2 WiStG. Das ist die sanktionsrechtliche Konsequenz der zivilrechtlichen Teilwirksamkeit des zugrundeliegenden Geschäfts (z.B. Mietvertrag, § 5 WiStG)[38]. Im Interesse des Konsumenten zieht die Gesetzesverletzung des Täters nicht gem. § 134 BGB[39] Totalnichtigkeit des Geschäfts[40], sondern geltungserhaltende Reduktion auf den rechtskonformen Maximalbetrag („Wesentlichkeitsgrenze"[41]) nach sich. Denn der Schutzzweck des Wirtschaftsstrafgesetzes würde in sein Gegenteil verkehrt, wenn z. B. in einem Fall des Verstoßes gegen § 5 WiStG der übervorteilte Mieter die Wohnung wieder räumen müßte, weil der Mietvertrag wegen Gesetzwidrigkeit nichtig ist[42]. Der vorschriftsmäßige – angemessen hohe – Betrag steht dem Täter also trotz seiner Ordnungswidrigkeit zu, da er seinerseits dem Vertragspartner gegenüber weiterhin im Obligo bleibt. Andererseits greift § 8 WiStG auf den überschießenden Erwerb auch dann zu, wenn dieser für den Täter

---

schaft mit der weiteren Festigung der sozialen Marktwirtschaft in der Bundesrepublik in absehbarer Zeit überlebt sein."; vgl. auch *Tiedemann*, Wirtschaftsstrafrecht, Rn 71.

[34] *Dähn*, JZ 1975, 617.

[35] „Gesetz zur weiteren Vereinfachung des Wirtschaftsstrafrechts (Wirtschaftsstrafgesetz 1954)" in der Fassung der Bekanntmachung vom 3. Juni 1975, BGBl. I S. 1313; zuletzt geändert durch das Gesetz zur Einführung des Euro in Rechtspflegegesetzen und in Gesetzen des Straf- und Ordnungswidrigkeitenrechts, zur Änderung der Mahnvordruckverordnungen sowie zur Änderung weiterer Gesetze vom 13. 12. 2001 (BGBl. I S. 3574).

[36] *Zieschang*, in: Achenbach/Ransiek, Handbuch Wirtschaftsstrafrecht, Kapitel IV 1 Rn 4 (S. 136).

[37] Deutlich erkennbar an der Vorrangregelung des § 8 Abs. 4 S. 1 WiStG: „Die Abführung des Mehrerlöses tritt an die Stelle des Verfalls (§§ 73 bis 73 e des Strafgesetzbuches, § 29 a des Gesetzes über Ordnungswidrigkeiten)".

[38] *Zieschang*, in: Achenbach/Ransiek, Handbuch Wirtschaftsstrafrecht, Kapitel IV 1Rn 52 (S. 146).

[39] § 5 WiStG ist ein gesetzliches Verbot i. S. d. § 134 BGB; vgl. BGHZ 89, 316 (319); *Kohte*, NJW 1982, 2803 (2804).

[40] So aber gegen die h. M. *Zimmermann*, JR 1982, 96.

[41] So OLG Hamm, DB 1983, 2355; BGHZ 89, 316 (321); dagegen OLG Stuttgart, JR 1982, 96; OLG Karlsruhe, NJW 1982, 1161; *Kohte*, NJW 1982, 2803; *Hager*, JuS 1985, 264 (270) : Mietzinsreduktion auf die örtliche Vergleichsmiete.

[42] BGHZ 89, 316 (319); *Hager*, JuS 1985, 264 (270); *Kohte*, NJW 1982, 2803 (2804); *Schmidt-Futterer*, JR 1972, 133 (137).

gar keinen Gewinncharakter hat, weil die Aufwendungen des Täters höher sind als seine Einnahmen[43].

14   Eine spezielle **kartellrechtliche** Regelung der Mehrerlösabschöpfung findet sich in § 81 Abs. 2 GWB. Danach kann bei bestimmten kartellrechtlichen Ordnungswidrigkeiten (§ 81 Abs. 1 Nr. 1, 2, 5, 6 a, 9 GWB) die Geldbuße bis zur dreifachen Höhe des durch die Tat erlangten Mehrerlöses bemessen werden. Der erzielte Mehrerlös kann also zu einer Bemessung der Geldbuße führen, die über die gesetzliche Obergrenze des Bußgeldrahmens hinausgeht. Vom Muster einer reinen Abschöpfungsmaßnahme weicht § 81 Abs. 2 GWB deswegen ab, weil dem Betroffenen nicht nur der erzielte Mehrerlös, sondern ein darüber hinausgehender Betrag – im Extremfall das Dreifache – abverlangt werden kann („Multiplargeldbuße")[44].

2. Voraussetzungen

15   Der Täter muß eine in §§ 2 bis 6 WiStG mit **Geldbuße bedrohte Tat** („Zuwiderhandlung"[45]) begangen haben, § 8 Abs. 1 S. 1 WiStG. Dem Täter steht der Beteiligte i.S.d. § 14 OWiG gleich. Weder Täter noch Beteiligter – sondern strafloser „notwendiger Teilnehmer"[46] – ist der Mieter, dessen Schutz die Vorschrift des § 5 WiStG dient[47]. Gem. § 8 Abs. 1 S. 2 WiStG braucht allerdings die allgemeine Ahndbarkeitsvoraussetzung "Vorwerfbarkeit"[48] nicht erfüllt zu sein. Auch sonstige ahndbarkeitsausschließende Gründe stehen der Maßnahme nicht entgegen, sofern sie die Tatbestandsmäßigkeit und Rechtswidrigkeit der Tat unberührt lassen. Trifft eine Ordnungswidrigkeit nach §§ 2 bis 6 WiStG mit einer Straftat – in Betracht kommt § 291 StGB[49] – idealkonkurrierend zusammen, bleibt § 8 Abs. 1 WiStG anwendbar, § 21 Abs. 1 S. 1 OWiG[50]. Auch bei tateinheitlichem Zusammentreffen einer Ordnungswidrigkeit nach §§ 2 bis 6 WiStG mit einer Ordnungswidrigkeit außerhalb des Wirtschaftsstrafgesetzes wird die Mehrerlösabführung nicht ausgeschlossen. Die nach § 8 Abs. 1 WiStG obligatorische wandelt sich jedoch in eine fakultative Anordnung, wenn die Geldbuße nicht nach §§ 2 bis 6 WiStG bestimmt wird, § 19 Abs. 2 S. 2 OWiG.

---

43   Vorausgesetzt, dieser Umstand schließt nicht gem. § 5 Abs. 2 S. 2 WiStG die „Unangemessenheit" aus; dazu *Zieschang*, in: Achenbach/Ransiek, Handbuch Wirtschaftsstrafrecht, Kapitel IV 1 Rn 67 ff.

44   *Hellmann*, in: Hellmann/Beckemper, Rn 939; *Tiedemann*, Wirtschaftsstrafrecht, Rn 88; *Dannecker/Biermann*, in: Immenga/Mestmäcker, § 81 Rn 374.

45   Das Gesetz verwendet den Ausdruck „Zuwiderhandlung", weil er straftatbestandsmäßige und ordnungswidrige Taten gleichermaßen erfaßt; vgl. auch § 130 OWiG.

46   Dazu oben § 13 Rn 41.

47   *Bohnert*, Ordnungswidrige Mietpreisüberhöhung, S. 40.

48   Das Gesetz verwendet hier abweichend von der Terminologie des OWiG den Ausdruck „schuldhaft", weil mit § 1 WiStG auch auf einen Straftatbestand verwiesen wird.

49   *Zieschang*, in: Achenbach/Ransiek, Handbuch Wirtschaftsstrafrecht, Kapitel IV 1 Rn 49, 73.

50   *Dähn*, JZ 1975, 617 (620).

Der Täter muß einen unzulässigen **Übermaß-Preis** erzielt haben. Der entspre- **16** chende Geldbetrag muß dem Täter also tatsächlich zugeflossen sein. Die vertragliche Vereinbarung allein löst die Sanktion noch nicht aus, zumal die Abrede wegen der Teilnichtigkeit (§ 134 BGB) gar keinen wirksamen Rechtsanspruch auf den überhöhten Preis begründet. Sofern der Mehrerlös in das Vermögen einer Person geflossen ist, die weder als Täter noch als Beteiligter (§ 14 OWiG) einen der Tatbestände §§ 2 bis 6 WiStG erfüllt hat, scheidet die Mehrerlösabführung grundsätzlich aus. Nur unter den engen Voraussetzungen des § 10 Abs. 2 WiStG ist die Anordnung gegenüber einem Dritten möglich, der den Mehrerlös erhalten hat. Die Entscheidung steht dann – insoweit abweichend von § § 8 Abs. 1 WiStG – im Ermessen des Rechtsanwenders. Zu beachten ist aber, daß ebenso wie der Verfall (§ 29a OWiG) auch die Abführung des Mehrerlöses hinter der Verbandsgeldbuße des § 30 OWiG zurücktritt, vgl. § 30 Abs. 5 OWiG.

Die Maßnahme ist ausgeschlossen, wenn und soweit der Täter den Mehrerlös **17** zwecks Erfüllung einer rechtlichen Rückerstattungspflicht **zurückgezahlt** hat, § 8 Abs. 1 S. 1 WiStG. Hat der Täter noch nicht zurückgezahlt, kann die Abführung des Mehrerlöses durch die Rückerstattung an den Geschädigten ersetzt werden, wenn dieser es beantragt und sein Rückforderungsanspruch begründet erscheint, § 9 Abs. 1 WiStG. Belastet die Abführung den Betroffenen unbillig, kann der abzuführende Betrag reduziert oder von der Anordnung ganz abgesehen werden, § 8 Abs. 2 S. 1 WiStG. Letzteres ist auch bei Geringfügigkeit des Mehrerlösbetrages möglich, § 8 Abs. 2 S. 2 WiStG.

3. Verfahren

Liegt der Sanktion eine ahndbare und im Bußgeldverfahren verfolgte Ordnungs- **18** widrigkeit des Täters zugrunde, wird die Abführung des Mehrerlöses als Nebenfolge zusammen mit der Geldbuße in dem Bußgeldbescheid (§ 66 Abs. 1 Nr. 5 OWiG, § 11 Abs. 2 S. 1WiStG), Beschluß (§ 72 Abs. 3 S. 1 OWiG) oder Urteil (§§ 71 Abs. 1 OWiG i.V.m. § 260 StPO) angeordnet. Zu einem Strafverfahren kommt es außer in dem hier nicht interessierenden Fall des § 1 WiStG (vgl. § 11 Abs. 1 WiStG), wenn eine Ordnungswidrigkeit nach §§ 2 bis 6 WiStG zusammen mit einer ideal- oder realkonkurrierenden Straftat verfolgt wird und die Anordnung der Mehrerlösabführung nach § 21 Abs. 1 S. 1 OWiG möglich ist. Wird das Verfahren gegen den Täter nach dem Opportunitätsprinzip (§ 47 OWiG) eingestellt, entfällt die Möglichkeit einer Maßnahme nach § 8 Abs. 1 WiStG. Im Fall des § 8 Abs. 1 S. 2 WiStG kann neben der Entscheidung, durch die dem Betroffenen bescheinigt wird, daß er keine Ordnungswidrigkeit begangen hat, die Mehrerlösabführung im selbständigen Verfahren angeordnet werden. Falls aus diesem Grund von vornherein kein Verfahren gegen den Täter eingeleitet wird, handelt es sich um ein selbständiges Verfahren nach § 10 Abs. 1 WiStG. Mehrerlösabführung gegen einen Dritten nach § 10 Abs. 2 WiStG kann in dem Verfahren gegen den Täter der zugrundeliegenden Ordnungswidrigkeit oder in selbständigem Verfahren angeordnet werden.

III. Verbot der Jagdausübung

19 Der Anwendungsbereich dieser **erzieherischen Nebenfolge**[51] ist auf die jagdrechtlichen Ordnungswidrigkeiten des § 39 BJagdG beschränkt, § 41a Abs. 1 Nr. 2 BJagdG. Ihre gesetzliche Regelung hat starke Ähnlichkeit mit der des Fahrverbots nach § 25 StVG. Zu unterscheiden ist das Verbot der Jagdausübung von der Entziehung des Jagdscheins gem. § 41 Abs. 1 BJagdG. Auch hier sieht man die Parallele zu § 25 StVG: § 41 BJagdG normiert ebenso eine Maßregel der Besserung und Sicherung[52] wie § 69 StGB und kommt wie die Fahrerlaubnisentziehung nur als Sanktion straftatbestandsmäßigen Fehlverhaltens zur Anwendung. Das Verbot der Jagdausübung läßt den Jagdschein (§ 15 BJagdG) unberührt. Es untersagt dem Betroffenen nur die Ausübung der mit dem Jagdschein verliehenen Befugnis zur Jagdausübung (i.S.d. § 1 Abs. 4 BJagdG) für einen Zeitraum, der einen Monat bis sechs Monate betragen kann. Die Mißachtung des Verbots begründet wiederum eine Ordnungswidrigkeit nach § 39 Abs. 2 Nr. 1 BJagdG.

20   Voraussetzung   ist   die   Begehung einer **Ordnungswidrigkeit nach § 39 BJagdG.** Soweit Landesjagdgesetze die entsprechende Anwendung des § 41 a BJagdG anordnen – so z. B. in § 62 Abs. 2 LJagdG Bbg – kommen neben § 39 BJagdG auch die entsprechenden Ordnungswidrigkeiten-Tatbestände des Landesjagdgesetzes – in Brandenburg : § 61 LJagdG Bbg[53] – als Ahndungsgrundlage in Betracht. Die Tat muß alle Ahndbarkeitsvoraussetzungen erfüllen, eine nur tatbestandsmäßige und rechtswidrige, aber nicht vorwerfbare Handlung i.S.d. § 1 Abs. 2 OWiG reicht nicht. Außerdem muß sich in der Tat eine grobe oder beharrliche Verletzung der Pflichten bei der Jagdausübung manifestiert haben. Die Entscheidung steht im Ermessen des Rechtsanwenders. Für die Dauer des Verbots, dessen Geltung mit der Rechtskraft der Entscheidung beginnt, wird der Jagdschein des Betroffenen in amtlicher Verwahrung genommen, § 41a Abs. 2 BJagdG.

---

[51] *Erbs/Kohlhaas/Lorz/Metzger*, § 41 a Rn 2.
[52] *Erbs/Kohlhaas/Lorz/Metzger*, § 41 Rn 3.
[53] Vgl. dazu § 39 Abs 2 Nr. 5 BJagdG: „Ordnungswidrig handelt, wer vorsätzlich oder fahrlässig ... einer landesrechtlichen Vorschrift nach § 36 Abs. 2 zuwiderhandelt, soweit sie für einen bestimmten Tatbestand auf diese Bußgeldvorschrift verweist"; sowie § 36 Abs. 2 BJagdG : „Die Länder erlassen insbesondere Vorschriften über [1.] die behördliche Überwachung des gewerbsmäßigen Ankaufs, Verkaufs und Tausches sowie der gewerbsmäßigen Verarbeitung von Wildbret und die behördliche Überwachung der Wildhandelsbücher, [2.] das Aufnehmen, die Pflege und die Aufzucht verletzten oder kranken Wildes und dessen Verbleib".

Kontrollfragen

1. Wie unterscheidet sich das Fahrverbot nach § 25 StVG von der Entziehung der Fahrerlaubnis nach § 69 StGB? (Rn 5)
2. Kann ein Fahrverbot angeordnet werden, wenn der Betroffene den Tatbestand einer Verkehrsordnungswidrigkeit nicht vorwerfbar verwirklicht hat? (Rn 8)
3. Ist ein gegen § 5 WiStG verstoßender Mietvertrag nichtig ? (Rn 13)
4. Was ist der Unterschied zwischen „Verbot der Jagdausübung" und „Entziehung des Jagdscheins? (Rn 19)

Literatur

Bode, Voraussetzungen des Fahrverbots, DAR 1970, 57

Dähn, Das neugefasste Wirtschaftsstrafgesetz, JZ 1975, 617

Geppert, Das ordnungsrechtliche Fahrverbot, §§ 25 StVG und 2 BKatV: Einzelfallprüfung oder schematisierende Anwendung ?, DAR 1997, 260

Lackner, Zum Wirtschaftsstrafgesetz 1954, MDR 1954, 578

§ 20 Konkurrenzen

I. Allgemeines

1. Rechtsfolgenrelevanz

Liegen sämtliche Merkmale einer Ordnungswidrigkeit - oder einer nicht vorwerf- **1** baren „mit Geldbuße bedrohten Handlung", § 1 Abs. 2 OWiG - vor, treten die ordnungswidrigkeitenrechtlichen Rechtsfolgen ein[1]. Spezifisch rechtsfolgenbezogene Rechtsfragen entstehen, wenn **eine** Person **mehrere** Ordnungswidrigkeiten – bzw. mit Geldbuße bedrohte Handlungen – begangen hat. In den Fällen, in denen Rechtsfolgen gegenüber einer Person auch vom Verhalten einer anderen Person (oder mehrerer anderer Personen) abhängen (§§ 14, 30, 130 OWiG), können sich dieselben Fragen stellen, wenn mehrere Personen sich in der rechtsfolgenrelevanten Weise verhalten haben.

Beispiele:

(1) Wegen einer unzureichenden Aufsichtsmaßnahme des Betriebsinhabers begehen mehrere Mitarbeiter Zuwiderhandlungen.

Bei der auf § 130 Abs. 1 OWiG gestützten Geldbußenentscheidung gegenüber dem Betriebsinhaber stellt sich die Frage, ob der Inhalt dieser Entscheidung durch den einen Aufsichtsfehler oder die mehreren Zuwiderhandlungen oder beides bestimmt wird[2].

(2) Der Geschäftsführer einer GmbH begeht mehrere Ordnungswidrigkeiten, die als Anknüpfungstat einer Verbandsgeldbuße (§ 30 OWiG) gegenüber der GmbH geeignet sind.

Hier stellt sich die Frage, ob gegen die GmbH so viele Verbandsgeldbußen verhängt werden können, wie der Geschäftsführer Ordnungswidrigkeiten begangen hat und wie sich das auf die Höhe der Verbandsgeldbuße(n) auswirkt[3].

Die durch die Mehrheit von Gesetzesverletzungen aufgeworfenen Rechtsfragen berühren sowohl die **qualitative** als auch die **quantitative** Seite der odnungswidrigkeitenrechtlichen Sanktionen.

Die Mehrheit von Ordnungswidrigkeiten kann z. B. zur Folge haben, daß eine **2** **bestimmte Art von Rechtsfolge anwendbar** wird, die durch eine Ordnungswid-

---

[1]   Zu den Rechtsfolgen, die eine nicht vorwerfbare mit Geldbuße bedrohte Handlung auslösen kann, oben § 17 Rn 3; § 18 Rn 6; § 19 Rn 15.
[2]   *Rebmann/Roth/Herrmann*, § 130 Rn 20.
[3]   KKOWiG-*Rogall*, § 30 Rn 130 ff.

rigkeit allein noch nicht begründet gewesen ist (qualitativer Aspekt). Dies ist bei den Nebenfolgen "Fahrverbot" (§ 25 StVG) und "Verbot der Jagdausübung" (§ 41a BJagdG) der Fall, wo sich in der wiederholten Begehung von Ordnungswidrigkeiten die verbotbegründende "Beharrlichkeit" der Pflichtverletzung manifestieren kann[4].

3   Die mehrfache Verletzung bußgeldbewehrter Verhaltensanweisungen kann des weiteren Einfluß auf das **Quantum der zu verhängenden Sanktionen** haben. Schuldprinzip und Gleichheitssatz lassen es als selbstverständlich erscheinen, daß ein Täter, der mehrere Ordnungswidrigkeiten begangen hat, eine höhere Sanktionslast aufgebürdet bekommen muß als ein Täter, der nur eine Ordnungswidrigkeit begangen hat. Das Vorliegen mehrerer Ordnungswidrigkeiten wirft also vor allem die Frage nach dem Einfluß der Deliktshäufung auf die Bußgeldbemessung auf.

4   Schließlich ist als weitere Konsequenz der mehrfachen Erfüllung von Bußgeldtatbeständen denkbar, daß einer dieser Tatbestände keine sanktionsbegründende Wirkung entfalten kann, weil er von einem anderen vorrangigen Tatbestand "**verdrängt**" wird.

5   Das Ordnungswidrigkeitenrecht regelt diese Thematik wie das Strafrecht (vgl. §§ 52 ff StGB) im Recht der "Konkurrenzen". Struktur und Begrifflichkeit sind in beiden Teilrechtsordnungen weitgehend identisch[5]. Die Konkurrenz mehrerer Ordnungswidrigkeiten wird in dieselben Konstellationen gegliedert wie die Konkurrenz mehrerer Straftaten (§§ 19, 20 OWiG). Darüber hinaus berücksichtigt das Ordnungswidrigkeitenrecht als besonderen Regelungsgegenstand, für den es im Strafrecht keine entsprechende Normierung gibt, die **Konkurrenz zwischen Straftat und Ordnungswidrigkeit** (§ 21 OWiG). Die konkurrenzrechtlichen Besonderheiten des Jugendstrafrechts (§ 31 JGG) werden in das Ordnungswidrigkeitenrecht nicht übernommen. Begeht ein Jugendlicher oder Heranwachsender eine Tat oder mehrere Taten mit den Kennzeichen der Konkurrenz, unterliegt der Fall den rechtlichen Regeln, die für Erwachsene gelten[6].

2. Handlungseinheit und Handlungsmehrheit

a) Handlungseinheit

6   Eine **Deliktsmehrheit** kann auf Mehrheit von Handlungen beruhen, aber auch durch eine einzige Handlung begründet werden. Letzteres hat seinen Grund in der Dichte und Differenziertheit des Normennetzes, das der Gesetzgeber gerade im Bereich des Ordnungswidrigkeitenrechts über die Wirklichkeit des sozialen Lebens gelegt hat. Daher kann es vorkommen, daß eine einzige Handlung gleichzeitig mehrere verschiedene Bußgeldtatbestände verwirklicht, der Täter mit einem einzigen Verhaltensvollzug mehrfach die Voraussetzungen von Ordnungswidrig-

---

[4]   S. o. § 19 Rn 9, Rn 20.
[5]   *Bohnert*, OWiG, § 19 Rn 1; KKOWiG-*Bohnert*, § 19 Rn 3; *Rebmann/Roth/Herrmann*, vor § 19 Rn 1.
[6]   *Rebmann/Roth/Herrmann*, § 20 Rn 6; *Eisenberg*, JGG, § 31 Rn 8.

keiten erfüllt. Er begeht dann zwar nur eine Tat. Diese Tat hat aber mehr als nur einmal die Eigenschaft „Ordnungswidrigkeit".

Beispiel: T fährt nachts mit unbeleuchtetem Pkw entgegen der vorgeschriebenen Fahrtrichtung durch eine Einbahnstraße und überschreitet auch noch die zulässige innerörtliche Höchstgeschwindigkeit.

T hat durch seine Fahrt gleich drei verschiedene Verkehrsordnungswidrigkeiten (§ 24 StVG) begangen: Verstoß gegen § 3 Abs. 1, Abs. 3 Nr. 1 StVO (§ 49 Abs. 1 Nr. 3 StVO), gegen § 17 Abs. 1 StVO (§ 49 Abs. 1 Nr. 17 StVO) und gegen § 41 Abs. 2 Nr. 6 (Zeichen 267) StVO (§ 49 Abs. 3 Nr. 4 StVO).

Möglich ist aber auch, daß durch eine Handlung derselbe Bußgeldtatbestand mehrfach verwirklicht wird, z. B. indem eine tatbestandsmäßige Handlung mehrere tatbestandsmäßige Erfolge verursacht.

Beispiel: T fährt bei Regenwetter mit seinem Pkw durch eine große Pfütze und bespritzt dadurch vier Fußgänger.

T hat zwar nur einmal gegen § 1 Abs. 2 StVO verstoßen, dadurch jedoch den Tatbestand des § 49 Abs. 1 Nr. 1 StVO vierfach verwirklicht.

Die Grundform der Handlungseinheit ist die **Handlung im natürlichen Sinn**[7].   7
Darunter versteht man die einmalige Ausführung einfacher Körperbewegungen wie das Heben der Hand oder Nicken mit dem Kopf[8]. Zur Tatbestandserfüllung bedarf es in der Regel komplexerer Bewegungsabläufe, wie z. B. am Führen eines Kraftfahrzeugs klar zu erkennen ist. Auch derartige Vorgänge sind als Handlungseinheit anerkannt. Im Strafrecht unterscheidet man "**natürliche Handlungseinheit**" und "**juristische Handlungseinheiten**"[9]. Beides sind Gebilde, die aus einer Vielzahl miteinander verbundener Einzelhandlungen im natürlichen Sinn bestehen. Bei der natürlichen Handlungseinheit werden diese Einzelakte kraft natürlicher Betrachtung zu einer Einheit zusammengefaßt[10], bei den juristischen Handlungseinheiten liegen der Zusammenfassung normative Erwägungen zugrunde[11]. Das Ordnungswidrigkeitenrecht übernimmt die strafrechtlichen Einheitsformen in seinen Geltungsbereich[12]. Daher ist auch das Ordnungswidrigkeitenrecht von der Entscheidung des Großen Senats des BGH in Strafsachen betroffen, mit der die praktisch bedeutsame und theoretisch umstrittene Rechtsfigur "Fortsetzungzusammenhang"[13] abgeschafft worden ist[14]. Eine vor allem im Bereich des Straßenver-

---

[7] *Rebmann/Roth/Herrmann*, vor § 19 Rn 3.
[8] *Bohnert*, OWiG, § 19 Rn 4; KKOWiG-*Bohnert*, § 19 Rn 20.
[9] *Rebmann/Roth/Herrmann* vor § 19 Rn 6.
[10] *Rebmann/Roth/Herrmann*, vor § 19 Rn 4.
[11] Näher dazu *Rebmann/Roth/Herrmann*, vor § 19 Rn 7-20.
[12] KKOWiG-*Bohnert*, § 19 Rn 27 ff.
[13] KKOWiG-*Bohnert*, § 19 Rn 57 ff.; *Rebmann/Roth/Herrmann*, vor § 19 Rn 8-17; *Kohlmann*, Steuerstrafrecht, § 377 AO Rn 90.
[14] *Geisler*, Jura 1995, 74 (83).

kehrsrechts bedeutsame Erscheinungsform der juristischen Handlungseinheit ist die „Dauerordnungswidrigkeit"[15].

8   Die Begriffe „Handlung", „Handlungseinheit" und „Handlungsmehrheit" bilden auch die Grundlage für die Konkurrenzen bei **Unterlassungsdelikten**[16]. Abzustellen ist dabei auf die Untätigkeit des Täters, der eine gebotene und mögliche Handlung korrespondiert. Unterlassungseinheit liegt also vor, wenn die Handlungspflicht bzw. die Handlungspflichten durch eine einzige Handlung zu erfüllen wäre/wären.

9   **Konkurrenzformen** auf der Basis der Handlungseinheit (eine Handlung/mehrere Gesetzesverletzungen) sind die "Idealkonkurrenz" (Tateinheit) und die "Gesetzeskonkurrenz" (auch "Gesetzeseinheit" oder "scheinbare Konkurrenz"). Im Prozeß haben Ordnungswidrigkeiten, die auf einer Handlungseinheit beruhen, ein einheitliches Schicksal. Sie bilden einen einheitlichen und unteilbaren Prozeßgegenstand, über den nur in einem einheitlichen Verfahren verhandelt und entschieden werden kann[17].

b) Handlungsmehrheit

10   Werden mehrere Ordnungswidrigkeiten durch **mehrere Handlungen** im natürlichen Sinn begangen und bilden diese Handlungen weder eine natürliche noch eine juristische Handlungseinheit, liegt ein Fall von Handlungsmehrheit vor. Die **Konkurrenzform** ist dann entweder "Realkonkurrenz" (Tatmehrheit) oder "Gesetzeskonkurrenz". Im Verfahren sind diese Handlungen regelmäßig verschiedene Prozeßgegenstände (Taten im „prozessualen Sinn"[18]), die in getrennten Verfahren und Entscheidungen behandelt werden können. Bei Unterlassungen wird an die Mehrheit der zur Gebotserfüllung erforderlichen Handlungen angeknüpft. **Unterlassungsmehrheit** liegt also vor, wenn eine Handlungspflicht oder mehrere Handlungspflichten durch mehrere Handlungen zu erfüllen wären[19].

II. Konkurrenz zwischen Ordnungswidrigkeiten

1. Gesetzeskonkurrenz

a) Begriff und rechtliche Bedeutung

11   Die Gesetzeskonkurrenz ist weder im Strafrecht noch im Ordnungswidrigkeitenrecht umfassend gesetzlich geregelt, in beiden Rechtsgebieten aber anerkannt[20]. Bei dieser Art von Konkurrenz besteht **kein Konkurrenzverhältnis zwischen**

---

[15] *Rebmann/Roth/Herrmann*, vor § 19 Rn 18-20.
[16] *Rebmann/Roth/Herrmann*, vor § 19 Rn 5.
[17] KKOWiG-*Bohnert*, § 19 Rn 15.
[18] BayObLG, JR 2002, 523; *Bohnert*, OWiG, § 20 Rn 9.
[19] BayObLG, NJW 1995, 2862 (2864).
[20] *Rebmann/Roth/Herrmann*, vor § 19 Rn 25 ff.

Delikten, sondern zwischen den Gesetzen, in denen die Tatbestandsmerkmale der Delikte beschrieben sind. Bereits auf der abstrakten Normebene wird die Konkurrenz dahin aufgelöst, daß im Fall ihres Zusammentreffens in einer praktischen Rechtsanwendungssituation eines dieser Gesetze hinter einem anderen zurücktritt und die ordnungswidrigkeitenrechtliche Beurteilung der Tat sich nur nach dem verbleibenden Gesetz richtet[21]. Soweit die vorrangige Norm die rechtliche Behandlung des Falles bestimmt, scheidet die verdrängte Vorschrift im Rechtsanwendungsvorgang als subsumtionsrelevante Tatbestandsnorm aus. Das Subsumtionsergebnis ist deshalb keine Deliktsmehrheit, sondern eine Deliktseinheit. Obwohl die Tat sich unter mehrere verschiedene Tatbestände subsumieren ließe, wird sie so betrachtet und behandelt, als habe sie nur einen Tatbestand erfüllt. Denn Erfüllung mehrerer Tatbestände bedeutet nicht zwangsläufig Verstoß gegen mehrere „vertatbestandlichte" Verhaltensanweisungen (Verbote, Gebote). Im Fall der Gesetzeskonkurrenz ist es vielmehr so, daß hinter den verschiedenen erfüllten Tatbeständen nur eine übertretene Verhaltensanweisung steht. Daher ist es richtig, nur einen Tatbestand anzuwenden. Trotz seines Zurücktretens ist der verdrängte Tatbestand aber nicht völlig bedeutungslos. Wenn nämlich der vorrangige Tatbestand seine Wirkung nicht voll entfalten kann – z. B. weil der Vorsatz des Täters oder eines Beteiligten nur die Merkmale des zurücktretenden Tatbestandes erfaßt – oder der nachrangige Tatbestand weitergehende oder andersartige Rechtsfolgen ermöglicht, kommt dieser doch zum Zuge[22].

b) Erscheinungsformen der Gesetzeskonkurrenz

Der Gesetzeskonkurrenz liegt in der Regel Handlungseinheit zugrunde (s.o. Rn 9), **12** ausnahmsweise kann sie auch bei Handlungsmehrheit (s.o. Rn 10) auftreten[23]. Im Fall der Handlungseinheit verhindert die Gesetzeskonkurrenz, daß die Tat nach den Regeln der Tateinheit (Idealkonkurrenz) behandelt wird. Im Fall der Handlungsmehrheit verhindert die Gesetzeskonkurrenz, daß die Taten nach den Regeln der Tatmehrheit (Realkonkurrenz) behandelt werden. Die Erscheinungsformen der Gesetzeskonkurrenz werden in die drei Spielarten "Spezialität", "Subsidiarität" und "Konsumtion" gegliedert[24]. **Spezialität** ist ein logisches Einschlußverhältnis zwischen zwei Tatbeständen. Der spezielle Tatbestand enthält sämtliche Merkmale des generellen Tatbestandes sowie wenigstens ein weiteres, die Spezialität begründendes Merkmal. Gemäß der Regel "lex specialis derogat legi generali" verdrängt der besondere den allgemeinen Tatbestand. Kein logisches, sondern ein normatives Einschlußverhältnis besteht zwischen den Tatbeständen in den Fällen der Subsidiarität und der Konsumtion. Charakteristisch für die **Subsidiarität** ist, daß die vorrangige Norm zwar dieselben rechtlich erheblichen Gesichtspunkte wie

---

[21] KKOWiG-*Bohnert*, § 19 Rn 64.
[22] *Göhler*, vor § 19 Rn 32; KKOWiG-*Bohnert*, § 19 Rn 64; *Rebmann/Roth/Herrmann*, vor § 19 Rn 29.
[23] KKOWiG-*Bohnert*, § 19 Rn 65.
[24] KKOWiG-*Bohnert*, § 19 Rn 67; *Rebmann/Roth/Herrmann*, vor § 19 Rn 26 ff.; *Kohlmann*, Steuerstrafrecht, § 377 AO Rn 92.

die zurücktretende Norm verarbeitet, gleichwohl dem konkreten Fall besser als diese gerecht wird, weil sie entweder mehr Details des Sachverhalts berücksichtigt oder noch weitere normative Aspekte in die Tatbewertung einfließen läßt[25]. Manche Bußgeldvorschriften ordnen die Subsidiarität gegenüber anderen Tatbeständen ausdrücklich an (z. B. §§ 117 Abs. 2, 118 Abs. 2 OWiG)[26]. Darüber hinaus gibt es im Ordnungswidrigkeitenrecht dieselben Konstellationen der „stillschweigenden Subsidiarität", die auch im Strafrecht anerkannt sind[27]. **Konsumtion** nennt man das Verhältnis zweier Tatbestände zueinander, bei dem der Unrechtsgehalt des einen von dem anderen miterfaßt wird, weil die Verwirklichung des zurücktretenden Tatbestandes eine typische Anschluß- oder Begleittat des vorrangigen Delikts ist[28].

2. Tateinheit

a) Voraussetzungen

13 Das OWiG regelt die Tateinheit in § 19 wie das StGB die Tateinheit in § 52 regelt. Tateinheit i.S.d. § 19 Abs. 1 OWiG liegt vor, wenn durch eine Handlung im natürlichen Sinn oder durch eine Handlungseinheit mehrere Bußgeldtatbestände oder ein Bußgeldtatbestand mehrfach verwirklicht werden/wird und kein Fall von Gesetzeskonkurrenz gegeben ist. Die Verwirklichung verschiedener Tatbestände nennt man "ungleichartige Tateinheit"[29], die mehrfache Verwirklichung desselben Tatbestands "gleichartige Tateinheit"[30]. Durch "dieselbe" Handlung sind Gesetze verletzt, wenn die Handlungsmerkmale der verwirklichten Tatbestände zumindest mit einem Teil der zugrunde liegenden Handlung oder Handlungseinheit subsumtions-methodisch verknüpft sind. Partielle Handlungsidentität reicht also aus.

Beispiel: T fährt mit 0, 6 ‰ Alkohol im Blut mit seinem Pkw. Auf der Fahrt überschreitet er vorübergehend die zugelassene Höchstgeschwindigkeit.

Hier besteht Tateinheit zwischen der Ordnungswidrigkeit nach § 24a Abs. 1 StVG und der Ordnungswidrigkeit nach §§ 49 Abs. 1 Nr. 3 StVO, 24 StVG. Zwar erfaßt § 49 Abs. 1 Nr. 3 StVO nur einen Teil der Handlungseinheit, die den § 24a Abs. 1 StVG verwirklicht[31]. Diese partielle Handlungsidentität genügt aber für § 19 OWiG.

14 Handlungsidentität kann sogar im Fall vollkommen asynchroner Verwirklichung zweier Tatbestände bestehen, wenn diese Tatbestände durch verschiedene Teilstücke einer identischen Handlungseinheit miteinander "verklammert" werden[32].

---

[25] KKOWiG-*Bohnert*, § 19 Rn 74; *Rebmann/Roth/Herrmann*, vor § 19 Rn 27.

[26] KKOWiG-*Bohnert*, § 19 Rn 79; KKOWiG-*Rogall*, § 117 Rn 42 ff.; KKOWiG-*Senge*, § 118 Rn 23.

[27] KKOWiG-*Bohnert*, § 19 Rn 82; *Schönke/Schröder/Stree*, vor § 52 Rn 107.

[28] KKOWiG-*Bohnert*, § 19 Rn 85.

[29] *Rebmann/Roth/Herrmann*, § 19 Rn 4-6.

[30] KKOWiG-*Bohnert*, § 19 Rn 17; *Rebmann/Roth/Herrmann*, § 19 Rn 7.

[31] Die Handlungseinheit beruht auf dem dauerdeliktischen Charakter des § 24 a StVG.

[32] KKOWiG-*Bohnert*, § 19 Rn 51; *Rebmann/Roth/Herrmann*, § 19 Rn 8.

Beispiel: Während der Fahrt mit 0,8 ‰ Blutalkohol überschreitet C zuerst die zulässige Höchstgeschwindigkeit und verletzt später – nunmehr mehr mit korrekter Geschwindigkeit fahrend – das Vorfahrtrecht eines anderen Kraftfahrers.

§ 24a StVG ist ein Dauerdelikt, der gesamte tatbestandsmäßige Vorgang bildet daher eine Handlungseinheit. Ein Teil dieser Handlungseinheit verwirklicht den Tatbestand der Ordnungswidrigkeit § 49 Abs. 1 Nr. 3 StVO, ein anderer Teil den Tatbestand der Ordnungswidrigkeit § 49 Abs. 1 Nr. 8 StVO. Diese beiden Ordnungswidrigkeiten stehen also zu § 24a StVG in Tateinheit. Darüber hinaus stehen sie aber auch zueinander in Tateinheit, da ihre tatbestandsmäßigen Handlungen Teile derselben – durch das Dauerdelikt § 24 a StVG gebildeten - Handlungseinheit sind.

b) Folgen

Wie im Strafrecht (§ 52 StGB) korrespondiert im Ordnungswidrigkeitenrecht der **15** Tateinheit die **Rechtsfolgeneinheit**. Es wird nur eine einzige Geldbuße festgesetzt, § 19 Abs. 1 OWiG. Für sonstige Sanktionen gilt entsprechendes.

Beispiel: Mit 0, 8 ‰ Blutalkoholkonzentration steuert T seinen Pkw und verstößt dabei in grob pflichtwidriger Weise gegen Geschwindigkeitslimits.

T hat in Tateinheit die Tatbestände § 24a Abs. 1 StVG und § 24 StVG i.V.m. § 49 Abs. 1 Nr. 3 StVO verwirklicht. Beide Gesetzesverletzungen sind eine tragfähige Rechtsgrundlage für die Anordnung eines Fahrverbots nach § 25 Abs. 1 StVG. Es wird aber nur ein Fahrverbot angeordnet. Bei dessen Bemessung ist der Umstand zu berücksichtigen, daß T gegen zwei bußgeldbewehrte Verkehrsregeln verstoßen hat.

Im Falle ungleichartiger Tateinheit wird die Geldbuße dem Gesetz mit der höchs- **16** ten Obergrenze (vgl. § 17 Abs. 1 OWiG) entnommen, § 19 Abs. 2 S. 1 OWiG. Nebenfolgen, die nur das andere Gesetz vorsieht, können gleichwohl angeordnet werden, § 19 Abs. 2 S. 2 OWiG. Eine Verbandsgeldbuße kann auch verhängt werden, wenn die besonderen Voraussetzungen des § 30 Abs. 1 OWiG – z. B. betriebsbezogene Pflichtverletzung – nur in bezug auf den Tatbestand mit der niedrigeren Bußgelddrohung erfüllt sind. Das Maß der Verbandsgeldbuße richtet sich dann selbstverständlich nach diesem Gesetz, § 30 Abs. 2 S. 2 OWiG.

3. Tatmehrheit

Die Rechtsfolgen realkonkurrierender Ordnungswidrigkeiten sind in § 20 OWiG **17** abweichend vom Strafrecht (§§ 53 bis 55 StGB) geregelt. Auch bei Verfolgung mehrerer Taten in einem Verfahren wird keine "Gesamtgeldbuße", sondern für jede Ordnungswidrigkeit eine gesonderte Einzel-Geldbuße festgesetzt. Es gilt also das **Kumulationsprinzip**[33]. Dies wird dem Bedürfnis nach vereinfachter[34] Rechtsanwendung besser gerecht als das komplizierte Prinzipienkonglomerat der §§ 53

---

[33] *Rebmann/Roth/Herrmann*, § 20 Rn 1.

[34] *Maurach/Gössel/Zipf*, AT 2, § 56 Rn 56: „Die ebenso naheliegende wie primitive Lösung ...".

ff. StGB[35]. Zudem ist es wegen der thematischen Vielfalt des Besonderen Ordnungswidrigkeitenrechts und der damit zusammenhängenden breitgefächerten Verfolgungszuständigkeit im Bußgeldverfahren wesentlich schwieriger als im Strafrecht, mehrere Ordnungswidrigkeiten in einem Verfahren zu verfolgen[36]. Selbst wenn im Ordnungswidrigkeitenrecht eine den §§ 53 ff. StGB entlehnte Regelung eingeführt worden wäre, würde es faktisch häufig zu Sanktionenkumulationen kommen, weil die verschiedenen Ordnungswidrigkeiten von verschiedenen Verwaltungsbehörden in verschiedenen Verfahren behandelt würden. Als Korrektiv dieser Verfahrenshäufung wäre eine dem § 55 StGB entsprechende Regelung notwendig. Diese würde aber zu Verfahrensverzögerungen führen und die Betroffenen zu Zahlungsverzug ermutigen, um sich die Chance zu bewahren, im Verfahren der "nachträglichen Gesamtgeldbußbildung" eine Reduktion der Bußgeldlast zu erreichen.

18   Das Kumulationsprinzip gilt für die Geldbuße und für die Nebenfolgen, z. B. das Fahrverbot[37]. Unbilligen Härten – z. B. mehrere Fahrverbote, deren Gesamtdauer drei Monate übersteigen würde – kann nur durch milde Bemessung der Einzelsanktionen, durch Anwendung des Opportunitätsprinzips oder durch Gnadenentscheidungen entgegengewirkt werden[38].

III. Konkurrenz zwischen Straftat und Ordnungswidrigkeit

19   Das Zusammentreffen von Straftat und Ordnungswidrigkeit kann auf Handlungseinheit oder Handlungsmehrheit beruhen. Jeweils stellt sich die Frage, ob dann Strafrecht und Ordnungswidrigkeitenrecht oder nur eines der beiden Rechtsgebiete über die Rechtsfolgen bestimmen.

1. Handlungseinheit

20   Erfüllt eine Handlung sowohl einen Straf- als auch einen Ordnungswidrigkeitentatbestand, ist der Konkurrenztyp "Idealkonkurrenz" begründet. Daher ist das Prinzip der **Rechtsfolgeneinheit** maßgebend. Eine Rechtsfolgenkumulation scheidet also aus. Da es für diese Mischung aus Straftat und Ordnungswidrigkeit keine besondere "Misch-Sanktion" gibt, muß entweder eine strafrechtliche oder eine ordnungswidrigkeitenrechtliche Rechtsfolge festgesetzt werden, also das eine Teil-Recht hinter dem anderen zurücktreten.

---

[35]   *R. Schmitt*, ZStW 75 (1963), 43 (56): „Doch gerade der Zwang zur Bildung von Einzelstrafen und die umständliche Methode der Asperation sind der Praxis unsympathisch, was vor allem bei einer großen Zahl abzuurteilender Handlungen nur zu begreiflich ist".

[36]   *Rebmann/Roth/Herrmann*, § 20 Rn 2; *Schönke/Schröder/Stree*, § 53 Rn 16.

[37]   KKOWiG-*Bohnert*, § 20 Rn 7.

[38]   *Göhler*, § 20 Rn 2; *Rebmann/Roth/Herrmann*, § 20 Rn 5.

a) Vorrang der Ordnungswidrigkeit

Zu einer **Verdrängung des Strafrechts durch das Ordnungswidrigkeitenrecht** 21
kommt es nur ausnahmsweise[39]. Anzunehmen ist ein derartiges Verhältnis, wenn
der Ordnungswidrigkeitentatbestand den Sachverhalt "spezieller" regelt als der
idealkonkurrierende Straftatbestand[40]. Liegt einem Bußgeldtatbestand die erkennbare gesetzgeberische Intention zugrunde, durch die Berücksichtigung einer größeren Detailmenge dem Regelungsgegenstand eine angemessenere Normierung zu
widmen als es ein den Gegenstand ebenfalls regelnder Straftatbestand tut, ist die
Bußgeldnorm **lex specialis** im Verhältnis zu der Strafnorm. Die Rechtsprechung
hat dies z.b. im Verhältnis zwischen § 39 Abs. 1 Nr. 3 BJagdG und § 292 StGB
bejaht[41], in der Literatur wird ein Vorrang der Ordnungswidrigkeit des § 58 Abs. 1
Nr. 1 BAföG vor der Straftat nach § 263 StGB befürwortet[42].

Die Verdrängung des Straftatbestandes wirkt sich nicht erst auf der Rechtsfol- 22
genebene aus, sondern reduziert bereits die vorgelagerte Ahndbarkeitsbegründung
auf den Bußgeldtatbestand: Es handelt sich um einen Fall von "Gesetzeskonkurrenz". Die Tat wird so behandelt, als habe sie nur den Bußgeldtatbestand verwirklicht, der Straftatbestand wird bei der Klassifizierung der Tat nicht berücksichtigt. Daher richtet sich z. B. die Verjährung nicht nach § 78 StGB, sondern
nach § 31 OWiG, die Bemessung einer Verbandsgeldbuße nicht nach § 30 Abs. 2
S. 1 OWiG, sondern nach § 30 Abs. 2 S. 2 OWiG, die Bemessung der Geldbuße
wegen Aufsichtspflichtverletzung nicht nach § 130 Abs. 3 S. 1 OWiG, sondern
nach § 130 Abs. 3 S. 2 OWiG.

b) Vorrang der Straftat

Im Normalfall tateinheitlichen Zusammentreffens von Straftat und Ordnungswid- 23
rigkeit wird letztere verdrängt, § 21 Abs. 1 S. 1 OWiG. Die Ordnungswidrigkeit
ist gegenüber der Straftat **subsidiär**. Soweit die Tat strafrechtlich bewertet und
sanktioniert wird, tritt das Ordnungswidrigkeitenrecht zurück. Der Täter wird allein aus dem Straftatbestand schuldig gesprochen und mit strafrechtlichen Sanktionen belegt. Zur Schließung strafrechtlicher "Lücken" lebt das Ordnungswidrigkeitenrecht wieder auf. Nebenfolgen, die das Strafgesetz nicht trägt, können auf
den Bußgeldtatbestand gestützt angeordnet werden, § 21 Abs. 1 S. 2 OWiG. Wird
eine Strafe trotz Vorliegens der Straftat nicht verhängt – z. B. wegen eines nur die
Straftat betreffenden Verfahrenshindernisses (vgl. z. B. Art. 46 Abs. 2 GG, s. u.

---

[39] *Bohnert*, NJW 2003, 3611 (3612); *König*, JA 2004, 497 (498); *Rebmann/Roth/ Herr-
      mann*, § 21 Rn 3.
[40] *Göhler*, § 21 Rn 7; KKOWiG-*Bohnert*, § 21 Rn 7.
[41] BayObLG, NStZ 1990, 440 mit zust. Anm. *Rüping*, NStZ 1991, 340. Zum Vorrang des
      Ordnungswidrigkeitentatbestandes § 23 BStatG gegenüber § 303 StGB vgl. *Frister*,
      NJW 1988, 954.
[42] *Bohnert*, NJW 2003, 3611 (3613); a. A. *König*, JA 2004, 497 (499).

§ 24 Rn 11)[43] – , kann wegen der Ordnungswidrigkeit sogar Geldbuße verhängt werden, § 21 Abs. 2 OWiG.

2. Handlungsmehrheit

24 Liegen der Konkurrenz von Straftat und Ordnungswidrigkeit mehrere Handlungen zugrunde, kommt § 21 OWiG nicht zur Anwendung. In diesem besonderen Fall der Realkonkurrenz gilt wie im Normalfall des § 20 OWiG das **Kumulations-prinzip**. Strafe und Geldbuße werden gesondert festgesetzt. Die Bildung einer "Gesamtsanktion" aus Strafe und Geldbuße ist ausgeschlossen[44]. Eine gemeinsame prozessuale Behandlung von Straftat und Ordnungswidrigkeit ist nur in einem Strafverfahren möglich, vgl. §§ 42, 45, 64, 83 OWiG.

Kontrollfragen

1. Was bedeutet „Gesetzeskonkurrenz"? (Rn 11)
2. Wird bei Realkonkurrenz zwischen mehreren Ordnungswidrigkeiten eine „Gesamtgeldbuße" festgesetzt? (Rn 17)
3. Nach welchem Prinzip richtet sich die rechtliche Behandlung der Realkonkurrenz zwischen einer Ordnungswidrigkeit und einer Straftat? (Rn 24)

Literatur

Mitsch, Konkurrenzen im Strafrecht, JuS 1993, 385

Mitsch, Gesetzeseinheit im Strafrecht, JuS 1993, 471

---

[43] *Rebmann/Roth/Herrmann*, § 21 Rn 14.
[44] OLG Köln, NJW 1979, 379; *Schönke/Schröder/Stree*, § 53 Rn 16; *Tröndle/Fischer*, § 53 Rn 4.

Teil IV

Verfahren

§ 21 Bußgeldverfahren und Strafverfahren

I. Abgrenzung und Berührungspunkte

1. Spezialität des Bußgeldverfahrensrechts

Ordnungswidrigkeiten sind Taten, die in einem rechtlich reglementierten und **1**
strukturierten Verfahren verfolgt werden. Für nicht vorwerfbare Handlungen, die
mit Geldbuße bedroht sind (§ 1 Abs. 2 OWiG), gilt das entsprechend. Zweck des
Verfahrens ist die Aufklärung und Verhandlung eines Sachverhalts mit dem Ziel,
nach materiellrechtlicher Würdigung des Sachverhalts eine Entscheidung über
Vorliegen und Sanktionierung einer Ordnungswidrigkeit bzw. einer mit Geldbuße
bedrohten Handlung zu treffen. Das OWiG widmet dem Verfahrensrecht seinen
zweiten Teil (§§ 35 bis 110). An der Überschrift dieses Teils erkennt man, daß das
Verfahren, in dem es um die Verfolgung von Ordnungswidrigkeiten geht, den
Namen "**Bußgeldverfahren**" trägt. Der materiellrechtlichen Unterscheidung von
"Ordnungswidrigkeit" und "Straftat" (oben § 3) entspricht auf der Verfahrens-
ebene die Unterscheidung von "Bußgeldverfahren" und "Strafverfahren". Während Gegenstand des Strafverfahrens eine Tat (im Sinne des „prozessualen Tat-
begriffs", vgl. §§ 155 Abs. 1, 200 Abs. 1 S. 1, 207 Abs. 2, 264 StPO) ist, die strafrechtliche Unrechtsqualität i.S.d. § 11 Abs. 1 Nr. 5 StGB hat, richtet sich das Bußgeldverfahren auf Taten, die den Tatbestand von bußgeldbewehrten Vorschriften
erfüllen, § 1 OWiG. Im Bußgeldverfahren wird die Tat im Lichte des materiellen
Ordnungswidrigkeitenrechts gewürdigt, im Strafverfahren bildet das materielle
Strafrecht den entscheidungsrelevanten Beurteilungsmaßstab.

Grundsätzlich richtet sich das Recht des Bußgeldverfahrens nach den §§ 35 ff **2**
OWiG und das Recht des Strafverfahrens nach der StPO einschließlich der weiteren strafrechtlichen Verfahrensgesetze (GVG, JGG, StGB, EGStPO, EGGVG,
DRiG, BRAO, BRAGO, GKG, StrEG)[1]. Jedoch gibt es vielfältige Verschränkun-
gen beider Bereiche. Das Bußgeldverfahrensrecht schottet sich nämlich vom Straf-
verfahrensrecht nicht hermetisch ab, sondern verhält sich zu ihm als **lex specialis**.
Zahlreiche Vorschriften des Strafverfahrensrechts – der lex generalis – werden in
das Bußgeldverfahrensrecht per Verweisungsnorm einbezogen, vgl. § 46 OWiG.
Aus diesem Grund darf der Rechtsanwender das Strafverfahrensrecht auch im
Bußgeldverfahren nicht aus den Augen verlieren[2].

Die vorliegende Lehrdarstellung kann dagegen diesen Teilbereich des Bußgeld-
Verfahrensrechts vernachlässigen und sich auf die Regeln konzentrieren, die der
vom Strafverfahrensrecht abweichenden Spezialmaterie im zweiten Teil des

---

[1]   KKOWiG-*Lampe*, § 46 Rn 3.
[2]   *Knapp*, JuS 1979, 609 (615); *Krüger*, NJW 1981, 1642 (1643).

OWiG angehören[3]. Insbesondere ist eine umfassende Darstellung der das Bußgeldverfahren prägenden Verfahrensgrundsätze verzichtbar[4]. Die aus dem Strafverfahrensrecht bekannten Prozeßmaximen gelten weitgehend auch im Bußgeldverfahren. Eine wichtige Ausnahme betrifft aber das Legalitätsprinzip (dazu unten § 23).

2. Strafverfahren und Ordnungswidrigkeit

3   Am Anfang jedes Bußgeld- oder Strafverfahrens steht ein Tatverdacht („Anfangsverdacht"[5]). Der verdachtsgegenständliche Sachverhalt muß entweder unter Straf- oder Ordnungswidrigkeitenrecht subsumierbar sein. Nur unter dieser Voraussetzung hat der Tatverdacht überhaupt verfahrensauslösende Wirkung. Die materiellrechtliche Qualität der verdachtsgegenständlichen Tat bestimmt über den einzuschlagenden Verfahrensweg. Je nachdem, ob die sich in den verdachtsbegründenden Tatsachen abzeichnende Tat die Gestalt einer Ordnungswidrigkeit oder einer Straftat hat, wird dem Verdacht im Bußgeldverfahren oder im Strafverfahren nachgegangen. Während des Verfahrens kann sich aber die rechtliche Qualifizierung der Tat aufgrund neuer tatsächlicher Erkenntnisse wandeln, die ursprünglich als Ordnungswidrigkeit qualifizierte Tat nunmehr als Straftat erscheinen und umgekehrt. Dann stellt sich die Frage, ob das weitere Verfahren in dem rechtlichen Rahmen bleibt, in dem es begonnen wurde oder ob ein **Wechsel in die andere Verfahrensart** (Bußgeldverfahren → Strafverfahren, Strafverfahren → Bußgeldverfahren) notwendig ist. Aus strafrechtlicher Sicht bestehen keine Bedenken, ausser Verbrechen und Vergehen auch Ordnungswidrigkeiten im Strafverfahren mitzuberücksichtigen. Viele heutige Ordnungswidrigkeiten sind früher Übertretungen – also Straftaten – und daher selbstverständlich Gegenstand von Strafverfahren gewesen[6]. Der umgekehrte Weg – Verfolgung von Straftaten nach den Regeln des Bußgeldverfahrens – erscheint dagegen offensichtlich ungangbar. Es kann deshalb – das sei vorweggenommen – zur Verhandlung und Entscheidung über Ordnungswidrigkeiten im Strafverfahren kommen, nicht aber zur Verhandlung und Entscheidung über Straftaten im Bußgeldverfahren.

4   Eine weitere Konstellation der Verbindung von Ordnungswidrigkeit und Strafverfahren ergibt sich, wenn in einem Verfahren **Straftaten und Ordnungswidrigkeiten gemeinsam** behandelt werden. Aus verfahrensökonomischen Gründen kann es sinnvoll sein, wegen mehrerer Taten nur ein Verfahren durchzuführen. Das gilt nicht nur für die "gleichartigen" Verbindungen mehrerer Ordnungswidrigkeiten oder mehrerer Straftaten, sondern auch für die "ungleichartigen" Mehrheiten von Taten aus beiden Bereichen.

---

[3]   Instruktive Kurzübersicht zu Gemeinsamkeiten und Unterschieden von Bußgeld- und Strafverfahren bei *Hellmann*, in: Achenbach/Wannemacher, Teil 1 § 1 Rn 143 – 150; *Bohnert*, OWiG, § 35 Rn 1-7.

[4]   Vgl. dazu *Cramer*, Grundbegriffe, S. 127 ff.; *Bohnert*, Grundriß, S. 68.

[5]   *Meyer-Goßner*, § 152 Rn 4; *Bohnert*, OWiG, § 35 Rn 14; KKOWiG-*Wache*, vor § 53 Rn 36.

[6]   S. o. § 4 Rn 7.

In allen Fällen der Verfolgung von Ordnungswidrigkeiten im Strafverfahren ist 5
zu klären, ob das Verfahren ausschließlich den allgemeinen Regeln des Strafverfahrensrechts unterliegt oder spezielle Vorschriften des Bußgeldverfahrensrechts
anzuwenden sind.

II. Verfahren bei Taten des anderen Rechtsbereichs

Für das Bußgeldverfahren sind Ordnungswidrigkeiten Gegenstände des "eigenen" 6
und Straftaten Taten des "anderen", für das Strafverfahren sind Straftaten Gegenstände des eigenen und Ordnungswidrigkeiten Taten des anderen Rechtsbereichs.
Oben wurde bereits angedeutet, aus welchen Gründen Taten in das für sie gesetzessystematisch "fremde" Verfahren geraten können. Im folgenden wird die verfahrensrechtliche Lösung dieser Kollisionen skizziert.

1. Straftaten im Bußgeldverfahren

Die prozessuale Behandlung von Straftaten ist nur im Strafverfahren möglich. Ge- 7
genstand eines Bußgeldverfahrens können allein Ordnungswidrigkeiten sein. Daher muß das Bußgeldverfahrensrecht für den Fall eine Regelung vorsehen, daß eine ursprünglich als Ordnungswidrigkeit verfolgte Tat sich im Laufe des Verfahrens als Straftat entpuppt[7].

Treten im **Vorverfahren**[8] Anhaltspunkte für das Vorliegen einer Straftat auf, 8
muß die Verwaltungsbehörde (§ 35 Abs. 1 OWiG)[9] die Sache an die Staatsanwaltschaft abgeben, § 41 Abs. 1 OWiG. Denn zur Beurteilung einer Tat als Straftat
sind ausschließlich die Organe der Strafrechtspflege zuständig. Ein solcher Fall
liegt auch vor, wenn die Tat zugleich den Charakter einer Straftat und einer Ordnungswidrigkeit hat. Es ist rechtlich nicht möglich, diese Tat gleichzeitig zum Gegenstand eines Straf- und eines Bußgeldverfahrens zu machen, zumal in den meisten Fällen die ordnungswidrigkeitenrechtliche Relevanz gem. § 21 OWiG unter-
geht[10]. Die Abgabe steht nicht im Ermessen der Verwaltungsbehörde, sondern ist
obligatorisch, für die Verfolgung der Tat ist nun nicht mehr das Opportunitätsprinzip (§ 47 OWiG), sondern das Legalitätsprinzip maßgeblich. Nach der Abgabe
trifft die Staatsanwaltschaft eine Entschließung darüber, ob gem. §§ 152 Abs. 2,
160 Abs. 1 StPO ein Ermittlungsverfahren durchgeführt wird oder nicht. Sieht die
Staatsanwaltschaft von der Einleitung eines Ermittlungsverfahrens ab, weil sie den
Anfangsverdacht in bezug auf eine Straftat verneint, gibt sie die Sache an die
Verwaltungsbehörde zurück, § 41 Abs. 2 OWiG. Zur Vermeidung eines negativen
Kompetenzkonflikts schreibt § 44 OWiG vor, daß die Verwaltungsbehörde an die
Entschließung der Staatsanwaltschaft gebunden ist, also nicht ihrerseits die Sache

---

[7]   KKOWiG-*Lampe*, vor § 35 Rn 11, 41.
[8]   Zur Gliederung des Bußgeldverfahrens vgl. unten § 22.
[9]   KKOWiG-*Wache*, vor § 53 Rn 9.
[10] KKOWiG-*Lampe*, § 41 Rn 7.

wieder an die Staatsanwaltschaft zurückgeben kann[11]. Das bedeutet, daß für die Verwaltungsbehörde eine Tat, die nach ihrer Auffassung "gleichzeitig Straftat und Ordnungswidrigkeit" i.S.d. § 21 Abs. 1 S. 1 OWiG ist, nunmehr ausschließlich den Charakter der Ordnungswidrigkeit hat und daher ein Fall des § 21 OWiG nicht vorliegt[12]. Die Verwaltungsbehörde darf also ihre Zuständigkeit nicht mehr mit der Begründung verneinen, der Verfahrensgegenstand sei eine Straftat[13].

9   Ein Übergang vom Bußgeld- ins Strafverfahren findet auch statt, wenn die Tat erst nach Einspruch gegen den Bußgeldbescheid im gerichtlichen Bußgeldverfahren als Straftat beurteilt wird, § 81 OWiG. Dieser Übergang ist sogar noch im Rechtsmittelverfahren (§ 79 OWiG) möglich[14]. Nachdem der Betroffene auf diese Veränderung des rechtlichen Gesichtspunkts hingewiesen worden ist (§ 81 Abs. 2 S. 1 OWiG), wird das Verfahren nach den Regeln des Strafverfahrensrechts fortgesetzt, § 81 Abs. 3 OWiG[15].

2. Ordnungswidrigkeiten im Strafverfahren

a) Staatsanwaltschaftliches Ermittlungsverfahren

10   Wegen des bloßen Verdachts einer Ordnungswidrigkeit leitet die Staatsanwaltschaft ein strafrechtliches Ermittlungsverfahren nicht ein (vgl. § 160 Abs. 1 StPO: "Verdacht einer Straftat"). Ermittelt die Staatsanwaltschaft aber wegen einer Tat, die **sowohl straf- als auch ordnungswidrigkeitenrechtlich** relevant sein kann (§ 21 Abs. 1 OWiG), wird der ordnungswidrigkeitenrechtliche Gesichtspunkt im Strafverfahren mitberücksichtigt, § 40 OWiG. Ein zweispuriges Verfahren (Ordnungswidrigkeit → Bußgeldverfahren, Straftat → Strafverfahren) ist nicht möglich, denn die „Tat" ist unaufteilbar[16].

11   Die Verfolgungszuständigkeit der Staatsanwaltschaft hinsichtlich der Ordnungswidrigkeit entfällt jedoch, wenn sie das Verfahren nur in bezug auf die Straftat nach § 170 Abs. 2 StPO oder §§ 153 ff StPO einstellt. Sie muß dann die Sache an die Verwaltungsbehörde zur weiteren Verfolgung der Ordnungswidrigkeit im Bußgeldverfahren abgeben, § 43 Abs. 1 OWiG[17]. Denn zum Erlaß eines Bußgeldbescheids ist die Staatsanwaltschaft nicht zuständig[18]. Die Staatsanwaltschaft kann aber auch das Verfahren in bezug auf Straftat und Ordnungswidrigkeit oder in bezug auf die Ordnungswidrigkeit allein einstellen[19]. Eine Verfolgung

---

[11] KKOWiG-*Lampe*, § 44 Rn 1.
[12] *Göhler*, § 21 Rn 19.
[13] *Rebmann/Roth/Herrmann*, § 44 Rn 3.
[14] BGH, NJW 1988, 3162 (3163).
[15] *Göhler*, § 81 Rn 16; KKOWiG-*Steindorf*, § 81 Rn 25.
[16] *Bohnert*, OWiG, § 42 Rn 1 : „unaufteilbare Sinneinheit".
[17] *Göhler*, § 40 Rn 3; KKOWiG-*Lampe*, § 40 Rn 18; *Rebmann/Roth/Herrmann*, § 40 Rn 6.
[18] *Bohnert*, OWiG, § 35 Rn 22; *Göhler*, § 35 Rn 2; KKOWiG-*Lampe*, § 35 Rn 23.
[19] KKOWiG-*Lampe*, § 40 Rn 19, 20.

der Tat durch die Verwaltungsbehörde im Bußgeldverfahren bedarf dann der Zustimmung der Staatsanwaltschaft[20].

Während es im Fall des § 40 OWiG um einen einheitlichen Verfahrensgegenstand ("Tat" im prozeßrechtlichen Sinn) geht, regelt § 42 OWiG die **prozessuale Zusammenfassung verschiedener Prozeßgegenstände**, von denen einer strafrechtliche und der andere ordnungswidrigkeitenrechtliche Qualität hat[21]. Die getrennte Behandlung dieser Taten im Strafverfahren einerseits und im Bußgeldverfahren andererseits ist nicht nur möglich, sondern gesetzessystematisch die Regel, zumal die §§ 53, 54 StGB auf das realkonkurrierende Zusammentreffen von Straftat und Ordnungswidrigkeit nicht anwendbar sind. Ausnahmsweise ist jedoch die Einbeziehung der Ordnungswidrigkeit in das Strafverfahren möglich, wenn zwischen Straftat und Ordnungswidrigkeit ein Zusammenhang besteht und Gründe der Prozeßwirtschaftlichkeit deshalb die Vermeidung getrennter Verfahren gebieten. Dieser Zusammenhang wird entweder durch die Identität des Täters mehrerer Taten oder durch die Identität der Tat bei mehreren Beteiligten hergestellt, § 42 Abs. 1 S. 2 OWiG (vgl. auch § 3 StPO). Die Ordnungswidrigkeit wird nicht "automatisch", sondern durch einen klar erkennbaren und aktenkundig[22] zu machenden Übernahmeakt der Staatsanwaltschaft in das Strafverfahren einbezogen[23]. Zur Vermeidung unnötiger Eingriffe in die primäre Verfolgungszuständigkeit der Verwaltungsbehörde soll die Übernahme nur erfolgen, wenn sie sachdienlich ist, § 42 Abs. 2 OWiG.

Eine Verfolgungsübernahme kann die Staatsanwaltschaft ohne weiteres rückgängig machen, solange das Verfahren noch nicht bei Gericht anhängig ist, § 43 Abs. 2 Hs. 1 OWiG. Stellt die Staatsanwaltschaft das Verfahren allein wegen der Straftat ein, muß sie die Sache an die Verwaltungsbehörde abgeben, um dieser die Verfolgung der zusammenhängenden Ordnungswidrigkeit zu ermöglichen, § 43 Abs. 2 Hs. 2 OWiG. Dasselbe gilt, wenn die Staatsanwaltschaft von der Übernahme der Verfolgung der Ordnungswidrigkeit absieht, § 43 Abs. 1 Alt. 2 OWiG.

b) Gerichtliches Strafverfahren

Ist bereits die Staatsanwaltschaft im Ermittlungsverfahren mit der Verfolgung einer Ordnungswidrigkeit befaßt, kommt es zu einer anschließenden gerichtlichen Untersuchung der Ordnungswidrigkeit, wenn diese von der Staatsanwaltschaft **angeklagt** wird, vgl. § 151 StPO. Da die Verfolgung einer Ordnungswidrigkeit allein aber nicht Sache der Staatsanwaltschaft ist, klagt diese eine Ordnungswidrigkeit nur im **Zusammenhang mit einer Straftat** an, §§ 64, 42 OWiG[24]. Auch das Gericht hat dann sowohl Straftat als auch Ordnungswidrigkeit zum Gegenstand seines Verfahrens zu machen, ist dabei an die rechtliche Würdigung der Tat in der Anklageschrift natürlich nicht gebunden, vgl. §§ 155 Abs. 2, 207 Abs. 2 Nr. 3

12

13

14

---

20   *Göhler*, § 40 Rn 6; KKOWiG-*Lampe*, § 40 Rn 21.
21   KKOWiG-*Lampe*, § 42 Rn 1; *Rebmann/Roth/Herrmann*, § 42 Rn 1.
22   Vgl. RiStBV 277 III.
23   *Göhler*, § 42 Rn 18; KKOWiG-*Lampe*, § 42 Rn 18.
24   KKOWiG-*Kurz*, § 64 Rn 3.

StPO. Die gerichtliche Behandlung der Ordnungswidrigkeit richtet sich nach der StPO, unter den Voraussetzungen des § 83 Abs. 1 OWiG finden daneben einzelne Vorschriften des Bußgeldverfahrensrechts Anwendung.

15   Bis zur Eröffnung des Hauptverfahrens ist die gerichtliche Verfolgung der Ordnungswidrigkeit aber vom Fortbestand der prozessualen Verbindung mit der als Straftat angeklagten Tat abhängig. Lehnt das Gericht die Eröffnung des Hauptverfahrens hinsichtlich der Straftat ab (§ 207 Abs. 2 Nr. StPO) und ist dieser Beschluß unanfechtbar geworden, hat die Staatsanwaltschaft die Anklage der zusammenhängenden Ordnungswidrigkeit zurückzunehmen (§ 156 StPO) und die Sache an die Verwaltungsbehörde abzugeben[25]. Es soll keine Hauptverhandlung in Strafsachen wegen einer Tat anberaumt werden, der Gericht und Staatsanwaltschaft übereinstimmend von vornherein nur ordnungswidrigkeitenrechtlichen Charakter zuschreiben.

16   Eröffnet das Gericht dagegen das Hauptverfahren hinsichtlich der als Straftat angeklagten Tat nur unter dem Gesichtspunkt der Ordnungswidrigkeit (§ 82 Abs. 1 OWiG, § 207 Abs. 2 Nr. 3 StPO), bleibt der Zusammenhang gewahrt, so daß auch die von vornherein lediglich als Ordnungswidrigkeit angeklagte Tat in das Hauptverfahren einbezogen wird. In diesem Fall wird ja die Staatsanwaltschaft gegebenenfalls in der Hauptverhandlung weiterhin darauf beharren, daß die eine der beiden Taten Straftatcharakter hat. Das weitere Verfahren richtet sich nach den Regeln des Bußgeldverfahrens, § 82 Abs. 2 OWiG, ein Wechsel zum Strafverfahrensrecht ist aber unter den Voraussetzungen des § 81 OWiG möglich.

17   Auch durch eine Anklage, die sich ausschließlich auf eine Straftat bezieht, kann eine Ordnungswidrigkeit Gegenstand des gerichtlichen Strafverfahrens werden. Denn das Gericht hat den Anklagegegenstand umfassend rechtlich zu würdigen, neben dem Strafrecht ist auch das Ordnungswidrigkeitenrecht als Beurteilungsmaßstab heranzuziehen, § 82 Abs. 1 OWiG. Hält also das Gericht im Zwischenverfahren in bezug auf die angeklagte Tat nur den Verdacht einer Ordnungswidrigkeit für hinreichend begründet, lehnt es nicht etwa die Eröffnung des Hauptverfahrens ab (§ 204 StPO), sondern eröffnet das Hauptverfahren unter dem von der Anklage abweichenden rechtlichen Gesichtspunkt der Ordnungswidrigkeit, § 207 Abs. 2 Nr. 3 StPO[26]. Das Hauptverfahren unterliegt dann den Regeln des Bußgeldverfahrens, § 82 Abs. 2 OWiG. Die Staatsanwaltschaft hat dagegen keine Beschwerdebefugnis (vgl. § 210 Abs. 2 StPO), denn sie kann ihre dissentierende rechtliche Würdigung in der Hauptverhandlung vertreten und gegebenenfalls den Übergang vom Bußgeld- in das Strafverfahren erreichen, § 81 Abs. 2 S. 1 OWiG.

18   Erweist sich erst im Hauptverfahren, daß eine Tat, die im Eröffnungsbeschluß als Straftat gewürdigt wurde, nur die Qualität einer Ordnungswidrigkeit hat, entscheidet das Gericht über die Tat als Ordnungswidrigkeit und verhängt in dem Urteil eine Geldbuße. Ein Übergang vom Strafverfahren in das Bußgeldverfahren findet in diesem Verfahrensstadium nicht mehr statt. Auch die Statthaftigkeit von Rechtsmitteln richtet sich nach dem Strafverfahrensrecht.

---

[25] *Göhler*, § 82 Rn 8.
[26] Zum Strafbefehl vgl. KKOWiG-*Steindorf*, § 82 Rn 16.

Kontrollfragen

1. Welche Vorschriften bestimmen das Recht des Bußgeldverfahrens? (Rn 2)
2. Was hat die Verwaltungsbehörde zu tun, wenn die von ihr verfolgte Ordnungswidrigkeit in Idealkonkurrenz mit einer Straftat steht? (Rn 8)
3. Kann die Staatsanwaltschaft im Strafverfahren wegen einer Ordnungswidrigkeit die öffentliche Klage erheben? (Rn 14)
4. Kann eine Ordnungswidrigkeit Gegenstand eines Strafurteils sein? (Rn 18)
5. Kann das Bußgeldverfahren mit einer Entscheidung über eine Straftat abgeschlossen werden? (Rn 9)
6. Welche Art von Verfahren ist durchzuführen, wenn die verfahrensgegenständliche Tat zugleich Straftat und Ordnungswidrigkeit ist? (Rn 10)

§ 22 Struktur des Bußgeldverfahrens

Wie das Strafverfahren[1] ist auch das Bußgeldverfahren in **mehrere Abschnitte** 1
gegliedert. Die chronologische Abfolge dieser Abschnitte ist gesetzlich normiert.
Am Ende jedes Einzelabschnitts steht eine Entscheidung, die entweder das Verfahren beendet oder Voraussetzung für eine Verfahrensfortsetzung im nächsten
Abschnitt ist. Der äußeren Struktur nach unterscheidet sich das Bußgeldverfahren
nicht wesentlich vom Strafverfahren. In beiden Verfahrensarten steht am Anfang
die Ermittlungstätigkeit einer Verfolgungsbehörde, schließt sich ein gerichtlicher
Verfahrensteil an und bildet ein Rechtsmittelabschnitt den Schluß des Verfahrensgangs. Ein wesentlicher Unterschied zum Strafverfahren besteht aber darin, daß
bereits das Ermittlungsverfahren mit einer Entscheidung (Bußgeldbescheid, näher
dazu unten § 28) abgeschlossen wird, in der auf der Grundlage eines Schuldvor-
wurfs gegen den Betroffenen eine Sanktion festgesetzt wird[2]. Sofern diese Entscheidung rechtskräftig wird, kann aus ihr gegen den Betroffenen vollstreckt werden. Im Strafverfahren endet das Ermittlungsverfahren dagegen mit einer das
gerichtliche Verfahren einleitenden Entscheidung, in der Regel einer Anklage, die
nicht einmal einen Schuldvorwurf (sondern nur eine Anschuldigung) und schon
gar nicht eine Rechtsfolgenanordnung beinhaltet. Erst am Ende des gerichtlichen
Hauptverfahrens kommt es zu einem rechtskraftfähigen Schuld- und Rechtsfolgenausspruch, der Grundlage der Strafvollstreckung ist. Bei der folgenden Über-
sicht über den Ablauf des Bußgeldverfahrens sind die Übergänge zum und vom
Strafverfahren (dazu oben § 21 II) nicht berücksichtigt:

Der erste Teil des Bußgeldverfahrens ist das **Vorverfahren**, §§ 53 ff OWiG. 2
Seine Einleitung wird durch den Verdacht einer Ordnungswidrigkeit veranlaßt,
und es dient der Aufklärung des Sachverhalts und der Vorbereitung einer Entscheidung über die Verhängung einer Geldbuße gegen den Betroffenen. Vorge-
schaltet ist häufig ein Verwarnungsverfahren, das eine vorzeitige vereinfachte Erledigung geringfügiger Ordnungswidrigkeiten bezweckt und die Einleitung eines
Bußgeldverfahrens verhindern kann, §§ 56 ff OWiG (näher dazu unten § 25).

Das Vorverfahren endet entweder mit dem Erlaß eines **Bußgeldbescheids** (§ 65 3
OWiG), mit einer **Verwarnung** (§ 56 OWiG) oder mit der **Einstellung des Verfahrens**. Wie im Strafverfahren bestimmen hier das Legalitäts- und das Opportunitätsprinzip die Art der Entscheidung. Hat sich der Verdacht einer Ordnungswidrigkeit nicht bestätigt oder besteht ein Verfolgungshindernis, muß das Verfahren
eingestellt werden, §§ 46 Abs. 1 OWiG, 170 Abs. 2 StPO. Hier unterliegt die
Rechtsanwendung also dem Legalitätsprinzip. Ist dagegen die Ordnungswidrigkeit
erwiesen, wird entweder ein Bußgeldbescheid erlassen oder eine Verwarnung erteilt oder das Verfahren eingestellt, § 47 Abs. 1 OWiG. Da alle diese Entschei-

---

[1] Instruktiv dazu *Beulke*, Strafprozessrecht, 7. Aufl. 2004, Rn 2.
[2] Eine Parallele im Strafverfahren kann allenfalls in der Verfahrenseinstellung nach
§ 153 a Abs. 1 StPO gesehen werden.

dungen im Ermessen der Behörde liegen, beherrscht hier das Opportunitätsprinzip das Verfahren.

4   Der Betroffene kann den Bußgeldbescheid akzeptieren mit der Folge, daß er rechtskräftig und vollstreckbar wird, § 66 Abs. 2 Nr. 1a OWiG. Er hat aber auch die Möglichkeit, gegen den Bußgeldbescheid **Einspruch** einzulegen, § 67 OWiG. Der Einspruch leitet ein **Zwischenverfahren** ein, in dem die Verwaltungsbehörde, Staatsanwaltschaft und Gericht mit der Sache befaßt werden können (näher dazu unten § 29).

5   Sofern die Sache nicht schon im Zwischenverfahren ihre Erledigung findet, schließt sich das **gerichtliche Hauptverfahren** erster Instanz an, §§ 71 ff OWiG (näher dazu unten § 30). Das Hauptverfahren endet mit einer Entscheidung des Gerichts, in der der Betroffene entweder mit einer Geldbuße belegt oder freigesprochen oder das Verfahren eingestellt wird.

6   Gegen die Entscheidung des Gerichts ist unter bestimmten Voraussetzungen das Rechtsmittel der **Rechtsbeschwerde** statthaft, § 79 OWiG (näher dazu unten § 31).

7   Nach Eintritt der Rechtskraft kann das **Vollstreckungsverfahren** eingeleitet werden, §§ 89 ff OWiG (näher dazu unten § 33). Unter den Voraussetzungen des § 85 OWiG ist eine **Wiederaufnahme** des rechtskräftig abgeschlossenen Verfahrens möglich (näher dazu unten § 32).

Kontrollfragen

1. Aus welchen Abschnitten besteht ein Bußgeldverfahren? (Rn 2-7)
2. Wie wird das Vorverfahren abgeschlossen? (Rn 3)
3. Durch welche Rechtshandlung wird das Zwischenverfahren eingeleitet? (Rn 4)
4. Wann kommt es zu einem gerichtlichen Bußgeldverfahren? (Rn 5)

§ 23 Opportunitätsprinzip

I. Legalitäts- und Opportunitätsprinzip

1. Obligatorische und fakultative Sanktion

Vergleicht man die Texte von Straftatbeständen - z. B. im Besonderen Teil des **1**
StGB – und Ordnungswidrigkeitstatbeständen - z. B. im Dritten Teil des OWiG –
miteinander, fällt ein stilistischer Unterschied auf: In den Vorschriften, die Straftaten beschreiben, heißt es am Ende stets: "**wird** mit Freiheitsstrafe ... bestraft".

§ 212 StGB (Totschlag):

(1) Wer einen Menschen tötet, ohne Mörder zu sein, wird als Totschläger mit Freiheitsstrafe nicht unter fünf Jahren bestraft.

Hätte der Gesetzgeber diese Formulierung zum Vorbild für die Gestaltung von Bußgeldtatbeständen genommen, würde deren Text in etwa enden mit den Worten "wird
mit Geldbuße geahndet". So sehen Bußgeldvorschriften aber nicht aus. Vielmehr verteilt das Besondere Ordnungswidrigkeitenrecht Tatbestandsbeschreibung und Sanktionsbestimmung auf zwei verschiedene Absätze und formuliert letzteren jeweils so:
"Die Ordnungswidrigkeit **kann** mit einer Geldbuße geahndet werden."

§ 118 OWiG (Belästigung der Allgemeinheit):

(1) Ordnungswidrig handelt, wer eine grob ungehörige Handlung vornimmt, die geeignet ist, die Allgemeinheit zu belästigen oder zu gefährden und die öffentliche Ordnung zu beeinträchtigen. (2) Die Ordnungswidrigkeit kann mit einer Geldbuße geahndet werden, wenn die Handlung nicht nach anderen Vorschriften geahndet werden
kann.

Diese sprachliche Abweichung ist weder ein Produkt gesetzgeberischer Gestaltungs-
willkür noch Ausdruck gewandelten sprachlichen Geschmacks, sondern das Korrelat
einer erheblichen sachlichen Differenz zwischen Strafrecht und Ordnungswidrigkeitenrecht. Semiotische Träger dieser Differenz sind die beiden Wörtchen "wird" (Strafnorm) und "kann" (Bußgeldnorm). Straftaten müssen, Ordnungswidrigkeiten können –
müssen aber nicht – geahndet werden. Demnach ist die Sanktionierung von Delikten
im Strafrecht obligatorisch (Ahndungspflicht) und im Ordnungswidrigkeitenrecht fakultativ (Ahndungserlaubnis, keine Ahndungspflicht)[1]. Das hat Konsequenzen für die
Verfahren, in denen die Delikte verfolgt und geahndet werden.

---

[1]   *Bohnert*, OWiG, § 47 Rn 1; KKOWiG-*Bohnert*, § 47 Rn 2.

2. Strafverfahren und Bußgeldverfahren

2 Die aufgezeigte Unterschiedlichkeit betrifft nicht erst die Sanktionsverhängung, sondern bereits die Verfahrensdurchführung. Straftaten unterliegen nämlich in prozessualer Hinsicht dem verfahrensrechtlichen **Legalitätsprinzip**[2]. Das ist die verfahrensrechtliche Deckung für die vom Strafgesetz aufgestellte Behauptung, daß eine Straftat bestraft "wird", ihre Ahndung also obligatorisch ist[3]. Die staatlichen Organe der Strafrechtspflege sind kraft Gesetzes zur Verfolgung und Ahndung von indizierten[4] Straftaten verpflichtet. Das Gesetz schreibt vor, daß Straftaten zu verfolgen sind, und es schreibt auch vor, daß und wie Straftaten zu ahnden sind, wenn ihre Begehung in prozeßordnungsgemäßer Weise nachgewiesen ist. Strafverfolgungsorgane haben keinen Ermessensspielraum, wenn die Voraussetzungen erfüllt sind, von denen das Gesetz Verfolgung und Ahndung einer Straftat abhängig macht. Einleitung oder Nichteinleitung eines Strafverfahrens stehen grundsätzlich nicht zur Disposition der Strafverfolgungsorgane[5]. Materiellstrafrechtlich ist die Verfolgungspflicht durch den Straftatbestand „Strafvereitelung im Amt" (§ 258 a StGB) abgesichert.

3 Das **Opportunitätsprinzip** dagegen bezeichnet ein Verfahren, in dem das zuständige Organ nach eigenem Ermessen darüber entscheidet, ob es bei Vorliegen der gesetzlichen Voraussetzungen tätig wird oder nicht. Es gilt dann nur ein negatives Legalitätsprinzip in dem Sinn, daß eine Ermessensentscheidung erst dann getroffen werden darf, wenn die gesetzlichen Voraussetzungen dafür erfüllt sind. Sobald dies aber gegeben ist, trifft das Organ seine Entschließungen nicht allein nach Gesetzmäßigkeits-, sondern auch nach Zweckmäßigkeitsgesichtspunkten. Im Strafverfahren ist das Opportunitätsprinzip in den §§ 153 ff StPO normiert[6]. Vor allem Bedürfnisse der Prozeßwirtschaftlichkeit und der Verhältnismäßigkeit legitimieren die Einräumung eines Verfolgungsermessens an Staatsanwaltschaft und Gericht[7]. Dafür wird aber ein Teil Einheitlichkeit und Gleichmäßigkeit der Strafrechtspraxis geopfert[8]. Verfassungsrechtliche Prinzipien (Art. 3 Abs. 1; 20 Abs. 3 GG) setzen also der Einführung und Ausdehnung des Opportunitätsprinzips im Strafverfahren Grenzen[9]. Normativ ist das Opportunitätsprinzip im Strafrecht ein Fremdkörper. Jedenfalls auf dem Papier müssen deshalb im Strafrecht das Legalitätsprinzip die Regel und das Opportunitätsprinzip die Ausnahme bleiben[10]. Wenn die Kriminal- und Strafverfolgungsstatistik ausweist, daß die Praxis das Verhältnis

---

[2]   *Beulke*, Strafprozeßrecht, Rn 17.
[3]   *Rieß*, NStZ 1981, 2 (6): „Brückenfunktion" zwischen materiellem Strafrecht und Prozeßrecht.
[4]   *Rieß*, NStZ 1981, 2 (4) Fn 38.
[5]   Das gilt auch für Antragsdelikte, die verfolgt werden müssen, wenn ein wirksamer Strafantrag gestellt wurde.
[6]   Dazu *Beulke*, Strafprozeßrecht, Rn 334 ff.
[7]   *Rieß*, NStZ 1981, 2 (5).
[8]   Vgl. die bedenkenswerte Kritik von *Hohendorf*, NJW 1987, 1177 ff.
[9]   *Rieß*, NStZ 1981, 2 (4); *Krüger*, NJW 1981, 1642 (1646).
[10]   *Hohendorf*, NJW 1987, 1177 (1179).

umkehrt, gibt das Anlaß zu der Überlegung, ob nicht das materielle Strafrecht auf deren Verfolgung und Aburteilung obligatorisch ist[11].

Das Wort "kann" in der Sanktionsbestimmung der Bußgeldnorm zeigt an, daß **4** im Ordnungswidrigkeitenrecht das Verfahren vom Opportunitätsprinzip beherrscht wird. Das Legalitätsprinzip verschafft sich nur in seiner "negativen" Ausprägung im Bußgeldverfahren Geltung: Ohne zureichende verdachtsbegründenden Anhaltspunkte darf kein Verfahren eingeleitet werden, eine Ermessensentscheidung für ein Verfahren ist unter diesen Umständen unzulässig[12]. Dasselbe gilt, wenn der Verfahrenseinleitung ein Verfahrenshindernis (näher dazu unten § 24) entgegensteht, z. B. § 84 Abs. 1 OWiG[13]. Der Einführung des "positiven" Legalitätsprinzips im Ordnungswidrigkeitenrecht stünden unüberwindliche praktische Hindernisse entgegen. Die Zahl der alltäglich begangenen Ordnungswidrigkeiten ist so immens hoch, daß eine Verfolgungspflicht die staatlichen Verfolgungsbehörden und -organe entweder in den alsbaldigen Kollaps treiben oder zur permanenten Unehrlichkeit zwingen würde. Die Verfolgungspraxis befände sich ununterbrochen in einer Lage massenhafter Pflichtenkollision, die gerechtfertigte Mißachtung des Legalitätsprinzips wäre daher die Regel und seine Befolgung die Ausnahme. Dies würde aber das Prinzip und das Recht überhaupt desavouieren und die Normtreue der Bevölkerung erschüttern. Angesichts der begrenzten Ressourcen ist es daher allemal vernünftiger, den Verfolgungsbehörden von vornherein nur die mit den vorhandenen Kräften erzielbare Verfolgungsdichte abzuverlangen und den Einsatz und die Einteilung der vorhandenen Kapazitäten ihrem auf Sachverstand und Erfahrung gestützten Entschließungsermessen anzuvertrauen. Hinzu kommt, daß Ordnungswidrigkeiten Verfehlungen minderen Grades sind und deshalb das Bedürfnis der Allgemeinheit nach lückenloser Verfolgung und Ahndung regelmäßig geringer ist als bei Straftaten. Bedenklich ist das Opportunitätsprinzip demzufolge dann, wenn es undifferenziert auch auf Ordnungswidrigkeiten angewendet wird, die abstrakt oder im konkreten Fall das Gewicht von Straftaten haben und im Ordnungswidrigkeitenrecht eigentlich deplaziert sind. Dies trifft beispielsweise auf Ordnungswidrigkeiten des Kartellrechts zu. Jedoch liegt der für deliktsinadäquates Verfolgungsermessen verantwortliche Systemfehler nicht im verfahrensrechtlichen, sondern im materiellrechtlichen Bereich: Derartige Verfehlungen gehören nicht ins Ordnungswidrigkeitenrecht und müßten vom Gesetzgeber zu Straftaten umqualifiziert werden.

Das Opportunitätsprinzip hat im Bußgeldverfahren umfassende Geltung[14]. Alle **5** mit der Verfolgung von Ordnungswidrigkeiten befaßten Organe – Polizei, Verwaltungsbehörde, Staatsanwaltschaft und Gericht – haben in bestimmten Verfahrensabschnitten die Befugnis, über Einleitung, Fortsetzung oder Abschluß des Verfahrens nach Ermessen zu befinden[15]. Anders als §§ 153 ff StPO[16] limitiert § 47

---

[11] *Baumann*, ZRP 1972, 273 ff.; *Rieß*, NStZ 1981, 2 (5); *Hund*, ZRP 1994, 4 (7).
[12] *Baisch*, Der Schutz des Opportunitätsprinzips, S. 6; *Bohnert*, OWiG, § 47 Rn 3; KKOWiG-*Bohnert*, § 47 Rn 98.
[13] § 84 Abs. 1 OWiG: „... so kann dieselbe Tat nicht mehr als Ordnungswidrigkeit verfolgt werden.". „Kann nicht" bedeutet „darf nicht".
[14] KKOWiG-*Bohnert*, § 47 Rn 3; *Rebmann/Roth/Herrmann*, § 47 Rn 5.
[15] *Baisch*, Schutz des Opportunitätsprinzips, S. 11 – 29.

OWiG das Ermessen nicht durch Aufstellung qualitativer oder quantitativer Bedingungen. Das Gesetz verlangt weder ausdrücklich "geringe" Schuld noch das Fehlen öffentlichen Ahndungsinteresses als Rechtfertigungsgrund für den Verfolgungs- und Ahndungsverzicht[17]. Es ist allein eine Frage der "Pflichtmäßigkeit" des Ermessens, ob und wie diese und andere Gesichtspunkte als „Nichtverfolgungsgründe"[18] berücksichtigt werden. Rechtswidrig – und gegebenenfalls nach § 339 StGB strafbar[19] – ist jedenfalls ein Absehen von Verfolgung, für das es lediglich „sachfremde Gründe" gibt[20] bzw. das „willkürlich"[21] oder „nicht vertretbar" ist[22].

Nicht zum Geltungsbereich des Opportunitätsprinzips gehört das Vollstreckungsverfahren. Die Vollstreckung rechtskräftiger vollstreckbarer Entscheidungen ist Pflicht[23].

II. Anwendungsbereich

6   Das Opportunitätsprinzip will dem Rechtsanwender ein Höchstmaß an Flexibilität und Vielfalt bei der prozessualen Behandlung von Ordnungswidrigkeiten verschaffen. Seine Reichweite ist daher so bemessen, daß in jedem Verfahrensabschnitt dem verfahrensleitenden Organ ein Maximum an Entscheidungs- und Handlungsalternativen zur Verfügung steht[24]. Die Flexibilität beschränkt sich nicht auf die Möglichkeit der Wahl zwischen den beiden Alternativen "ja" oder "nein". Das Opportunitätsprinzip gibt dem Rechtsanwender auch die Befugnis zur Beschreitung von Mittelwegen. Beispielsweise kann es zweckmäßig sein, die Verfolgung der Tat auf einen abtrennbaren Teilaspekt zu beschränken und hinsichtlich des "Rests" von der Verfolgung abzusehen[25]. Von § 47 OWiG ist dies ohne Zweifel gedeckt[26].

1. Absehen von der Verfolgung

7   Das Vorliegen eines Tatverdachts gibt dem zuständigen Verfolgungsorgan – der Verwaltungsbehörde, § 35 Abs. 1 OWiG – Anlaß und Befugnis, ein Bußgeldverfahren einzuleiten und den Sachverhalt zu erforschen, § 46 Abs. 2 OWiG, § 160 Abs. 1 StPO. Eine Pflicht zur Verfahrenseinleitung wird jedoch nicht begründet. Das Opportunitätsprinzip gestattet der Verwaltungsbehörde, **von vornherein auf eine Verfolgung der Tat zu verzichten.** Anderseits darf die Ver-

---

[16] *Rieß*, NStZ 1981, 2 (7).
[17] BGH, NJW 1999, 1122.
[18] KKOWiG-*Bohnert*, § 47 Rn 2.
[19] Dazu BGHSt 44, 258 ff.
[20] BGH, NJW 1999, 1122; OLG Braunschweig, NStZ 2003, 95.
[21] OLG Braunschweig, NStZ 2003, 95; *Cramer*, Grundbegriffe, S. 128.
[22] *Baisch*, Schutz des Opportunitätsprinzips, S. 184.
[23] *Bohnert*, OWiG, § 89 Rn 20.
[24] *Göhler*, § 47 Rn 30.
[25] *Bohnert*, OWiG, § 47 Rn 18; *Göhler*, § 47 Rn 24; *Rebmann/Roth/Herrmann*, § 47 Rn 9.
[26] Im Strafverfahren vgl. §§ 154, 154 a StPO.

waltungsbehörde den zu ihrer Kenntnis gelangten Tatverdacht nicht einfach ignorieren und mit purer Passivität quittieren. Ausschöpfung des qua Opportunitätsprinzip eröffneten Spielraums bedeutet nicht schlichtes Nichtstun, sondern Nichtverfolgung aufgrund einer negativen Ermessensentscheidung. Dem Verzicht auf eine Verfolgung muß eine pflichtgemäße Ermessensausübung – Abwägung der für und gegen eine Verfolgung sprechenden Gründe - vorausgegangen sein, § 47 Abs. 1 S. 1 OWiG. Ermessensfehlerhaft ist auch die Nichtausübung des Ermessens, die "Ermessensunterschreitung". Das Absehen von der Verfolgung ist an keine Zustimmung anderer Stellen oder Personen gebunden. Der durch die Ordnungswidrigkeit Verletzte – eine wegen der dominierenden Relevanz überindividueller Rechtsgüter und Interessen im Ordnungswidrigkeitenrecht ohnehin rare Figur – hat ebenso wie in den Fällen der §§ 153 ff StPO keine über die Dienstaufsichtsbeschwerde hinausgehende Anfechtungsmöglichkeit[27]. Eine Sperrwirkung ist mit dem Verfolgungsverzicht allerdings nicht verbunden. Solange die Tat noch nicht verjährt ist, kann die Verwaltungsbehörde jederzeit die Verfolgung aufnehmen, soweit dem im Einzelfall verfassungsrechtlich gebotener Vertrauensschutz oder der Gleichbehandlungsgrundsatz nicht entgegensteht[28].

Von dem Einleitungsermessen der Verwaltungsbehörde nach § 47 Abs. 1 S. 1 **8** OWiG zu unterscheiden ist das **Ermittlungsermessen der Polizei** nach § 53 Abs. 1 OWiG[29]. Wie im Strafverfahren ist auch im Bußgeldverfahren die Polizei nicht Herrin des Verfahrens, sondern Ermittlungsorgan der Verfolgungsbehörde[30]. Die Verfahrensherrschaft liegt bei der Verwaltungsbehörde, die die Polizei mit Ermittlungshandlungen beauftragen kann[31]. § 53 Abs. 1 S. 1 OWiG gibt der Polizei das Recht des "ersten Zugriffs". Während die Polizei im Strafverfahren zur Vornahme unaufschiebbarer Ermittlungsmaßnahmen verpflichtet ist, § 163 Abs. 1 StPO, steht es im Bußgeldverfahren in ihrem pflichtgemäßen Ermessen[32]. Auf einen Straftatverdacht muß die Polizei sogar dann reagieren, wenn die Voraussetzungen des § 153 Abs. 1 StPO vorliegen. Beim Verdacht einer Ordnungswidrigkeit darf die Polizei „nach pflichtgemäßem Ermessen" - d. h. bei bedeutungslosen Ordnungswidrigkeiten - untätig bleiben[33]. Einem Ersuchen der Verwaltungsbehörde muß die Polizei in der Regel nachkommen, insoweit steht ihr ein Ermessen nicht zu[34]. Zur Einstellung des Verfahrens ist die Polizei nicht befugt, es sei denn, sie ist selbst Verwaltungsbehörde i. S. d. § 35 OWiG – wie z. B. im Straßenverkehr gem. § 26 StVG[35]. Davon zu unterscheiden ist die schlichte Nichtfortsetzung begonnener Ermittlungstätigkeit. Dies ist keine Verfahrenseinstellung und der Polizei daher

---

[27] *Rebmann/Roth/Herrmann*, § 47 Rn 15, 29.
[28] *Bohnert*, OWiG, § 47 Rn 25; *Rebmann/Roth/Herrmann*, § 47 Rn 30.
[29] KKOWiG-*Bohnert*, § 47 Rn 6.
[30] *Bohnert*, OWiG, § 53 Rn 1; *Göhler*, § 35 Rn 9; KKOWiG-*Wache*, § 53 Rn 4.
[31] *Göhler*, § 53 Rn 4.
[32] *Bohnert*, OWiG, § 53 Rn 15.
[33] *Baisch*, Schutz des Opportunitätsprinzips, S. 17; *Göhler*, § 53 Rn 9; *Rebmann/Roth/ Herrmann*, § 53 Rn 7.
[34] *Baisch*, Schutz des Opportunitätsprinzips, S. 16; *Göhler*, § 53 Rn 20.
[35] *Baisch*, Schutz des Opportunitätsprinzips, S. 17; *Rebmann/Roth/Herrmann*, § 53 Rn 7.

nach pflichtgemäßem Ermessen gestattet[36]. Insbesondere wird dieses Absehen von weiteren Ermittlungsmaßnahmen nicht der zuständigen Verwaltungsbehörde zugerechnet.

2. Verwarnung statt Geldbuße

9   Entschließt sich die Verwaltungsbehörde zur Durchführung eines Ermittlungsverfahrens, zielt dieses auf den Erlaß eines Bußgeldbescheids und die Verhängung einer Geldbuße, § 65 OWiG. Richtet sich der Tatverdacht auf eine geringfügige Ordnungswidrigkeit, kann die Verwaltungsbehörde statt Absehen von der Verfolgung oder Aufnahme der Ermittlungen den Weg des Verwarnungsverfahrens beschreiten, § 56 Abs. 1 OWiG. Auch hier macht sich das Opportunitätsprinzip bemerkbar: Die Verwaltungsbehörde muß von der Möglichkeit der Verwarnung keinen Gebrauch machen, es steht in ihrem pflichtgemäßen Ermessen[37].

3. Einstellung des Verfahrens

10   Ein bereits eingeleitetes und noch nicht rechtskräftig abgeschlossenes Verfahren kann jederzeit nach Ermessen eingestellt werden. In jedem Fall ist aber eine Einstellung bzw. ein Freispruch auf der Grundlage des (negativen) Legalitätsprinzips (§ 46 Abs. 1 OWiG i.V.m. § 170 Abs. 2 StPO) vorrangig, wenn die Voraussetzungen einer Ordnungswidrigkeit nicht erfüllt sind oder ein Verfahrenshindernis besteht[38]. Die Einstellung nach § 47 Abs. 1 S. 2, Abs. 2 OWiG ist nur in bezug auf einen Verfahrensgegenstand zulässig, der die Eigenschaft „Ordnungswidrigkeit" hat[39]. Treffen Ordnungswidrigkeit und Straftat in einem Verfahren zusammen, ist § 47 OWiG hinsichtlich der Straftat unanwendbar. Eine Teileinstellung ist möglich bezüglich der Ordnungswidrigkeit, wenn diese nicht nach § 21 Abs. 1 S. 1 OWiG verdrängt wird und von der Straftat abgetrennt werden kann.

11   Bis zum Erlaß des Bußgeldbescheids obliegt die Einstellung des Verfahrens der **Verwaltungsbehörde**, die für das Ermittlungsverfahren zuständig ist, § 47 Abs. 1 S. 2 OWiG. Keine Einstellungsbefugnis nach § 47 Abs. 1 S. 2 OWiG hat die Polizei in ihrer Eigenschaft als Ermittlungsorgan[40]. Nur soweit die Polizei selbst Verwaltungsbehörde i.S.d. § 35 OWiG ist (vgl. z. B. § 26 Abs. 1 StVG), kann sie das Verfahren nach § 47 Abs. 1 S. 2 OWiG einstellen[41]. Nach Einspruch gegen den Bußgeldbescheid kann die Verwaltungsbehörde das Verfahren noch einstellen, nachdem sie den Bußgeldbescheid gem. § 69 Abs. 2 S. 1 OWiG zurückge-

---

[36]   *Bohnert*, OWiG, § 53 Rn 25.
[37]   *Baisch*, Schutz des Opportunitätsprinzips, S. 12; *Cramer*, Grundbegriffe, S. 128; *Bohnert*, OWiG, § 56 Rn 26.
[38]   *Baisch*, Schutz des Opportunitätsprinzips, S. 6; *Göhler*, § 47 Rn 22 a; KKOWiG-*Bohnert*, § 47 Rn 98.
[39]   KKOWiG-*Bohnert*, § 47 Rn 54.
[40]   *Rieß*, NStZ 1981, 2 (9).
[41]   *Göhler*, § 35 Rn 9.

nommen[42] oder die Sache vom Amtsgericht mit Zustimmung der Staatsanwaltschaft zurückbekommen hat, § 69 Abs. 5 OWiG[43]. Ihre Einstellungsentscheidung ist nicht zustimmungsbedürftig. Weder die Staatsanwaltschaft noch das Gericht, weder der Betroffene noch der Verletzte können die Einstellung mit ihrem
Widerspruch verhindern. Eine Anfechtungsmöglichkeit besteht ebenfalls nicht[44].

Eine dem Klageerzwingungsverfahren (§ 172 StPO) entsprechende Einrichtung   **12**
paßt in das Bußgeldverfahren schon deswegen nicht (§ 46 Abs. 3 S. 3 OWiG),
weil Zweck dieses Rechtsbehelfs die Wahrung des Legalitätsprinzips ist[45]. Zwar
sind im Bußgeldverfahren fehlerhafte Verfahrenseinstellungen nach § 46 Abs. 1
OWiG i.V.m. § 170 Abs. 2 StPO möglich. Jedoch könnte die dem § 175 StPO entsprechende Antwort des Gerichts auf diesen Verfahrensfehler nur in der Aufforderung an die Verwaltungsbehörde bestehen, ihr Ermessen nach § 47 Abs. 1 S. 2
OWiG auszuüben. Derartiges ist aber sogar im Strafverfahren ausgeschlossen
(vgl. § 172 Abs. 2 S. 3 Alt. 2 StPO).

Bindungswirkung im Sinne eines Verbots erneuter Verfolgung entfaltet die   **13**
Einstellungsentscheidung nicht, wenn sie vor Zustellung eines Bußgeldbescheids
an den Betroffenen ergangen ist[46]. Solange die Tat noch nicht verjährt ist, kann die
Verwaltungsbehörde also nach einer Einstellung erneut das Verfahren aufnehmen
und einen Bußgeldbescheid erlassen.

Die **Staatsanwaltschaft** kann das Verfahren nach § 47 Abs. 1 S. 2 OWiG ein-   **14**
stellen, wenn sie Verfolgungsbehörde ist. Dies ist sie ausnahmsweise von Beginn
des Ermittlungsverfahrens an, soweit ein besonderes Gesetz (z. B. § 7 BayZu-
VOWiG) ihr die Aufgabe der Verwaltungsbehörde i.S.d. § 35 Abs. 1 OWiG übertragen hat[47]. Im übrigen geht die Funktion der Verfolgungsbehörde im Verfahren
nach Einspruchseinlegung auf die Staatsanwaltschaft über, sobald die von der
Verwaltungsbehörde übersandten Akten bei ihr eingegangen sind § 69 Abs. 4 S. 1
OWiG[48]. Stellt die Staatsanwaltschaft das Verfahren in diesem Stadium ein, entfaltet ihre Entscheidung Bindungswirkung und läßt ein Wiederaufgreifen des Verfahrens durch die Verwaltungsbehörde nur unter den Voraussetzungen des § 211
StPO (neue Tatsachen oder Beweismittel) zu[49].

Verfolgt die Staatsanwaltschaft eine Ordnungswidrigkeit gem. §§ 40, 42 OWiG   **15**
im Strafverfahren, steht ihr die Einstellungsmöglichkeit nach § 47 Abs. 1 S. 2
OWiG ebenfalls zur Verfügung. Die Verwaltungsbehörde ist dann vor der Einstel-

---

[42] *Baisch*, Schutz des Opportunitätsprinzips, S.12; *Bohnert*, OWiG, § 69 Rn 25; *Göhler*,
      § 69 Rn 26.
[43] KKOWiG-*Bohnert*, § 47 Rn 30.
[44] KKOWiG-*Bohnert*, § 47 Rn 118, 120.
[45] *Beulke*, Strafprozeßrecht, Rn 344.
[46] *Cramer*, Grundbegriffe, S. 129; KKOWiG-*Bohnert*, § 47 Rn 27.
[47] *Baisch*, Schutz des Opportunitätsprinzips, S. 25; *Göhler*, § 35 Rn 3; KKOWiG-*Lampe*,
      § 35 Rn 7.
[48] *Baisch*, Schutz des Opportunitätsprinzips, S. 24; KKOWiG-*Bohnert*, § 47 Rn 11; § 69
      Rn 81.
[49] KKOWiG-*Bohnert*, § 47 Rn 33.

lung zu hören, sofern ihre besondere Sachkunde nicht entbehrt werden kann, § 63 Abs. 3 OWiG[50].

16 Das **Gericht** (Amtsgericht gem. § 68 Abs. 1 OWiG) wird zur Einstellung des Verfahrens zuständig (§ 47 Abs. 2 OWiG), nachdem die Staatsanwaltschaft ihm im Zwischenverfahren die Akten vorgelegt hat, § 69 Abs. 4 S. 2 OWiG. Auch im Rechtsbeschwerdeverfahren vor dem OLG (§ 79 Abs. 3 OWiG i. V. m. § 121 Abs. 1 Nr. 1 a GVG) ist die Einstellung noch möglich[51]. Die Staatsanwaltschaft kann die Einstellung verhindern, indem sie ihre Zustimmung verweigert. Bei Verletzung ihres Mitwirkungsrechts hat die Staatsanwaltschaft das Recht zur Beschwerde, § 46 Abs. 1 OWiG, § 304 StPO[52]. Der Einstellungsbeschluß des Gerichts hat Bindungswirkung, die nur mit neuen Tatsachen oder Beweismitteln überwunden kann[53]. Soweit Ordnungswidrigkeiten Gegenstand eines Strafverfahrens sind, steht dem Gericht auch dort die Einstellungsmöglichkeit nach § 47 Abs. 2 OWiG zur Verfügung[54].

17 In allen Verfahrensabschnitten ist der Vorrang der Verfahrensbeendigung nach Maßgabe des negativen Legalitätsprinzips zu beachten[55]. Auch das Gericht muß also den Betroffenen freisprechen, wenn die materiellrechtlichen Voraussetzungen für die Bußgeldverhängung nicht erfüllt sind[56]. Dieser Sachentscheidung darf das Gericht nicht durch Anwendung des § 47 Abs. 2 OWiG ausweichen.

Kontrollfragen

1. Warum gilt im Bußgeldverfahren das Opportunitätsprinzip? (Rn 4)
2. Hat die Polizei das Recht, das Bußgeldverfahren nach eigenem Ermessen einzustellen? (Rn 11)
3. In welchem Verhältnis steht das „negative Legalitätsprinzip" zum Opportunitätsprinzip? (Rn 17)

Literatur

Hohendorf, § 153 a I StPO als Radikalmittel zur Bewältigung der „Massen-Bagatellkriminalität"?, NJW 1987, 1177

Geppert, Das Legalitätsprinzip, Jura 1982, 139

Rieß, Die Zukunft des Legalitätsprinzips, NStZ 1981, 2

Schulenburg, Legalitäts- und Opportunitätsprinzip im Strafverfahren, JuS 2004, 765

---

[50] *Bohnert*, OWiG, § 63 Rn 12.
[51] *Baisch*, Schutz des Opportunitätsprinzips, S. 28 *Bohnert*, OWiG, § 79 Rn 128; *Göhler*, § 47 Rn 41; KKOWiG-*Bohnert*, § 47 Rn 19.
[52] KKOWiG-*Bohnert*, § 47 Rn 121.
[53] *Cramer*, Grundbegriffe, S. 129; *Göhler*, § 47 Rn 60; KKOWiG-*Bohnert*, § 47 Rn 34, 35.
[54] *Göhler*, § 47 Rn 62.
[55] Diff. *Schulenburg*, JuS 2004, 765 (769).
[56] *Baisch*, Schutz des Opportunitätsprinzips, S. 7.

§ 24 Verfahrensvoraussetzungen und Verfahrenshindernisse

I. Begriff und Bedeutung

Verfahrensvoraussetzung (Prozessvoraussetzung) ist die prozeßrechtsdogmatische Bezeichnung für eine Rechtsregel, die die Einleitung, Durchführung und Fortsetzung des Verfahrens sowie den Abschluß des Verfahrens mit einer Sachentscheidung vom Vorliegen bestimmter tatsächlicher Umstände abhängig macht[1]. Diese tatsächlichen Umstände haben also rein prozessuale Relevanz und besagen nichts über das Vorliegen der materiellrechtlichen Ahndbarkeitsvoraussetzungen "Tatbestandsmäßigkeit", "Rechtswidrigkeit" und "Vorwerfbarkeit". Ihren prozessualen Einfluß machen Verfahrensvoraussetzungen gerade dann geltend, wenn die materiellrechtlichen Voraussetzungen für Verfahren und Sachentscheidung erfüllt sind: Erst das Vorliegen der Verfahrensvoraussetzungen ermöglicht die verfahrensmäßige Anwendung des materiellen Ordnungswidrigkeitenrechts. Dagegen verhindert das Fehlen von Verfahrensvoraussetzungen Verfahren und/oder Sachentscheidung und damit letztendlich die tatsächliche Ahndung der Tat, obwohl das zuständige Verfolgungsorgan Erkenntnisse über materiellrechtlich erhebliche Tatsachen hat, die für eine Verfolgung und Ahndung der Tat als Ordnungswidrigkeit ausreichen würden. 1

Verfahrenshindernis (Prozesshindernis) ist sachlich dasselbe wie Verfahrensvoraussetzung, nur ins Negative gewendet: Das Verfahrenshindernis hat dieselbe Wirkung wie das Fehlen einer Verfahrensvoraussetzung, das Fehlen eines Verfahrenshindernisses hat dieselbe Wirkung wie die Erfüllung einer Verfahrensvoraussetzung. Es macht die Durchführung des Verfahrens oder den Erlaß einer Entscheidung in der Sache unzulässig[2]. Damit das Verfahren zulässig ist, darf also kein Verfahrenshindernis bestehen und müssen alle Verfahrensvoraussetzungen erfüllt sein. Verfahrensvoraussetzungen und Verfahrenshindernisse sind in jeder Lage des Verfahrens von dem verfahrensleitenden Organ von Amts wegen zu beachten[3]. Fällt das Fehlen einer Verfahrensvoraussetzung oder das Bestehen eines Verfahrenshindernisses im gerichtlichen Verfahren auf, ist das Verfahren gem. § 46 Abs. 1 OWiG i. V. m. § 206 a StPO oder § 260 Abs. 3 StPO durch Beschluß oder durch Prozeßurteil einzustellen[4]. Im Rechtsmittelverfahren bedarf es keiner diesbezüglichen Rüge des Rechtsmittelführers. Die Feststellung der ein Verfah- 2

---

[1]   KKOWiG-*Wache*, vor § 53 Rn 47.

[2]   *Göhler*, vor § 59 Rn 37.

[3]   OLG Düsseldorf, VRS 95, 40 (41); *Göhler*, vor § 59 Rn 47; KKOWiG-*Wache*, vor § 53 Rn 57.

[4]   OLG Karlsruhe, NJW 2004, 3273; OLG Saarbrücken, NJW 1992, 3183 (3184); AG Bad Hersfeld, NZV 1998, 222 (223).

renshindernis oder eine Verfahrensvoraussetzung begründenden Tatsachen unterliegt keinen beweisrechtlichen Förmlichkeiten, sondern erfolgt im Freibeweisver-
fahren[5]. Ein anhängiges Verfahren muß eingestellt werden, wenn sich das Fehlen
einer Verfahrensvoraussetzung oder das Bestehen eines Verfahrenshindernisses
herausstellt und dieser Mangel nicht behoben werden kann[6].

3   Die Verfahrensvoraussetzungen und Verfahrenshindernisse des Bußgeldverfahrens entsprechen im wesentlichen denen des Strafverfahrens, § 46 Abs. 1 OWiG.
Dasselbe gilt für die verfahrensrechtliche Behandlung. Soweit in diesem Zusammenhang keine ordnungswidrigkeitenrechtlichen Besonderheiten vorliegen, beschränkt sich die folgende Einzeldarstellung daher auf eine knappe Skizzierung.

II. Verfahrensvoraussetzungen

1. Antrag

4 Wie im Strafrecht ist auch im Ordnungswidrigkeitenrecht die Zulässigkeit der
Verfolgung und Ahndung des Delikts grundsätzlich nicht davon abhängig, daß
dies von dem Verletzten oder einer sonstigen interessierten Person beantragt wird.
Es gilt das **Offizialprinzip**, die Verfolgung ist von Amts wegen einzuleiten und
zum Abschluß zu bringen. Während das Strafrecht immerhin eine nicht ganz un-
beträchtliche Zahl von Tatbeständen kennt, bei denen das Offizialprinzip durchbrochen ist und das Verfahren einen **Strafantrag** i.S.d. § 77 StGB voraussetzt, ist
dies im Ordnungswidrigkeitenrecht eine seltene Ausnahmeerscheinung[7]. Das
OWiG stellt in § 131 Abs. 2 für die Tatbestände des § 122 OWiG und des § 130
OWiG ein Antragserfordernis auf[8]. Der Vollrausch wird danach nur auf Antrag
verfolgt, wenn die von ihm umschlossene Rauschtat einen Ordnungswidrigkeitentatbestand erfüllt, der seinerseits in einem Bußgeldverfahren nur auf Antrag berücksichtigt werden dürfte. Das für § 130 OWiG aufgestellte Antragserfordernis
ist aus dem Strafrecht abgeleitet: Erfüllt die Anknüpfungstat ("Zuwiderhandlung")
den Tatbestand einer Straftat, deren Verfolgung einen Strafantrag voraussetzen
würde (z. B. §§ 230, 303 c StGB), ist auch die Verfolgung der Ordnungswidrigkeit "Aufsichtspflichtverletzung" von einem Antrag abhängig. Da § 131 Abs. 2
OWiG auf Straftaten Bezug nimmt, die "nur" auf Antrag verfolgt werden können,
ist der Unterschied zwischen "absoluten" und "bedingten" Antragsdelikten auch
bei der Verfolgung einer Aufsichtspflichtverletzung im Bußgeldverfahren zu beachten. Soweit die Anknüpfungstat bedingtes Antragsdelikt ist, kann der Antrag
durch ein besonderes öffentliches Verfolgungsinteresse ersetzt werden (vgl. z. B.
§§ 230, 248 a, 303 c StGB, § 109 UrhG). Eines Antrags bedarf es also nur, wenn

---

[5]   OLG Karlsruhe, NJW 2004, 3273.
[6]   OLG Düsseldorf, VRS 95, 40 (41); *Göhler*, vor § 59 Rn 48.
[7]   *Göhler*, § 13 Rn 5; KKOWiG-*Wache*, vor § 53 Rn 46; KKOWiG-*Bohnert*, § 131
       Rn 16.
[8]   Zu einem außerhalb des OWiG geregelten Antragserfordernis vgl. BayObLG, NJW
       1995, 2862 (2863).

ein derartiges Interesse nicht besteht. Bei absoluten Antragsdelikten vermag ein besonderes öffentliches Verfolgungsinteresse das Fehlen des Antrags nicht zu kompensieren (vgl. z. B. § 33 II KUG).

Auch für die Zulässigkeit der Verhängung einer Verbandsgeldbuße im selb-   5 ständigen Verfahren nach § 30 Abs. 4 OWiG ist das Antragserfordernis beachtlich. Handelt es sich bei der Anknüpfungstat des Organs um ein Antragsdelikt, so schließt § 30 Abs. 4 S. 2 OWiG die Verhängung der Verbandsgeldbuße im selbständigen Verfahren aus, wenn gegen das Organ kein Verfolgungsantrag gestellt wurde.

Trifft die Ordnungswidrigkeit mit einer Straftat zusammen, deren Verfolgung 6 antragsabhängig ist, wird die Verfolgung der Ordnungswidrigkeit durch das Fehlen des Strafantrags nicht gehindert, sondern ermöglicht: Die von § 21 Abs. 1 S. 1 OWiG angeordnete Subsidiarität der Ordnungswidrigkeit gegenüber der Straftat wird dann gem. § 21 Abs. 2 OWiG aufgehoben.

Im übrigen richtet sich die rechtliche Behandlung des Antrags – Antragsberech- 7 tigung, Antragsfrist, Form der Antragsstellung, Rücknahme des Antrags usw. – gemäß § 46 Abs. 1 OWiG nach den strafrechtlichen Vorschriften der §§ 77 ff. StGB[9].

2. Ermächtigung

Ebenfalls mit Bezug auf § 130 OWiG ordnet § 131 Abs. 2 OWiG an, daß das 8 Bußgeldverfahren wegen der Aufsichtspflichtverletzung eine Ermächtigung voraussetzt, sofern es um eine Anknüpfungstat geht, die einen Straftatbestand mit Ermächtigungsvorbehalt verwirklicht. Das StGB stellt diese Verfahrensvoraussetzung z. B. in §§ 90 Abs. 4 , 90 b Abs. 2, 104 a, 194 Abs. 4 auf. Die rechtlichen Details der Ermächtigung stimmen mit denen des Antrags überein, § 77 e StGB.

3. Zuständigkeit

Ein Bußgeldverfahren wird dadurch existent, daß eine staatliche Behörde es un- 9 ternimmt, mit prozessualen Mitteln einen verdächtigen Sachverhalt aufzuklären und der Anwendung materiellen Ordnungswidrigkeitenrechts zugänglich zu machen. Ein konstituierendes Element des Verfahrens ist also die verfahrenstragende und -betreibende Behörde. Aus diesem Grund ist mit der Frage nach der Zulässigkeit eines Bußgeldverfahrens auch danach gefragt, ob gerade die mit der Sache konkret befaßte Behörde befugt ist, diesen Vorgang zu ihrer Angelegenheit zu machen. Damit ist die Frage der Zuständigkeit aufgeworfen. **Sachliche** und **örtliche** Zuständigkeit der Behörde ist im Straf- wie im Bußgeldverfahrensrecht eine Verfahrensvoraussetzung[10]. Daher muß die Behörde in jeder Lage des Verfahrens von Amts wegen die eigene Zuständigkeit prüfen. Stellt die Behörde ihre sachliche oder örtliche Unzuständigkeit fest, ist das Verfahren bei dieser Behörde unzu-

---

[9] BayObLG, NJW 1995, 2862 (2864); *Bohnert*, Grundriß, S. 82.

[10] *Bohnert*, Grundriß, S. 81; *Göhler*, vor § 59 Rn 37; KKOWiG-*Wache*, vor § 53 Rn 47.

lässig. In einem solchen Fall wird aber das Verfahren nicht eingestellt, sondern die Sache formlos an die zuständige Behörde abgegeben[11].

III. Verfahrenshindernisse

1. Exterritorialität

10 Die völkerrechtlich fundierte Exemtion bestimmter Personen[12] von der deutschen Gerichtsbarkeit gemäß §§ 18 bis 20 GVG betrifft auch das Bußgeldverfahren, § 46 Abs. 1 OWiG[13]. Es wäre wohl auch ein Wertungswiderspruch, wenn der Verdacht einer Straftat eine prozessual günstigere Position verschaffen würde als der Verdacht einer Ordnungswidrigkeit. Jede Art der rechtlichen Reaktion auf eine mutmaßliche Ordnungswidrigkeit ist ausgeschlossen. Nicht nur das auf Erlaß eines Bußgeldbescheids gerichtete Verfahren, sondern auch die Verwarnung mit oder ohne Verwarnungsgeld (§ 56) ist unzulässig. Solange das Verfahrenshindernis besteht – der Status als Botschaftsangehöriger usw. kann wegfallen – , ruht die Verfolgungsverjährung, § 32 Abs. 1 S. 1 OWiG[14].

11   **Kein** Verfahrenshindernis ist im Bußgeldbereich die **Abgeordnetenimmunität**[15]. Artikel 46 Abs. 2 GG[16] macht die Abgeordnetenverfolgung von der Genehmigung des Parlaments nur bei Verfahren abhängig, deren Gegenstand eine "mit Strafe bedrohte Handlung" ist. Denn durch ein Bußgeldverfahren gegen einen Abgeordneten wird die Funktionsfähigkeit des Parlaments (Schutzzweck der Immunität)[17], dem er angehört, nicht beeinträchtigt[18].

2. Tod, Bußgeldunmündigkeit und Verhandlungsunfähigkeit des Betroffenen

12 Das Bußgeldverfahren setzt die Existenz eines Subjekts voraus, gegen das ein Verfahren durchgeführt werden kann. Das Bußgeldverfahren ist also grundsätzlich ein subjektives Verfahren. Daher entsteht mit dem **Tod** des Betroffenen ein dauerndes und unbehebbares Verfahrenshindernis[19]. Die Todeserklärung bei Verschollenheit steht dem Tod gleich. Möglich bleibt die Durchführung eines objektiven Verfahrens zur selbständigen Anordnung der Einziehung (§ 27 Abs. 1

---

[11]   *Göhler*, § 36 Rn 14; § 37 Rn 13.
[12]   Zum privilegierten Personenkreis vgl. KKOWiG-*Wache*, vor § 53 Rn 50.
[13]   *Bohnert*, Grundriß, S. 82; *Göhler*, vor § 59 Rn 39; KKOWiG-*Wache*, vor § 53 Rn 48; zur eingeschränkten Amtsimmunität eines Honorarkonsuls nach Art. 43 Abs. 1 WÜK vgl. OLG Karlsruhe, NJW 2004, 3273.
[14]   *Göhler*, § 32 Rn 3; KKOWiG-*Weller*, § 32 Rn 9.
[15]   *Bohnert*, Grundriß, S. 82; *Göhler*, vor § 59 Rn 42, KKOWiG-*Wache*, vor § 53 Rn 53.
[16]   Ähnliche Regelungen enthalten die Verfassungen der Länder, vgl. z. B. Art. 58 der Verfassung des Landes Brandenburg.
[17]   *Meyer-Goßner*, § 152 a Rn 3.
[18]   OLG Köln, NStZ 1987, 564 (565).
[19]   BGHSt 45, 108 (111); *Laubenthal/Mitsch*, NStZ 1988, 108 ff.

OWiG), des Verfalls (§ 29 a Abs. 4 OWiG), der Mehrerlösabführung (§ 10 Abs. 1 WiStG 1954) sowie zur selbständigen Festsetzung einer Verbandsgeldbuße (§ 30 Abs. 4 S. 1 OWiG).

Ein Täter, der zur Tatzeit noch nicht 14 Jahre alt war, ist ordnungswidrigkeiten- **13** rechtlich[20] nicht verantwortlich, § 12 Abs. 1 S. 1 OWiG. Daher kann ein Bußgeld- verfahren gegen diesen **bußgeldunmündigen** Täter nicht zur Verhängung einer Geldbuße und nicht zum Erlaß eines Bußgeldbescheides führen. Das Bußgeldver- fahren ist also wegen von vornherein feststehender Zielverfehlung sinnlos. Die Al- tersgrenze des § 12 Abs. 1 S. 1 OWiG hat deshalb nicht nur die materiellrechtliche Relevanz, die Qualifizierung der Tat als "Ordnungswidrigkeit" i.S.d. § 1 Abs. 1 OWiG auszuschließen[21]. Sie errichtet auch ein Verfahrenshindernis.

Gegen eine dauernd **verhandlungsunfähige** Person ein Bußgeldverfahren **14** durchzuführen, verbietet das Gebot prozessualer Fairneß. Wer verhandlungsunfä- hig ist, kann sich meistens nicht optimal selbst verteidigen. Nicht nur die Würde des Betroffenen, auch das Ansehen rechtsstaatlicher Rechtspflege verlangt daher nach einem Verbot prozessualer Verfolgung dauernd verhandlungsunfähiger Men- schen. Dauernde Verhandlungsunfähigkeit ist somit ein Verfahrenshindernis[22].

3. Anderweitige Verfolgung

Eine Tat kann nur Gegenstand **eines** Verfahrens sein. Die gleichzeitige Durchfüh- **15** rung mehrerer Verfahren gegen einen Betroffenen wegen ein und derselben Tat ist nicht zulässig. Vor allem bei Zuständigkeit mehrerer Behörden für einen Verfah- rensgegenstand (vgl. § 36 OWiG) wäre eine **Verfahrensmehrheit** vorstellbar. Die rechtlichen Mittel zur Verhinderung von Verfolgungspluralität und zur Lösung von Kompetenzkonflikten sind einerseits die Vorrangregelung des § 39 OWiG, andererseits das Verfahrenshindernis der anderweitigen Verfolgung. Eine an sich zuständige Verwaltungsbehörde ist demnach an der Durchführung eines Bußgeld- verfahrens gehindert, wenn die Staatsanwaltschaft die Verfolgung übernommen hat oder die Sache bei Gericht rechtshängig ist[23]. Sachlich begrenzt wird dieses Verfahrenshindernis durch den prozessualen Tatbegriff. Sachverhaltsteile, die nicht Bestandteil einer bereits in ein Verfahren involvierten Tat sind, werden von dem Verfahrenshindernis nicht berührt, dürfen also zum Gegenstand eines Buß- geldverfahrens gemacht werden. Das Verfahrenshindernis der anderweitigen Ver- folgung besteht auch, wenn die Verwaltungsbehörde wegen einer Tat einen Buß- geldbescheid erlassen hat und vor dessen Rechtskraft wegen derselben Tat einen neuen Bußgeldbescheid erläßt, ohne den ersten zurückgenommen zu haben[24].

---

[20] Zum Strafrecht vgl. § 19 StGB; zur Reformdiskussion vgl. *H. J. Albrecht*, DJT-Gut- achten, 2002, D 78 ff.

[21] Dazu oben § 10 Rn 7.

[22] *Bohnert*, Grundriß, S. 83 („... allerdings nur dort , wo er [der Betroffene] verhandeln muß.").

[23] KKOWiG-*Wache*, vor § 53 Rn 47.

[24] OLG Düsseldorf, NStZ 1986, 82 (83); OLG Saarbrücken, NJW 1992, 3183 (3184), wo allerdings auf das Verfahrenshindernis „ne bis in idem" abgestellt wird.

4. Verbrauch des staatlichen Ahndungsanspruchs

16 Eine Tat darf nur **einmal** in einem Verfahren verfolgt und geahndet werden. Nach rechtskräftigem Abschluß des Verfahrens ist ein neues Verfahren in bezug auf dieselbe Tat unzulässig. Die Rechtskraft der verfahrensabschließenden Sachentscheidung begründet ein rechtliches Hindernis nicht nur gegen die Fortsetzung des abgeschlossenen, sondern auch gegen die Einleitung eines neuen Verfahrens. Dabei spielt es keine Rolle, ob die Entscheidung richtig ist oder nicht. Fehlerkorrekturen sind nur mit außerordentlichen Rechtsbehelfen (z.B. Wiederaufnahme des Verfahrens, Verfassungsbeschwerde), nicht aber durch Einleitung eines neuen Verfahrens möglich.

17 Dieser Grundsatz des "**ne bis in idem**" ist in Art. 103 Abs. 3 GG verfassungsrechtlich verankert und beherrscht nicht nur das Straf-, sondern auch das Bußgeldverfahren. Der Verfolgung einer Tat als Ordnungswidrigkeit kann also ein Verfahrenshindernis entgegenstehen, weil diese Tat schon einmal Gegenstand eines Verfahrens war und dieses mit einer rechtskräftigen Sachentscheidung beendet wurde. Diese verfahrenshindernde Sperrwirkung findet man sowohl bei straf- als auch bei bußgeldrechtlichen Entscheidungen.

a) Verbrauch des Ahndungsanspruchs durch Strafverfahren

18 Mit Eintritt der Rechtskraft eines strafgerichtlichen **Sachurteils** (§ 260 StPO) ist die "Strafklage verbraucht"[25]. Dies gilt über den Wortlaut des Art. 103 Abs. 3 GG hinaus nicht nur im Falle einer Verurteilung, sondern auch im Falle eines Freispruchs[26]. Die Rechtskraft des Urteils steht der Verfolgung derselben Tat als Straftat in einem neuen Strafverfahren entgegen. Ebenfalls ausgeschlossen ist die Verfolgung der Tat als Ordnungswidrigkeit in einem Bußgeldverfahren, § 84 Abs. 1 OWiG[27]. Im Falle der Verurteilung ist dies bereits eine Konsequenz des § 21 Abs. 1 S. 1 OWiG, der für die Anwendung des Bußgeldtatbestandes neben dem Straftatbestand von vornherein fast keinen Raum läßt. Nicht anders verhält es sich beim Freispruch, der nicht nur die Berechtigung des strafrechtlichen, sondern auch eines etwaigen ordnungswidrigkeitenrechtlichen Vorwurfs negiert[28]. Denn gem. § 82 Abs. 1 OWiG hat das Gericht das Ordnungswidrigkeitenrecht als subsidiären Beurteilungsmaßstab heranzuziehen, was gerade dann erheblich wird, wenn der strafrechtliche Vorwurf sich nicht aufrechterhalten läßt und daher § 21 Abs. 1 S. 1 OWiG die Anwendung des Bußgeldtatbestandes nicht ausschließt[29].

19 Dem rechtskräftigen Strafurteil gleich steht der **Strafbefehl**, gegen den nicht rechtzeitig Einspruch erhoben wurde, § 410 Abs. 3 StPO[30]. Da der Strafbefehl

---

[25] *Meyer-Goßner*, Einleitung Rn 171.

[26] KKOWiG-*Steindorf*, § 84 Rn 11.

[27] § 84 Abs. 1 OWiG : „... oder hat das Gericht über die Tat ... als Straftat rechtskräftig entschieden ...".

[28] *Göhler*, § 84 Rn 15.

[29] *Göhler*, § 21 Rn 21.

[30] KKOWiG-*Steindorf*, § 84 Rn 14.

immer eine Bestätigung des von der Staatsanwaltschaft erhobenen Straftatvorwurfs enthält – es also ein Pendant zum freisprechenden Urteil nicht gibt (zu § 408 Abs. 2 S. 1 StPO sogleich) – versteht sich die Unmöglichkeit anschließender bußgeldrechtlicher Verfolgung und Ahndung in der Regel schon wegen § 21 Abs. 1 S. 1 OWiG von selbst. Weitere verfahrensabschließende Entscheidungen mit – beschränkter – verfahrenshindernder Sperrwirkung sind die Ablehnung der **Eröffnung des Hauptverfahrens** (§§ 204, 211 StPO), die Ablehnung des **Antrags auf Erlaß eines Strafbefehls** (§ 408 Abs. 2 S. 2 StPO)[31], die **Verfahrenseinstellung unter Auflagen** (§ 153 a Abs. 1 S. 5 StPO)[32] und die **gerichtliche** Verfahrenseinstellung nach §§ 153 Abs. 2, 153 b Abs. 2 StPO[33] und § 47 Abs. 3 JGG.

Anderen Entscheidungen im Strafverfahren kommt keine Sperrwirkung gegen- **20** über einem Bußgeldverfahren zu: Die **Einstellung des Verfahrens nach § 170 Abs. 2 StPO** besagt nur, daß kein Anlaß für die Erhebung einer öffentlichen Klage besteht, also der Verdacht einer Straftat entfallen oder nicht stark genug ist[34]. Zwar kann die Verfahrenseinstellung zugleich die Aussage enthalten, daß auch der Verdacht einer Ordnungswidrigkeit nicht begründet ist (anderenfalls Abgabe an die Verwaltungsbehörde gem. § 43 Abs. 1 OWiG), vgl. § 63 Abs. 3 OWiG[35]. Jedoch darf die Verfolgung sowohl in straf- als auch in ordnungswidrigkeitenrechtlicher Hinsicht jederzeit wieder aufgenommen werden. Die Verwaltungsbehörde bedarf dazu allerdings der Zustimmung der Staatsanwaltschaft[36]. Das **Absehen von der Verfolgung nach §§ 153 Abs. 1, 153 b Abs. 1 StPO** und § 45 JGG beinhaltet die Aussage, daß der Verdacht einer Straftat begründet ist und Ordnungswidrigkeitenrecht als Ahndungsgrundlage an sich gem. § 21 Abs. 1 S. 1 OWiG ausscheidet. § 21 Abs. 2 OWiG läßt den Bußgeldanspruch aber wieder aufleben, wenn die Staatsanwaltschaft darauf verzichtet, den Strafanspruch geltend zu machen. Daher ist eine Verfolgung der Tat als Ordnungswidrigkeit möglich, wenn von einer Verfolgung als Straftat abgesehen wird[37]. Die **Verwerfung eines Klageerzwingungsantrags** entfaltet die Sperrwirkung des § 174 Abs. 2 StPO nur in bezug auf solche Ahndungsansprüche, deren prozessuale Durchsetzung mit dem Klageerzwingungsantrag überhaupt verlangt werden kann[38]. Da die Statthaftigkeit des gerichtlichen Klageerzwingungsverfahrens auf strafrechtliche Aspekte beschränkt ist, die dem Legalitätsprinzip unterliegen (§ 172 Abs. 2 S. 3 StPO), scheidet eine Rechtswirkung des Verwerfungsbeschlusses gegenüber Ordnungswidrigkeiten aus, § 46 Abs. 3 S. 3 OWiG.

Keine ahndungsverbrauchende Wirkung haben alle Entscheidungen, die das **21** Verfahren aus **prozeßrechtlichen** Gründen beenden und keine materiellrechtliche Tatbeurteilung implizieren. Wird z. B. das Verfahren wegen eines Verfahrenshin-

---

[31] KKOWiG-*Steindorf*, § 84 Rn 16.
[32] *Göhler*, § 21 Rn 27; KKOWiG-*Steindorf*, § 84 Rn 15.
[33] *Göhler*, § 21 Rn 29; KKOWiG-*Steindorf*, § 84 Rn 16.
[34] Der Verdacht einer Ordnungswidrigkeit allein gibt nie Anlaß zur Erhebung der öffentlichen Klage, vgl. § 43 Abs. 1 OWiG.
[35] *Göhler*, § 40 Rn 6; KKOWiG-*Lampe*, § 40 Rn 19.
[36] KKOWiG-*Lampe*, § 40 Rn 21.
[37] *Göhler*, § 21 Rn 23; *Meyer-Goßner*, § 153 Rn 37.
[38] *Meyer-Goßner*, § 174 Rn 6.

dernisses eingestellt (§§ 206 a, 260 Abs. 3 StPO), ist eine erneute Verfolgung nach Wegfall des Hindernisses zulässig[39].

b) Verbrauch des Ahndungsanspruchs durch Bußgeldverfahren

22 Der rechtskräftige Abschluß eines Bußgeldverfahrens kann zur Folge haben, daß die Ordnungswidrigkeit als Verfahrensgegenstand verbraucht und ein erneutes Bußgeldverfahren bezüglich derselben Tat unzulässig ist. Der Eintritt dieser Sperrwirkung hängt davon ab, wie das Bußgeldverfahren abgeschlossen wurde. Wurde die Ordnungswidrigkeit durch rechtskräftigen **Bußgeldbescheid** (§ 65 OWiG) geahndet, so ist die Verfolgung derselben Tat als Ordnungswidrigkeit nunmehr ausgeschlossen, § 84 Abs. 1 OWiG[40]. Da in dem Bußgeldbescheid keine Beurteilung der Tat unter strafrechtlichem Aspekt erfolgt, bleibt eine spätere Strafverfolgung möglich. Führt diese zu einer strafrechtlichen Ahndung der Tat, wird der Bußgeldbescheid aufgehoben, soweit die strafrechtliche Entscheidung reicht, § 86 Abs. 1 S. 1 OWiG.

23 Die Rechtskraft und die daraus resultierende Verbrauchswirkung des Bußgeldbescheids erfaßt die gesamte Tat, die Gegenstand des Ermittlungsverfahrens und dessen Abschluß durch Bußgeldbescheid war, § 66 Abs. 1 Nr. 3 OWiG. Das gilt auch für Bestandteile der Tat, von denen die Verwaltungsbehörde keine Kenntnis hatte und auf die sie deshalb nicht eingehen konnte. Denn mit „Tat" ist der **prozessuale Tatbegriff** gemeint[41], der sich mit dem materiellrechtlichen Tatbegriff nicht vollkommen deckt. Im Fall einer Dauerordnungswidrigkeit ist der gesamte zeitlich gestreckte Tathergang die „Tat". Erfaßt das Verfahren und der Bußgeldbescheid nur einen Ausschnitt dieses Sachverhalts, erstreckt sich gleichwohl die Rechtskraft auch auf die Teile, die außen vor geblieben sind. Der Bußgeldbescheid kann deshalb eine freispruchähnliche Sperrwirkung haben: Soweit abtrennbare Teile der Tat – vor allem Tatmehrheit i. S. d. § 20 OWiG auf der Grundlage einer prozessualen Tat – nicht als Ordnungswidrigkeit geahndet worden sind, steht § 84 Abs. 1 OWiG ihrer Verfolgung und Ahndung als Ordnungswidrigkeit in einem neuen Bußgeld- oder Strafverfahren (§§ 64, 82 OWiG) entgegen.

24 Hat nach zulässigem Einspruch (§ 67 OWiG) gegen den Bußgeldbescheid das Amtsgericht (§ 68 Abs. 1 OWiG) durch **Urteil** (§ 46 Abs. 1 OWiG, § 260 StPO) oder durch **Beschluß** gem. § 72 OWiG oder aufgrund einer Rechtsbeschwerde das Oberlandesgericht (§ 79 Abs. 3 S. 1 OWiG, § 121 Abs. 1 Nr. 1a GVG) durch **Beschluß** gem. § 79 Abs. 5 S. 1 OWiG über die Tat entschieden, so tritt dieselbe Sperrwirkung ein, § 84 Abs. 1 OWiG. Dies gilt für einen Schuldspruch und für einen Freispruch. Darüber hinaus steht das Verfahrenshindernis sogar der Verfolgung der Tat als Straftat entgegen, § 84 Abs. 2 S. 1 OWiG. Denn ein Gericht, das mit einer Ordnungswidrigkeit befaßt ist, hat wegen § 21 Abs. 1 S. 1 OWiG stets eine mögliche strafrechtliche Relevanz der Tat zu prüfen, §§ 81, 82 OWiG[42].

---

[39] *Göhler*, § 84 Rn 15; KKOWiG-*Steindorf*, § 84 Rn 17.
[40] AG Bad Hersfeld, NZV 1998, 222 (223).
[41] BayObLG, NStZ 2002, 155 (156); *Bohnert*, OWiG, § 19 Rn 24; § 66 Rn 9; § 84 Rn 3.
[42] *Göhler*, § 84 Rn 16; KKOWiG-*Steindorf*, § 84 Rn 10.

Trägt das Gericht dieser umfassenden Kognitionspflicht Rechnung, impliziert die Beurteilung der Tat als Ordnungswidrigkeit zugleich ein Negativattest über ihre strafrechtliche Deliktsqualität und hat insoweit dieselbe Aussagekraft wie ein Freispruch. Wenn schon ein rechtskräftiger Freispruch vom strafrechtlichen Vorwurf die erneute Durchführung eines Strafverfahrens verhindert, dann muß die in der Beurteilung als "bloße" Ordnungswidrigkeit liegende Bestätigung eines deliktischen Vorwurfs minderen Grades dieselbe Wirkung erst recht haben.

Ein beschränktes Verfolgungshindernis wird durch die rechtzeitige Bezahlung **25** eines **Verwarnungsgeldes** begründet, § 56 Abs. 4 OWiG. Ausgeschlossen ist die Verfolgung der Tat im Bußgeldverfahren, sofern sich dieses nicht auf tatsächliche und rechtliche Gesichtspunkte stützen kann, die bei Erteilung der Verwarnung unberücksichtigt blieben. Wurde bei tatein- oder tatmehrheitlichem Zusammentreffen mehrerer Ordnungswidrigkeiten die Verwarnung bewußt oder versehentlich auf einen bestimmten tatsächlichen oder rechtlichen Gesichtspunkt beschränkt, so bleiben die nicht erfaßten Handlungsteile oder Gesetzesverletzungen verfolgbar[43].

Beschränkte Sperrwirkung kommt der gerichtlichen **Verfahrenseinstellung** **26** **aus Opportunität** nach § 47 Abs. 2 OWiG zu. Eine erneute Verfolgung als Ordnungswidrigkeit setzt das Bekanntwerden neuer (verwertbarer) Tatsachen oder Beweismittel voraus[44]. Entsprechendes gilt bei einer auf § 47 Abs. 1 S. 2 OWiG gestützten Verfahrenseinstellung durch die Verwaltungsbehörde oder die Staatsanwaltschaft, wenn diese erst nach Zustellung des Bußgeldbescheides an den Betroffenen erfolgte[45].

Kein Verfahrenshindernis entsteht, wenn die Verwaltungsbehörde das Verfahren **27** nach § 46 Abs. 1 OWiG, § 170 Abs. 2 StPO oder nach § 47 Abs. 1 OWiG vor Zustellung eines Bußgeldbescheides eingestellt hat.

5. Verfolgungsverjährung

a) Bedeutung

Das Institut der Verjährung dient dem **Rechtsfrieden** und trägt dem mit zuneh- **28** mendem Zeitablauf eintretenden Schwund des öffentlichen Interesses an Verfolgung und Ahndung von Delikten Rechnung[46]. Sobald daher eine Ordnungswidrigkeit verjährt ist, darf sie nicht mehr in einem Bußgeld- oder Strafverfahren verfolgt werden, § 31 Abs. 1 S. 1 OWiG. Die Verfolgungsverjährung ist also ein **Verfahrenshindernis** und berührt die materiellrechtliche Qualität der Tat nicht[47]. Die Tat ist auch nach Eintritt der Verjährung noch vorwerfbares Unrecht. Allerdings kann die auch im Ordnungswidrigkeitenrecht zu respektierende Unschuldsvermu-

---

[43] OLG Düsseldorf, NJW 1991, 241 (242); KKOWiG-*Wache*, § 56 Rn 37.
[44] *Göhler*, § 47 Rn 60; KKOWiG-*Bohnert*, § 47 Rn 35.
[45] *Göhler*, § 47 Rn 30; KKOWiG-*Bohnert*, § 47 Rn 27 ff.
[46] MKStGB-*Mitsch*, § 78 Rn 3.
[47] *Bohnert*, Grundriß, S. 53; *ders.*, OWiG, § 31 Rn 2; KKOWiG-*Weller*, § 31 Rn 6; MKStGB-*Mitsch*, § 78 Rn 1.

tung (Art. 6 Abs. 2 MRK) nicht mehr prozeßordnungsgemäß widerlegt werden. Nach Eintritt der Verjährung darf kein Verfahren wegen der verjährten Tat eingeleitet, ein bereits anhängiges Verfahren muß **eingestellt** werden[48]. Es handelt sich nicht um eine Opportunitätsentscheidung, sondern um eine Einstellung nach dem (negativen) Legalitätsprinzip, §§ 46 Abs. 1 OWiG, 170 Abs. 2, 206 a, 260 Abs. 3 StPO[49].

29   Da die Verjährung keinen Einfluß auf die materiellrechtliche Erheblichkeit der Tat hat, macht auch die Einstellungsentscheidung keine unmittelbare materiellrechtliche Aussage über die Tat. Der Betroffene wird also nicht freigesprochen. Immerhin eine implizite materiellrechtliche Feststellung ist der Entscheidung aber doch zu entnehmen: Da die Verjährungsfristen tatbestandsbezogen normiert sind (vgl. § 31 Abs. 2 OWiG)[50], bringt die Einstellung des Verfahrens wegen Verjährung zum Ausdruck, daß die Tat keinen Tatbestand erfüllt, hinsichtlich dessen noch keine Verjährung eingetreten ist. Beispielsweise kann die Verwaltungsbehörde Verjährung angenommen haben, weil sie die Tat für ein Fahrlässigkeitsdelikt hielt. Als Vorsatzdelikt wäre die Tat wegen der höher liegenden Bußgeldobergrenze (§ 17 Abs. 2 OWiG) möglicherweise noch nicht verjährt[51]. Die Einstellung wegen Verjährung schließt also die sachlich rechtliche Aussage ein, daß die Tat nicht den Tatbestand des Vorsatzdelikts erfüllt. Hinsichtlich dieser Negation hat deshalb die Prozeßentscheidung "Einstellung" ausnahmsweise dieselbe **Sperrwirkung** wie ein Freispruch: Eine Verfolgung der Ordnungswidrigkeit unter dem von der Verjährung nicht betroffenen tatbestandlichen Gesichtspunkt ist ausgeschlossen[52].

30   Von der Verfolgungsverjährung zu unterscheiden ist die Vollstreckungsverjährung, die erst nach rechtskräftigem Abschluß des Erkenntnisverfahrens rechtserheblich wird und ein Vollstreckungshindernis ist, § 34 Abs. 1 OWiG[53].

b) Verjährungsfrist

31   Die Verjährung tritt nach Ablauf einer bestimmten Frist ein. Die Länge der Frist richtet sich entweder nach § 31 Abs. 2 OWiG oder speziellen gesetzlichen Vorschriften. Anknüpfungspunkt ist die **Bußgeldobergrenze** des anzuwendenden Tatbestandes. Dabei ist eine **abstrakte** Betrachtungsweise zugrundezulegen. Nicht die im konkreten Fall unter Würdigung aller zumessungsrelevanten Umstände maximal vertretbare Geldbuße, sondern die gesetzlich angeordnete Höchstgrenze bildet den Richtpunkt[54]. Demnach verjähren z. B. die meisten im Dritten Teil des OWiG normierten Delikte nach 6 Monaten (§ 31 Abs. 2 Nr. 4 OWiG), Kartellord-

---

[48] *Bohnert*, OWiG, § 31 Rn 41; *Göhler*, vor § 31 Rn 5; KKOWiG-*Weller*, § 31 Rn 12; MKStGB-*Mitsch*, § 78 Rn 6.
[49] *Bohnert*, OWiG, § 31 Rn 41, 42.
[50] *Bohnert*, OWiG, § 31 Rn 6; MKStGB-*Mitsch*, § 78 Rn 5.
[51] *Göhler*, § 31 Rn 6.
[52] MKStGB-*Mitsch*, § 78 Rn 7.
[53] *Bohnert*, OWiG, § 34 Rn 4; *Göhler*, § 89 Rn 1.
[54] *Bohnert*, OWiG, § 31 Rn 20; KKOWiG-*Weller*, § 31 Rn 17.

nungswidrigkeiten gem. § 81 Abs. 1 Nr. 2, Nr. 5, Nr. 6 a und Nr. 9 GWB dagegen erst nach 3 Jahren, §§ 81 Abs. 2 S. 1 GWB, 31 Abs. 2 Nr. 1 OWiG[55]. Zu beachten ist, daß die Bußgeldrahmen in der Regel auf vorsätzliche Tatbegehung abstellen und das Bußgeldmaximum sich für Fahrlässigkeitsdelikte auf die Hälfte reduziert, § 17 Abs. 2 OWiG[56].

32 Vorschriften mit **besonderen Verjährungsfristen** sind z. B. § 26 Abs. 3 StVG oder § 384 AO. Für die von § 24 StVG erfaßten Verkehrsordnungswidrigkeiten gilt demnach eine Verjährungsfrist von 3 Monaten, solange wegen der Tat weder ein Bußgeldbescheid ergangen noch öffentliche Klage erhoben worden ist. Damit soll die beschleunigte Bearbeitung dieser massenhaft vorkommenden Fälle gefördert werden. Mit Erlaß des Bußgeldbescheids oder Anklageerhebung verlängert sich die Frist auf 6 Monate. Bei den Steuerordnungswidrigkeiten der §§ 378 bis 380 AO dehnt § 384 AO die Verjährungsfrist auf 5 Jahre aus, um den erheblichen Schwierigkeiten Rechnung zu tragen, die die Aufklärung derartiger Ordnungswidrigkeiten bereitet. Ebenfalls 5 Jahre beträgt die Verjährungsfrist bei den von § 81 Abs. 1 Nr. 1 GWB erfaßten Ordnungswidrigkeiten, § 81 Abs. 3 S. 2 GWB.

33 Verwirklicht eine Tat mehrere verschiedene Bußgeldtatbestände mit unterschiedlichen Bußgeldobergrenzen, können mehrere Verjährungsfristen von unterschiedlicher Länge zu beachten sein. Daher kann in bezug auf einen Tatbestand das Verfahrenshindernis früher eintreten als in bezug auf einen anderen Tatbestand. Da aber gem. § 19 Abs. 2 S. 1 OWiG im Fall der Idealkonkurrenz die Geldbuße ohnehin allein dem Gesetz mit der höchsten Bußgeldgrenze entnommen wird, kommt es praktisch nur auf das Verstreichen der längsten Verjährungsfrist an.

34 Der Lauf der Verjährungsfrist **beginnt**, sobald die tatbestandsmäßige Handlung beendet ist, § 31 Abs. 3 OWiG. Falls ein zur vollständigen Tatbestandserfüllung erforderlicher Taterfolg erst nach Beendigung der Handlung eintritt, beginnt die Verjährung erst zu diesem späteren Zeitpunkt, § 31 Abs. 3 S. 2 OWiG. "Beendigung" und "Vollendung" einer Ordnungswidrigkeit können also asynchron sein. Handelt es sich um eine Dauer-Ordnungswidrigkeit (z. B. Park- oder Halteverbotsverletzung, §§ 12, 13 StVO), beginnt die Verjährungsfrist erst mit Wiederherstellung des rechtmäßigen Zustands (z. B. Entfernung des verbotswidrig parkenden Fahrzeugs) zu laufen[57].

c) Ruhen und Unterbrechung

35 **Ruhen** der Verjährung i.S.d. § 32 OWiG bedeutet, daß die Verjährungsfrist angehalten wird und ihr weiterer Lauf so lange gehemmt ist, wie das ruhensbegründende Ereignis besteht[58]. Mit Wegfall dieses Ereignisses setzt der Lauf der Verjährungsfrist wieder ein. Der vor dem Ruhen verstrichene Teil der Verjährungsfrist lebt nicht wieder auf, die Frist knüpft vielmehr an dem Punkt an, der vor dem Ru-

---

[55] *Dannecker/Biermann*, in: Immenga/Mestmäcker, GWB, § 81 Rn 402.
[56] KKOWiG-*Weller*, § 31 Rn 17.
[57] *Göhler*, § 31 Rn 10; KKOWiG-*Weller*, § 31 Rn 25.
[58] *Göhler*, § 32 Rn 1; KKOWiG-*Weller*, § 32 Rn 4.

hen erreicht worden war. Die Verjährung ruht, solange die Verfolgung der Ordnungswidrigkeit aus **rechtlichen** Gründen nicht möglich ist, § 32 Abs. 1 S. 1 OWiG. Ein solcher Grund ist z. B. die Aussetzung des Bußgeldverfahrens nach Art. 100 GG[59] oder die Exterritorialität des Betroffenen gem. §§ 18 bis 20 GVG[60]. Ausdrücklich ausgenommen sind das Fehlen eines Antrags oder einer Ermächtigung, § 31 Abs. 1 S. 2 OWiG. Tatsächliche Verfolgungshindernisse führen nicht zum Ruhen der Verjährung[61].

36   Eine **Ablaufhemmung** tritt ein, wenn ein Urteil erster Instanz oder ein dem Urteil gleichwertiger Beschluß nach § 72 OWiG ergangen ist, § 32 Abs. 2 OWiG. Obwohl ein Fall des § 32 Abs. 1 S. 1 OWiG nicht vorliegt, der Verfolgung der Tat also keine rechtlichen Gründe entgegenstehen, bleibt der Lauf der Verjährungsfrist gehemmt, solange das Verfahren nicht rechtskräftig abgeschlossen ist. Auch der Eintritt der "absoluten Verjährung" (dazu unten Rn 39) wird durch die Ablaufhemmung verhindert, § 33 Abs. 3 S. 4 OWiG.

37   Eine besondere Regelung über das Ruhen der Verfolgungsverjährung, die auch die Verfolgung von Ordnungswidrigkeiten betrifft, enthält § 153 a Abs. 3 StPO. Solange dem Beschuldigten eines Strafverfahrens für die Erfüllung von Auflagen und Weisungen nach § 153 a I S. 2 Nr. 1 bis Nr. 6, S. 2 StPO eine Frist gesetzt ist, ruht die Verfolgungsverjährung. Damit ist gewährleistet, daß nach Nichterfüllung der Auflagen oder Weisungen die weitere Verfolgung der Tat als Straftat oder Ordnungswidrigkeit nicht an dem inzwischen erfolgten Zeitablauf scheitert.

38   Die **Unterbrechung** hält den Lauf der Verjährungsfrist nicht nur an, sondern hebt darüber hinaus den bisherigen Fristablauf auf. Nach Beendigung der Unterbrechung beginnt ein neuer Lauf der vollständigen Verjährungsfrist, § 33 Abs. 3 S. 1 OWiG. Die bis dahin verstrichene Frist wird annulliert[62]. Mit der Unterbrechung wird verhindert, daß ein vor Verjährungseintritt eingeleitetes Verfahren nicht zum Abschluß gebracht werden kann, weil die dafür notwendige Zeit über das Ende der Verjährungsfrist hinausreichen würde[63]. Unterbrochen wird die Verjährung daher durch zahlreiche prozessuale Verfolgungs- und Ermittlungsmaßnahmen und Entscheidungen, § 33 Abs. 1 OWiG. Steht eine solche Maßnahme oder Entscheidung im Zusammenhang mit der Verfolgung einer Straftat, unterbricht sie auch die Verjährung einer Ordnungswidrigkeit, § 33 Abs. 4 S. 2 OWiG. Denn bei der Verfolgung einer Tat sind stets deren strafrechtliche und ordnungswidrigkeitenrechtliche Erheblichkeit zu berücksichtigen, vgl. §§ 40, 82 Abs. 1 OWiG[64]. Sind mehrere Personen Betroffene eines Verfahrens oder Beteiligte einer Ordnungswidrigkeit, wirkt das unterbrechende Ereignis nur gegenüber dem, auf den es ausdrücklich bezogen ist, § 33 Abs. 4 S. 1 OWiG.

39   Obwohl durch jede neue Unterbrechungshandlung eine neue Verjährungsfrist in Lauf gesetzt wird, ist keine Ordnungswidrigkeit faktisch unverjährbar. Denn

---

[59] *Göhler*, § 32 Rn 4; KKOWiG-*Weller*, § 32 Rn 11.
[60] *Göhler*, § 32 Rn 3; KKOWiG-*Weller*, § 32 Rn 9.
[61] KKOWiG-*Weller*, § 32 Rn 12.
[62] KKOWiG-*Weller*, § 33 Rn 115.
[63] KKOWiG-*Weller*, § 33 Rn 2.
[64] *Göhler*, § 33 Rn 57.

das Gesetz zieht eine äußerste Grenze, die auch durch ständige Wiederholung von Unterbrechungen nicht überschritten werden kann[65]. Diese sogenannte "**absolute Verjährung**" tritt ein, wenn seit erstmaligem Verjährungsbeginn das Zweifache der gesetzlichen Verjährungsfrist – mindestens 2 Jahre – verstrichen ist, § 33 Abs. 3 S. 2 OWiG. Die absolute Verjährung setzt sich aber nur gegen Unterbrechungen i.S.d. § 33 Abs. 1 OWiG, nicht gegen die Ablaufhemmung des § 32 Abs. 2 OWiG durch, § 33 Abs. 3 S. 4 OWiG. Nach einem Urteil oder Beschluß gem. § 72 OWiG besteht also nicht mehr die Gefahr, daß das Verfahren vor seinem rechtskräftigen Abschluß durch Verjährungseintritt zum Scheitern gebracht wird. Bei der Berechnung der absoluten Verjährungsfrist werden "Ruhe-Zeiten" (§ 32 OWiG) nicht mit einbezogen[66]. "Verstrichen" ist eine Frist nur, wenn und soweit sie sich vorwärts bewegte. "Gesetzliche Verjährungsfrist" i.S.d. § 33 Abs. 3 S. 2 OWiG ist an sich die in § 31 Abs. 2 OWiG festgelegte Zeitspanne. Wird die Tat aber unter dem vorrangigen (§ 21 Abs. 1 S. 1 OWiG) Gesichtspunkt der Straftat verfolgt, ist die für die Verjährung der Straftat geltende Frist (§ 78 Abs. 3 StGB) maßgeblich, § 33 Abs. 3 S. 3 OWiG. Denn solange die strafrechtliche Ahndung als Verfahrensziel noch nicht ausgeschlossen ist, kann die Ahndbarkeit als Ordnungswidrigkeit nicht realisiert werden, obwohl möglicherweise alle rechtlichen Voraussetzungen dafür längst erfüllt sind. Deshalb soll dies später nicht an der Dauer des Strafverfahrens scheitern, wenn sich an dessen Ende ergibt, daß eine Ahndung als Straftat ausscheidet und der zurückgedrängte Gesichtspunkt der Ordnungswidrigkeit nunmehr in den Vordergrund tritt[67].

Kontrollfragen

1. Was ist ein „Verfahrenshindernis"? (Rn 2)
2. Kann gegen einen ausländischen Botschafter in Deutschland eine Geldbuße wegen einer Verkehrsordnungswidrigkeit festgesetzt werden? (Rn 10)
3. Was bedeutet „ne bis in idem"? (Rn 16)
4. Wird der Betroffene freigesprochen, wenn die ihm vorgeworfene Ordnungswidrigkeit verjährt ist? (Rn 28)

[65] KKOWiG-*Weller*, § 33 Rn 116.
[66] *Göhler*, § 33 Rn 49.
[67] *Hefendehl*, JuS 1993, 805 (813); *Göhler*, § 33 Rn 51; KKOWiG-*Weller*, § 33 Rn 126.

§ 25 Verwarnung und Verwarnungsgeld

I. Zweck

Ein Bußgeldverfahren verursacht Arbeit und kostet außer Geld auch Zeit. Die **1** Masse der – vor allem im Straßenverkehr – begangenen Ordnungswidrigkeiten würde Verwaltung, Rechtspflege und Betroffene in unwirtschaftlicher Weise mit der Besorgung von prozessualen Angelegenheiten belasten, wenn es das Ventil "Opportunitätsprinzip" nicht gäbe. Verfolgungs- und Ahndungsverzicht ist aber eine "Notlösung", die prinzipiell nicht befriedigt und nur als unvermeidbare Anpassung an den Druck der tatsächlichen Verhältnisse akzeptiert werden kann. Die Chance einer zügigen, aufwand- und kostensparenden Verfahrensdurchführung sollte daher genutzt werden, wo sie sich bietet. Das Ordnungswidrigkeitenrecht hat die Idee der **einfachen und beschleunigten Erledigung** in dem Institut der Verwarnung mit Verwarnungsgeld institutionalisiert, § 56 OWiG. Diese Einrichtung entlastet die Verwaltungsbehörden, Staatsanwaltschaften und Gerichte. Sie gibt den Behörden ein Instrument in die Hand, mit dem sie auf Ordnungswidrigkeiten ohne förmliches Bußgeldverfahren aktiv reagieren können. Die begangene Ordnungswidrigkeit bleibt also nicht ohne Folgen und verschafft dem Staat recht beträchtliche Einnahmen[1]. Dennoch profitiert der Betroffene von dieser Art der Konfliktbereinigung[2]. Er bewahrt sich durch kooperatives Verhalten vor dem Erlaß eines Bußgeldbescheids und damit der Verhängung einer Geldbuße, die möglicherweise höher ausfällt als das zu zahlende Verwarnungsgeld. Ein Fahrverbot nach § 25 Abs. 1 StVG bleibt ihm ebenso erspart[3] wie eine Eintragung seiner Verfehlung im Verkehrszentralregister. Verfahrenskosten entstehen ebenfalls nicht, § 56 Abs. 3 S. 2 OWiG. Außerdem wird der Ahndungsanspruch des Staates teilweise verbraucht und gegen die weitere Verfolgung der Tat ein – beschränktes – Verfahrenshindernis errichtet, § 56 Abs. 4 OWiG. Obwohl damit der Zweck der Verwarnung in der Abwendung eines Bußgeldverfahrens besteht, kann von diesem Instrument auch im Rahmen eines bereits laufenden Bußgeldverfahrens Gebrauch gemacht werden, solange wegen der Ordnungswidrigkeit noch kein Bußgeldbescheid erlassen worden ist.

Die „Verwarung" des § 56 OWiG ist nicht zu verwechseln mit der Sanktionsart „Verwarnung mit Strafvorbehalt" gem. § 59 StGB und dem jugendstrafrechtlichen Zuchtmittel „Verwarnung", § 14 JGG.

---

[1]   Zu der Kasse, in die die Verwarnungsgelder fließen, vgl. KKOWiG-*Wache*, § 56 Rn 40.
[2]   *Kupsch*, NJW 1987, 352 (353); KKOWiG-*Wache*, vor § 56 Rn 1.
[3]   KKOWiG-*Wache*, § 56 Rn 14.

II. Voraussetzungen und Bemessung

2 Die Tat, die Anlaß der Verwarnung ist, muß eine **Ordnungswidrigkeit** sein. Erforderlich ist also die Erfüllung sämtlicher materiellrechtlicher Ahndbarkeitsvoraussetzungen[4]. Daher darf z. B. gegen einen Jugendlichen nur unter den Voraussetzungen des § 3 S. 1 JGG (vgl. § 12 Abs. 1 S. 2 OWiG) eine Verwarnung ausgesprochen werden, bei Kindern ist sie gänzlich ausgeschlossen[5]. Hat die Tat Straftatcharakter bzw. steht die Ordnungswidrigkeit in Idealkonkurrenz mit einer Straftat, kommt ein Verwarnungsverfahren nicht in Frage, zumal es im förmlichen Bußgeldverfahren wegen § 21 Abs. 1 S. 1 OWiG nicht zur Verhängung einer Geldbuße kommen könnte. Ob der Betroffene die Ordnungswidrigkeit wirklich begangen hat, wird im Verwarnungsverfahren nicht geklärt. Ein Streit darüber kann nur im Bußgeldverfahren ausgetragen werden. Da der Betroffene sich auf die Verwarnung nicht einzulassen braucht, ohne seine freiwillige Mitwirkung eine Verwarnung also nicht möglich ist, geschieht ihm kein Unrecht, wenn er ein Verwarnungsgeld wegen einer Tat bezahlt, die er nicht begangen hat.

3 Die Tat muß **verfolgbar** sein, d. h., es müssen die Verfahrensvoraussetzungen erfüllt sein, und es darf kein Verfahrenshindernis bestehen[6]. Eine Verwarnung gegen eine Person, die nach §§ 18 bis 20 GVG nicht der deutschen Gerichtsbarkeit unterliegt, ist deshalb unzulässig[7].

4 Die Ordnungswidrigkeit muß **geringfügig** sein. Das ist der Fall, wenn nach Bedeutung der Ordnungswidrigkeit und dem Grad der Vorwerfbarkeit (§ 17 Abs. 3 S. 1 OWiG) eine Geldbuße von nicht mehr als 35 EUR angemessen ist. Die wirtschaftlichen Verhältnisse werden dabei nicht berücksichtigt, da deren Aufklärung in der Regel den Vereinfachungs- und Beschleunigungseffekt des Verfahrens aufheben würde. "Geringfügig" kann also auch die von einem Millionär begangene Ordnungswidrigkeit sein, die mit einer weit über 35 EUR liegenden Geldbuße zu ahnden wäre, wenn die wirtschaftlichen Verhältnisse berücksichtigt würden. Da die Anwendung der Verwarnung im Ermessen der Behörde steht, kann sie den Weg des förmlichen Bußgeldverfahrens einschlagen, wenn Anhaltspunkte dafür sichtbar sind, daß der Betroffene mit einem Verwarnungsgeld "zu billig" davonkäme.

5 Die Verwarnung wird regelmäßig mit einem Verwarnungsgeld verbunden, § 56 Abs. 1 OWiG. Ist die Ordnungswidrigkeit ganz unbedeutend, kann auch eine Verwarnung **ohne Verwarnungsgeld** erteilt werden - falls in einem solchen Fall eine Reaktion überhaupt geboten ist[8]. Diese Verwarnung ist unabhängig vom Einverständnis des Betroffenen zulässig und begründet nicht das Verfahrenshindernis des § 56 Abs. 4 OWiG[9].

---

[4]   *Bohnert*, Grundriß, S. 84.
[5]   *Wetekamp*, DAR 1986, 75 (76); *Bohnert*, OWiG, § 56 Rn 9; *Göhler*, § 56 Rn 5.
[6]   *Bohnert*, Grundriß, S. 84.
[7]   *Wetekamp*, DAR 1986, 75 (76); *Bohnert*, OWiG, § 56 Rn 9; *Göhler*, § 56 Rn 8; KKOWiG-*Wache*, vor § 56 Rn 8.
[8]   KKOWiG-*Wache*, § 56 Rn 6.
[9]   *Wetekamp*, DAR 1986, 75 (77).

Das Verwarnungsgeld beträgt mindestens 5 EUR und höchstens 35 EUR. We- **6** gen **mehrerer Handlungen**, die jeweils die Voraussetzungen einer Ordnungswidrigkeit erfüllen, können gleichzeitig Verwarnungen erteilt werden, sofern insgesamt kein die Summe von 35 EUR überschreitender Gesamtbetrag erforderlich erscheint. Bei einem darüber liegenden Gesamtbetrag wäre das Fehlverhalten des Betroffenen nicht mehr "geringfügig", vgl. § 4 Abs. 3 VerwarnVwV.

Bei Straßenverkehrsordnungswidrigkeiten nach § 24 StVG richtet sich die Hö- **7** he des Verwarnungsgeldes nach dem **Verwarnungsgeldkatalog**, § 3 Abs. 1 VerwarnVwV. Dieser ist eine Anlage zu der vom Bundesverkehrsminister gem. § 27 Abs. 1 S. 1 StVG erlassenen allgemeinen Verwaltungsvorschrift für die Erteilung einer Verwarnung bei Straßenverkehrsordnungswidrigkeiten (VerwarnVwV). Die darin aufgestellten Regelsätze sind für Verwaltungsbehörde und Polizei[10] – nicht aber für Gerichte – verbindlich.

III. Verfahren

Zuständig für die Erteilung der Verwarnung ist die Verwaltungsbehörde, § 56 **8** Abs. 1 S. 1 OWiG. Dies gilt auch für die Staatsanwaltschaft, soweit sie die Funktion der Verwaltungsbehörde i.S.d. § 35 OWiG hat. Nicht zuständig ist das Gericht[11]. Die Polizei ist als Verwaltungsbehörde i.S.d. § 35 OWiG zuständig, darüber hinaus in ihrer Eigenschaft als Ermittlungsorgan nach § 53 OWiG unter den Voraussetzungen des § 57 Abs. 2 OWiG[12].

Die Verwarnung kann **mündlich** oder **schriftlich** erteilt werden[13]. Äußerlich **9** und inhaltlich unterscheidet sich der schriftliche Verwarnungsbescheid kaum vom Bußgeldbescheid[14]. Insbesondere enthält die schriftliche Verwarnung eine Tatbeschreibung, die den Anforderungen des § 66 Abs. 1 Nr. 3 OWiG entspricht und daher in der Praxis unverändert in den späteren Bußgeldbescheid übernommen wird.

Beispiel:

Ihnen wird vorgeworfen, am 20.01.04, um 11.51 Uhr in 10713 Berlin, Hohenzollerndamm neb. HNR 178 als Führer des PKW, PM-SV 760 folgende Ordnungswidrigkeit(en) nach § 24 StVG begangen zu haben:
Sie parkten innerhalb einer Grenzmarkierung (Zeichen 299) für ein Halteverbot.

§ 12 Abs. 1, § 49 StVO; § 24 StVG; 52 BKAT

---

[10] *Wetekamp*, DAR 1986, 75.
[11] *Göhler*, § 56 Rn 14; KKOWiG-*Wache*, § 56 Rn 10.
[12] *Göhler*, § 57 Rn 2; KKOWiG-*Wache*, § 56 Rn 9.
[13] *Wetekamp*, DAR 1986, 75 (76); KKOWiG-*Wache*, § 56 Rn 15.
[14] Vgl. *Bohnert*, Grundriß, S. 139 f., wo Verwarnung und Bußgeldbescheid bezüglich derselben Ordnungswidrigkeit abgedruckt sind.

10 Der Betroffene muß darüber **belehrt** werden, daß die Verwarnung nur wirksam wird, wenn er mit ihr einverstanden ist, § 56 Abs. 2 S. 1 OWiG. Zahlung des Verwarnungsgeldes ist konkludente **Einverständniserklärung**. Ohne Einverständnis des Betroffenen wird die Verwarnung nicht wirksam. Sie hat daher die Rechtsnatur eines mitwirkungsbedürftigen Verwaltungsaktes[15].

11 **Wirksam** wird die Verwarnung (mit Verwarnungsgeld) nur, wenn der Betroffene entweder sofort oder innerhalb der von der Verwaltungsbehörde gesetzten – nachträglich verlängerbaren – Frist das Verwarnungsgeld **zahlt**, § 56 Abs. 2 S. 1 OWiG. Bei verspäteter Zahlung ist die Verwarnung unwirksam. Die Möglichkeit der Wiedereinsetzung in den vorigen Stand gibt es nicht[16]. Die Behörde kann aber die Frist nachträglich mit ex-tunc-Wirkung verlängern[17]. Das Verwarnungsgeld wird nicht beigetrieben, wenn der Betroffene nicht zahlt. Druckmittel ist allein die Inaussichtstellung des Bußgeldverfahrens, das die Verwaltungsbehörde nach Verstreichen der Zahlungsfrist einleiten bzw. mit dem Erlaß eines Bußgeldbescheids abschließen kann.

12 Die Entschließung zur Anwendung des Verwarnungsverfahrens steht im pflichtgemäßen **Ermessen** der Verwaltungsbehörde. Das Ermessen umfaßt die Alternativen Nichteinschreiten, Verwarnung und Bußgeldverfahren mit Bußgeldbescheid. Bei Ordnungswidrigkeiten, die nicht "geringfügig" sind, stehen nur die erste und die dritte Alternative zur Wahl. Ungeeignet ist das Verwarnungsverfahren, wenn die wirtschaftlichen Verhältnisse des Betroffenen berücksichtigt werden sollen oder wenn die Anordnung von Nebenfolgen geboten ist. Der Betroffene hat in keinem Fall einen Anspruch auf ein Verwarnungsangebot der Behörde[18]. Er muß auch bei Geringfügigkeit die Durchführung des Bußgeldverfahrens und den Erlaß des Bußgeldbescheids hinnehmen. Solange die Verwarnung noch nicht wirksam ist, ist er auch nicht vor deren Rücknahme durch die Verwaltungsbehörde geschützt[19].

IV. Anfechtbarkeit

13 Die Verwarnung wird mit fristgerechter Zahlung des Verwarnungsgeldes wirksam. Ab diesem Zeitpunkt könnte die Verwaltungsbehörde an der Aufhebung der Verwarnung interessiert sein, um eine härtere Ahndung der Tat herbeizuführen[20]. Zur Realisierung dieses Interesses steht aber keine Anfechtungsmöglichkeit zur Verfügung, wie sich aus § 56 Abs. 4 OWiG ergibt. Unberücksichtigte Gesichtspunkte können ohnehin in einem Bußgeld- oder Strafverfahren zur Geltung ge-

---

[15] KG, NJW 1990, 1803; *Wetekamp*, DAR 1986, 75; *Göhler*, § 56 Rn 6; *Lemke*, § 56 Rn 3; KKOWiG-*Wache*, vor § 56 Rn 3.

[16] *Wetekamp*, DAR 1986, 75 (78).

[17] *Wetekamp*, DAR 1986, 75 (78); *Göhler*, § 56 Rn 28; KKOWiG-*Wache*, § 56 Rn 24.

[18] *Wetekamp*, DAR 1986, 75; *Göhler*, § 56 Rn 17 a.

[19] KG, NJW 1990, 1803 (1804), dazu abl. *Wolf/Harr*, JR 1991, 273 ff.

[20] Zugunsten des Betroffenen kann die Verwaltungsbehörde die Verwarnung zurücknehmen, wenn sie eine Reaktion auf die Ordnungswidrigkeit für nicht geboten hält, *Lemke*, § 56 Rn 31.

bracht werden. Berücksichtigte tatsächliche und rechtliche Gesichtspunkte sind dagegen mit der Verwarnung endgültig verbraucht.

Der Betroffene könnte an einer Anfechtung der Verwarnung interessiert sein, **14** weil er das gezahlte Geld zurückbekommen möchte. Er kann die Verwarnung aber nicht mit der Begründung anfechten, eine Ordnungswidrigkeit habe gar nicht vorgelegen. Mit einem solchen Vorbringen würde sich der Betroffene in Widerspruch zu seinem eigenen früheren Verhalten setzen[21]. Mit seinem Einverständnis und der Zahlung des Verwarnungsgeldes hat er den ordnungswidrigkeitenrechtlichen Vorwurf ja als berechtigt anerkannt. Zumindest hat er darauf verzichtet, die Berechtigung des Vorwurfs in einem Bußgeldverfahren klären zu lassen. Die Verwarnung ist also eine Art "Vergleich", in dem der Betroffene den begründeten Verdacht einer Ordnungswidrigkeit als ausreichende Grundlage für das Verwarnungsgeld anerkennt.

Anfechtbar ist die Verwarnung mit Verwarnungsgeld nur mit der Begründung, **15** die **förmlichen Voraussetzungen** hätten nicht vorgelegen[22]. Sachliche oder örtliche Unzuständigkeit, Fehlen einer ordnungsgemäßen Belehrung oder eines Einverständnisses, Beeinflussung des Einverständnisses durch arglistige Täuschung oder Drohung sind Gründe, mit denen die Rechtmäßigkeit der Verwarnung zulässigerweise in Abrede gestellt werden kann. Die Verwarnung ohne Verwarnungsgeld ist unanfechtbar[23].

Statthafter Rechtsbehelf ist der **Antrag auf gerichtliche Entscheidung**, § 62 **16** Abs. 1 OWiG[24]. Zuständiges Gericht ist das Amtsgericht, §§ 62 Abs. 2 S. 1, 68 Abs. 1 OWiG. Der Rechtsweg zu den Verwaltungsgerichten (§ 40 Abs. 1 VwGO) ist nicht eröffnet. Die Anfechtung der Verwarnung ist zunächst an die Verwaltungsbehörde bzw. im Fall des § 57 Abs. 2 OWiG an die Polizeibehörde zu richten. Nimmt die Polizeibehörde die Verwarnung nicht zurück, entscheidet die Verwaltungsbehörde. Lehnt (auch) die Verwaltungsbehörde die Rücknahme der Verwarnung und die Rückzahlung des Verwarnungsgeldes ab, ist der Antrag auf gerichtliche Entscheidung zulässig[25].

V. Verfahrenshindernis

Die wirksame Verwarnung mit Verwarnungsgeld – nicht die Verwarnung ohne **17** Verwarnungsgeld, vgl. § 56 Abs. 4 i. V. m. § 56 Abs. 1 S. 1 OWiG[26] – begründet ein Verfahrenshindernis eigener Art. Die Tat, auf die sich die Verwarnung bezieht, kann nicht mehr unter den tatsächlichen und rechtlichen Gesichtspunkten befolgt werden, auf die sich die Verwarnung stützt, § 56 Abs. 4 OWiG. Die Reichweite

---

[21] *Wetekamp*, DAR 1986, 75 (80); *Göhler*, § 56 Rn 33; KKOWiG-*Wache*, § 56 Rn 28.
[22] *Wetekamp*, DAR 1986, 75 (80); *Göhler*, § 56 Rn 33; *Lemke*, § 56 Rn 30; KKOWiG-*Wache*, § 56 Rn 28 f.; a. A. *Bohnert*, Grundriß, S. 88; *ders.*, OWiG, § 56 Rn 32.
[23] *Bohnert*, Grundriß, S. 88; *ders.*, OWiG, § 56 Rn 35.
[24] *Lemke*, § 56 Rn 29; KKOWiG-*Wache*, § 56 Rn 26.
[25] *Göhler*, § 56 Rn 37; KKOWiG-*Wache*, § 56 Rn 27.
[26] *Wetekamp*, DAR 1986, 75 (77).

der **Sperrwirkung** ist also wesentlich geringer als die eines Bußgeldbescheids (§ 84 Abs. 1 OWiG) oder einer gerichtlichen Entscheidung (§ 84 Abs. 2 OWiG)[27]. Der Betroffene ist nur vor einer verschärften Ahndung aus dem Bußgeldtatbestand geschützt, der der Verwarnung mit Verwarnungsgeld zugrundelag. Unberücksichtigte Teile der Tat oder unberücksichtigte Tatbestände können Gegenstand und Maßstab eines neuen Verfahrens sein. Für die Beurteilung der Tat als Straftat versteht sich das von selbst, da dies ja nicht einmal durch einen rechtskräftigen Bußgeldbescheid ausgeschlossen wird, § 84 Abs. 1 OWiG. Kommt es in einem Strafverfahren zu einer Verurteilung, wird das gezahlte Verwarnungsgeld in entsprechender Anwendung des § 86 OWiG bei der Strafzumessung berücksichtigt[28].

Kontrollfragen

1. Woraus ergibt sich die Befugnis von „Politessen" zur Erteilung von Verwarnungen mit Verwarnungsgeld an Parkverbotssünder? (Rn 8)
2. Kann die Verwaltungsbehörde wegen einer Ordnungswidrigkeit einen Bußgeldbescheid erlassen, wenn der Betroffene wegen dieser Ordnungswidrigkeit verwarnt wurde und das Verwarnungsgeld rechtzeitig gezahlt hat? (Rn 17)

---

[27]   Dazu s.o. § 24 Rn 24.
[28]   *Göhler*, § 56 Rn 45; KKOWiG-*Wache*, § 56 Rn 39.

§ 26 Verfahrensbeteiligte

I. Staatliche Beteiligte

An einem Bußgeldverfahren wirken verschiedene Organe und Amtsträger des 1
Staates mit. Da es sich bei der Anwendung des Ordnungswidrigkeitenrechts um
rechtsprechende Tätigkeit handelt[1], müssen Gerichte in das Verfahren involviert
sein. Wie im Strafverfahren setzt auch im Bußgeldverfahren die gerichtliche Untersuchung erst nach Abschluß des Ermittlungsverfahrens ein. Die Herrschaft über
das Ermittlungsverfahren liegt also nicht in richterlicher, sondern in ermittlungs-
behördlicher Hand.

1. Verwaltungsbehörde

a) Funktion

Herrin des Ermittlungsverfahrens ist im Strafverfahren die Staatsanwaltschaft[2], 2
im Bußgeldverfahren die Verwaltungsbehörde, § 35 Abs. 1 OWiG[3]. Ihre Aufgabe
ist es, das Verfahren einzuleiten, die Ermittlungsmaßnahmen anzuordnen und
durchzuführen sowie eine das Verfahren abschließende Entscheidung zu treffen.
Dies entspricht der Funktion der Staatsanwaltschaft im Strafverfahren. An deren
Rechts- und Pflichtenstellung als Strafverfolgungsbehörde wird daher die Stellung
der Verwaltungsbehörde in § 46 Abs. 2 OWiG weitgehend angeglichen. Ein wesentlicher Unterschied besteht jedoch darin, daß die Verwaltungsbehörde auch die
Befugnis zur Ahndung der Ordnungswidrigkeit hat, § 35 Abs. 2 OWiG. Sie kann
die Sanktion "Geldbuße" anordnen, indem sie einen Bußgeldbescheid erläßt, § 65
OWiG. Ebenso ist sie zur Anordnung eines Fahrverbots und der sonstigen Nebenfolgen (Einziehung, Verfall, Abführung des Mehrerlöses, Verbot der Jagdausübung) ermächtigt. Das Bußgeldverfahren bis zum Erlaß des Bußgeldbescheids
hat also die Struktur des Inquisitionsverfahrens[4]. Dagegen ist das staatsanwaltschaftliche Ermittlungsverfahren ein Akkusationsverfahren[5]. Im Strafverfahren
kann die Staatsanwaltschaft nicht selbst Sanktionen verhängen[6], sondern nur eine
Anschuldigung (Anklage oder Antrag auf Erlaß eines Strafbefehls) erheben und

---

[1] Anders wäre die konkurrierende Gesetzgebungszuständigkeit des Bundes für die Reglementierung des verwaltungsbehördlichen Bußgeldverfahrens nach Art. 74 Abs. 1 Nr.
1 GG („das gerichtliche Verfahren") nicht zu begründen; s. o. § 1 Rn 7.
[2] *Beulke*, Strafprozeßrecht, Rn 79.
[3] *Göhler*, vor § 59 Rn 2.
[4] *Jescheck*, JZ 1959, 457 (462); *Knapp*, JuS 1979, 609 (616).
[5] *Beulke*, Strafprozeßrecht, Rn 18.
[6] Die Erteilung von Weisungen und Auflagen gem. § 153 a Abs. 1 StPO ist keine Sanktionierung der Tat.

diese mit einem Sanktionsvorschlag verbinden (vgl. § 407 Abs. 1 S. 3 StPO), über den das Gericht entscheidet. Im Bußgeldverfahren steht die Ahndung der Ordnungswidrigkeit mit Geldbuße bereits am Ende des Ermittlungsverfahrens (Bußgeldbescheid), während im Strafverfahren weitere Verfahrensabschnitte folgen, bevor die Sanktionsentscheidung getroffen wird[7]. Rechtsprechung im formellen Sinn findet also im Bußgeldverfahren beim Erlaß des Bußgeldbescheids nicht statt[8]. Eine Verletzung des richterlichen Rechtsprechungsmonopols liegt darin jedoch nicht, da der Betroffene die Möglichkeit hat, durch Einspruch eine gerichtliche Untersuchung herbeizuführen, § 71 Abs. 1 OWiG[9].

3   Die Funktion der Verwaltungsbehörde als Verfolgungs- und Ahndungsbehörde dauert auch noch nach Einspruchseinlegung an, solange das Gericht das Hauptverfahren noch nicht eröffnet hat. Im **Zwischenverfahren** kann die Verwaltungsbehörde den Bußgeldbescheid noch zurücknehmen und das Verfahren einstellen oder einen neuen Bußgeldbescheid erlassen, § 69 Abs. 2 OWiG. Übersendet die Verwaltungsbehörde aber nach Einspruchseinlegung die Akten dem Amtsgericht, geht die Aufgabe der Verfolgungsbehörde auf die Staatsanwaltschaft über, § 69 Abs. 4 S. 1 OWiG. Im **gerichtlichen Bußgeldverfahren** ist die Mitwirkung der Verwaltungsbehörde auf Anhörung und Beratung beschränkt. Das Gericht kann ihr Gelegenheit geben, ihre Beurteilung des Falles vorzutragen, § 76 Abs. 1 OWiG. Auf die Entscheidung, ob die Hauptverhandlung durch ein schriftliches Verfahren gem. § 72 OWiG ersetzt werden soll, hat die Verwaltungsbehörde im Gegensatz zur Staatsanwaltschaft keinen Einfluß, § 72 Abs. 1 S. 1 OWiG. Ebenso gehört die Verwaltungsbehörde nicht zu den Verfahrensbeteiligten, die durch einen Verzicht das Gericht von der Pflicht entbinden können, den verfahrensabschließenden Beschluß zu begründen, § 72 Abs. 6 S. 1 OWiG. Von der Entscheidung, mit der das Gericht das Hauptverfahren abschließt (Urteil, Beschluß), ist die Verwaltungsbehörde zu informieren, § 76 Abs. 4 OWiG. Zur Anfechtung dieser Entscheidung mit der Rechtsbeschwerde ist die Verwaltungsbehörde nicht berechtigt, auch nicht im Fall des § 79 Abs. 1 S. 1 Nr. 3 OWiG (Freispruch)[10].

b) Sachliche Zuständigkeit

4   Die sachliche Zuständigkeit der Verwaltungsbehörde ist eine **Verfahrensvoraussetzung**[11], deren Fehlen aber die Wirksamkeit der getroffenen Maßnahmen – ins-

---

[7]   *Jescheck*, JZ 1959, 457 (462): „Gegen das Bußgeldverfahren in der Hand der Verwaltungsbehörde besteht das schwerwiegende Bedenken, daß Kläger und Richter wie im Inquisitionsprozeß in einer Person vereinigt sind und daß die Verwaltungsbehörde außerdem noch den Verletzten repräsentiert".

[8]   Zur Frage, ob die Tätigkeit der Verwaltungsbehörde dennoch eine „Rechtssache" i. S. d. § 339 StGB ist, vgl. *Baisch*, Schutz des Opportunitätsprinzips, S. 81 ff.

[9]   BVerfGE 27, 18 (33); *Göhler*, § 35 Rn 10; KKOWiG-*Lampe*, § 35 Rn 2; a. A. *Jescheck*, JZ 1959, 457 (462).

[10]   *Bohnert*, Grundriß, S. 118; *ders.*, OWiG, § 79 Rn 7.

[11]   S. o. § 24 Rn 9.

besondere des Bußgeldbescheids – nicht berührt[12]. Sie richtet sich nach § 36 OWiG. Häufig ist die Zuständigkeit in dem Gesetz geregelt, das auch die materiellen Bußgeldtatbestände enthält, um die es in dem Verfahren geht, § 36 Abs. 1 Nr. 1 OWiG. Beispielsweise weist § 26 Abs. 1 S. 1 StVG die Zuständigkeit für die Verfolgung von Verkehrsordnungswidrigkeiten i.S.d. 24 StVG bzw. § 24 a StVG den Polizeibehörden zu. Die Verfolgung von Steuerordnungswidrigkeiten (§ 377 AO) liegt in der Hand der Finanzbehörden, § 409 AO. Ordnungswidrigkeiten nach dem Betäubungsmittelgesetz (§ 32 Abs. 1 BtMG) werden von dem Bundesinstitut für Arzneimittel und Medizinprodukte – im Fall des § 32 Abs. 1 Nr. 14 BtMG von der Bundesanstalt für Landwirtschaft und Ernährung – verfolgt, § 32 Abs. 3 BtMG.

Weitere Beispiele:

§ 97 Abs. 4 i. V. m. § 77 Abs. 1 AMG:
Bundesinstitut für Arzneimittel und Medizinprodukte, Paul-Ehrlich-Institut, Bundesinstitut für gesundheitlichen Verbraucherschutz und Veterinärmedizin

§ 38 Abs. 3, Abs. 4 AWG:
Oberfinanzdirektion, Hauptzollamt

§ 30 Abs. 4 GÜG:
Bundesinstitut für Arzneimittel und Medizinprodukte

§ 81 Abs. 4 Nr. 1 GWB:
Bundeskartellamt

§ 17 Abs. 4 S. 1, S. 2 GwG:
Bundesanstalt für Finanzdienstaufsicht, Finanzamt

§ 116 Abs. 6 StrahlenschutzVO:
Luftfahrt-Bundesamt

Existiert eine spezialgesetzliche Zuständigkeitsregelung nicht, greift § 36 Abs. 1 **5** Nr. 2 OWiG ein: Sachlich zuständig ist die fachlich zuständige **Oberste Landesbehörde** – in der Regel der Fachminister[13] – oder der fachlich zuständige **Bundesminister**, falls das anzuwendende Gesetz von Bundesbehörden ausgeführt wird, was gem. Art. 83 ff. GG die Ausnahme ist. Diese Zuständigkeiten können per Rechtsverordnung auf andere Stellen oder Behörden übertragen werden, § 36 Abs. 2, Abs. 3 OWiG[14].

Wegen der fachspezifischen Gliederung der sachlichen Zuständigkeit ist die **6** Vielfalt der zuständigen Behörden groß. Erfüllt eine Tat zugleich mehrere verschiedene Bußgeldtatbestände mit je unterschiedlicher Sachbereichszugehörigkeit,

---

[12]   BGHSt 27, 196 (199); *Bohnert*, OWiG, § 36 Rn 11; *Göhler*, § 36 Rn 15; KKOWiG-*Lampe*, § 36 Rn 31; *Rebmann/Roth/Herrmann*, § 36 Rn 17.
[13]   KKOWiG-*Lampe*, § 36 Rn 8.
[14]   *Bohnert*, OWiG, § 36 Rn 13 (Zuständigkeits-Verordnungen der Länder).

kann es zur konkurrierenden Zuständigkeit mehrerer Behörden kommen. § 39 OWiG löst die Kollision nach dem Grundsatz der Priorität: Die Behörde, die zuerst mit einer Vernehmung des Betroffenen befaßt ist[15], erhält die ausschließliche Zuständigkeit für das weitere Verfahren, denn der Betroffene muß darauf vertrauen können, daß die Behörde für seine Sache zuständig ist, mit der er den ersten direkten kommunikativen Kontakt gehabt hat[16].

c) Örtliche Zuständigkeit

7 Für die örtliche Zuständigkeit bestehen nach § 37 OWiG **mehrere Anknüpfungspunkte,** die sich nur teilweise mit den Gerichtsständen[17] des Strafverfahrens decken: Die Orte der Tatbegehung[18] und -entdeckung (§ 37 Abs. 1 Nr. 1 OWiG)[19], der Wohnsitz des Betroffenen zur Zeit der Einleitung des Bußgeldverfahrens (§ 37 Abs. 1 Nr. 2 OWiG)[20] sowie ein späterer neuer Wohnsitz (§ 37 Abs. 2 OWiG) begründen die örtliche Zuständigkeit der Verwaltungsbehörde, zu deren Bezirk dieser Ort gehört. Bei Betroffenen ohne inländischen Wohnsitz kann an dem gewöhnlichen Aufenthaltsort angeknüpft werden, § 37 Abs. 3 OWiG[21]. Zur Verfahrenskonzentration erweitert § 38 S. 1 OWiG die örtliche Zuständigkeit auf Ordnungswidrigkeiten, für die zwar eine Zuständigkeit nach § 37 OWiG nicht begründet ist, die aber mit einer anderen Ordnungswidrigkeit zusammen hängen (§ 38 S. 2 OWiG), für deren Verfolgung die Behörde nach § 37 OWiG örtlich zuständig ist[22]. Bei konkurrierender Zuständigkeit mehrerer verschiedener Verwaltungsbehörden gilt die Vorrangregelung des § 39 OWiG[23]. Das Fehlen der örtlichen Zuständigkeit hat auf die Wirksamkeit der behördlichen Verfolgungs- und Ahndungsmaßnahmen grundsätzlich keinen schädlichen Einfluß[24]. Nur besonders schwerwiegende und offenkundige Mängel haben die Nichtigkeit des Bußgeldbescheids zur Folge. Die Unzuständigkeit der Verwaltungsbehörde ist in der Regel kein derart gravierender Mangel[25].

---

[15] Die Verwaltungsbehörde hat: den Betroffenen selbst vernommen, durch die Polizei vernehmen lassen, nach polizeilicher Vernehmung des Betroffenen die Akten übersandt bekommen.

[16] KKOWiG-*Lampe*, § 39 Rn 6; *Rebmann/Roth/Herrmann*, § 39 Rn 6.

[17] Die Vorschriften der §§ 7 ff. StPO gelten unmittelbar nur für das Verfahren nach Erhebung der öffentlichen Klage. Gem. § 143 Abs. 1 GVG sind die Gerichtsstände aber auch für die örtliche Zuständigkeit der Staatsanwaltschaft und damit für das Ermittlungsverfahren maßgebend.

[18] Handlungsort und Erfolgsort, vgl. § 7 Abs. 1 OWiG.

[19] Strafverfahren: § 7 Abs. 1 StPO (Begehungsort, Ort der Entdeckung nicht berücksichtigt).

[20] Strafverfahren: § 8 Abs. 1 StPO.

[21] Strafverfahren: § 8 Abs. 2 StPO.

[22] Strafverfahren: § 13 StPO.

[23] Strafverfahren: § 12 StPO.

[24] *Göhler*, § 37 Rn 13; KKOWiG-*Lampe*, § 37 Rn 22; *Rebmann/Roth/Herrmann*, § 37 Rn 14.

[25] KKOWiG-*Kurz*, § 66 Rn 77.

d) Rechtsschutz

Maßnahmen[26] der Verwaltungsbehörde in einem Bußgeldverfahren können mit **8** dem **Antrag auf gerichtliche Entscheidung** angefochten werden, § 62 Abs. 1 S. 1 OWiG. Der Verwaltungsrechtsweg ist demnach gem. § 40 Abs. 1 S. 1 VwGO ausgeschlossen[27], obwohl es sich bei den „Maßnahmen" um Verwaltungsakte i. S. d. § 42 Abs. 1 VwGO handelt[28]. Zuständiges Gericht ist das Amtsgericht (Einzelrichter) , §§ 62 Abs. 2 S. 1, 68 Abs. 1 OWiG, und zwar auch bei der Anfechtung von Maßnahmen der Kartellbehörde als Verwaltungsbehörde[29]. Unstatthaft ist der Antrag, sofern er sich gegen eine Maßnahme richtet, die der Vorbereitung der Entscheidung über den Erlaß eines Bußgeldbescheids oder die Einstellung des Verfahrens dient und keine selbständige Bedeutung hat, § 62 Abs. 1 S. 2 OWiG (z. B. Einleitung des Bußgeldverfahrens, Ablehnung eines Beweisantrags, Vermerk über den Abschluß der Ermittlungen)[30]. Diese dem § 305 StPO nachempfundene Regelung schließt die Anfechtbarkeit von Maßnahmen aus, deren prozessuale Bedeutung sich in der sachlichen Aufklärung erschöpft[31]. Unstatthaft ist der Antrag auch gegen den Bußgeldbescheid[32] und grundsätzlich gegen die Verwarnung (dazu s. o. § 25 Rn 13 ff). Entsprechendes gilt für den selbständigen Einziehungsbescheid (§ 87 Abs. 3 S. 2 OWiG), den selbständigen Bußgeldbescheid gegen juristische Personen und Personenvereinigungen (§ 88 Abs. 2 S. 1 OWiG) und den selbständigen Bescheid über die Abführung des Mehrerlöses (§ 11 Abs. 2 S. 2 WiStG 1954). Auch die Einstellung des Verfahrens – nach § 170 Abs. 2 StPO i. V. m. § 46 Abs. 2 OWiG oder nach § 47 Abs. 1 OWiG – ist nicht anfechtbar.

Die weiteren mit der Zulässigkeit des Antrags zusammenhängenden Fragen **9** (Antragsberechtigung[33], Beschwer, Form, Frist[34], Rücknahme, Verzicht) und das Reglement des Verfahrens richten sich nach den allgemeinen Vorschriften der StPO über Rechtsmittel bzw. nach den Vorschriften über die Beschwerde, § 62 Abs. 2 S. 2 OWiG. Gegen die Entscheidung des Amtsgerichts besteht außer in den Fällen[35] der §§ 100 Abs. 2 S. 2, 108 Abs. 1 S. 2 Hs. 2 und 110 Abs. 2 S. 2 OWiG keine Anfechtungsmöglichkeit, § 62 Abs. 2 S. 3 OWiG.

---

[26] KKOWiG-*Kurz*, § 62 Rn 4.

[27] § 40 Abs. 1 S. 1 VwGO: „ ... soweit die Streitigkeiten nicht durch Bundesgesetz einem anderen Gericht ausdrücklich zugewiesen sind".

[28] *Rebmann/Roth/Herrmann*, § 62 Rn 7.

[29] *Rebmann/Roth/Herrmann*, § 62 Rn 12.

[30] *Rebmann/Roth/Herrmann*, § 62 Rn 11 mit weiteren Beispielen.

[31] KKOWiG-*Kurz*, § 62 Rn 5.

[32] *Rebmann/Roth/Herrmann*, § 62 Rn 1.

[33] *Rebmann/Roth/Herrmann*, § 62 Rn 9.

[34] Nur ausnahmsweise ist der Antrag auf gerichtliche Entscheidung ein befristeter Rechtsbehelf, vgl. *Rebmann/Roth/Herrmann*, § 62 Rn 17.

[35] § 62 Abs. 2 S. 3 OWiG: „ ... soweit das Gesetz nichts anderes bestimmt".

2. Staatsanwaltschaft

10 Aus der beherrschenden Stellung der Verwaltungsbehörde folgt, daß die Staatsanwaltschaft im ordnungswidrigkeitenrechtlichen Ermittlungsverfahren nicht die Funktion hat, die ihr im Strafverfahren zukommt[36]. Die Staatsanwaltschaft hat nur eine **nachgeordnete sekundäre Zuständigkeit**[37]. Erst im Verfahren nach Einspruch gegen den Bußgeldbescheid rückt sie voll in die Position der Verfolgungsbehörde ein, § 69 Abs. 4 S. 1 OWiG. Ausnahmsweise kann die Staatsanwaltschaft schon im Verfahren vor Erlaß des Bußgeldbescheids Verfolgungsbehörde sein, wenn ihr die Funktion der "Verwaltungsbehörde" gesetzlich zugewiesen ist, § 35 Abs. 1 OWiG.

Beispielsweise ist in Berlin der Leitende Oberstaatsanwalt kraft Rechtsverordnung nach § 36 Abs. 2 S. 1 OWiG zuständig für die Verfolgung von Ordnungswidrigkeiten nach Artikel 1 § 8 des Rechtsberatungsgesetzes, § 1 Nr. 11 ZustVO-OWiG. In einigen Bundesländern ist die Verfolgung von Ordnungswidrigkeiten nach § 115 OWiG durch Rechtsverordnung gem. § 36 Abs. 2 OWiG der Staatsanwaltschaft übertragen worden[38].

11 Im gerichtlichen Hauptverfahren nimmt die Staatsanwaltschaft die Funktion einer staatlichen **Anklagebehörde** wahr, die ihr zuvor schon durch Übersendung der Akten von der Verwaltungsbehörde an das Amtsgericht zugefallen war, § 69 Abs. 3 S. 1, Abs. 4 S. 1 OWiG. Obwohl es im Bußgeldverfahren keine „Anklage" gibt, ähnelt die Aktenvorlage gem. § 69 Abs. 4 S. 2 OWiG diesem strafprozessualen Vorgang. Dies erkennt man auch an § 76 Abs. 3 OWiG, wo von einer „Klage" die Rede ist, die von der Staatsanwaltschaft zurückgenommen werden kann. Am Beginn des Hauptverfahrens entscheidet die Staatsanwaltschaft mit darüber, ob eine Hauptverhandlung durchgeführt wird oder der Weg des § 72 OWiG beschritten wird, § 72 Abs. 1 S. 1 OWiG. Zur Teilnahme an der Hauptverhandlung ist die Staatsanwaltschaft nicht verpflichtet, § 75 Abs. 1 S. 1 OWiG (vgl. demgegenüber § 226 Abs. 1 StPO). Anders als die Verwaltungsbehörde (s. o. Rn 3) kann die Staatsanwaltschaft das Urteil bzw. den Beschluß des Gerichts, mit dem das Hauptverfahren abgeschlossen wird, mit der Rechtsbeschwerde anfechten[39].

3. Polizei

12 Die Polizei wirkt am Bußgeldverfahren entweder als **Ermittlungsorgan** der Verwaltungsbehörde oder als zuständige Verwaltungsbehörde i.S.d. §§ 35, 36 OWiG mit. Im ersteren Fall hat sie die Befugnis zu Maßnahmen aus eigener Initiative unter den Voraussetzungen des § 53 OWiG und handelt im übrigen auf Ersuchen und im Auftrag der Verwaltungsbehörde[40]. Die Polizei ist selbst Verfolgungsbehörde, soweit dies gesetzlich angeordnet ist. Bedeutsam ist vor allem ihre auf § 26 Abs. 1 StVG beruhende Zuständigkeit zur Verfolgung von Verkehrsord-

---

[36]   *Göhler*, vor § 59 Rn 16.
[37]   KKOWiG-*Lampe*, § 35 Rn 13.
[38]   KKOWiG-*Rogall*, § 115 Rn 38.
[39]   *Bohnert*, Grundriß, S. 118; *ders.*, OWiG, § 79 Rn 5.
[40]   *Göhler*, § 53 Rn 4, 20; KKOWiG-*Wache*, § 53 Rn 15 ff.

nungswidrigkeiten nach § 24 und § 24 a StVG[41]. Welche Behörde oder Dienststelle der Polizei diese Zuständigkeit wahrnimmt, regelt die auf § 26 Abs. 1 S. 1 StVG beruhende Rechtsverordnung der Landesregierung.

Beispiel § 1 Nr. 2 c ZustVO-OWiG Berlin:

„Zuständige Verwaltungsbehörde für die Verfolgung und Ahndung von Ordnungswidrigkeiten sind ... der Polizeipräsident in Berlin ... für Ordnungswidrigkeiten nach §§ 24, 24 a des Straßenverkehrsgesetzes ..."[42].

4. Gericht

Das Gericht ist nie Verfolgungsbehörde. Richterliche Funktionen im Ermittlungs- **13** verfahren betreffen den **Rechtsschutz** nach § 62 OWiG sowie einzelne **Untersuchungshandlungen**. Als "Notstaatsanwalt" kann der Richter einzelne Untersuchungshandlungen selbst vornehmen, wenn die Voraussetzungen der §§ 165, 166 StPO vorliegen, § 46 Abs. 1 OWiG[43]. Ansonsten ist es Sache der Verwaltungsbehörde, den Erlaß einer richterlichen Anordnung zu beantragen, § 46 Abs. 1 OWiG, § 162 Abs. 1 StPO. Dies ist insbesondere bei Ermittlungsmaßnahmen notwendig, für deren Anordnung im Regelfall der Richter zuständig ist. Denn nur bei Gefahr im Verzug darf die Verwaltungsbehörde selbst Maßnahmen wie z. B. Durchsuchung (§ 46 Abs. 1 OWiG, § 105 Abs. 1 S. 1 StPO) oder Beschlagnahme (§ 46 Abs. 1 OWiG, § 98 Abs. 1 S. 1 StPO) anordnen[44].

Die Kompetenz des Richters beschränkt sich auf die Prüfung der Zulässigkeit **14** der von der Verwaltungsbehörde beantragten Maßnahme[45]. Zweckmäßigkeit, Opportunität und Ermittlungstaktik sind keine Orientierungsmarken richterlichen Handelns und Entscheidens im Ermittlungsverfahren. Insbesondere hat der Richter in diesem Stadium des Bußgeldverfahrens noch nicht die Befugnis zur Verfahrenseinstellung, § 47 Abs. 2 OWiG[46].

Das Schwergewicht gerichtlicher Zuständigkeit und Funktion liegt im Hauptverfahren, das nach Einlegung eines zulässigen Einspruchs eingeleitet wird, §§ 71 ff. OWiG (ausführlich dazu unten § 30).

---

[41] KKOWiG-*Lampe*, § 35 Rn 18.
[42] AG Berlin-Tiergarten, DAR 1996, 326.
[43] KKOWiG-*Lampe*, § 35 Rn 15.
[44] KKOWiG-*Wache*, vor § 53 Rn 14.
[45] *Göhler*, vor § 59 Rn 7; KKOWiG-*Wache,* vor § 53 Rn 18.
[46] KKOWiG-*Lampe*, § 35 Rn 15.

II. Nichtstaatliche Beteiligte

1. Betroffener

15 Der Betroffene ist die natürliche Person, die einer Ordnungswidrigkeit verdächtigt wird und gegen die sich daher das Bußgeldverfahren richtet. "Betroffener" ist also das Pendant des strafprozessualen Begriffs "Beschuldigter". Es handelt sich um einen prozeßrechtlichen – nicht um einen materiellrechtlichen – Begriff. „Betroffener" ist nicht dasselbe wie „Täter" oder „Beteiligter". Zum Betroffenen wird eine Person dadurch, daß ein Ermittlungsverfahren gegen sie eingeleitet wird[47]. Es gilt somit ein **formeller Betroffenen-Begriff**[48]. Tatbeteiligte i.S.d. § 14 OWiG werden nicht schon aufgrund ihrer Mitwirkung an der Ordnungswidrigkeit zu "Mitbetroffenen" im Verfahren gegen einen anderen Beteiligten. Sie können deshalb in diesem Verfahren Zeugen sein, solange das Verfahren sich nicht auch gegen sie richtet. Betroffener ist nur, wer als Täter oder Beteiligter einer Ordnungswidrigkeit verfolgt wird. Personenvereinigungen, gegen die nach § 30 OWiG eine Geldbuße verhängt werden kann, oder sonstige Dritte, gegen die Einziehung, Verfall oder Mehrerlösabführung angeordnet werden können, sind keine Betroffenen, sondern Nebenbeteiligte, vgl. § 66 Abs. 1 Nr. 1 OWiG[49] (dazu unten Rn 17).

16 Die **Rechtsstellung** des Betroffenen entspricht im wesentlichen der des Beschuldigten im Strafverfahren. Dies ergibt sich aus der sinngemäßen Geltung "allgemeiner" Verfahrensvorschriften im Bußgeldverfahren, § 46 Abs. 1 OWiG. Zu beachten ist vor allem das Prinzip "nemo tenetur se ipsum prodere"[50]. Der Betroffene ist nicht verpflichtet, zur Sache auszusagen oder sonstige Aktivitäten zu entfalten, aus denen die Verwaltungsbehörde sachbezogene Erkenntnisse gewinnen könnte[51]. Er muß sich aber dem Verfahren zur Verfügung stellen und einzelne Ermittlungsmaßnahmen dulden (z.B. Identitätsfeststellung, körperliche Untersuchung[52]). Außerdem darf er die Ermittlungstätigkeit der Behörde nicht behindern. Untersuchungshaft und vorläufige Festnahme sind aber im Bußgeldverfahren nicht anwendbar, § 46 Abs. 3 S. 1 OWiG. Spätestens vor Abschluß der Ermittlungen muß dem Betroffenen Gelegenheit zur Stellungnahme gegeben werden, sofern das Verfahren nicht mit Einstellung endet, § 46 Abs. 1 OWiG, § 163 a Abs. 1 S. 1 StPO. Eine Vernehmung ist nicht erforderlich, § 55 Abs. 1 OWiG.

---

[47] *Göhler*, vor § 59 Rn 49; KKOWiG-*Wache*, vor § 53 Rn 59.
[48] Zum formellen Beschuldigten-Begriff im Strafverfahren vgl. *Beulke*, Strafprozeßrecht, Rn 111.
[49] KKOWiG-*Boujong*, § 87 Rn 6.
[50] OLG Düsseldorf, NStZ 2001, 260; *Geppert*, FS Spendel, S. 655 (668).
[51] BGHSt 25, 365 (368); OLG Stuttgart, NZV 1998, 42; *Göhler*, § 55 Rn 8; KKOWiG-*Wache*, § 55 Rn 14.
[52] *Göhler*, § 46 Rn 13, 14.

2. Nebenbeteiligte

Nebenbeteiligte sind Personen, die nicht wegen mußmaßlicher Täterschaft oder   17
Beteiligung als Betroffene verfolgt werden, gegen die aber **Nebenfolgen** angeordnet werden können[53]. Dabei handelt es sich um Einziehung, Unbrauchbarmachung, Verfall, Mehrerlösabführung und Verbandsgeldbuße. Die verfahrensrechtliche Stellung und Behandlung dieser Personen richtet sich grundsätzlich gem.
§ 46 Abs. 1 OWiG nach den Vorschriften der StPO über das Verfahren bei Ein-
ziehungen (§§ 430 ff), Verfall (§ 442) und Festsetzung von Geldbuße gegen juristische Personen und Personenvereinigungen (§ 444)[54]. Ergänzende Regelungen
enthalten §§ 87, 88 OWiG.

3. Verteidiger und Beistand

Der Betroffene kann sich in jeder Lage des Bußgeldverfahrens durch einen Ver-   18
teidiger beraten, unterstützen und vertreten lassen, § 46 Abs. 1 OWiG, § 137
StPO[55]. Es steht ihm aber frei, darauf zu verzichten und zu versuchen, den ordnungswidrigkeitenrechtlichen Vorwurf und den drohenden Bußgeldbescheid aus
eigener Kraft abzuwehren. Hat der Betroffene einen gesetzlichen Vertreter oder
einen Erziehungsberechtigten – insbesondere im Verfahren gegen einen Jugendlichen –, steht auch diesem das Recht zur Wahl eines Verteidigers für den Betroffenen zu, § 46 Abs. 1 OWiG, § 137 Abs. 2 S. 1 StPO, § 67 Abs. 3 JGG[56]. Ein
Fall **notwendiger Verteidigung** ist im Ermittlungsverfahren nur unter den Voraussetzungen des § 140 Abs. 2 S. 1 StPO möglich. Die Fälle des § 140 Abs. 1
StPO sind entweder strafverfahrensspezifisch (§ 140 Abs. 1 Nr. 2, Nr. 3, Nr. 6 und
Nr. 7), kraft ausdrücklicher Regelung im Bußgeldverfahren unanwendbar (§ 140
Abs. 1 Nr. 1) oder auf das gerichtliche Bußgeldverfahren beschränkt (§ 140 Abs.
1 Nr. 5 und Nr. 8)[57]. Ein Pflichtverteidiger wird demnach von der Verwaltungs-
behörde bestellt, wenn der Betroffene keinen Wahlverteidiger hat (§ 46 Abs. 1
OWiG, § 141 StPO) und die Schwere der Tat, die Schwierigkeit der Sach- oder
Rechtslage oder die ersichtliche Unfähigkeit des Betroffenen zur Selbstverteidi-
gung es gebietet, § 60 S. 1 OWiG, § 140 Abs. 2 S. 1 StPO.

Die **Rechts- und Pflichtenstellung** des Verteidigers im Bußgeldverfahren ent-   19
spricht gem. § 46 Abs. 1 OWiG der strafprozessualen Rechtslage. Es gilt also die
Beschränkung auf drei Wahlverteidiger (§ 137 Abs. 1 S. 2 StPO), das Verbot der
Mehrfachverteidigung (§ 146 StPO)[58] und die Möglichkeit der Ausschließung von
der Mitwirkung im Verfahren (§ 138 a StPO). Der Verteidiger hat das Recht auf
unüberwachten mündlichen und schriftlichen Verkehr mit dem Betroffenen (§ 148
StPO), ein Akteneinsichtsrecht (§ 147 StPO), das Recht auf Anwesenheit bei Ver-

---

[53] *Göhler*, vor § 87 Rn 2; KKOWiG-*Wache*, vor § 53 Rn 59.
[54] *Göhler*, vor § 87 Rn 1; KKOWiG-*Boujong*, § 87 Rn 1.
[55] *Göhler*, § 60 Rn 3 a ; KKOWiG-*Kurz*, § 60 Rn 3.
[56] *Göhler*, § 60 Rn 4; KKOWiG-*Kurz*, § 60 Rn 4.
[57] KKOWiG-*Kurz*, § 60 Rn 26; teilw. a. A. *Göhler*, § 60 Rn 23.
[58] LG Waldshut-Tiengen, NStZ 2002, 156 (157).

nehmungen des Betroffenen durch die Verwaltungsbehörde (§§ 163 a Abs. 3 S. 2, 168 c Abs. 1 StPO), richterlichen Vernehmungen (§ 168 c Abs. 1 , Abs. 2 StPO) und richterlicher Augenscheinseinnahme (§ 168 d Abs. 1 S. 1 StPO)[59].

20   Auch **Nebenbeteiligte** können zur Wahrnehmung ihrer Interessen im Bußgeldverfahren einen Rechtsanwalt oder eine sonstige zur Verteidigung zugelassene Person (§ 138 StPO) beauftragen, § 46 Abs. 1 OWiG, §§ 434 Abs. 1, 442 Abs. 1, 444 Abs. 2 S. 2 StPO[60]. Die Bestellung eines Pflichtverteidigers richtet sich nicht nach § 60 S. 1 OWiG, sondern nach § 46 Abs. 1 OWiG, § 434 Abs. 2 StPO.

21   Als **Beistand** können im Bußgeldverfahren zugelassen werden der Ehegatte und der gesetzliche Vertreter des Betroffenen, § 46 Abs. 1 OWiG, § 149 Abs. 3 StPO. Beistände können den Betroffenen beraten und Stellungnahmen zur Sache abgeben. Verteidigerbefugnisse haben sie nicht[61].

4. Erziehungsberechtigte und gesetzliche Vertreter

22   Im **Verfahren gegen Jugendliche** sind auch der Erziehungsberechtigte und der gesetzliche Vertreter Beteiligte, § 46 Abs. 1 OWiG, § 67 JGG. Diese müssen also gem. § 55 Abs. 1 OWiG, § 67 Abs. 1 JGG vor Erlaß des Bußgeldbescheides die Gelegenheit erhalten, zu der Beschuldigung Stellung zu nehmen. Auch im übrigen stehen ihnen die Mitwirkungsbefugnisse zu, die das JGG für das Jugendstrafverfahren einräumt. Von der Heranziehung der Jugendgerichtshilfe (§ 38 JGG) kann im Bußgeldverfahren gegen Jugendliche und Heranwachsende abgesehen werden, § 46 Abs. 6 OWiG[62].

Kontrollfragen

1.	Welche Funktionen hat die Verwaltungsbehörde im Ermittlungsverfahren? (Rn 1)
2.	Wann ist im Bußgeldverfahren die Staatsanwaltschaft „Herrin des Ermittlungsverfahrens"? (Rn 10)
3.	Wann gehen die Aufgaben der Verfolgungsbehörde auf die Staatsanwaltschaft über? (Rn 3, 10)
4.	Wann ist die Polizei „Herrin des Ermittlungsverfahrens"? (Rn 12)
5.	Welche Bezeichnung trägt der Verfahrensbeteiligte, der im Strafverfahren „Beschuldigter" heißt, im Bußgeldverfahren? (Rn 15)
6.	Gibt es im Bußgeldverfahren eine „notwendige Verteidigung"? (Rn 18)

---

[59]   Derartige richterliche Untersuchungshandlungen sind im Ermittlungsvefahren nach § 46 Abs. 1 OWiG, §§ 162, 165, 166 StPO möglich.

[60]   *Göhler*, § 87 Rn 35; § 88 Rn 14.

[61]   *Göhler*, § 60 Rn 61; KKOWiG-*Kurz*, § 60 Rn 105.

[62]   Dazu *Laubenthal*, Jugendgerichtshilfe im Strafverfahren, 1993, S. 145 ff.

§ 27 Ermittlungsverfahren

Das Ermittlungsverfahren – gleichbedeutend: Vorverfahren (vgl. Dritter Abschnitt **1** des Zweiten Teils, vor § 53 OWiG)[1] – ist der erste Abschnitt des Bußgeldverfahrens[2]. Es endet mit dem Erlaß eines Bußgeldbescheids[3] oder der Erteilung einer Verwarnung, falls das Verfahren nicht eingestellt wird. Wird gegen den Bußgeldbescheid ein zulässiger Einspruch eingelegt[4], schließt sich ein gerichtliches Bußgeldverfahren an[5], es sei denn, das Verfahren wird zuvor eingestellt. Im folgenden wird dargestellt, wie das Ermittlungsverfahren abläuft und welche Maßnahmen zur Erreichung des Verfahrensziels getroffen werden können. Die untenstehenden Ausführungen gelten grundsätzlich auch für selbständige Verfahren zur Anordnung einer Einziehung (§§ 27, 87 Abs. 3 OWiG), zur Anordnung des Verfalls (§§ 29 a Abs. 4, 87 Abs. 6 OWiG), zur Festsetzung einer Geldbuße gegen juristische Personen und Personenvereinigungen (§§ 30 Abs. 4, 88 Abs. 2 OWiG) und zur Anordnung der Abführung des Mehrerlöses (§§ 10, 11 Abs. 2 WiStG 1954).

I. Zweck, Einleitung und Abschluß

Das Ermittlungsverfahren dient der **Aufklärung** eines Tatverdachts[6]. Unter "Auf- **2** klärung" ist die gesamte Ermittlungstätigkeit zu verstehen, mit der die Verdachtsvorstellung zu einer Gewißheitsvorstellung verdichtet werden soll. Das verfahrensleitende Organ trifft verschiedene Maßnahmen, um eine Erkenntnis darüber zu gewinnen, ob eine Tat begangen worden ist, die die Voraussetzungen einer Ordnungswidrigkeit (§ 1 Abs. 1 OWiG) oder wenigstens einer mit Geldbuße bedrohten Handlung (§ 1 Abs. 2 OWiG) erfüllt. Eingeleitet wird das Ermittlungsverfahren durch die Entschließung, einen verdächtigen Sachverhalt aufzuklären.

Vor der Einleitung des Ermittlungsverfahrens stehen „zureichende tatsächliche **3** Anhaltspunkte" – der "**Anfangsverdacht**" –, die sich auf eine Tat mit ordnungswidrigkeitenrechtlicher Qualität richten[7]. Die Anforderungen an die Verdachtsstärke sind dieselben wie im Strafverfahren[8]. Nicht erforderlich ist, daß sich der Verdacht von Anfang an gegen eine bestimmte Person richtet. Anders als im

---

[1] Die Anerkennung des Ausdrucks „Ermittlungsverfahren" im Sprachgebrauch des OWiG sieht man in § 33 Abs. 1 Nr. 1, Nr. 3 OWiG.

[2] Zur Parallele im Strafverfahren vgl. *Beulke*, Strafprozeßrecht, Rn 2, 309.

[3] Dazu unten § 28.

[4] Dazu unten § 29.

[5] Dazu unten § 30.

[6] *Bohnert*, Grundriß, S. 72.

[7] *Bohnert*, Grundriß, S. 70; *ders.*, OWiG, § 35 Rn 14; *Göhler*, vor § 59 Rn 27; KKOWiG-*Wache*, vor § 53 Rn 36.

[8] Dazu KKStPO-*Schoreit*, § 152 Rn 28 ff.

Strafverfahren (vgl. §§ 152 Abs. 2, 160 Abs. 1 StPO)[9] steht die Einleitungsentscheidung in jedem Fall im Ermessen des zuständigen Staatsorgans, es gilt nicht das Legalitätsprinzip, sondern das **Opportunitätsprinzip**, § 47 Abs. 1 OWiG. Betrifft der Verdacht eine Tat, die die Voraussetzungen einer Ordnungswidrigkeit und zugleich die Voraussetzungen einer Straftat erfüllt, ist ein strafrechtliches Ermittlungsverfahren einzuleiten, in dem auch die ordnungswidrigkeitenrechtliche Relevanz der Tat berücksichtigt wird, § 40 OWiG[10]. Eine Trennung des Verfahrensgegenstandes in einen ordnungswidrigkeitenrechtlichen Teil und einen strafrechtlichen Teil mit der Folge getrennter Verfahren ist nicht möglich. Dagegen ist es zulässig, die Ermittlungen von vornherein auf den strafrechtlichen Teil der Tat zu beschränken und die möglicherweise vorhandene Qualität der Tat als Ordnungswidrigkeit unbeachtet zu lassen, vgl. § 154 a StPO. Wird das Verfahren aber bezüglich der Straftat eingestellt, muß der Verwaltungsbehörde Gelegenheit gegeben werden, dem bislang unberücksichtigten Verdacht bezüglich einer Ordnungswidrigkeit in einem Bußgeldverfahren nachzugehen, § 43 Abs. 1 OWiG[11]. Die Staatsanwaltschaft kann die „übrig gebliebene" ordnungswidrigkeitenrechtliche Relevanz der Tat allein nicht zum Gegenstand eines Strafverfahrens und einer Anklage oder des Antrags auf Erlaß eines Strafbefehls[12] machen. Denn eine Ordnungswidrigkeit ist nur dann Gegenstand der öffentlichen Klage, wenn sie mit einer Straftat zusammenhängt, §§ 64, 42 OWiG. Ein pures ordnungswidrigkeitenrechtliches Ermittlungsergebnis bietet keinen „genügenden Anlaß zur Erhebung der öffentlichen Klage" (§ 170 Abs. 1 StPO).

4   Das Ermittlungsverfahren endet mit dem Erlaß eines **Bußgeldbescheids**, wenn die Aufklärung dem zuständigen Rechtspflegeorgan – der Verwaltungsbehörde – die Überzeugung verschafft hat, daß eine ahndbare und verfolgbare Ordnungswidrigkeit begangen wurde. Auch hier leitet das Opportunitätsprinzip die Wahl der Entscheidung. Nach pflichtgemäßem Ermessen kann das Verfahren auch eingestellt (§ 47 Abs. 1 S. 2 OWiG) oder – bei geringfügigen Ordnungswidrigkeiten – mit einer Verwarnung (mit oder ohne Verwarnungsgeld) abgeschlossen werden, § 56 Abs. 1 OWiG. Die prozessualen Entscheidungsformen „Urteil" und „Beschluß" sind gerichtliche Prozeßhandlungen und somit in dem reinen verwaltungsbehördlichen Vorverfahren ausgeschlossen. Ihre ahndende und verfahrensbeendende Funktion kommt erst im gerichtlichen Bußgeldverfahren zur Geltung[13] (dazu unten § 30). Auch gibt es keinen gerichtlichen Bußgeldbescheid[14]; wohl aber einen staatsanwaltschaftlichen, wenn nämlich die Staatsanwaltschaft „Verwaltungsbehörde" i. S. d. §§ 35, 36 OWiG ist[15].

5   Haben die Ermittlungen den anfänglichen Verdacht nicht in überzeugungsbildender Weise bestätigt oder hat sich das Fehlen einer Verfahrensvoraussetzung

[9]   *Beulke*, Strafprozeßrecht, Rn 17, 309.
[10]   Dazu oben § 21 Rn 10.
[11]   *Bohnert*, Grundriß, S. 133; KKStPO-*Schmid*, § 170 Rn 14.
[12]   OLG Koblenz, NStZ 2000, 41.
[13]   KKOWiG-*Kurz*, § 65 Rn 4.
[14]   OLG Koblenz, NStZ 2000, 41; KKOWiG-*Kurz*, § 65 Rn 2; *Rebmann/Roth/Herrmann*, § 65 Rn 1a.
[15]   Dazu oben § 26 Rn 10.

bzw. das Bestehen eines Verfahrenshindernisses[16] herausgestellt, **muß** das Verfahren **eingestellt** werden, § 46 Abs. 1 OWiG, § 170 Abs. 2 StPO. Die entsprechende Anwendung des § 170 Abs. 2 StPO im Bußgeldverfahren erfordert eine Anpassung des Textes des § 170 Abs. 1 StPO an die Situation des Bußgeldverfahrens : Statt auf „Anlaß zur Erhebung der öffentlichen Klage" ist auf „Anlaß zum Erlaß eines Bußgeldbescheides" abzustellen. Dieser „Anlaß" besteht, wenn auf Grund des Ermittlungsergebnisses am Vorliegen einer ahndbaren Ordnungswidrigkeit nicht zu zweifeln ist. Wegen der inquisitorischen Struktur des Verwaltungsverfahrens[17] impliziert die dem Bußgeldbescheid vorausgehende abschließende Würdigung des Ermittlungsergebnisses keine Prognose. Da die ermittelnde Verwaltungsbehörde selbst die ahndende Maßnahme trifft, braucht sie – anders als die Staatsanwaltschaft in der Prozeßlage des § 170 Abs. 1 StPO[18] – nicht zu prognostizieren, daß im weiteren Verlauf des Verfahrens ein Gericht gegen den Betroffenen eine Geldbuße verhängen würde. Es kommt allein darauf an, ob die Verwaltungsbehörde selbst von der Erfüllung aller materiell- und prozeßrechtlichen Voraussetzungen einer Ahndung überzeugt ist[19]. Tragen die Ermittlungen eine dahingehende Überzeugung nicht, ist das Verfahren einzustellen[20]. Dies ist eine gesetzlich gebundene Entscheidung (negatives Legalitätsprinzip)[21], das Opportunitätsprinzip gilt hier nicht. Die Verfahrensgrundsätze "in dubio pro reo" und "Unschuldsvermutung" (Art. 6 Abs. 2 MRK) sind im Bußgeldverfahren zu beachten[22]. Sowohl Bußgeldbescheid als auch Verwarnung setzen voraus, daß an der "Schuld" des Betroffenen keine vernünftigen Zweifel mehr bestehen[23].

II. Maßnahmen

Aus der Pauschalverweisung in § 46 Abs. 1, Abs. 2 OWiG folgt, daß der Verwaltungsbehörde zur zügigen und effektiven Verfahrensdurchführung grundsätzlich der Maßnahmenkatalog zur Verfügung steht, den die Strafprozeßordnung und sonstige allgemeine Verfahrensgesetze für die Durchführung eines Strafverfahrens normieren. Dies gilt vor allem in bezug auf die Mittel zur Aufklärung des Sachverhalts[24]. Aufgrund des regelmäßig geringeren Unrechts- und Schuldgehalts der zu verfolgenden Tat führt aber im Bußgeldverfahren die Anlegung des verfassungsrechtlichen Maßstabs "Verhältnismäßigkeitsprinzip" zu dem Ergebnis, daß hier nicht alles erlaubt sein kann, was in einem Strafverfahren von der Rechtsord- **6**

---

[16] Dazu oben § 24.

[17] Krit. dazu *Jescheck*, JZ 1959, 457 (462).

[18] KKStPO-*Schmid*, § 170 Rn 3.

[19] *Bohnert*, OWiG, § 64 Rn 4; KKOWiG-*Kurz*, § 65 Rn 11.

[20] *Bohnert*, Grundriß, S. 83.

[21] *Beulke*, Strafprozeßrecht, Rn 320.

[22] BVerfGE 9, 167 (170); *Göhler*, § 46 Rn 10 b; KKOWiG-*Wache*, vor § 53 Rn 66; KKOWiG-*Kurz*, § 65 Rn 11.

[23] *Göhler*, vor § 65 Rn 1.

[24] KKOWiG-*Wache*, vor § 53 Rn 68.

nung gedeckt ist[25]. Es liegt auf der Hand, daß die Bekämpfung schwereren Unrechts einschneidendere Maßnahmen legitimiert. Ordnungswidrigkeiten sind dagegen typischerweise geringes Unrecht und können daher im prozessualen Bereich nur relativ leichtgewichtige Verfolgungsmaßnahmen rechtfertigen. Diese Konsequenz hat der Gesetzgeber selbst gezogen und einige besonders gravierende Eingriffstypen dem Bußgeldverfahren vorenthalten (§ 46 Abs. 3 OWiG) oder abgemildert (§ 46 Abs. 4 OWiG).

1. Ausgeschlossene Maßnahmen des Strafverfahrensrechts

7   Zum Teil folgt die Unanwendbarkeit strafprozessualer Maßnahmen bereits unmittelbar aus der StPO-Vorschrift, die ihre Zulässigkeitsbedingungen normiert. Dies betrifft die besonders schweren Grundrechtseingriffe, denen selbst im Strafverfahren nur ein schmaler Wirkungsbereich eröffnet ist: Maschineller Abgleich und Übermittlung personenbezogener Daten (§ 98 a StPO), Überwachung der Telekommunikation (§ 100 a StPO), Maßnahmen ohne Wissen des Betroffenen (§ 100 c StPO), Einsatz verdeckter Ermittler (§ 110 a StPO), Kontrollstellen auf Straßen und Plätzen (§ 111 StPO), Schleppnetzfahndung (§ 163 d StPO), Ausschreibung zur polizeilichen Beobachtung (§ 163 e StPO) und Längerfristige Observation (§ 163 f) setzen den **Verdacht erheblicher Straftaten** voraus. Wenn also nicht einmal jede mutmaßliche Straftat den Einsatz dieser Mittel rechtfertigt, dann kann der Verdacht einer Ordnungswidrigkeit erst recht keine tragfähige Legitimationsgrundlage sein. Das erklärt, warum diese Maßnahmen nicht in § 46 Abs. 3 S. 1 OWiG („... sind unzulässig.") erwähnt sind.

8   Ausdrücklich **dem Bußgeldverfahren entzogen** hat der Gesetzgeber in § 46 Abs. 3 OWiG diverse freiheitsentziehende Maßnahmen (Anstaltsunterbringung, § 81 StPO, § 73 JGG; Verhaftung, § 112 StPO; vorläufige Festnahme, § 127 StPO[26]), sowie Eingriffe in das von Art. 10 GG geschützte Grundrecht (Beschlagnahme von Postsendungen und Telegrammen, §§ 99, 100 StPO). Das Beschlagnahmeverbot darf auch nicht durch Auskunftersuchen an Behörden unterlaufen werden, denen in ihrem Zuständigkeitsbereich derartige Maßnahmen gestattet sind. Eingriffe in den Körper des Betroffenen (§ 81 a Abs. 1 S. 2 StPO) sind nur erlaubt, wenn und soweit ihre Beeinträchtigungswirkung geringfügig ist, § 46 Abs. 4 OWiG. Die Zulässigkeit von Blutentnahmen versteht sich als Konsequenz des § 24 a StVG[27] von selbst, da anderenfalls dieser Tatbestand nur in dem Fall eines nicht bestätigten (§ 21 Abs. 1 S. 1 OWiG) Straftatverdachts (§ 316 StGB) praktische Geltung erlangen könnte. Körperliche Untersuchungen von Personen, die nicht Betroffene sind, können zulässig sein, wenn die Verhältnismäßigkeit gewahrt ist, § 46 Abs. 1 OWiG, § 81 c StPO[28].

---

[25] *Berg*, DAR 1982, 105 (106); *Krüger*, NJW 1981, 1642 (1646); *Göhler*, § 46 Rn 9; vor § 53 Rn 2; KKOWiG-*Wache*, vor § 53 Rn 65.

[26] Die vorläufige Festnahme nach § 127 b Abs. 1 StPO ist im Bußgeldverfahren schon deswegen ausgeschlossen, weil es hier kein beschleunigtes Verfahren (§§ 417 ff. StPO) gibt.

[27] *Geppert*, FS Spendel, S. 655 (658).

[28] KKOWiG-*Wache*, § 46 Rn 35.

Erkenntnisse aus Ermittlungsmaßnahmen, die im Bußgeldverfahren nicht zuge- **9** lassen sind, dürfen bei der Verfolgung von Ordnungswidrigkeiten nicht verwertet werden. Stammt das gewonnene bußgeldrelevante Beweismaterial aber aus einer strafprozessualen Ermittlungshandlung, die wegen bestehenden Straftatverdachts rechtmäßig war, darf dieser "Zufallsfund" auch im Bußgeldverfahren verwertet werden, sofern nicht – wie in § 100 b Abs. 5 StPO – die Verwertbarkeit einer ausdrücklichen gesetzlichen Beschränkung unterliegt[29]

2. Zugelassene Maßnahmen des Strafverfahrensrechts

a) Beweismittel

Zur Aufklärung des Sachverhalts stehen der Verwaltungsbehörde alle Beweismit- **10** tel des Strafverfahrensrechts   zur Verfügung[30]. Anders als im Strafverfahren (§ 163 a Abs. 1 S. 1 StPO) ist im Bußgeldverfahren eine Vernehmung des Beschuldigten auch dann nicht obligatorisch, wenn das Verfahren nicht eingestellt wird. Ausreichend ist eine **Anhörung des Betroffenen**, § 55 Abs. 1 OWiG. Eine **Vernehmung des Betroffenen** durch die Verwaltungsbehörde ist aber möglich und richtet sich nach § 46 Abs. 1 OWiG, § 163 a StPO[31]. Dabei ist insbesondere sein Recht auf Einlassungsverweigerung zur Sache (§ 46 Abs. 1 OWiG, § 163 a Abs. 3 S. 2, 136 Abs. 1 S. 2 StPO) zu respektieren. Das gilt auch bei der formlosen Anhörung nach § 55 OWiG[32]. Die Verwaltungsbehörde darf aus dem Schweigen des Betroffenen keine diesen belastenden Schlüsse ziehen[33]. Verbotene Vernehmungsmethoden (§ 136 a StPO) sind auch im Bußgeldverfahren unzulässig[34].

Die **Vernehmung von Zeugen** unterliegt dem Reglement der §§ 46 Abs. 1 **11** OWiG, 161 a, 48 ff. StPO[35]. Der Zeuge ist also zur wahrheitsgemäßen Aussage verpflichtet, sofern ihm kein Zeugnis- oder Auskunftsverweigerungsrecht zusteht. Die §§ 52 ff. StPO sind über § 46 Abs. 1 OWiG uneingeschränkt anwendbar[36]. Eine Vereidigung des Zeugen ist seit neuestem auch im Strafverfahren nur noch bei „ausschlaggebender Bedeutung der Aussage" oder „zur Herbeiführung einer wahren Aussage" geboten, § 59 Abs. 1 S. 1 StPO. Im Bußgeldverfahren hatte diese Einschränkung schon länger Geltung, vgl. § 48 OWiG a. F. Da die StPO in diesem Punkt nun nicht mehr vom OWiG abweicht, war die Aufhebung des § 48 OWiG durch das 1. JuMoG konsequent[37]. Hinzu kommt, daß im Strafverfahren eine Zeugenvereidigung regelmäßig nur in der Hauptverhandlung stattfindet, §§ 59 Abs. 2 S. 2, 62 StPO. Eine Zeugenvereidigung im Bußgeldverfahren der Verwaltungsbe-

---

[29] *Bohnert*, OWiG, § 46 Rn 93.
[30] *Bohnert*, Grundriß, S. 73; *ders.*, OWiG, § 46 Rn 49; *Göhler*, vor § 59 Rn 57.
[31] *Bohnert*, OWiG, § 55 Rn 13; KKOWiG-*Wache*, § 55 Rn 9.
[32] *Bohnert*, OWiG, § 55 Rn 15; KKOWiG-*Wache*, § 55 Rn 14.
[33] OLG Düsseldorf, NStZ 2001, 260; OLG Stuttgart, NZV 1998, 42; *Bohnert*, OWiG, § 55 Rn 17; KKOWiG-*Wache*, § 55 Rn 17.
[34] *Bohnert*, OWiG, § 55 Rn 20.
[35] *Bohnert*, OWiG, § 46 Rn 51; *Göhler*, § 59 Rn 1; KKOWiG-*Wache*, § 59 Rn 1.
[36] *Bohnert*, Grundriß, S. 74; *ders.*, OWiG, § 46 Rn 53-58; *Göhler*, § 59 Rn 22 ff.
[37] Entsprechendes gilt für die Aufhebung des § 49 JGG.

hörde ist daher die Ausnahme[38]. Soweit sie im Einzelfall doch erforderlich ist, bedarf es einer richterlichen Vernehmung des Zeugen, § 46 Abs. 2 OWiG, § 161 a Abs. 1 S. 3 StPO[39].

12   Auch für den Beweis mit **Sachverständigen, Urkunden** und der Einnahme des **Augenscheins** gelten im Bußgeldverfahren die einschlägigen Vorschriften der StPO. Hinsichtlich des Urkundenbeweises ist zu beachten, daß die §§ 249 ff. StPO ausschließlich die Beweisaufnahme in der Hauptverhandlung betreffen und daher im Vorverfahren der Verwaltungsbehörde nicht anwendbar sind, vgl. § 77 a OWiG. Dies gilt jedoch nicht für § 252 StPO, dessen Standort im Gesetz ohnehin verfehlt ist. Will sich die Verwaltungsbehörde das Wissen eines Zeugen aneignen, muß sie darauf hinwirken, daß dieser Zeuge sein Wissen preisgibt. Übt dieser Zeuge dann ein Zeugnisverweigerungsrecht aus, darf dies nicht durch Verwertung eines Protokolls einer früheren Vernehmung dieses Zeugen unterlaufen werden.

b) Beweismittelgewinnung

13   Zur Erlangung sachlicher Beweismittel sind Durchsuchungen, Sicherstellungen und Beschlagnahmen zulässig. Es gelten die Vorschriften der StPO entsprechend, also für **Beschlagnahmen** die §§ 94 ff. StPO[40] und für **Durchsuchungen** §§ 102 ff. StPO[41]. Sofern die Verwaltungsbehörde nicht über eigene Kräfte verfügt, die derartige Maßnahmen ausführen, kann sie sich der Polizei als Ermittlungsorgan bedienen, vgl. §§ 1 Abs. 3 , 50 Abs. 3 BbgPolG. Den rechtlichen Rahmen setzen jeweils die Vorschriften der "Allgemeinen Gesetze", wobei aber stets zu beachten ist, daß diese Vorschriften auf die Verfolgung von Straftaten zugeschnitten sind und ihre Anwendung im Bußgeldverfahren daher eine strenge Verhältnismäßigkeitskontrolle erfordert[42].

14   Gegenüber Betroffenen, Zeugen und Sachverständigen sind Zwangsmaßnahmen zulässig, mit denen die Gewinnung von Erkenntnissen mithilfe dieser Personen ermöglicht werden kann. Betroffene und Zeugen können wie im Strafverfahren **vorgeführt** werden, allerdings nur auf Anordnung des Richters, § 46 Abs. 5 OWiG[43]. Da die Verwaltungsbehörde im Bußgeldverfahren die gleiche Stellung hat wie die Staatsanwaltschaft im Strafverfahren, sind Betroffene, Zeugen und Sachverständige verpflichtet, auf Ladung vor der Verwaltungsbehörde zu erscheinen, § 46 Abs. 2 OWiG, §§ 163 a Abs. 3 S. 1, 161 a Abs. 1 S. 1 StPO. Ein sich weigernder Sachverständiger darf jedoch nicht vorgeführt werden. Das ergibt sich aus dem gem. § 46 Abs. 1 OWiG anwendbaren § 77 StPO, der eine „abweichende Vorschrift" i. S. des § 72 StPO ist und daher die Anwendung des § 51 Abs. 1 S. 3 StPO ausschließt. Zulässig sind also nur Kostenauferlegung und Ordnungsgeld[44].

[38]   *Göhler*, § 48 Rn 2; KKOWiG-*Lampe*, § 48 Rn 1.
[39]   *Bohnert*, OWiG, § 46 Rn 52; *Göhler*, § 48 Rn 1.
[40]   *Bohnert*, Grundriß, S. 78; *ders.*, OWiG, § 46 Rn 82; *Göhler*, vor § 59 Rn 66.
[41]   *Bohnert*, Grundriß, S. 78; *ders.*, OWiG, § 46 Rn 84.
[42]   *Bohnert*, Grundriß, S. 79.
[43]   *Göhler*, § 59 Rn 63, 68; KKOWiG-*Lampe*, § 46 Rn 24.
[44]   *Göhler*, § 59 Rn 95; KKOWiG-*Wache*, § 59 Rn 89.

Kontrollfragen

1.	Ist die Verwaltungsbehörde bei Vorliegen eines Anfangsverdachts zur Durchführung eines Ermittlungsverfahrens verpflichtet? (Rn 3)
2.	Wie endet das Ermittlungsverfahren? (Rn 4, 5)
3.	Ist im Bußgeldverfahren die Überwachung der Telekommunikation zulässig? (Rn 7)
4.	Muß der Betroffene vor Erlaß eines Bußgeldbescheids vernommen werden? (Rn 10)
5.	Sind im Bußgeldverfahren Beschlagnahmen zulässig? (Rn 13)

§ 28 Bußgeldbescheid

I. Beendigung des Vorverfahrens

1. Einstellung des Verfahrens

Haben die Ermittlungen der Verwaltungsbehörde nicht die Erkenntnis verschafft, **1** daß der Betroffene eine verfolgbare Ordnungswidrigkeit begangen hat, wird das **Verfahren eingestellt**, § 46 Abs. 1 OWiG, § 170 Abs. 2 StPO. Der Betroffene ist darüber formlos (§ 50 Abs. 1 S. 1 OWiG) zu informieren, wenn er in seiner Eigenschaft als Betroffener vernommen worden war oder wenn er um eine Mitteilung gebeten hat oder ein besonderes Interesse an der Bekanntgabe ersichtlich ist, § 46 Abs. 1 OWiG i. V. m. § 170 Abs. 2 S. 2 StPO. Hatte jemand gegenüber der Verwaltungsbehörde die Ahndung der Tat beantragt (§ 46 Abs. 1 OWiG i. V. m. § 158 Abs. 1 S. 1 StPO), ist dieser Antragsteller ebenfalls über die Verfahrenseinstellung zu unterrichten, § 46 Abs. 1 OWiG i. V. m. § 171 S. 1 StPO. Eine dem Klageerzwingungsverfahren entsprechende Kontrolle der Einstellungsentscheidung gibt es im Bußgeldverfahren nicht, § 46 Abs. 3 S. 3 OWiG.

2. Ahndung durch Bußgeldbescheid

Begründet das Ermittlungsergebnis dagegen die Überzeugung der Behörde, daß **2** eine Ordnungswidrigkeit des Betroffenen erwiesen ist, und ihrer Ahndung keine Verfolgungshindernisse entgegenstehen, kann sie eine Geldbuße festsetzen, § 46 Abs. 2 OWiG i. V. m. § 261 StPO[1]. Die Ahndung der Ordnungswidrigkeit erfolgt in Form eines **Bußgeldbescheids**, § 65 OWiG. Es handelt sich dabei um eine nach pflichtgemäßem Ermessen zu treffende Entscheidung. Die Verwaltungsbehörde kann auch das Verfahren einstellen (§ 47 Abs. 1 S. 2 OWiG) oder – sofern es um eine geringfügige Ordnungswidrigkeit geht – eine Verwarnung erteilen (§ 56 Abs. 1 OWiG). Nicht möglich ist eine dem § 153 a Abs. 1 S. 2 Nr. 2 StPO entsprechende Verfahrenseinstellung gegen Geldzahlung, § 47 Abs. 3 OWiG.

Erwägt die Verwaltungsbehörde den Erlaß eines Bußgeldbescheids, vermerkt **3** sie in den Akten den Abschluß der Ermittlungen, § 61 OWiG. Dieses Verfahrensstadium ist erreicht, wenn das erzielte Ermittlungsergebnis nach Ansicht der Verwaltungsbehörde eine tragfähige Grundlage für eine abschließende Entscheidung ist oder weitere erfolgversprechende Ermittlungsmaßnahmen nicht möglich sind. Der **Abschlußvermerk** befreit das schon vorher bestehende Akteneinsichtsrecht des Verteidigers von der Beschränkungsmöglichkeit des § 147 Abs. 2 StPO i.V.m. § 46 Abs. 1 OWiG[2]. Daran ändert sich auch nichts, wenn die Verwaltungsbehörde

---

[1]   *Rebmann/Roth/Herrmann*, § 65 Rn 4.
[2]   *Cramer*, Grundbegriffe, S. 159; *Bohnert*, OWiG, § 61 Rn 5.

nach dem Abschlußvermerk weitere Ermittlungen vornimmt[3]. Eine Anfechtung des Abschlußvermerks ist nicht möglich[4].

II. Rechtsnatur des Bußgeldbescheids

4 Mit dem Bußgeldbescheid wird dem Betroffenen eine Ordnungswidrigkeit vorgeworfen und eine Geldbuße auferlegt. Damit weist der Bußgeldbescheid die Elemente „Schuldspruch" und „Rechtsfolgenausspruch" auf[5]. Von einem Strafurteil (§ 260 Abs. 1 StPO) unterscheidet er sich dennoch und zwar dadurch, daß er keinen "Wahrspruch" einer unabhängigen und an der Verfolgung unbeteiligten Stelle enthält. Daher kann der Bußgeldbescheid auch keinen dem Freispruch entsprechenden Inhalt haben, wenn eine Ordnungswidrigkeit des Betroffenen nicht erwiesen ist. In diesem Fall wird kein „freisprechender" rehabilitierender Bußgeldbescheid erlassen, sondern das Verfahren eingestellt. Der Bußgeldbescheid ist ein **Verwaltungsakt**[6], der als vorläufiger Spruch in einem Vorschaltverfahren dem Betroffenen das „Angebot" macht, die festgesetzte Geldbuße zu akzeptieren und damit das Verfahren endgültig zum Abschluß zu bringen[7]. Der Betroffene kann dieses Angebot annehmen und sich dem Spruch unterwerfen[8] oder gegen den Bußgeldbescheid Einspruch einlegen. Diese zivilistische Terminologie darf aber nicht dahingehend missverstanden werden, daß der Erlaß des Bußgeldbescheides ein konsensualer Vorgang wäre. Die Verwaltungsbehörde schließt mit dem Betroffenen weder einen Vergleich noch sonst einen Vertrag[9]. Immerhin hat es der Betroffene aber in der Hand, durch einen Einspruch – und zwar auch durch einen „unbegründeten" – den Bußgeldbescheid endgültig zu beseitigen. Macht der Betroffene von dieser Möglichkeit keinen Gebrauch, wird der Bußgeldbescheid rechtskräftig und kann vollstreckt werden, §§ 66 Abs. 2 Nr. 1 a, 89 OWiG. Legt er aber Einspruch ein, beginnt das gerichtliche Bußgeldverfahren, in dem nicht die Zulässigkeit und Begründetheit des Bußgeldbescheids überprüft, sondern der Tatvorwurf originär verhandelt wird. Der Bußgeldbescheid ist im gerichtlichen Verfahren nicht Untersuchungsgegenstand, sondern er hat die Funktion einer anklageähnlichen **Verfahrensvoraussetzung**[10]. Ohne wirksamen Bußgeldbescheid ist ein gerichtliches Verfahren nicht zulässig und muß eingestellt werden. Das gerichtliche Verfahren ist also keine Rechtsmittelinstanz im Verhältnis zum vorangegangenen Bußgeldbescheid[11]. Daher wird der Betroffene grundsätzlich[12] nicht durch

---

[3]   *Göhler*, § 61 Rn 4, 5; KKOWiG-*Kurz*, § 61 Rn 6.
[4]   *Bohnert*, OWiG, § 61 Rn 6.
[5]   *Jescheck*, JZ 1959, 457 (462).
[6]   *Bohnert*, Grundriß, S. 88; *Rebmann/Roth/Herrmann*, § 65 Rn 2.
[7]   *Cramer*, Grundbegriffe, S. 160; *Göhler*, vor § 65 Rn 6, KKOWiG-*Kurz*, § 65 Rn 8; krit. *Bohnert*, Grundriß, S. 89 mit Hinweis auf die Unschuldsvermutung.
[8]   Krit. zu dieser Beschreibung *Bohnert*, OWiG, § 65 Rn 5.
[9]   *Bohnert*, OWiG, § 65 Rn 5.
[10] BGHSt 42, 380 (383); BayObLG, NJW 1995, 2862 (2863); *Bohnert*, OWiG, § 65 Rn 16; *Rebmann/Roth/Herrmann*, § 65 Rn 2.
[11] KKOWiG-*Bohnert*, § 67 Rn 2.

das Verbot der reformatio in peius vor einer Ahndungsverschärfung geschützt, § 66 Abs. 2 Nr. 1 b OWiG; § 71 Abs. 1 OWiG i. V. m. § 411 Abs. 4 StPO[13].

III. Bestandteile des Bußgeldbescheids

1. Form und Erlaß

Während die Verwarnung gem. § 56 OWiG schriftlich oder mündlich möglich 5
ist[14], erfordert der Bußgeldbescheid stets **Schriftform**[15]. Dies ist zwar nicht ausdrücklich gesetzlich vorgeschrieben, versteht sich aber angesichts der inhaltlichen Anforderungen (§ 66 Abs. 1, Abs. 2 OWiG) und des Zustellungserfordernisses (§ 51 Abs. 2 OWiG)[16] von selbst[17]. Nicht erforderlich ist eine Unterschrift[18]. Die Erstellung des Bescheids im EDV-Verfahren ist möglich und in der Praxis zur Bewältigung massenhafter Verfehlungen unverzichtbar. Aber der Computer kann nicht Urheber eines Bußgeldbescheides sein[19]. Daher muß der einzelne Bußgeldbescheid das Produkt einer individuellen Prüfung und Entschließung der erlassenden Verwaltungsbehörde sein[20]. Dies sollte durch einen Vermerk des Sachbearbeiters aktenkundig gemacht werden[21]. **Erlassen** ist der Bußgeldbescheid, wenn er von dem zuständigen Behördenangehörigen unterzeichnet und in den Geschäftsgang gegeben ist. Mit dem Erlaß wird der Bußgeldbescheid – vorbehaltlich etwaiger wirksamkeitsrelevanter Mängel – als verwaltungsbehördliche Entscheidung existent und wirksam. Die **Zustellung** an den Betroffenen ist keine Wirksamkeitsbedingung[22]. Ohne Zustellung beginnt aber die Einspruchsfrist nicht zu laufen, was zur Folge hat, daß der Bußgeldbescheid nicht rechtskräftig wird. Außerdem hängt die Unterbrechung der Verfolgungsverjährung durch Erlaß des Bußgeldbescheids davon ab, daß die Zustellung spätestens binnen zwei Wochen erfolgt, § 33 Abs. 1 S. 1 Nr. 9 OWiG. Wird diese Frist überschritten, unterbricht erst die Zustellung die Verjährung.

---

[12]   Das Verschlechterungsverbot ist im gerichtlichen Verfahren zu beachten, wenn ohne Hauptverhandlung durch Beschluß entschieden wird, § 72 Abs. 3 S. 2 OWiG.

[13]   *Göhler*, vor § 65 Rn 10; vor § 67 Rn 5.

[14]   *Bohnert*, OWiG, § 56 Rn 27.

[15]   *Bohnert*, OWiG, § 65 Rn 6; *Rebmann/Roth/Herrmann*, § 65 Rn 4 a; § 66 Rn 15.

[16]   Der Bußgeldbescheid ist ein Bescheid i. S. des § 50 Abs. 1 S. 2 StPO, weil gegen ihn der befristete Rechtsbehelf Einspruch statthaft ist, § 67 Abs. 1 OWiG („ ... nach Zustellung ...“).

[17]   *Bohnert*, Grundriß, S. 89; KKOWiG-*Kurz*, § 65 Rn 12.

[18]   BGHSt 42, 380 (384); OLG Brandenburg, NStZ 1996, 393 (394); *Bohnert*, OWiG, § 65 Rn 7; *Rebmann/Roth/Herrmann*, § 65 Rn 4 a; § 66 Rn 15.

[19]   BGHSt 42, 380 (383); OLG Brandenburg, NStZ 1996, 393 (394).

[20]   OLG Hamm, NJW 1995, 2937.

[21]   BGHSt 42, 380 (385); OLG Brandenburg, NStZ 1996, 393 (394); *Göhler*, vor § 65 Rn 4; KKOWiG-*Kurz*, § 65 Rn 14.

[22]   KKOWiG-*Kurz*, § 66 Rn 10.

2. Inhalt

6 Hinsichtlich der gesetzlichen Anforderungen an den Inhalt des Bußgeldbescheids fallen zahlreiche Übereinstimmungen mit dem Strafbefehl auf, vgl. § 409 Abs. 1 S. 1 StPO[23]. Das ist nicht die einzige Parallele zwischen Bußgeldverfahren und Strafbefehlsverfahren. Betrachtet man den weiteren Verfahrensverlauf nach Einspruchseinlegung (§ 67 OWiG), wird die Leitbildfunktion des Strafbefehlsreglements noch deutlicher: § 71 Abs. 1 OWiG.

a) Personen

7 Der Mindestinhalt des Bußgeldbescheids ist in § 66 Abs. 1, Abs. 2 OWiG festgelegt. Die Beachtung der inhaltlichen Anforderungen ist von Bedeutung für die Wirksamkeit des Bußgeldbescheids. Unwirksamkeit des Bußgeldbescheids resultiert aber nur aus besonders schweren Mängeln. Unrichtigkeiten in den Angaben zur **Person** des Betroffenen bzw. etwaiger Nebenbeteiligter[24] (§ 66 Abs. 1 Nr. 1 OWiG) beseitigen die Wirksamkeit des Bußgeldbescheids so lange nicht, wie sich die Identität der Person zweifelsfrei feststellen läßt[25]. Ist der Betroffene Kaufmann und im Bußgeldbescheid mit seiner Firma bezeichnet, liegt eine fehlerhafte Personenangabe vor[26]. Es ist dann davon auszugehen, daß der Bußgeldbescheid an den Inhaber des unter der Firma im Handelsverkehr auftretenden Geschäfts gerichtet ist[27]. Handelt es sich bei dem Unternehmensinhaber aber um eine juristische Person oder eine Personenmehrheit, ist eine Ermittlung des Betroffenen mittels der Firmenbezeichnung meistens nicht möglich[28]. Hat der Betroffene einen **Verteidiger**, ist dessen Name und Anschrift in den Bußgeldbescheid aufzunehmen, § 66 Abs. 1 Nr. 2 OWiG.

b) Tat

8 Wirksamkeitsrelevant[29] ist des weiteren die hinreichend exakte Beschreibung der **Tat**, § 66 Abs. 1 Nr. 3 OWiG[30]. Zur Entscheidung über die eventuelle Einlegung eines Einspruchs muß der Betroffene wissen, welches konkrete Fehlverhalten ihm vorgeworfen wird. Außerdem begrenzt die Tatbeschreibung im Falle des Einspruchs den Gegenstand des gerichtlichen Verfahrens bzw. die Reichweite der Rechtskraft, falls gegen den Bußgeldbescheid kein Einspruch eingelegt wird, § 84

---

[23] OLG Düsseldorf, VRS 95, 40; *Rebmann/Roth/Herrmann*, § 66 Rn 1.
[24] Einziehungsbeteiligte, Verfallsbeteiligte, juristische Person oder Personenvereinigung, vgl. *Bohnert*, OWiG, § 66 Rn 3.
[25] OLG Düsseldorf, DB 1992, 466; *Doller*, DRiZ 1981, 201; *Göhler*, § 66 Rn 4 a.
[26] *Bohnert*, OWiG, § 66 Rn 6.
[27] OLG Saarbrücken, VRS 38, 471 (472), BayObLG, JR 1973, 28 (29).
[28] Siehe den Fall des OLG Düsseldorf, DB 1992, 466.
[29] Vgl. z. B. OLG Düsseldorf, VRS 95, 40 f.
[30] KKOWiG-*Kurz*, § 66 Rn 51.

Abs. 1 OWiG[31]. Es ist deshalb erforderlich, daß sich der erfaßte Lebenssachverhalt anhand des Bußgeldbescheids klar und eindeutig von anderen Vorgängen abgrenzen läßt, die nicht Gegenstand dieses Bußgeldverfahrens sind[32]. Identifizierbarkeit der Tat ist des weiteren notwendig, um Klarheit über einen etwaigen Ahndungsverbrauch durch einen anderen Bußgeldbescheid (§ 84 Abs. 1 OWiG), durch ein gerichtliches Urteil (§ 84 Abs. 1 OWiG) oder durch eine Verwarnung mit Verwarnungsgeld (§ 56 Abs. 4 OWiG) zu erlangen. Daher muß der Bußgeldbescheid den zugrundeliegenden Lebensvorgang (Tatverlauf, Zeit, Ort) verständlich und in allen für die rechtliche Beurteilung erheblichen Details schildern[33]. Außerdem ist der durch die Tat verwirklichte Bußgeldtatbestand einschließlich der zugrundeliegenden Bußgeldvorschriften anzugeben[34]. Bei Mehrheit von Taten bzw. verletzten Bußgeldvorschriften muß unter Nennung der §§ 19, 20 OWiG das Konkurrenzverhältnis bezeichnet werden[35]. Aufzuführen sind auch die **Beweismittel**, § 66 Abs. 1 Nr. 4 OWiG.

Beispiel:

Ihnen wird vorgeworfen, am 25.11.96, um 11.44 Uhr in 14163 Berlin, ZD, Fischerhüttenstr. 40 / Ri. Potsdamer Str. als Führer des PKW B-CS 8135 folgende Ordnungswidrigkeit(en) nach § 24 StVG begangen zu haben:

Sie überschritten die zulässige Höchstgeschwindigkeit von 50 km/h. Die gemessene Geschwindigkeit betrug abzüglich der Toleranz 57 km/h. Dies ergibt eine Geschwindigkeitsüberschreitung von 7 km/h.

§§ 3 Abs. 3, 49 StVO.

Beweismittel: elektronische Geschwindigkeitsmessung, Foto

Zeuge: unfallaufnehmender Beamter: PANG SOD ZWICK, KRASS, DIR ÖS/SV VKD 9

c) Rechtsfolgen

Der Bußgeldbescheid muß eine **Geldbuße** in bestimmter Höhe festsetzen, § 66 **9** Abs. 1 Nr. 5 OWiG. „Geldbuße" ist auch die gegen juristsiche Personen oder Personenvereinigungen gem. § 30 OWiG mögliche Sanktion[36]. Ein Bußgeldbescheid mit unbestimmter Geldbuße ist nicht vollstreckbar und unwirksam[37]. Dieser Man-

---

[31] OLG Düsseldorf, DB 1992, 466; VRS 95, 40; *Bohnert*, Grundriß, S. 90; *Göhler*, § 66 Rn 2.
[32] OLG Hamm, NStZ 1987, 515.
[33] *Göhler*, § 66 Rn 11 ff.; KKOWiG-*Kurz*, § 66 Rn 52 ff.
[34] *Göhler*, § 66 Rn 16.
[35] *Bohnert*, Grundriß, S. 90.
[36] *Bohnert*, OWiG, § 65 Rn 10.
[37] *Rebmann/Roth/Herrmann*, § 66 Rn 10.

gel kann nicht durch nachträgliche Ergänzung geheilt werden, die Bestimmung der Höhe kann nicht nachgeholt werden[38]. Die Unterlassung der Anordnung von materiellrechtlich begründeten **Nebenfolgen** (Einziehung, Fahrverbot usw.) macht den Bußgeldbescheid zwar nicht unwirksam, bewirkt aber den Untergang der Möglichkeit, diese Nebenfolgen gegen den Betroffenen anzuordnen[39]. Unwirksam ist ein Bußgeldbescheid, der eine Rechtsfolge anordnet, die das Ordnungswidrigkeitenrecht nicht kennt, z. B. Geldstrafe oder Entziehung der Fahrerlaubnis. Begründet die Tat, die Gegenstand des Verfahrens ist, auch Sanktionen gegenüber Dritten (Geldbuße gegen juristische Personen und Personenvereinigungen, Nebenfolgen), können diese ebenfalls in dem Bußgeldbescheid angeordnet werden, § 66 Abs. 1 Nr. 5 OWiG. Wird in bezug auf **Einziehung** oder **Verfall** ein „selbständiges Verfahren" durchgeführt, ergeht ein selbständiger Einziehungsbescheid (§ 87 Abs. 3 OWiG) bzw. Verfallsbescheid (§ 87 Abs. 6 OWiG). Die Festsetzung einer **Geldbuße gegen eine juristische Person oder Personenvereinigung** im selbständigen Verfahren erfolgt im Wege eines selbständigen Bußgeldbescheids, § 88 Abs. 2 S. 1 OWiG[40].

d) Sonstiger Inhalt

10 Die in § 66 Abs. 2 OWiG vorgeschriebenen **Hinweise, Aufforderungen** und **Belehrungen** sollen den Betroffenen darüber informieren, welche Folgen sich an den Bußgeldbescheid knüpfen können und in welcher Weise der Betroffene darauf Einfluß nehmen kann. Mängel in diesem Teil führen nicht zur Unwirksamkeit des Bußgeldbescheids[41]. Allerdings dürfen dem Betroffenen aus einem Mangel keine Rechtsnachteile erwachsen. Daher ist ihm nach Versäumung der Einspruchsfrist Wiedereinsetzung in den vorherigen Stand zu gewähren, wenn die nach § 66 Abs. 2 Nr. 1 a OWiG vorgeschriebene Belehrung nicht einwandfrei gewesen ist, § 52 Abs. 1 OWiG, § 44 S. 2 StPO[42]. Erzwingungshaft (§ 96 OWiG) darf gegen den Betroffenen nicht angeordnet werden, wenn er vor dieser Maßnahme nicht in dem Bußgeldbescheid gewarnt worden ist, § 66 Abs. 2 Nr. 3 OWiG.

11 Aus § 464 Abs. 1 StPO i. V. m. § 105 Abs. 1 OWiG ergibt sich, daß der Bußgeldbescheid eine **Kostenentscheidung** enthalten muß[43].

Kontrollfragen

1.	Hat der Bußgeldbescheid die gleiche Rechtsnatur wie ein Strafurteil? (Rn 4)
2.	Ab wann ist ein Bußgeldbescheid wirksam? (Rn 5)
3.	Welche Bedeutung hat die Zustellung des Bußgeldbescheids? (Rn 5)
4.	Welche Form ist für den Bußgeldbescheid erforderlich? (Rn 5)

---

[38] *Göhler*, § 66 Rn 19.
[39] *Göhler*, § 66 Rn 20.
[40] *Bohnert*, OWiG, § 65 Rn 2.
[41] KKOWiG-*Kurz*, § 66 Rn 46.
[42] *Göhler*, § 66 Rn 26; KKOWiG-*Kurz*, § 66 Rn 46.
[43] *Rebmann/Roth/Herrmann*, § 66 Rn 10.

§ 29 Einspruch und Zwischenverfahren

I. Einspruch

1. Rechtsbehelfsfunktion

Gegen den Bußgeldbescheid ist der Rechtsbehelf "Einspruch" statthaft, § 67 **1**
OWiG. Wie das gleichnamige Anfechtungsinstrument im Strafbefehlsverfahren
(§ 410 StPO) ist der Einspruch gegen den Bußgeldbescheid kein Rechtsmittel[1],
sondern ein **Rechtsbehelf eigener Art**[2]. Er hat zwar Suspensiveffekt, weil er den
Eintritt von Rechtskraft und Vollstreckbarkeit des Bußgeldbescheids hindert, § 66
Abs. 2 Nr. 1 a OWiG[3]. Er hat aber keinen Devolutiveffekt[4]. Das Amtsgericht ist
im Verhältnis zur Verwaltungsbehörde keine „2. Instanz" in dem Sinne, wie im
Strafverfahren die kleine Strafkammer beim Landgericht als Berufungsgericht
(§§ 74 Abs. 3, 76 Abs. 1 S. 1 GVG) im Verhältnis zu Strafrichter und Schöffenge-
richt (§ 312 StPO) 2. Instanz ist. Eine Anfechtung mit der Zielsetzung, daß die an-
gerufene Kontrollinstanz – das Amtsgericht (§ 68 Abs. 1 OWiG) – die Rechtmäßigkeit des Bußgeldbescheids in formell- und/oder materiellrechtlicher Hinsicht
überprüfen und im Falle der Begründetheit den Bußgeldbescheid aufheben soll,
findet im Einspruchsverfahren nicht statt. Daher spielt es für den „Erfolg" des
Einspruchs auch keine Rolle, ob dem Erlaß des Bußgeldbescheids ein verfahrens-
rechtlich einwandfreies Verwaltungsverfahren vorausgegangen ist und ob die Verwaltungsbehörde den Sachverhalt materiellrechtlich richtig gewürdigt hat[5]. Mit
Einlegung des Einspruchs erklärt der Betroffene, daß er die behördliche Bußgeldfestsetzung nicht akzeptiere und eine gerichtliche Untersuchung der Sache bean-
trage. Es wird deshalb in dem durch den Einspruch eingeleiteten Verfahren nicht
die "Begründetheit"[6] des Einspruchs geprüft. Folge des zulässigen Einspruchs ist
nicht die Überprüfung der Richtigkeit des Bußgeldbescheids[7]. Denn dieser wird
nach einem zulässigen Einspruch gegenstandslos, auch wenn sein prozessuales
Zustandekommen und sein Inhalt rechtlich einwandfrei ist. Die Sache wird in einem gerichtlichen Bußgeldverfahren neu verhandelt, weshalb es z. B. nur ein ein-
geschränktes Verbot der reformatio in peius gibt, vgl. § 72 Abs. 3 S. 2 OWiG,

---

[1]   *Rebmann/Roth/Herrmann*, § 67 Rn 1.
[2]   *Göhler*, vor § 67 Rn 1; KKOWiG-*Bohnert*, § 67 Rn 1; *Rebmann/Roth/Herrmann*, § 67
      Rn 1.
[3]   *Bohnert*, Grundriß, S. 95.
[4]   *Rebmann/Roth/Herrmann*, § 67 Rn 1.
[5]   *Cramer*, Grundbegriffe, S. 160; *Rebmann/Roth/Herrmann*, § 66 Rn 18.
[6]   Wohl aber die Zulässigkeit, vgl. § 69 Abs. 1 S. 1, Abs. 2 S. 1, § 70 Abs. 1 OWiG.
[7]   BayObLG, NStZ 2000, 43; *Bohnert* , Grundriß, S. 62; *Rebmann/Roth/Herrmann*, § 65
      Rn 2, 7.

§ 71 Abs. 1 OWiG i. V. m. § 411 Abs. 4 StPO[8]. Selbst wenn in dem gerichtlichen Verfahren die Entscheidung der Verwaltungsbehörde bestätigt wird, ist diese – also der Bußgeldbescheid – als Grundlage der Geldbuße und als Vollstreckungstitel nicht mehr existent. Die Geldbuße wird dann durch die gerichtliche Entscheidung (Urteil oder Beschluß nach § 72 OWiG) verhängt[9].

2   Der Bußgeldbescheid hat in diesem gerichtlichen Verfahren nur noch die Funktion, den Untersuchungsgegenstand in sachlicher und persönlicher Hinsicht zu bestimmen und zu begrenzen[10]. Taten oder Personen, die nicht Gegenstand oder Betroffene des Bußgeldbescheids gewesen sind, sind auch nicht Gegenstand oder Betroffene des gerichtlichen Verfahrens.

2. Zulässigkeit

a) Statthaftigkeit

3   Bei dem Anfechtungsgegenstand muß es sich um einen **Bußgeldbescheid** handeln. Gleichgestellt sind der Einziehungsbescheid, der Verfallbescheid und der Bußgeldbescheid gegen eine juristische Person oder Personenvereinigung. Auf die Einstellung des Verfahrens – gleich ob nach § 47 Abs. 1 OWiG oder nach § 46 Abs. 1 OWiG i. V. m. § 170 Abs. 2 StPO – oder die Erteilung einer Verwarnung (§ 56 OWiG) kann nicht mit Einspruch reagiert werden. Eine gegenständliche **Beschränkung** des Einspruchs ist gem. § 67 Abs. 2 OWiG zulässig. Allerdings muß der nicht angefochtene „Rest" für einen rechtskraftfähigen und vollstreckbaren Bußgeldbescheid ausreichen. Außerdem muß der angefochtene Teil des Bußgeldbescheids tauglicher Gegenstand eines gerichtlichen Bußgeldverfahrens sein. Beispielsweise kann der Einspruch auf eine von mehreren in dem Bußgeldbescheid geahndeten Taten (§ 20 OWiG) beschränkt werden[11]. Dagegen ist die Beschränkung des Einspruchs auf die Höhe der Geldbuße nicht statthaft[12]. Denn ein gerichtliches Bußgeldverfahren, in dem es nicht um die vorgeworfene Tat also solche, sondern nur noch um die Rechtsfolge geht, ist nicht möglich.

4   Ist der Bußgeldbescheid wegen schwerer formaler Mängel **nichtig**[13], fehlt es nicht nur an einem Einspruchsgegenstand und einer Beschwer des Betroffenen, sondern auch an der erforderlichen Verfahrensvoraussetzung für die Durchführung des gerichtlichen Bußgeldverfahrens[14]. Das Verfahren ist daher einzustellen[15]. Ein Rechtsschutzbedürfnis des Betroffenen kann sich allerdings ergeben, wenn die

---

8   *Rebmann/Roth/Herrmann*, § 65 Rn 2.
9   *Bohnert*, Grundriß, S. 96.
10 BayObLG, NJW 1995, 2862 (2863); BayObLG, NStZ 2000, 43; *Bohnert*, Grundriß, S. 95; *Göhler*, vor § 67 Rn 2; KKOWiG-*Bohnert*, § 67 Rn 6; *Rebmann/Roth/Herrmann*, § 65 Rn 2; § 66 Rn 18.
11 Nach § 67 Abs. 2 OWiG a. F. war bis zur Neufassung durch das OWiGÄndG vom 21.1.1998 dies der einzige Fall zulässiger Einspruchsbeschränkung.
12 *Göhler*, § 67 Rn 34 a; a. A. *Seier*, NZV 1996, 17 (19); *Lemke*, § 67 Rn 32.
13 *Bohnert*, Grundriß, S. 93.
14 *Cramer*, Grundbegriffe, S. 162.
15 OLG Düsseldorf, VRS 95, 40; *Rebmann/Roth/Herrmann*, § 65 Rn 7; § 66 Rn 19.

Verwaltungsbehörde versucht, aus dem unwirksamen Bußgeldbescheid zu vollstrecken. Dagegen kann der Betroffene Antrag auf gerichtliche Entscheidung gem. § 103 Abs. 1 Nr. 1 OWiG einschließlich eines Antrags auf Aussetzung der Vollstreckung gem. § 103 Abs. 2 S. 2 OWiG stellen[16].

b) Einspruchsberechtigung

Einspruchsberechtigt sind **Betroffene** und **Nebenbeteiligte, Verteidiger** bzw. **Vertreter von Nebenbeteiligten**[17] (§ 67 Abs. 1 S. 2 OWiG, § 297 StPO) und **gesetzliche Vertreter**, § 67 Abs. 1 S. 2 OWiG, § 298 StPO[18]. Im Verfahren gegen Jugendliche hat auch der Erziehungsberechtigte – sofern dieser nicht mit dem gesetzlichen Vertreter identisch ist – ein Einspruchsrecht, § 46 Abs. 1 OWiG, § 67 Abs. 3 JGG. Rechtsgeschäftliche Bevollmächtigte können ebenfalls für den Betroffenen Einspruch einlegen[19]. Nicht einspruchsberechtigt sind die Verwaltungsbehörde, die Polizei und die Staatsanwaltschaft[20].   5

c) Form, Frist und Begründung

Der Einspruch ist **schriftlich** oder **mündlich zur Niederschrift** bei der Verwaltungsbehörde einzulegen, die den Bußgeldbescheid erlassen hat, § 67 Abs. 1 S. 1 OWiG. Die Verwaltungsbehörde wird damit in die Lage versetzt, die Möglichkeit einer vorzeitigen Verfahrensbeendigung nach § 69 Abs. 1, Abs. 2 OWiG zu prüfen und eventuell ein gerichtliches Verfahren zu verhindern. Die Einspruchsfrist beträgt **zwei Wochen** (§ 67 Abs. 1 S. 1 OWiG), ist also genauso lang wie die Frist für den Einspruch gegen einen Strafbefehl (§ 410 Abs. 1 S. 1 StPO), aber doppelt so lang wie die Frist für die Einlegung der Berufung (§ 314 Abs. 1 StPO) oder der Revision § 341 Abs. 1 StPO) gegen ein Strafurteil[21]. Sie beginnt mit der Zustellung des Bußgeldbescheids, § 50 Abs. 1 S. 2 OWiG. Bei schuldloser Fristversäumung kann Wiedereinsetzung in den vorigen Stand beantragt werden, § 52 Abs. 1 OWiG i.V.m. § 44 StPO. Eine **Begründung** des Einspruchs ist nicht notwendig. Zweckmäßig kann sie aber gegebenenfalls sein[22]. Insbesondere besteht für den Betroffenen die Gefahr, daß sein zum Freispruch führendes späteres Verteidigungsvorbringen die ungünstige Auslagenregelung des § 109 a Abs. 2 OWiG   6

[16]   *Göhler*, § 103 Rn 4; *Dannecker/Biermann*, in: Immenga/Mestmäcker, GWB, § 86 Rn 5.
[17]   *Göhler*, § 67 Rn 1 – 3.
[18]   *Rebmann/Roth/Herrmann*, § 67 Rn 3.
[19]   *Göhler*, § 67 Rn 11.
[20]   *Bohnert*, Grundriß, S. 96; *Göhler*, § 67 Rn 1; KKOWiG-*Bohnert*, § 67 Rn 17; *Rebmann/Roth/Herrmann*, § 67 Rn 2.
[21]   Krit. dazu *Beck*, DAR 1981, 65 (66); für eine Angleichung der Berufungs- und Revisionsfristen *Greissinger*, ZRP 1981, 192 (195).
[22]   *Göhler*, § 67 Rn 27.

auslöst, weil die freispruchtragenden Entlastungsgründe schon mit der Einspruchseinlegung hätten vorgetragen werden können[23].

d) Verzicht und Rücknahme

7 Ein fristgerecht eingelegter Einspruch kann bis zur Verkündung des gerichtlichen Urteils – bzw. dem Erlaß des Beschlusses nach § 72 OWiG – wieder **zurückgenommen** werden, § 67 Abs. 1 S. 2 OWiG, § 302 StPO[24]. Nach einer Rücknahme ist die erneute Einspruchseinlegung unzulässig. Entsprechendes gilt für den **Verzicht** auf den Einspruch, § 67 Abs. 1 S. 2 OWiG, § 302 StPO[25]. Nach der Rücknahme des Einspruchs lebt der angefochtene Bußgeldbescheid wieder auf und wird sofort rechtskräftig[26].

II. Zwischenverfahren

8 Der Einspruch bringt die Sache nicht unmittelbar vor das zuständige Gericht bzw. in das gerichtliche Hauptverfahren. Zuvor findet das Zwischenverfahren statt, in dem die Verwaltungsbehörde, die Staatsanwaltschaft und das Amtsgericht mit dem Einspruch befaßt werden, § 69 OWiG. Das Zwischenverfahren dient der Entlastung des Gerichts durch Vermeidung unnötiger Hauptverfahren. Erst wenn Verwaltungsbehörde und Staatsanwaltschaft weder den Einspruch als unzulässig verworfen noch den Bußgeldbescheid aufgehoben haben, kommt die Sache zum Gericht. Verwaltungsbehörde und Staatsanwaltschaft haben also im Zwischenverfahren Gelegenheit, ein gerichtliches Verfahren zu verhindern. Natürlich kann auch der Einspruchsführer selbst durch Rücknahme des Einspruchs (s. o. Rn. 7) im Zwischenverfahren dafür sorgen, daß das gerichtliche Hauptverfahren nicht eingeleitet wird.

1. Verwaltungsbehörde

9 Zunächst prüft die Verwaltungsbehörde die **Zulässigkeit des Einspruchs** und verwirft ihn, wenn die Vorschriften über Frist und Form nicht eingehalten wurden oder der Einspruch aus sonstigen Gründen unwirksam ist, § 69 Abs. 1 S. 1 OWiG. Gegen diese Entscheidung hat der Einspruchsführer die Möglichkeit des Antrags auf gerichtliche Entscheidung gem. § 62 OWiG. Dafür steht ihm eine Frist von zwei Wochen zur Verfügung, § 69 Abs. 1 S. 2 OWiG.

---

[23]   Krit. zu § 109 a OWiG deswegen *Beck*, DAR 1981, 65 (69); *Greissinger*, ZRP 1981, 192 (196).

[24]   OLG Stuttgart, NZV 1998, 81; KKOWiG-*Bohnert*, § 67 Rn 102; *Rebmann/Roth/ Herrmann*, § 67 Rn 8.

[25]   KKOWiG-*Bohnert*, § 67 Rn 118; *Rebmann/Roth/Herrmann*, § 67 Rn 8 a.

[26]   OLG Düsseldorf, NStZ 1986, 82 (83).

Wenn die Verwaltungsbehörde den Einspruch nicht als unzulässig verwirft, **10**
prüft sie, ob der **Bußgeldbescheid aufrechterhalten** werden soll oder Gründe für
seine **Zurücknahme** bestehen, § 69 Abs. 2 S. 1 OWiG. Sie kann dazu neue Ermittlungen vornehmen oder veranlassen, § 69 Abs. 2 S. OWiG. In diesem Stadium
des Verfahrens steht es der Verwaltungsbehörde auch noch frei, den Bußgeldbescheid zurückzunehmen und das Verfahren nach § 47 Abs. 1 S. 2 OWiG einzustellen[27]. Ebenfalls möglich ist eine Rücknahme des Bußgeldbescheides und ein anschließender Erlaß eines neuen Bußgeldbescheids. Dieser darf schärfer ausfallen
als der erste, das Verbot der reformatio in peius besteht nicht[28].

2. Staatsanwaltschaft

Hat sich die Verwaltungsbehörde für die Aufrechterhaltung des Bußgeldbeschei- **11**
des entschieden, **übersendet sie die Akten** über die Staatsanwaltschaft an das
Amtsgericht, § 69 Abs. 3 S. 1 OWiG. Örtlich zuständig ist die Staatsanwaltschaft,
die für das Amtsgericht bestellt ist, das über den Einspruch zu entscheiden hat,
§ 46 Abs. 1 OWiG, § 143 Abs. 1 GVG. Mit dem Eingang der Akten gehen die
Aufgaben der Verfolgungsbehörde – und damit auch die Verfahrensherrschaft –
von der Verwaltungsbehörde auf die Staatsanwaltschaft über, § 69 Abs. 4 S. 1
OWiG[29]. Die Staatsanwaltschaft hat aber nicht die Befugnis zur Rücknahme des
Bußgeldbescheids. Sie kann den Bußgeldbescheid auch nicht inhaltlich ändern
oder gar einen neuen Bußgeldbescheid erlassen[30]. Hält sie die materiellrechtlichen
Voraussetzungen einer Ordnungswidrigkeit für nicht erfüllt oder ein Verfahrenshindernis für gegeben, muß sie das Verfahren nach § 46 Abs. 1 OWiG, § 170
Abs. 2 StPO einstellen, sofern nicht weitere Ermittlungen zu einer anderen Beurteilung des Falles führen können[31]. In ihrer Eigenschaft als Verfolgungsbehörde
kann die Staatsanwaltschaft das Verfahren nach § 47 Abs. 1 S. 2 OWiG einstellen[32]. Stellt die Staatsanwaltschaft das Verfahren nicht ein, legt sie die Akten dem
Richter am Amtsgericht vor, § 69 Abs. 4 S. 2 OWiG. Bei offensichtlich ungenü-
gender Sachverhaltsaufklärung kann der Richter am Amtsgericht die Sache an die
Verwaltungsbehörde zurückverweisen, § 69 Abs. 5 S. 1 OWiG. Die Staatsanwaltschaft kann dies aber verhindern, indem sie ihre gem. § 69 Abs. 5 S. 1 OWiG erforderliche Zustimmung nicht erteilt und zur besseren Aufklärung des Sachverhalts selbst weitere Ermittlungen durchführt, § 69 Abs. 4 S. 2 OWiG.

3. Gericht

Das Amtsgericht wird im Zwischenverfahren mit dem Einspruch befasst, wenn die **12**
Verwaltungsbehörde weder das Verfahren einstellt noch den Bußgeldbescheid zu-

---

[27] *Göhler*, § 69 Rn 26; KKOWiG-*Bohnert*, § 69 Rn 19.
[28] *Göhler*, § 69 Rn 29.
[29] KKOWiG-*Bohnert*, § 69 Rn 87.
[30] KKOWiG-*Bohnert*, § 69 Rn 102.
[31] *Göhler*, § 69 Rn 42.
[32] KKOWiG-*Bohnert*, § 69 Rn 103.

rücknimmt und wenn die Staatsanwaltschaft das Verfahren nicht einstellt. Mit der Vorlage der Akten durch die Staatsanwaltschaft geht die Verfahrensherrschaft auf das Gericht über. Hatte die Verwaltungsbehörde den Einspruch wegen Verstoßes gegen die Anforderungen einer ordnungsgemäßen Einspruchseinlegung verworfen (§ 69 Abs. 1 S. 1 OWiG), kann das Gericht auf Grund eines vom Betroffenen dagegen gestellten Antrags auf gerichtliche Entscheidung (§ 62 OWiG) eingeschaltet werden. Der Richter prüft die Zulässigkeit des Einspruchs aber auch, wenn ihm die Akten von der Verwaltungsbehörde über die Staatsanwaltschaft übersandt worden sind. Stellt es die Nichterfüllung der Zulässigkeitsvoraussetzungen fest, verwirft es den Einspruch durch Beschluß als unzulässig, § 70 Abs. 1 OWiG. Dagegen kann der Einspruchsführer binnen einer Woche (§ 46 Abs. 1 OWiG i. V. m. § 311 Abs. 2 StPO) sofortige Beschwerde zum Landgericht (§ 73 Abs. 1 GVG) einlegen, § 70 Abs. 2 OWiG. Verwirft der Richter am Amtsgericht den Einspruch nicht als unzulässig und verfährt er nicht nach § 69 Abs. 5 S. 1 OWiG, führt er das Hauptverfahren durch, §§ 71 ff. OWiG.

Kontrollfragen

1. Wer kann gegen einen Bußgeldbescheid Einspruch einlegen? (Rn 5)
2. Innerhalb welcher Frist ist der Einspruch einzulegen? (Rn 6)

§ 30 Hauptverfahren

I. Gericht

Strafrechtliche Sanktionen setzen stets eine gerichtliche Untersuchung der Tat und **1** eine gerichtliche Entscheidung über Schuld und Sanktion voraus. Ordnungswidrigkeitenrechtliche Sanktionen sind dagegen bereits angeordnet, bevor ein Gericht mit der Sache befaßt wird. Dabei hängt es von dem Entschluß des Betroffenen – bzw. sonstiger einspruchsberechtigter Personen – ab, ob überhaupt ein gerichtliches Verfahren stattfindet. Nur ein **Einspruch gegen den Bußgeldbescheid** bringt die Sache vor Gericht. Die Verwaltungsbehörde hat nicht die Möglichkeit, von dem Erlaß eines Bußgeldbescheids abzusehen und mittels einer Art "Anklage" selbst eine gerichtliche Entscheidung zu erwirken. Auch die Staatsanwaltschaft ist im Bußgeldverfahren dazu nicht in der Lage[1]. Ein vom Amtsrichter erlassener "Bußgeldbescheid" wäre wegen absoluter Unzuständigkeit nichtig[2].

1. Zuständigkeit

Sachlich zuständiges Gericht ist immer das **Amtsgericht**, § 68 Abs. 1 S. 1 OWiG. **2** Eine differenzierte Zuständigkeitsverteilung – etwa nach Maßgabe des in dem Bußgeldbescheid festgesetzten Geldbußbetrags – und damit eine erstinstanzliche Zuständigkeit des Landgerichts gibt es im Bußgeldverfahren also nicht. Die Kammern[3] für Bußgeldsachen (§ 46 Abs. 7 OWiG) haben die Funktion des Beschwerdegerichts. Beim Amtsgericht entscheiden Abteilungen für Bußgeldsachen, § 46 Abs. 7 OWiG. Laienbeteiligung ist ausgeschlossen, der Richter am Amtsgericht entscheidet allein, § 68 Abs. 1 S. 2 OWiG.

Die örtliche Zuständigkeit wird durch den Sitz der Verwaltungsbehörde be- **3** stimmt, die den Bußgeldbescheid erlassen hat. Dies gilt auch in dem Fall, daß die Verwaltungsbehörde selbst örtlich unzuständig war. Nicht anwendbar sind die §§ 7 ff StPO[4]. Bei Mehrfachzuständigkeit richtet sich die Auswahl des Gerichts nach § 68 Abs. 3 OWiG. Prüfung und Rüge der örtlichen Unzuständigkeit werden entsprechend § 16 StPO behandelt[5].

Eine von § 68 Abs. 1 OWiG abweichende Regelung der sachlichen Zustän- **4** digkeit gilt bei **Kartellordnungswidrigkeiten**: Für Ordnungswidrigkeiten nach § 81 GWB ist der Kartellsenat des Oberlandesgerichts zuständig, in dessen Bezirk die zuständige Kartellbehörde ihren Sitz hat, § 83 Abs. 1 S. 1 GWB. Diese Zu-

---

[1] Anders bei Einbeziehung einer Ordnungswidrigkeit in das Strafverfahren, vgl. § 64 OWiG.
[2] KKOWiG-*Bohnert*, § 68 Rn 14.
[3] Vgl. § 60 GVG.
[4] *Göhler*, § 68 Rn 3; KKOWiG-*Bohnert*, § 68 Rn 1.
[5] KKOWiG-*Senge*, § 71 Rn 11.

ständigkeit kann in Bundesländern mit mehreren Oberlandesgerichten durch Rechtsverordnung der Landesregierung bei einem oder einigen Oberlandesgericht(en) konzentriert werden, § 92 Abs. 1 GWB. Davon haben Bayern und Nordrhein-Westfalen Gebrauch gemacht, nicht dagegen Baden-Württemberg und Niedersachsen[6]. Der Kartellsenat entscheidet in der Besetzung mit drei Richtern, § 83 Abs. 2 GWB.

5   Verfahren gegen Jugendliche und Heranwachsende (§ 1 Abs. 2 JGG) gehören auch in Bußgeldsachen zur Zuständigkeit des **Jugendrichters**, § 68 Abs. 2 OWiG, § 34 JGG. In Kartellsachen bleibt es gem. § 102 JGG bei der Zuständigkeit des OLG-Kartellsenats. Die besonderen Gerichtsstände nach § 42 JGG bleiben im Bußgeldverfahren bestehen, § 46 Abs. 1 OWiG[7].

2. Einleitung des Hauptverfahrens

6   Nachdem der Einspruch die verwaltungsbehördliche und die staatsanwaltschaftliche Station des Zwischenverfahrens durchlaufen hat und die Akten dem Gericht vorgelegt sind, beginnt das gerichtliche Verfahren. Das Gericht prüft zunächst die **Zulässigkeit** des Einspruchs. Bei Unzulässigkeit wird der Einspruch durch Beschluß verworfen, § 70 Abs. 1 OWiG. Der Einspruchführer kann dagegen binnen einer Woche sofortige Beschwerde einlegen, §§ 70 Abs. 2, 46 Abs. 1 OWiG, § 311 Abs. 2 StPO. Zuständiges Beschwerdegericht ist die Kammer für Bußgeldsachen am Landgericht, § 46 Abs. 7 OWiG, § 73 Abs. 1 GVG.

7   Wird der Einspruch nicht als unzulässig verworfen oder hat das Beschwerdegericht den Verwerfungsbeschluß des Amtsgerichts aufgehoben[8], findet das **Hauptverfahren** statt. Eines Eröffnungsbeschlusses bedarf es dazu nicht. Verhandlungsthema des Hauptverfahrens ist nicht die "Begründetheit des Einspruchs", sondern die Begründetheit des im Bußgeldbescheid erhobenen ordnungswidrigkeitenrechtlichen Vorwurfs. Der Bußgeldbescheid ist nicht Prüfungsgegenstand, sondern bildet – vergleichbar der Anklage und dem Eröffnungsbeschluß des Strafverfahrens – den Rahmen, innerhalb dessen das Gericht zur originären Untersuchung der Tat berufen ist. Das rechtliche Reglement dieses Verfahrens ergibt sich im wesentlichen – "soweit dieses Gesetz (OWiG) nichts anderes bestimmt" – aus den strafprozeßrechtlichen Vorschriften über das Hauptverfahren nach zulässigem Einspruch gegen einen Strafbefehl (§ 71 Abs. 1 OWiG), also aus § 411 Abs. 1 S. 2, Abs. 2, Abs. 4 und §§ 226 bis 275 StPO. Spezielle Regeln, die vor allem der Verfahrensvereinfachung und -beschleunigung dienen, sind in §§ 72 bis 78 OWiG enthalten. Ergeben sich im Verlauf des Hauptverfahrens hinreichende Anhaltspunkte für die Beurteilung der Tat als Straftat, erfolgt ein Übergang vom Bußgeld- ins Strafverfahren, dessen weiterer Fortgang den allgemeinen Regeln des Strafverfahrensrechts unterliegt, § 81 Abs. 3 S. 1 OWiG.

---

[6]   *Dannecker/Biermann*, in : Immenga/Mestmäcker, GWB, §§ 92, 93 Rn 2.
[7]   *Göhler*, § 68 Rn 6.
[8]   KKOWiG-*Bohnert*, § 70 Rn 42.

II. Ablauf des Hauptverfahrens

Dem Gericht stehen im Hauptverfahren zwei verschiedene Wege offen, auf denen **8**
es zur verfahrensabschließenden Entscheidung kommt: Es kann eine öffentliche
(vgl. § 46 Abs. 1 OWiG, § 169 GVG) **Hauptverhandlung** durchführen und durch
Urteil entscheiden (§ 71 Abs. 1 OWiG, § 411 Abs. 1 S. 2 StPO) oder **ohne
Hauptverhandlung** durch Beschluß entscheiden, § 72 OWiG.

1. Hauptverhandlung

Das Gericht kann mit oder ohne Hauptverhandlung entscheiden. Aus der Art, wie **9**
das Gesetz die beiden alternativen Verfahrenswege regelt, ist zu schließen, daß die
Durchführung der Hauptverhandlung die Regel und das Beschlußverfahren die
Ausnahme sein soll[9]. Aufgrund der weitreichenden Geltung allgemeiner Verfahrensvorschriften hat die Hauptverhandlung in Bußgeldsachen eine ähnliche rechtliche Gestalt wie die Hauptverhandlung in Strafsachen[10]. Beispielsweise gilt der
Grundsatz der Öffentlichkeit (§ 46 Abs. 1 OWiG i. V. m. § 169 S. 1 GVG)[11]. Einige Abweichungen von den allgemeinen Verfahrensregeln sind in §§ 73 bis 78
OWiG normiert.

a) Vorbereitung der Hauptverhandlung

Die Vorbereitung der Hauptverhandlung richtet sich nach § 46 Abs. 1 OWiG i. V. **10**
m. §§ 213, 214, 216-225 a StPO[12]. Nicht anwendbar ist § 215 StPO, da es im
Bußgeldverfahren keinen Eröffnungsbeschluß gibt. Die Ladung des Betroffenen
zur Hauptverhandlung (§ 216 StPO) erfolgt nach Maßgabe der §§ 73, 74 OWiG.
Grundsätzlich unanwendbar sind des weiteren die §§ 222 a, 222 b StPO. Die
Hauptverhandlung findet nicht vor dem Landgericht, sondern vor dem Amtsgericht statt. Anders ist es bei Verfahren wegen Kartellordnungswidrigkeiten gem.
§ 81 GWB. Hier ist für das gerichtliche Verfahren nach Einspruch das Oberlandesgericht zuständig, § 83 GWB. Die Besetzung des Senates ist deshalb gem.
§ 222 a StPO mitzuteilen[13].

b) Anwesenheit von Beteiligten

Die Regelung über die Anwesenheit oder Abwesenheit des **Betroffenen** in der **11**
Hauptverhandlung ist in §§ 73, 74 OWiG enthalten. Die §§ 230 ff. StPO werden

---

[9]   BGHSt 24, 293 (295); *Bohnert*, OWiG, § 71 Rn 1; *Göhler*, vor § 71 Rn 3; KKOWiG-
      Senge, § 71 Rn 22; § 72 Rn 1; zum Hauptverfahren vor dem Kartellsenat eines OLG
      Dannecker/Biermann, in: Immenga/Mestmäcker, GWB, § 83 Rn 26.
[10] Im einzelnen dazu KKOWiG-*Senge*, § 71 Rn 13 ff.; *Rebmann/Roth/Herrmann*, § 71
      Rn 8 ff.
[11] *Bohnert*, OWiG, § 71 Rn 43.
[12] *Bohnert*, Grundriß, S. 103.
[13] *Göhler*, § 71 Rn 27 a; a. A. KKOWiG-*Senge*, § 71 Rn 52.

dadurch weitgehend verdrängt[14]. Während in Strafsachen grundsätzlich keine Hauptverhandlung in Abwesenheit des Angeklagten stattfindet (§§ 230, 231 StPO), konnte im Bußgeldverfahren bis 1998 auf das Erscheinen des Betroffenen in der Hauptverhandlung verzichtet werden, § 73 Abs. 1 OWiG a. F[15]. Sofern nicht das Gericht sein persönliches Erscheinen anordnete, hatte der Betroffene keine Anwesenheitspflicht. Ein Anwesenheitsrecht hatte er und hat er dagegen immer[16]. Das OWiGÄndG vom 26. 1. 1998, auf das der § 73 OWiG in seiner jetzigen Fassung zurückgeht, hat eine grundsätzliche Anwesenheitspflicht des Betroffenen eingeführt. Der Betroffene ist also zum Erscheinen in der Hauptverhandlung verpflichtet, § 73 Abs. 1 OWiG[17]. Eine kommissarische Vernehmung des Betroffenen ist nicht mehr zulässig[18].

12   Unter den Voraussetzungen des § 73 Abs. 2 OWiG wird der Betroffene aber von seiner Anwesenheitspflicht entbunden. Sind die Voraussetzungen erfüllt, steht die Entbindung nicht im Ermessen des Gerichts[19]. Sein Anwesenheitsrecht verliert der Betroffene dadurch natürlich nicht[20]. Er kann persönlich in der Hauptverhandlung erscheinen, sich aber auch durch einen schriftlich bevollmächtigten Verteidiger vertreten lassen, § 73 Abs. 3 OWiG. Erscheint der Betroffene nicht, wird die Hauptverhandlung in seiner Abwesenheit durchgeführt, § 74 Abs. 2 OWiG.

13   Wurde der Betroffene von der Pflicht zum Erscheinen nicht entbunden und bleibt er der Hauptverhandlung entschuldigt fern, darf die Hauptverhandlung nicht durchgeführt werden[21]. Bleibt er unentschuldigt[22] aus, wird nicht in seiner Abwesenheit zur Sache verhandelt. Auch eine Vorführung ist nicht zulässig[23]; vielmehr wird sein Einspruch durch Urteil verworfen, § 74 Abs. 2 OWiG. Diese Entscheidung enthält die gerichtliche Feststellung, daß der Einspruch dem Bußgeldbescheid seine rechtliche Bedeutung als Grundlage der Bußgeldfestsetzung nicht endgültig entzogen hat. Mit der Verwerfung des Einspruchs lebt der Bußgeldbescheid wieder auf und wird rechtskräftig[24]. Eine Alternative zu der in § 74 Abs. 2 OWiG normierten Verfahrensweise gibt es nicht[25]. Dagegen kann der Betroffene

---

[14] BayObLG, VRS 96, 53 (55); OLG Düsseldorf, VRS 96, 121 (122); KKOWiG-*Senge*, § 73 Rn 5; *Rebmann/Roth/Herrmann*, § 73 Rn 3.

[15] *Katholnigg*, NJW 1998, 568 (570); KKOWiG-*Senge*, § 73 Rn 1; *Rebmann/Roth/Herrmann*, § 73 Rn 1.

[16] *Rebmann/Roth/Herrmann*, § 73 Rn 4.

[17] *Deutscher*, NZV 1999, 185 (187); zur Kritik an der Neuregelung vgl. *Gebhardt*, DAR 1996, 1 ((2); KKOWiG-*Senge*, § 73 Rn 3.

[18] BGHSt 44, 345 (346); BayObLG, VRS 96, 53 (54); OLG Düsseldorf, VRS 96, 121 (122); *Seier*, NZV 1996, 17 (20); *Göhler*, § 73 Rn 10-15; KKOWiG-*Senge*, § 73 Rn 38; *Lemke*, § 73 Rn 8; a. A. OLG Celle, VRS 96, 110; *Bohnert*, OWiG, § 73 Rn 12; *Rebmann/Roth/Herrmann*, § 73 Rn 13.

[19] *Göhler*, § 73 Rn 5; KKOWiG-*Senge*, § 73 Rn 15.

[20] *Göhler*, § 73 Rn 17; KKOWiG-*Senge*, § 73 Rn 9.

[21] BayObLG, NJW 2004, 532; *Göhler*, § 73 Rn 19; KKOWiG-*Senge*, § 73 Rn 10.

[22] Dazu BayObLG, NStZ 2003, 98.

[23] *Bohnert*, Grundriß, S. 105; *Rebmann/Roth/Herrmann*, § 73 Rn 3.

[24] KKOWiG-*Bohnert*, § 67 Rn 7; KKOWiG-*Boujong*, § 89 Rn 9.

[25] *Göhler*, § 74 Rn 19; KKOWiG-*Senge*, § 74 Rn 1.

binnen einer Woche nach Zustellung des Urteils Wiedereinsetzung in den vorigen Stand beantragen, § 74 Abs. 4 S. 1 OWiG. Dem Antrag ist stattzugeben, wenn der Betroffene ohne eigenes Verschulden verhindert war, in der Hauptverhandlung zu erscheinen, § 46 Abs. 1 OWiG i. V. m. § 44 StPO[26].

Eine weitere Auflockerung der Anwesenheitserfordernisse ergibt sich aus § 75 **14** OWiG. Während im Strafverfahren die ununterbrochene Präsenz der **Staatsanwaltschaft** unverzichtbare Rechtmäßigkeitsbedingung der Hauptverhandlung (§ 226 StPO) und der Verstoß dagegen ein absoluter Revisionsgrund (§ 338 Nr. 5 StPO) ist, besteht im Bußgeldverfahren für die Staatsanwaltschaft keine Pflicht zur Teilnahme an der Hauptverhandlung, § 75 Abs.1 S. 1 OWiG. Das Gericht kann eine Mitwirkung der Staatsanwaltschaft an der Hauptverhandlung nicht erzwingen, sondern nur anregen, § 75 Abs. 1 S. 2 OWiG. Verzichtet die Staatsanwaltschaft auf Teilnahme, wird die in dem Bußgeldbescheid enthaltene Beschuldigung (§ 66 Abs. 1 Nr. 3 OWiG) zu Beginn der Hauptverhandlung – von § 243 Abs. 3 S. 2 StPO abweichend – durch den Richter verlesen[27]. Auf den Schlußvortrag des anwesenden Betroffenen (§ 258 Abs. 1 StPO) hat es keinen Einfluß, daß ein Schlußvortrag der Staatsanwaltschaft wegen Abwesenheit entfällt. Erfolgt in der Hauptverhandlung aber ein Übergang vom Bußgeld- ins Strafverfahren, wird der weitere Verhandlungsverlauf durch die allgemeinen Vorschriften des Strafverfahrens geprägt und damit auch die Anwesenheitspflicht der Staatsanwaltschaft begründet, § 81 Abs. 3 S. 1 OWiG, § 226 StPO[28].

Die **Verwaltungsbehörde** hat bereits im Zwischenverfahren mit dem Eingang **15** der Akten bei der Staatsanwaltschaft ihre Funktion als Verfolgungsbehörde abgegeben, § 69 Abs. 4 S. 1 OWiG[29]. Sie hat daher im gerichtlichen Verfahren nicht die Aufgabe, die in dem Bußgeldbescheid erhobene Beschuldigung nach Art der Anklagebehörde zu rechtfertigen. Dies ist Sache der Staatsanwaltschaft und bleibt es auch dann, wenn diese an der Hauptverhandlung nicht teilnimmt. Zur Entscheidungsfindung kann aber die Einbeziehung der Verwaltungsbehörde in die Hauptverhandlung zweckmäßig sein, um durch zusätzliche Stellungnahmen die Sachnähe und Sachkunde der Behörde noch stärker zur Geltung zu bringen[30]. Das Gericht kann daher der Verwaltungsbehörde Gelegenheit zur Äußerung geben und einem Behördenvertreter in der Hauptverhandlung das Wort erteilen, § 76 Abs. 1 OWiG. Die Verwaltungsbehörde ist aber nicht verpflichtet, von diesem Mitwirkungsrecht Gebrauch zu machen[31]. Vor einer Einstellung des Verfahrens nach § 47 Abs. 2 OWiG soll die Verwaltungsbehörde zwar gehört werden, § 76 Abs. 1 S. 2 OWiG. Ihrer Zustimmung zu dieser Entscheidung bedarf es jedoch nicht[32].

---

[26] KKOWiG-*Senge*, § 74 Rn 44.
[27] *Bohnert*, OWiG, § 75 Rn 7; *Göhler*, § 75 Rn 3; *Rebmann/Roth/Herrmann*, § 71 Rn 14.
[28] *Bohnert*, Grundriß, S. 104; *ders.*, OWiG, § 75 Rn 8.
[29] *Rebmann/Roth/Herrmann*, § 76 Rn 1.
[30] KKOWiG-*Senge*, § 76 Rn 2; *Rebmann/Roth/Herrmann*, § 76 Rn 1.
[31] *Bohnert*, OWiG, § 76 Rn 5; *Göhler*, § 76 Rn 9.
[32] *Rebmann/Roth/Herrmann*, § 76 Rn 11.

c) Beweisaufnahme

16 Die Beweisaufnahme findet nach der Vernehmung des – anwesenden – Betroffenen zur Sache statt, § 46 Abs. 1 OWiG, § 244 Abs. 1 StPO[33]. Wie im Strafverfahren (§ 244 Abs. 2 StPO) gilt der Grundsatz **gerichtlicher Sachaufklärung von Amts wegen**, § 77 Abs. 1 OWiG[34]. Daran haben auch die auf Entlastung der Justiz zielenden gesetzgeberischen Eingriffe in das Beweisrecht nichts geändert[35]. Das Verfahren der Beweisaufnahme ist aber in bezug auf den Umfang der Aufklärung, das Beweisantragsrecht, die unmittelbare persönliche Vernehmung und die Urkundenverlesung vereinfacht.

17   Von dem Grundsatz des § 244 Abs. 2 StPO bewahrt § 77 Abs. 1 OWiG ausdrücklich nur den Aspekt der **gerichtlichen Hoheit über die Beweisaufnahme**. Art und Umfang der Beweisaufnahme sind nicht zur Disposition des Betroffenen oder der Staatsanwaltschaft gestellt. Diese haben keine Darlegungs- und Beweislast, es gilt die Inquisitionsmaxime. Die Vereinfachungs- und Entlastungsbemühungen haben sich auf das Optimalitäts- und das Vollständigkeitsgebot konzentriert[36]. Vollständigkeit (vgl. § 244 Abs. 2 StPO: "alle" Tatsachen und Beweismittel) wird von dem Gericht nicht verlangt. Den Umfang der Beweisaufnahme bestimmt das Gericht selbst, nicht das Gesetz, § 77 Abs. 1 S. 1 OWiG. Im Strafverfahren ist es umgekehrt, § 244 Abs. 2 StPO. Das Gericht darf seinen Beweiserhebungsaufwand ins Verhältnis zur Bedeutung der Sache stellen und sich bei Bagatellen mit einer verkürzten Beweisaufnahme begnügen, § 77 Abs. 1 S. 2 OWiG[37].

18   Das bedeutet aber nicht, daß die Bestimmung des Umfangs der Beweisaufnahme im freien Ermessen des Gerichts stünde[38]. Vor allem darf das Gericht im Bußgeldverfahren die Verurteilung nicht auf ein dünneres Überzeugungsfundament stützen als im Strafverfahren[39]. Die verbale Lockerung in § 77 Abs. 1 OWiG ist vielmehr eine Konsequenz des im Bußgeldverfahren geltenden Opportunitätsprinzips und der gerichtlichen Einstellungsmöglichkeit nach § 47 Abs. 2 OWiG. Wenn das Gericht in jeder Lage des Verfahrens nach Ermessen – auch teilweise – einstellen kann, braucht es auch die Beweisaufnahme nicht über den Erkenntnisstand hinaus auszudehnen, dessen Erreichung zur pflichtgemäßen Ermessensausübung erforderlich ist. In einem dem Legalitätsprinzip folgenden Verfahren versteht es sich dagegen von selbst, daß das Verfahren auf eine Entscheidung in der Sache gerichtet und deshalb um die Herstellung einer optimalen Entscheidungsgrundlage bemüht sein muß. Deshalb hat der Richter auch im Bußgeldverfahren zu beachten, daß er den Betroffenen nur dann verurteilen darf, wenn ihm die Beweisaufnahme

---

[33]   KKOWiG-*Senge*, § 71 Rn 75.
[34]   *Bohnert*, Grundriß, S. 107; *ders.*, OWiG, § 77 Rn 2; *Göhler*, § 77 Rn 1.
[35]   *Göhler*, DAR 1987, 65 (67).
[36]   Dagegen werden rechtsstaatliche Bedenken erhoben von *Cramer*, DAR 1981, 269 (276); *Kempf*, StV 1986, 364 (366); Antikritik dazu bei *Göhler*, DAR 1987, 65 (70).
[37]   *Böttcher*, NStZ 1986, 393 (394); scharf ablehnend *Cramer*, DAR 1981, 269 (275 ff.).
[38]   *Göhler*, § 77 Rn 4.
[39]   KKOWiG-*Senge*, § 77 Rn 4.

die zweifelsfreie Überzeugung von der Schuld des Betroffenen verschafft hat[40]. Anders als im Strafverfahren braucht der Richter dieses Ziel aber nicht unbedingt anzusteuern. Er kann auch nach § 47 Abs. 2 OWiG vorgehen und dementsprechend die Beweisaufnahme einschränken[41].

Anders als aus § 77 Abs. 1 OWiG lassen sich aus § 77 Abs. 2 OWiG wirklich **19** substantielle Einschränkungen der Beweisaufnahme herleiten[42]. Dem Gericht wurden hier weitergehende Befugnisse zur **Ablehnung eines Beweisantrags** eingeräumt als im Strafverfahren. Über die in § 244 Abs. 3 StPO normierten Gründe hinaus kann das Gericht die Antragsablehnung auch infolge vorweggenommener Beweiswürdigung auf Nichterforderlichkeit (§ 77 Abs. 2 Nr. 1 OWiG) oder auf Verspätung (§ 77 Abs. 2 Nr. 2 OWiG) stützen. Nach früherem Recht war der letztgenannte Ablehnungsgrund allerdings nur in Verfahren wegen geringfügiger Ordnungswidrigkeiten anwendbar. Diese Beschränkung wurde durch das OWiGÄndG aufgehoben[43]. Abgeschwächt sind des weiteren die Anforderungen an die Begründung der Antragsablehnung aus den in § 77 Abs. 2 Nr. 1 OWiG genannten Gründen, § 77 Abs. 3 OWiG.

Der in § 250 StPO normierte Grundsatz der **unmittelbaren persönlichen Ver-** **20** **nehmung** durch das erkennende Gericht ist im Bußgeldverfahren zur Disposition des Gerichts und der anwesenden Verfahrensbeteiligten gestellt. Sind in der Hauptverhandlung weder der Betroffene noch sein Verteidiger noch die Staatsanwaltschaft anwesend, darf das Gericht die Vernehmung von Zeugen, Sachverständigen und Mitbetroffenen durch die Verlesung von Vernehmungsprotokollen und sonstigen schriftlichen Äußerungen ersetzen, § 77 a Abs. 1 OWiG. Sofern einer der genannten Beteiligten anwesend ist, ist dessen Zustimmung erforderlich, § 77 a Abs. 4 S. 1 OWiG. Behördliche Erklärungen über Gegenstände dienstlicher Erkenntnis können fernmündlich eingeholt und durch mündliche Bekanntgabe ihres wesentlichen Inhalts in die Hauptverhandlung eingeführt werden, § 77 a Abs. 3 S. 1 OWiG. Die Möglichkeiten der Ersetzung des Personalbeweises durch Urkundenbeweis, die nach §§ 251, 253 StPO schon im Strafverfahren bestehen, bleiben natürlich auch im Bußgeldverfahren erhalten. Auf der anderen Seite darf das in § 252 StPO zum Schutz von Zeugnisverweigerungsrechten aufgestellte Verwertungsverbot durch die vereinfachte Beweisaufnahme nicht umgangen werden, § 77 a Abs. 4 S. 2 OWiG.

Das Verfahren der Einführung von **Schriftstücken** – nicht nur Beweismitteln – **21** in die Hauptverhandlung ist in § 78 Abs. 1 OWiG vereinfacht. Die wörtliche Verlesung (vgl. § 46 Abs. 1 OWiG i. V. m. § 249 Abs. 1 StPO) kann durch Mitteilung des wesentlichen Inhalts ersetzt werden. Sogar davon darf abgesehen werden, wenn der Betroffene, der Verteidiger und der Vertreter der Staatsanwaltschaft – im Falle seiner Anwesenheit in der Hauptverhandlung – Gelegenheit zur Kennt-

---

[40] *Cramer*, DAR 1981, 269 (276) weist zutreffend darauf hin, daß das Verfahren ansonsten auf die Verhängung von Verdachtsstrafen hinauslaufen könnte; ebenso *Berg*, DAR 1982, 105 (106).
[41] *Cramer*, DAR 1981, 269 (278); *Krüger*, NJW 1981, 1642 (1646).
[42] *Bohnert*, OWiG, § 77 Rn 7.
[43] *Katholnigg*, NJW 1998, 568 (571).

nisnahme vom Inhalt des Schriftstücks hatten. Daß diese Reduktion des Münd-
lichkeitsprinzips auch einen Einschnitt in das Öffentlichkeitsgebot (§ 169 GVG)
bedeutet, ist unschädlich, da in Bußgeldsachen ein Hauptverfahren auch ganz ohne
Öffentlichkeit durchgeführt werden darf, wenn weder der Betroffene noch die
Staatsanwaltschaft widersprechen, § 72 Abs. 1 S. 1 OWiG. Die Öffentlichkeits-
maxime greift nur, wenn eine gerichtliche Verhandlung stattfindet[44]. Dagegen erzeugt sie nicht die rechtliche Anordnung, daß eine gerichtliche Verhandlung statt-
zufinden habe.

d) Urteil

22 Stellt das Gericht das Verfahren nicht nach § 47 Abs. 2 OWiG oder – außerhalb
der Hauptverhandlung – nach § 46 Abs. 1 OWiG i. V. m. § 206 a StPO durch
Beschluß ein, entscheidet es in der Hauptverhandlung durch Urteil, § 46 Abs. 1
OWiG, § 260 Abs. 1 StPO. Diese Entscheidung ist ein **Prozeßurteil**, wenn das
Verfahren wegen eines Verfahrenshindernisses eingestellt wird, § 46 Abs. 1
OWiG, § 260 Abs. 3 StPO, ansonsten ein **Sachurteil**. Das Sachurteil enthält ent-
weder eine Verurteilung oder einen Freispruch. Möglich ist auch ein Teilfrei-
spruch. Bei einer Verurteilung ist das Gericht nicht daran gehindert, über die
Sanktionsanordnung des Bußgeldbescheids hinauszugehen, § 71 Abs. 1 OWiG i.
V. m. § 411 Abs. 4 StPO. Das Verbot der reformatio in peius besteht nur im Verfahren ohne Hauptverhandlung, § 72 Abs. 3 S. 2 OWiG. Aufbau und Inhalt des
Urteils richten sich nach § 46 Abs. 1 OWiG, §§ 260, 267 StPO. Unter den Voraussetzungen des § 77 b Abs. 1 S. 1 OWiG kann von einer schriftlichen Begründung des Urteils abgesehen werden[45]. Anders als im Fall des § 267 Abs. 4 S. 1 Hs.
2 StPO ist nicht einmal eine Verweisung auf den die Beschuldigung enthaltenden
Bußgeldbescheid erforderlich.

2. Beschlußverfahren

23 Die Regelform des Hauptverfahrens soll die Durchführung einer Hauptverhandlung sein[46]. Demgegenüber soll ein Hauptverfahren ohne Hauptverhandlung die
Ausnahme sein. Rechtliche Grundlage dieser Ausnahme ist § 72 OWiG. Danach
kann das Gericht durch Beschluß – statt durch Urteil – ohne Hauptverhandlung
entscheiden, wenn eine solche nicht erforderlich ist und der Betroffene und die
Staatsanwaltschaft dem Beschlußverfahren nicht binnen einer Frist von zwei Wochen widersprechen, § 72 Abs. 1 S. 1 OWiG. Diese Frist beginnt mit der Zustellung des gerichtlichen Hinweises auf die Möglichkeit eines Verfahrens ohne
Hauptverhandlung, § 72 Abs. 1 S. 2 OWiG[47]. Nur der ausdrückliche Wider-

---

[44] *Bohnert*, Grundriß, S. 103; *ders.*, OWiG, § 71 Rn 43; KKOWiG-*Senge*, § 71 Rn 54.
[45] Kritisch dazu *Beck*, DAR 1981, 65 (68); *Cramer*, DAR 1981, 269 (280); der Regelung
zustimmend *Greissinger*, ZRP 1981, 192 (196).
[46] *Bohnert*, OWiG, § 72 Rn 1.
[47] Für einen entsprechenden Hinweis bereits im Bußgeldbescheid *Cramer*, DAR 1981,
269 (274).

spruch[48] hindert dieses Verfahren, Schweigen gilt also als Zustimmung. Im Falle eines Freispruchs darf das Gericht sogar gegen den Widerspruch des Betroffenen durch Beschluß entscheiden, § 72 Abs. 1 S. 3 OWiG.

Sinnvoll ist diese Verfahrensart, wenn der Sachverhalt schon entscheidungsreif **24** aufgeklärt ist oder durch weitere Beweiserhebungen außerhalb einer Hauptverhandlung (§ 71 Abs. 2 S. 1 OWiG) so weit aufgeklärt werden kann, daß eine abschließende Entscheidung möglich ist[49].

Der Richter entscheidet nicht durch Urteil, sondern durch Beschluß. Inhaltlich **25** entspricht der Beschluß dem Urteil. Je nach dem Ergebnis der Ermittlungen wird der Betroffene entweder freigesprochen oder mit Geldbuße sowie eventuell Nebenfolgen belegt, oder es wird das Verfahren eingestellt, § 72 Abs. 3 S. 1 OWiG. Eine reformatio in peius der Rechtsfolgenentscheidung ist nicht zulässig, § 72 Abs. 3 S. 2 OWiG. Ebenso wie das Urteil kann der Beschluß des § 72 OWiG mit dem Rechtsmittel der Rechtsbeschwerde angefochten werden, § 79 Abs. 1 OWiG. Der rechtskräftige Beschluß hat auch dieselbe strafklageverbrauchende Wirkung wie ein Urteil: Die Tat kann nicht mehr als Ordnungswidrigkeit und auch nicht mehr als Straftat verfolgt werden, § 84 Abs. 2 S. 2 OWiG.

Kontrollfragen

1. Kann das Amtsgericht einen Bußgeldbescheid erlassen ? (Rn 1)
2. In welchem Fall ist das Oberlandesgericht für die Durchführung des Hauptverfahrens zuständig? (Rn 4)
3. Setzt die Verhängung einer Geldbuße durch das Amtsgericht die Durchführung einer Hauptverhandlung voraus? (Rn 9, 23)
4. Ist der Betroffene zur Anwesenheit in der Hauptverhandlung verpflichtet? (Rn 11, 12)
5. Ist eine Hauptverhandlung ohne anwesenden Staatsanwalt rechtmäßig? (Rn 14)
6. Wirkt die Verwaltungsbehörde an der Hauptverhandlung mit? (Rn 15)
7. Gibt es im Hauptverfahren ein Verbot der reformatio in peius? (Rn 22)
8. Wird das Verfahren nach § 72 OWiG mit einem Urteil abgeschlossen? (Rn 25)

---

[48] Zu den verschiedenen Möglichkeiten rechtlich beachtlicher Äußerung des Widerspruchs *Meurer*, NStZ 1984, 8 ff.

[49] BGHSt 24, 293 (295); *Kaiser*, NJW 1978, 2231 (2232).

Literatur

Deutscher, Erste praktische Erfahrung mit der OWiG-Reform aus gerichtlicher und behördlicher Sicht, NZV 1999, 185

Katholnigg, Das Gesetz zur Änderung des Gesetzes über Ordnungswidrigkeiten und anderer Gesetze, NJW 1998, 568

§ 31 Rechtsbeschwerde

Das einzige Rechtsmittel gegen das Urteil oder den Beschluß nach § 72 OWiG ist **1**
die Rechtsbeschwerde, § 79 OWiG. In Verfahren gegen Jugendliche spielt daher
§ 55 Abs. 2 JGG keine Rolle. Berufung (§ 312 StPO) und Revision (§ 333 StPO)
sind Rechtsmittel im Strafverfahren. Für das Bußgeldverfahren kommen diese
Rechtsmittel nicht in Betracht[1], weil – vgl. § 46 Abs. 1 OWiG – „dieses Gesetz ...
anderes bestimmt". § 79 OWiG ist Teil „dieses Gesetzes" – des OWiG – und bestimmt anderes[2]. Wurde dagegen in einem Strafverfahren eine Verurteilung allein
auf der Grundlage einer Ordnungswidrigkeit ausgesprochen (§ 82 Abs. 1 OWiG),
sind dagegen nur die strafverfahrensrechtlichen Rechtsmittel (Berufung, Revision)
statthaft[3].

I. Rechtsmittelfunktion

Die Rechtsbeschwerde ist ein Rechtsmittel, das der strafprozessualen Revision **2**
nachgebildet ist, vgl. § 79 Abs. 3 OWiG[4]. Wie diese ist sie ein Instrument, mit
dem die Richtigkeit der **Rechtsanwendung** durch das Amtsgericht – bzw. den
Kartellsenat beim OLG (§ 83 GWB) – angefochten und einer Überprüfung durch
das Rechtsmittelgericht zugeführt werden kann. Der Sachverhalt, den das Gericht
seiner Entscheidung zugrundegelegt hat, ist also nicht Prüfungsgegenstand im
Rechtsbeschwerdeverfahren. Eine berufungsähnliche zweite Tatsacheninstanz gibt
es im Bußgeldverfahren nicht[5]. Die Rechtsbeschwerde hat daher nur dann Erfolg,
wenn dem Gericht eine Gesetzesverletzung unterlaufen ist, auf der die angefochtene Entscheidung beruht, § 79 Abs. 3 S. 1 OWiG, § 337 StPO[6]. Dabei sind auch
die absoluten Revisionsgründe des § 338 StPO zu beachten, soweit sie zum Bußgeldverfahren passen[7].

Kennzeichen von Rechtsmitteln und Kriterien der Abgrenzung zu sonstigen **3**
Rechtsbehelfen sind der Devolutiveffekt, (eingeschränkt) der Suspensiveffekt und
(eingeschränkt) das Verbot der reformatio in peius[8]. Die Rechtsbeschwerde hat
Devolutiveffekt, d. h., sie bringt die Sache vor ein Gericht höherer Instanz[9]. Zuständiges Rechtsbeschwerdegericht ist der Senat für Bußgeldsachen am Oberlan-

---

[1]   *Göhler*, § 79 Rn 1; *Rebmann/Roth/Herrmann*, § 79 Rn 1.
[2]   *Göhler*, vor § 79 Rn 4.
[3]   OLG Koblenz, NStZ 2000, 41; *Bohnert*, OWiG, § 79 Rn 4.
[4]   *Bohnert*, OWiG, § 79 Rn 1; KKOWiG-*Steindorf*, vor § 79 Rn 4; *Rebmann/Roth/Herr-
       mann*, § 79 Rn 2.
[5]   *Rebmann/Roth/Herrmann*, § 79 Rn 1.
[6]   *Göhler*, § 79 Rn 27.
[7]   KKOWiG-*Steindorf*, § 79 Rn 109; *Rebmann/Roth/Herrmann*, § 79 Rn 15 b.
[8]   *Bloy*, JuS 1986, 585; *Beulke*, Strafprozeßrecht, Rn 534.
[9]   *Bohnert*, OWiG, § 79 Rn 3; KKOWiG-*Steindorf* vor § 79 Rn 5.

desgericht, §§ 46 Abs. 7, 79 Abs. 3 S. 1 OWiG, § 121 Abs. 1 Nr. 1a GVG. Die
Bußgeldsenate sind entweder mit drei Richtern (§ 80 a Abs. 1 OWiG) oder mit einem Richter (§ 80 a Abs. 2 OWiG) besetzt. Da in Kartellsachen die erstinstanziel-
le Zuständigkeit beim OLG liegt (§ 83 GWB), ist hier der Bundesgerichtshof gem.
§ 84 S. 1 GWB Rechtsbeschwerdegericht. Ansonsten judiziert der BGH im Bußgeldverfahren nur aufgrund Vorlegung nach § 121 Abs. 2 GVG[10].

4   Die Rechtsbeschwerde hemmt den Eintritt der Rechtskraft, hat also **Suspensiv-
effekt**, § 79 Abs. 3 S. 1 OWiG, § 316 Abs. 1 StPO[11]. Außerdem unterliegt sie dem
Verbot der reformatio in peius (Verschlechterungsverbot), wenn entweder der
Betroffene allein oder die Staatsanwaltschaft ausschließlich zugunsten des Betroffenen Rechtsbeschwerde eingelegt hat, § 79 Abs. 3 S. 1 OWiG, § 358 Abs. 2
StPO[12]. Die angefochtene Entscheidung darf dann im Rechtsfolgenausspruch nicht
zum Nachteil des Betroffenen verschärft werden[13]. Eine „Verböserung" des
Schuldspruchs ist dagegen immer zulässig. Die Schuldspruchverschärfung kann
sogar so weit gehen, daß der vom Amtsgericht wegen einer Ordnungswidrigkeit
verurteilte Betroffene vom Beschwerdegericht wegen einer Straftat schuldig gesprochen wird, § 81 Abs. 1 OWiG[14].

II. Zulässigkeit

5   Wie jedes Rechtsmittel hat die Rechtsbeschwerde Erfolg, wenn sie zulässig und
begründet ist. Damit sich das Beschwerdegericht mit der Begründetheit der
Rechtsbeschwerde überhaupt befaßt, muß zunächst ihre Zulässigkeit gegeben sein.

1. Statthaftigkeit

6   Die Rechtsbeschwerde ist statthaft sowohl gegen ein **Urteil** nach § 46 Abs. 1
OWiG, § 260 StPO als auch gegen einen nach § 72 OWiG ergangenen **Beschluß**,
§ 79 Abs. 1 OWiG[15]. Eingeschränkt ist die Anfechtungsmöglichkeit aber durch die
in § 79 Abs. 1 OWiG aufgeführten weiteren Zulässigkeitsbedingungen: Danach ist
zum Beispiel gegen eine Entscheidung, mit der dem Betroffenen eine Geldbuße
von nicht mehr als 250 EUR auferlegt worden ist, Rechtsbeschwerde grundsätzlich nicht statthaft, § 79 Abs. 1 S. 1 Nr. 1 OWiG. Freisprechende Entschéidungen
sind nur anfechtbar, wenn ursprünglich gegen den Betroffenen eine Geldbuße von
mehr als 600 EUR festgesetzt oder eine solche von der Staatsanwaltschaft beantragt worden war, § 79 Abs. 1 S. 1 Nr. 3 OWiG. Trotz Nichterfüllung dieser Bedingungen kann die Rechtsbeschwerde zulässig sein, wenn sie vom Rechtsbe-

---

[10]   Vgl. z. B. BGHSt 31, 55 ff.; 31, 309 ff.; 45, 108 ff; *Göhler*, § 79 Rn 38; KKOWiG-
       Steindorf, § 79 Rn 149.
[11]   *Bohnert*, OWiG, § 79 Rn 3;   KKOWiG-*Steindorf*, vor § 79 Rn 5.
[12]   OLG Braunschweig, NStZ 2003, 96.
[13]   *Bloy*, JuS 1986, 585 (590); *Beulke*, Strafprozeßrecht, Rn 541; *Bohnert*, OWiG, § 79
       Rn 1; *Göhler*, § 79 Rn 37; KKOWiG-*Steindorf*, § 79 Rn 164.
[14]   *Bohnert*, OWiG, § 81 Rn 6; *Göhler*, § 81 Rn 25; a. A. KKOWiG-*Steindorf*, § 81 Rn 21.
[15]   *Rebmann/Roth/Herrmann*, § 79 Rn 4.

schwerdegericht zugelassen wird, §§ 79 Abs. 1 S. 2, 80 OWiG[16]. Dies gilt aber nur für die Rechtsbeschwerde gegen ein Urteil, nicht für die Rechtsbeschwerde gegen einen Beschluß nach § 72 OWiG[17]. Die Zulassung muß beantragt werden. Es gelten die Vorschriften über die Einlegung der Rechtsbeschwerde entsprechend, § 80 Abs. 3 S. 1 OWiG. Zuzulassen ist die Rechtsbeschwerde, wenn die Nachprüfung des Urteils zur Fortbildung des Rechts oder zur Sicherung einer einheitlichen Rechtsprechung (§ 80 Abs. 1 Nr. 1 OWiG) oder die Aufhebung des Urteils wegen Versagung des rechtlichen Gehörs (§ 80 Abs. 1 Nr. 2 OWiG) geboten ist.

2. Beschwerdeberechtigung

Die Beschwerdeberechtigung richtet sich nach den allgemeinen strafverfahrens-   **7** rechtlichen Vorschriften, § 46 Abs. 1 OWiG. Demnach haben das Recht zur Einlegung der Rechtsbeschwerde der Betroffene und die Staatsanwaltschaft (§ 296 Abs. 1 StPO) - letztere auch zugunsten des Betroffenen (§ 296 Abs. 2 StPO) -, der Verteidiger (§ 297 StPO) und der gesetzliche Vertreter des Betroffenen (§ 298 StPO). Nebenbeteiligte haben dieselben Befugnisse wie der Betroffene (§ 87 Abs. 2 S. 1 OWiG), können also auch Rechtsbeschwerde einlegen[18]. Nicht beschwerdeberechtigt ist die Verwaltungsbehörde[19]. Allgemeine Zulässigkeitsvoraussetzung ist eine Beschwer[20]. Wegen deren Fehlen ist zum Beispiel der freigesprochene Betroffene auch dann nicht beschwerdebefugt, wenn die Voraussetzungen des § 79 Abs. 1 S. 1 Nr. 3 OWiG erfüllt sind. Immer beschwert ist die Staatsanwaltschaft, egal welchen Inhalt die angefochtene Entscheidung hat. Anderenfalls könnte die Staatsanwaltschaft nicht zugunsten des Betroffenen Rechtsbeschwerde einlegen[21].

3. Frist und Form

Die Frist zur Einlegung der Rechtsbeschwerde beträgt eine Woche, § 79 Abs. 3   **8** S. 1 OWiG, § 341 Abs. 1 StPO[22]. Sie beginnt mit der Urteilsverkündung, wenn diese in Anwesenheit des Betroffenen erfolgte, ansonsten mit der Zustellung der angefochtenen Entscheidung, § 79 Abs. 4 OWiG[23]. Hat der Beschwerdeberechtigte ohne eigenes Verschulden die Einlegung der Rechtsbeschwerde innerhalb der Frist versäumt, kann er Wiedereinsetzung in den vorigen Stand beantragen, § 46 Abs. 1 OWiG i. V. m. § 45 StPO. Die Rechtsbeschwerde muß entweder schriftlich oder durch Erklärung zu Protokoll bei dem Gericht, dessen Entscheidung angefochten wird, eingelegt werden.

---

[16] *Rebmann/Roth/Herrmann*, § 79 Rn 12 c.
[17] OLG Düsseldorf, NStZ 2003, 97; *Schmitt*, Ordnungswidrigkeitenrecht, S. 97; *Bohnert*, OWiG, § 80 Rn 1.
[18] *Bohnert*, OWiG, § 79 Rn 5.
[19] *Bohnert*, OWiG, § 79 Rn 7; *Göhler*, vor § 79 Rn 2; KKOWiG-*Steindorf*, § 79 Rn 53; *Rebmann/Roth/Herrmann*, § 79 Rn 15.
[20] *Bohnert*, OWiG, § 79 Rn 9; KKOWiG-*Steindorf*, § 79 Rn 54.
[21] *Beulke*, Strafprozeßrecht, Rn 537.
[22] *Rebmann/Roth/Herrmann*, § 79 Rn 16.
[23] OLG Köln, NStZ 1987, 243.

4. Antrag und Begründung

9   Die Rechtsbeschwerde muß einen bestimmten Antrag (z. B. Aufhebung des Urteils) enthalten und begründet werden, § 79 Abs. 3 S. 1 OWiG, § 344 I StPO[24].
Aus dem Antrag muß hervorgehen, inwieweit die Entscheidung angefochten wird.
Eine Beschränkung der Rechtsbeschwerde auf abtrennbare Teile – z. B. eine von
mehreren Taten – ist möglich[25]. Die Beschränkung muß in dem Antrag präzise bezeichnet sein[26]. Zur Begründung kann die Verfahrensrüge oder die Sachrüge erhoben werden, § 79 Abs. 3 S. 1 OWiG, § 344 Abs. 2 S. 1 StPO. Beanstandete Ver-
letzungen des Verfahrensrechts müssen genau bezeichnet werden, § 79 Abs. 3
S. 1 OWiG, § 344 Abs. 2 S. 2 StPO[27]. Für Antrag und Begründung steht dem Beschwerdeführer eine Frist von einem Monat zur Verfügung, § 79 Abs. 3 S. 1
OWiG, § 345 Abs. 1 StPO. Diese Frist beginnt am ersten Tag nach Ablauf der Be-
schwerdeeinlegungsfrist[28]. Eine ordnungsgemäße Begründung ist auch Voraussetzung dafür, daß das Rechtsbeschwerdegericht – von Amts wegen – das Vorliegen
von Verfahrenshindernissen prüft. Ausreichend dafür ist die Erhebung der Sachrüge[29].

5. Verzicht und Rücknahme

10 Der Anfechtungsberechtigte kann bis zum Ablauf der Beschwerdefrist auf die
Rechtsbeschwerde verzichten, § 46 Abs. 1 OWiG, § 302 StPO[30]. Ein wirksam er-
klärter Verzicht ist unwiderruflich und hat zur Folge, daß die Einlegung einer
Rechtsbeschwerde nicht mehr möglich ist, eine dennoch vor Ablauf der Einle-
gungsfrist eingelegte Rechtsbeschwerde unzulässig ist. Entsprechendes gilt für die
Rücknahme einer wirksam eingelegten Rechtsbeschwerde[31].

III. Verfahren

1. Einlegung der Rechtsbeschwerde

11 Das Verfahren nach Einlegung der Rechtsbeschwerde entspricht dem Verfahren
nach Einlegung einer Revision, § 79 Abs. 3 S. 1 OWiG. Einzulegen ist die

---

[24]   *Schmitt*, Ordnungswidrigkeitenrecht, S. 97; *Bohnert*, OWiG, § 79 Rn 23; *Göhler*, § 79
       Rn 27 a.
[25]   OLG Hamm, VRS 91, 156 (157); *Bohnert*, Grundriß, S. 120; *ders.*, OWiG, § 79 Rn 11;
       Göhler, § 79 Rn 32.
[26]   KKOWiG-*Steindorf*, § 79 Rn 141.
[27]   *Rebmann/Roth/Herrmann*, § 79 Rn 15 a.
[28]   OLG Köln, NStZ 1987, 243.
[29]   OLG Düsseldorf, NStZ 1992, 39; OLG Karlsruhe, NJW 2004, 3273.
[30]   *Bohnert*, OWiG, § 79 Rn 31; KKOWiG-*Steindorf*, § 79 Rn 77.
[31]   *Bohnert*, OWiG, § 79 Rn 32; KKOWiG-*Steindorf*, § 79 Rn 78.

Rechtsbeschwerde nicht beim OLG (iudex ad quem[32]), sondern beim Amtsgericht (iudex a quo[33]), § 79 Abs. 3 S. 1 OWiG, § 341 Abs. 1 StPO („... bei dem Gericht, dessen Urteil angefochten wird ..."). Dasselbe gilt für die Anträge und die Begründung. Der Richter am Amtsgericht prüft, ob Frist und Form gewahrt worden sind. Sonstige Zulässigkeitsvoraussetzungen prüft er nicht[34]. Stellt er Überschreitung der Frist oder einen Formmangel fest, verwirft er die Rechtsbeschwerde durch Beschluß als unzulässig, § 79 Abs. 3 S. 1 OWiG, § 346 Abs. 1 StPO. In einem solchen Fall kann der Beschwerdeführer binnen einer Woche beantragen, daß das OLG entscheidet, § 79 Abs. 3 S. 1, § 346 Abs. 2 StPO. Verwirft der Richter am Amtsgericht die Rechtsbeschwerde nicht wegen Unzulässigkeit, greift der Devolutiveffekt: Die Sache gelangt nun an das OLG, das Zulässigkeit und Begründetheit der Rechtsbeschwerde prüft, § 79 Abs. 3 S. 1 OWiG, § 347 StPO[35].

2. Beschlußverfahren und Hauptverhandlung

Über eine Rechtsbeschwerde, die gegen einen Beschluß gem. § 72 OWiG einge-   **12**
legt worden ist, entscheidet das Rechtsbeschwerdegericht stets ohne Hauptverhandlung durch Beschluß, § 79 Abs. 5 S. 1 OWiG. Eine Hauptverhandlung kann nur durchgeführt werden, wenn Gegenstand der Rechtsbeschwerde ein Urteil ist. Es liegt im pflichtgemäßen Ermessen des Rechtsbeschwerdegerichts eine Hauptverhandlung durchzuführen oder ohne Hauptverhandlung zu entscheiden. Führt das Rechtsbeschwerdegericht eine Hauptverhandlung durch, entscheidet es am Ende durch Urteil, § 79 Abs. 5 S. 2 OWiG. Der Ablauf der Hauptverhandlung richtet sich nach den Vorschriften über die Revisionshauptverhandlung, § 79 Abs. 3 S. 1 OWiG, § 351 StPO[36].

Das Rechtsbeschwerdegericht prüft zunächst die Zulässigkeit der Rechtsbe-   **13**
schwerde. Verfahrensvoraussetzungen und Verfahrenshindernisse sind von Amts wegen zu berücksichtigen, eine entsprechende Rüge des Beschwerdeführers ist also nicht notwendig. Allerdings muß die Rechtsbeschwerde zulässig sein und dazu gehört auch eine ordnungsgemäße Begründung. Ausreichend dafür ist aber eine Sachrüge[37]. Die Verletzung des materiellen Rechts prüft das Gericht umfassend, sofern der Beschwerdeführer die Sachrüge erhoben hat. Verfahrensfehler werden nur berücksichtigt, soweit sie ordnungsgemäß (§ 79 Abs. 3 S. 1 OWiG, § 344 Abs. 2 S. 2 StPO) gerügt worden sind, § 79 Abs. 3 S. 1 OWiG, § 352 Abs. 1 StPO.

---

[32] *Meyer*, Juristische Fremdwörter, Fachausdrücke und Abkürzungen, S. 71 unten: „Richter, zu dem es geht".
[33] *Meyer*, Juristische Fremdwörter, S. 72 oben: „Richter, von dem es kommt".
[34] *Bohnert*, OWiG, § 79 Rn 28.
[35] *Bohnert*, OWiG, § 79 Rn 88.
[36] *Bohnert*, OWiG, § 79 Rn 127.
[37] OLG Düsseldorf, NStZ 1992, 39; OLG Karlsruhe, NJW 2004, 3273.

3. Entscheidung des Rechtsbeschwerdegerichts

14 Stellt das Rechtsbeschwerdegericht das Fehlen einer Verfahrenvoraussetzung oder das Bestehen eines Verfahrenshindernisses fest, muß es das Verfahren einstellen[38]. Zu einer Einstellung des Verfahrens kann es auch auf der Grundlage des § 47 Abs. 2 OWiG kommen. Erweist sich die Rechtsbeschwerde als unzulässig, wird sie verworfen. Ist die Rechtsbeschwerde zulässig, aber unbegründet, wird sie ebenfalls verworfen. Eine zulässige und begründete Rechtsbeschwerde hat zur Folge, daß die angefochtene Entscheidung aufgehoben wird. Sofern das Rechtsbeschwerde die Sache nicht an das Amtsgericht (iudex a quo) oder ein anderes Amtsgericht zurückverweist, entscheidet es in der Sache selbst, § 79 Abs. 6 OWiG.

15 Das Rechtsbeschwerdegericht kann gem. § 79 Abs. 6 OWiG in wesentlich weiterem Umfang als ein Revisionsgericht (§ 354 StPO) selbst in der Sache entscheiden. Beispielsweise kann es die Geldbuße reduzieren oder erhöhen oder bei einer Änderung des Schuldspruchs die Geldbuße selbst festsetzen[39]. Gegen die Entscheidung des Rechtsbeschwerdegerichts ist kein weiteres Rechtsmittel statthaft.

Kontrollfragen

1. Welches Rechtsmittel ist gegen einen Beschluß gem. § 72 OWiG statthaft? (Rn. 6)
2. In welchem Fall ist der Bundesgerichtshof Rechtsbeschwerdegericht? (Rn. 3)
3. Wer ist zur Einlegung der Rechtsbeschwerde berechtigt? (Rn 7)
4. Innerhalb welcher Frist muß die Rechtsbeschwerde eingelegt werden? (Rn 8)
5. Mit welchem Rechtsmittel kann die Entscheidung des Rechtsbeschwerdegerichts angefochten werden? (Rn 14)

---

[38] OLG Düsseldorf, VRS 95, 40 (41); *Rebmann/Roth/Herrmann*, § 79 Rn 16 a.
[39] OLG Hamm, VRS 95, 38 (39).

§ 32 Wiederaufnahme des Verfahrens

I. Rechtsbehelfsfunktion

1. Rechtskraftdurchbrechung

Die Wiederaufnahme ist ein **außerordentlicher Rechtsbehelf**[1]. Mit diesem **1** Rechtsbehelf kann eine verfahrensabschließende Entscheidung angegriffen und ein Verfahrensabschluß mit einer inhaltlich abweichenden Entscheidung angestrebt und – im Erfolgsfall – erreicht werden. Die Besonderheit der Wiederaufnahme besteht darin, daß die Entscheidung bereits rechtskräftig ist und daher mit ordentlichen Rechtsmitteln nicht mehr angefochten werden kann. Wegen der Rechtskraft ist auch die Durchführung eines neuen Verfahrens über denselben Verfahrensgegenstand grundsätzlich unzulässig, vgl. Art. 103 Abs. 3 GG. Die Wiederaufnahme ist eine Ausnahme zu diesem Grundsatz und somit ein **rechtskraftdurchbrechender** Rechtsbehelf. Eine Durchbrechung des rechtsfriedenstiftenden Instituts der Rechtskraft bedarf einer besonderen Legitimation. Schlichte Fehlerhaftigkeit des abgeschlossenen Verfahrens reicht dazu nicht aus. Nur gravierende Mängel vermögen die Wiederaufnahme zu rechtfertigen.

Die Wiederaufnahme des Verfahrens ist **kein Rechtsmittel**. Denn Funktion ei- **2** nes Rechtsmittels ist es gerade, den Eintritt der Rechtskraft hinauszuzögern und eine Änderung oder Aufhebung der vorinstanzlichen Entscheidung vor rechtskräftigem Abschluß des Verfahrens herbeizuführen. Die Wiederaufnahme hat weder Suspensiv- noch Devolutiveffekt[2]. Sie steht der Vollstreckung nicht entgegen (§ 85 Abs. 1, § 360 Abs. 1 StPO), und sie bringt die Sache nicht vor ein Gericht höherer Instanz.

2. Straf- und Bußgeldverfahren

Wiederaufnahme des Verfahrens ist im **Strafverfahren** und im **Bußgeldverfah- 3 ren** möglich. Wurde das Verfahren als Strafverfahren abgeschlossen, richtet sich die Wiederaufnahme unmittelbar nach §§ 359 ff StPO. Ergänzend treten einige Sonderbestimmungen in § 85 OWiG hinzu. Die Wiederaufnahme nach abgeschlossenem Bußgeldverfahren unterliegt ebenfalls den §§ 359 ff StPO, deren entsprechende Anwendung § 85 Abs. 1 OWiG anordnet. Modifiziert wird dieses Reglement durch § 85 Abs. 2 bis Abs. 4 OWiG.

Ausgangslage einer Wiederaufnahme ist ein durch **rechtskräftige Bußgeldent- 4 scheidung** abgeschlossenes Verfahren, § 85 Abs. 1 OWiG. Als „rechtskräftige Bußgeldentscheidung" kommt jede Entscheidung in Betracht, mit der eine Geld-

---

[1] *Schmitt*, Ordnungswidrigkeitenrecht, S. 99; KKOWiG-*Steindorf*, § 85 Rn 1; *Rebmann/ Roth/Herrmann*, § 85 Rn 1.

[2] KKOWiG-*Steindorf*, § 85 Rn 42; *Rebmann/Roth/Herrmann*, § 85 Rn 1.

buße festgesetzt werden kann. Im Rahmen eines Bußgeldverfahrens sind dies der Bußgeldbescheid, das Urteil oder der Beschluß (§ 72 OWiG) des Amtsgerichts sowie das Urteil oder der Beschluß des Rechtsbeschwerdegerichts. Nicht wiederaufnahmefähig ist die Verwarnung nach § 56 OWiG[3]. Im Strafverfahren sind Bußgeldentscheidungen das Strafurteil und der Strafbefehl[4].

II. Wiederaufnahmefälle

1. Wiederaufnahme zugunsten des Betroffenen

5   Das Verfahren kann zugunsten oder zuungunsten des Betroffenen wiederaufgenommen werden. Ersterenfalls soll ein für den Betroffenen günstigerer Verfahrensausgang erzielt werden. Das setzt voraus, daß der Betroffene durch die rechtskräftige Entscheidung des abgeschlossenen Verfahrens beschwert ist. Ziel der Wiederaufnahme muß eine **Milderung im Schulderkenntnis** sein, also Freispruch, Verfahrenseinstellung oder zumindest Verurteilung aus einem Tatbestand geringeren Gewichts. Bloße Rechtsfolgenmilderung – also z.b. Reduzierung des Bußgeldbetrags ohne Veränderung der tatbestandlichen Rechtsgrundlage – kann mit einem Wiederaufnahmeantrag nicht begehrt werden, § 85 Abs. 1 OWiG, § 363 StPO[5].

6   Die Rechtsgründe, die eine Wiederaufnahme zugunsten des Betroffenen rechtfertigen, sind in § 359 StPO normiert. Die größte praktische Relevanz hat § 359 Nr. 5 StPO[6]. Gelockerte Anwesenheitsregeln, Entscheidung im schriftlichen Verfahren, vereinfachte Beweisaufnahme und Fehlen einer zweiten Tatsacheninstanz bringen es mit sich, daß entscheidungserhebliche neue Tatsachen und Beweismittel erst nach rechtskräftigem Abschluß des Bußgeldverfahrens auftauchen. Eingeschränkt wird die auf § 359 Nr. 5 StPO gestützte Wiederaufnahme durch § 85 Abs. 2 OWiG. Umstritten ist die Anwendbarkeit des § 79 Abs. 1 BVerfGG auf Bußgeldentscheidungen, da diese Vorschrift als Wiederaufnahmegegenstand nur das „Strafurteil" erwähnt. Da zwischen Ordnungswidrigkeiten und Straftaten kein Wesensunterschied, sondern nur eine quantitative Differenz besteht, ist eine entsprechende Anwendung auf Bußgeldentscheidungen, die kein Strafurteil sind, zu befürworten[7].

3   *Bohnert*, OWiG, § 85 Rn 2; KKOWiG-*Steindorf*, § 85 Rn 5.
4   KKOWiG-*Steindorf*, § 85 Rn 4; *Rebmann/Roth/Herrmann*, § 85 Rn 2.
5   *Bohnert*, OWiG, § 85 Rn 32; *Göhler*, § 85 Rn 10; KKOWiG-*Steindorf*, § 85 Rn 32; *Rebmann/Roth/Herrmann*, § 85 Rn 13, 30.
6   KKOWiG-*Steindorf*, § 85 Rn 8.
7   *Bohnert*, OWiG, § 85 Rn 35; *Göhler*, § 85 Rn 15; KKOWiG-*Steindorf*, § 85 Rn 21; *Rebmann/Roth/Herrmann*, § 85 Rn 15.

2. Wiederaufnahme zuungunsten des Betroffenen

Die Wiederaufnahme zuungunsten des Betroffenen ist unter den Voraussetzungen 7 des § 362 StPO zulässig. Wiederaufnahmeziel muß stets die Verurteilung des Betroffenen aus einem **Strafgesetz** sein, § 85 Abs. 3 S. 1 OWiG. Ein mit Freispruch abgeschlossenes Straf- oder Bußgeldverfahren kann also nicht zu dem Zweck wiederaufgenommen werden, die Verurteilung des Betroffenen aus einem Bußgeldtatbestand herbeizuführen. Daher ist § 362 Nr. 4 StPO nicht anwendbar, wenn der Freigesprochene die Begehung einer Ordnungswidrigkeit zugesteht. Ebenso wenig kann die Verurteilung aus einem milden Bußgeldtatbestand im Wege der Wiederaufnahme in die Verurteilung aus einem strengeren Bußgeldtatbestand umgewandelt werden. Wurde das Bußgeldverfahren durch einen rechtskräftigen Bußgeldbescheid abgeschlossen, bedarf es zur Herbeiführung einer strafrechtlichen Verurteilung der Wiederaufnahme nicht. Denn gem. § 84 Abs. 1 OWiG steht die Rechtskraft des Bußgeldbescheids der Verfolgung der Tat als Straftat nicht entgegen[8]. Ein neues Strafverfahren bzgl. derselben Tat ist also ohne weiteres zulässig.

Die Regelung der strafprozessualen Wiederaufnahme zuungunsten des Be- 8 schuldigten in § 362 StPO sieht keinen dem § 359 Nr. 5 StPO entsprechenden Wiederaufnahmegrund vor. Im Bußgeldverfahren läßt § 85 Abs. 3 S. 2 OWiG diesen Wiederaufnahmegrund gegen den Betroffenen zu[9]. Neue Tatsachen oder Beweismittel eröffnen die Wiederaufnahme zuungunsten des Betroffenen, wenn sie seine Verurteilung aus einem Verbrechenstatbestand (§ 12 Abs. 1 StGB) begründen. Diese Erweiterung der Wiederaufnahmegründe, die Parallelen in § 153 a Abs. 1 S. 5 StPO und § 373 a StPO hat, ist angesichts der vereinfachten und weniger gründlichen Sachaufklärung im gerichtlichen Bußgeldverfahren gerechtfertigt[10]. Ihr Anwendungsbereich ist auf das Bußgeldverfahren beschränkt. Wurde der Betroffene in einem Strafverfahren freigesprochen oder nur wegen einer Ordnungswidrigkeit verurteilt, ist die Wiederaufnahme allein aus den in § 362 StPO geregelten Gründen zulässig, § 85 Abs. 3 S. 2 OWiG kommt nicht zur Anwendung[11].

III. Verfahren

Eingeleitet wird das Wiederaufnahmeverfahren durch einen **Antrag**. Antragsbe- 9 rechtigt sind gem. § 85 Abs. 1 OWiG §§ 365, 296 ff StPO der Betroffene, der Nebenbeteiligte, gesetzliche Vertreter und Verteidiger sowie die Staatsanwaltschaft. Kein Antragsrecht hat die Verwaltungsbehörde, und zwar auch dann nicht, wenn das Bußgeldverfahren mit rechtskräftigem Bußgeldbescheid endete[12]. Die Verwaltungsbehörde ist bei einer derartigen Verfahrenslage aber verpflichtet, der Staats-

---

8 *Bohnert*, OWiG, § 85 Rn 38.
9 *Bohnert*, OWiG, § 85 Rn 40.
10 KKOWiG-*Steindorf*, § 85 Rn 29; *Rebmann/Roth/Herrmann*, § 85 Rn 29.
11 *Göhler*, § 85 Rn 20; KKOWiG-*Steindorf*, § 85 Rn 30.
12 *Bohnert*, OWiG, § 85 Rn 8; KKOWiG-*Steindorf*, § 85 Rn 35.

anwaltschaft durch Übersendung der Akten die Gelegenheit zu geben, zugunsten des Betroffenen einen Wiederaufnahmeantrag zu stellen, § 85 Abs. 4 S. 2 OWiG.

10   Das Verfahren nach Antragstellung gliedert sich in drei Abschnitte[13]: Zunächst wird die **Zulässigkeit** der Wiederaufnahme geprüft (§ 85 Abs. 1 OWiG, § 368 StPO), danach die **Begründetheit** (§ 85 Abs. 1 OWiG, §§ 369, 370 StPO) und schließlich – sofern Zulässigkeit und Begründetheit gegeben sind – eine **neue Hauptverhandlung** (§ 85 Abs. 1 OWiG, § 370 Abs. 2 StPO) durchgeführt. Die gerichtliche Zuständigkeit richtet sich nach § 140 a GVG, im Falle einer Wiederaufnahme gegen einen rechtskräftigen Bußgeldbescheid nach §§ 85 Abs. 4 S. 1, 68 OWiG. Bei Kartellordnungswidrigkeiten ist das OLG für das Wiederaufnahmeverfahren gegen den Bußgeldbescheid zuständig, § 85 GWB. Bei Wiederaufnahme eines durch gerichtliche Entscheidung abgeschlossenen Kartell-Bußgeldverfahrens richtet sich die Zuständigkeit nach § 85 Abs. 1 OWiG, § 367 Abs. 1 S. 1 StPO, § 140 a GVG. Zuständig ist das OLG[14].

Kontrollfragen

1. Warum ist die Wiederaufnahme des Verfahrens kein Rechtsmittel? (Rn 2)
2. Warum ist gegen einen rechtskräftigen Bußgeldbescheid nicht die Wiederaufnahme des Verfahrens mit dem Ziel statthaft, die Verurteilung des Betroffenen wegen einer Straftat herbeizuführen? (Rn 7)

---

[13]   *Rebmann/Roth/Herrmann*, § 85 Rn 39.
[14]   *Dannecker/Biermann*, in: Immenga/Mestmäcker, GWB, § 85 Rn 2.

§ 33 Vollstreckung und Kosten

I. Vollstreckung

1. Zweck der Vollstreckung

Die Verhängung einer ordnungswidrigkeitenrechtlichen Sanktion beinhaltet die 1
Aufforderung an den Betroffenen zur Erbringung einer bestimmten Leistung.
Wurde z. B. eine Geldbuße festgesetzt, hat der Betroffene den Bußgeldbetrag zu
zahlen, wurde ein Fahrverbot angeordnet, hat der Betroffene für die Dauer der
Verbotsgeltung die Benutzung von Fahrzeugen im Straßenverkehr zu unterlassen.
Von dem Betroffenen wird verlangt und erwartet, daß er der Sanktionsanordnung
Folge leistet und daß deshalb weitere staatliche Maßnahmen zur Weckung seiner
Leistungsbereitschaft nicht notwendig sind, vgl. § 66 Abs. 2 Nr. 2 a OWiG. Für
den Fall der Enttäuschung dieser Erwartung sieht das Ordnungswidrigkeitenrecht
den Einsatz von Zwangsmitteln vor, damit die Rechtsfolgenanordnung der Entscheidung auch gegen den Willen des Betroffenen verwirklicht werden kann. Anders als im Verfahren der Verwarnung mit Verwarnungsgeld (§ 56 OWiG) steht
nach Erlaß einer Bußgeldentscheidung die angesonnene Zahlung des Geldbetrags
– bzw. Befolgung einer sonstigen Sanktionsanordnung – nicht mehr im Belieben
des Betroffenen. Er kann deshalb zur Befolgung des staatlichen Leistungsbefehls
gezwungen werden. Die Anwendung der Zwangsmittel erfolgt im Vollstreckungsverfahren.

2. Vollstreckbare Entscheidungen

Gegenstand der Vollstreckung sind **Bußgeldentscheidungen**, § 89 OWiG. Dies 2
sind Entscheidungen der Verwaltungsbehörde oder des Gerichts, durch die ordnungswidrigkeitenrechtliche Sanktionen verhängt werden können: Bußgeldbescheide der Verwaltungsbehörde, selbständige Einziehungs- oder Verfallbeschei-
de, selbständige Bußgeldbescheide gegen juristische Personen oder Personenvereinigungen, selbständige Bescheide über die Abführung des Mehrerlöses, Urteile
und Beschlüsse des Amtsgerichts und des Rechtsbeschwerdegerichts im Bußgeldverfahren sowie Urteile und Strafbefehle im Strafverfahren[1]. Die Bußgeldentscheidung muß **formell rechtskräftig** sein, § 89 OWiG. Das ist der Fall, wenn die
Entscheidung nicht mehr mit Rechtsmitteln des Bußgeld- oder Strafverfahrensrechts angefochten werden kann[2], also z. B. nach Verstreichen der zweiwöchigen
Einspruchsfrist, §§ 66 Abs. 2 Nr. 1 a, 67 Abs. 1 OWiG. Weiterhin dürfen keine

---

[1] *Göhler*, vor § 89 Rn 2-5; KKOWiG-*Boujong*, § 89 Rn 8-10; *Rebmann/Roth/Herrmann*,
   vor § 89 Rn 1.
[2] *Bohnert*, OWiG, § 89 Rn 1; *Göhler*, § 89 Rn 2; KKOWiG-*Boujong*, § 89 Rn 38; *Reb-
   mann/Roth/Herrmann*, § 89 Rn 3.

Vollstreckungshindernisse bestehen[3]. Ein positiv gesetzlich geregeltes Vollstreckungshindernis ist die **Vollstreckungsverjährung**, § 34 OWiG. Demnach darf z.b. ein Bußgeldbescheid, in dem eine Geldbuße von nicht mehr als 1000 EUR festgesetzt worden ist, nicht mehr vollstreckt werden, wenn seit Eintritt der Rechtskraft mehr als drei Jahre verstrichen sind, § 34 Abs. 2 Nr. 2 OWiG. Zu beachten ist, daß die Vollstreckungsverjährung nur die Geldbuße – einschließlich der Geldbuße des § 30 OWiG – und Nebenfolgen betrifft, die zu einer Geldzahlung verpflichten, § 34 Abs. 1, Abs. 5 OWiG. Das sind die Nebenfolgen Wertersatzeinziehung (§ 25 OWiG), Verfall (§ 29 a OWiG) und Abführung des Mehrerlöses (§ 8 WiStG 1954)[4]. Auf die Einziehung sowie die Anordnung eines Fahrverbots oder des Verbots der Jagdausübung bezieht § 34 OWiG sich also nicht[5]. Die Vollstreckungsbehörde hat Vollstreckungshindernisse von Amts wegen zu beachten[6]. Dem Betroffenen steht darüber hinaus zur Geltendmachung von Vollstreckungshindernissen – und anderen der Vollstreckung entgegenstehenden rechtlichen Gesichtspunkten – ein gerichtlicher Rechtsbehelf nach § 103 Abs. 1 Nr. 1 OWiG zur Verfügung.

3. Vollstreckungsbehörde

3   Die Bestimmung der Vollstreckungsbehörde richtet sich danach, ob ein Bußgeldbescheid oder eine gerichtliche Bußgeldentscheidung zu vollstrecken ist, § 92 OWiG. Ein Bußgeldbescheid wird von der **Verwaltungsbehörde** vollstreckt, die ihn erlassen hat. Für die Vollstreckung gerichtlicher Bußgeldentscheidungen ist die **Staatsanwaltschaft** (§ 91 OWiG, § 451 Abs. 1 StPO) oder - wenn der Betroffene Jugendlicher oder Heranwachsender ist - der Jugendrichter (§ 91 OWiG, § 82 Abs. 1 S. 1 JGG) zuständig. Örtlich zuständig ist die Staatsanwaltschaft beim Gericht des 1. Rechtszuges, § 143 Abs. 1 GVG[7]. Für die Vollstreckung einer Entscheidung des Kartellsenats gem. § 83 GWB ist also die Staatsanwaltschaft beim OLG zuständig[8]. Die Geschäfte der Staatsanwaltschaft im Vollstreckungsverfahren werden vom **Rechtspfleger** wahrgenommen, § 31 Abs. 2 S. 1 RPflG.

4. Vollstreckungsmaßnahmen

4   Die Auswahl der anzuwendenden Vollstreckungsmaßnahmen wird zum einen durch die Art, zum anderen durch den Inhalt der zu vollstreckenden Entscheidung bestimmt. Die Vollstreckung eines Bußgeldbescheids (§ 65 OWiG) erfolgt nach Maßgabe des § 90 OWiG. **Geldbußen** können gem. § 90 Abs. 1 OWiG mit den

---

[3]   KKOWiG-*Boujong*, § 89 Rn 37.
[4]   KKOWiG-*Weller*, § 34 Rn 18.
[5]   *Bohnert*, OWiG, § 34 Rn 13; *Göhler*, § 34 Rn 6; KKOWiG-*Weller*, § 34 Rn 19.
[6]   KKOWiG-*Boujong*, § 89 Rn 37.
[7]   *Göhler*, § 91 Rn 2.
[8]   *Dannecker/Biermann*, in: Immenga/Mestmäcker, GWB, § 86 Rn 1.

verwaltungsvollstreckungsrechtlich[9] normierten Zwangsmitteln beigetrieben werden, bspw. durch Pfändung von Vermögensgütern[10]. Für die Durchsetzung von **Nebenfolgen, die zur Zahlung eines Geldbetrages verpflichten** (Verfall, Wertersatzeinziehung, Abführung des Mehrerlöses), gilt Entsprechendes[11]. Die Anordnung der **Einziehung**[12] oder **Unbrauchbarmachung** einer Sache wird durch Wegnahme derselben vollstreckt, § 90 Abs. 3 S. 1 OWiG. Zur Durchsetzung des **Fahrverbots** nach § 25 StVG und des **Verbots der Jagdausübung** nach § 41 a BJagdG bedarf es keiner Vollstreckungsmaßnahmen. Diese Verbote verwirklichen sich bereits dadurch, daß sie mit Eintritt der Rechtskraft ihre Untersagungswirkung entfalten. Auf die Nichtbefolgung der Verbote wird nicht mit Vollstreckungsmaßnahmen, sondern repressiv-rechtlich reagiert: Der Verstoß gegen das Fahrverbot ist eine Straftat (Fahren ohne Fahrerlaubnis, § 21 Abs. 1 Nr. 1 StVG), der Verstoß gegen das Verbot der Jagdausübung eine Ordnungswidrigkeit (§ 39 Abs. 2 Nr. 1 BJagdG).

Für die Vollstreckung gerichtlicher Bußgeldentscheidungen begründet § 91 **5** OWiG i.V.m. § 459 StPO die Anwendbarkeit der **Justizbeitreibungsordnung**, soweit es um Geldbuße oder Nebenfolgen mit Geldzahlungspflicht (§ 459 g Abs. 2 StPO) geht. Einziehung und Unbrauchbarmachung einer Sache werden durch deren Wegnahme realisiert, § 91 OWiG, § 459 g Abs. 1 StPO).

Als besonderes Beugemittel, das sowohl zur Vollstreckung eines Bußgeldbe- **6** scheids als auch zur Vollstreckung gerichtlicher Bußgeldentscheidungen eingesetzt werden kann, sieht § 96 OWiG die **Erzwingungshaft** vor. Diese freiheitsentziehende Maßnahme hat keine pönale Funktion, ist also nicht wie die Ersatzfreiheitsstrafe des § 43 StGB Surrogatsanktion[13]. Nur die Zahlung einer Geldbuße – auch der des § 30 OWiG – darf mit Erzwingungshaft erwirkt werden, nicht dagegen die Erfüllung einer Zahlungspflicht, die durch eine Nebenfolge begründet worden ist[14]. Die Erzwingungshaft bedarf wegen Art. 104 Abs. 2 S. 1 GG **gerichtlicher Anordnung**, die von der Vollstreckungsbehörde beantragt wird bzw. – im Fall des § 91 OWiG, § 82 Abs. 1 S. 1 JGG – von Amts wegen ergeht. Das Höchstmaß der Erzwingungshaft beträgt bei einer Geldbuße 6 Wochen, bei mehreren in einer Bußgeldentscheidung festgesetzten Geldbußen 3 Monate, § 96 Abs. 3 S. 1 OWiG. Bei der Bemessung muß die Verhältnismäßigkeit und dabei insbesondere die Höhe des beizutreibenden Geldbetrages beachtet werden, § 96 Abs. 3 S. 2 OWiG. Zahlt der Betroffene den Bußgeldbetrag, ist die Haftanordnung aufzuheben, § 97 Abs. 2 OWiG. Gegenüber Jugendlichen und Heranwachsenden kön-

---

9   Verwaltungs-Vollstreckungsgesetz des Bundes (VwVG); Verwaltungsvollstreckungsgesetze der Länder; vgl. *Bohnert*, OWiG, § 90 Rn 19; *Göhler*, § 90 Rn 6; KKOWiG-*Boujong*, § 90 Rn 14.

10 *Göhler*, § 90 Rn 12.

11 *Göhler*, § 90 Rn 20; KKOWiG-*Boujong*, § 90 Rn 33.

12 Das Eigentum an der eingezogenen Sache geht mit Rechtskraft der Entscheidung auf den Staat über, § 26 Abs. 1 OWiG.

13 *Bohnert*, OWiG, § 96 Rn 1; *Göhler*, § 96 Rn 1; KKOWiG-*Boujong*, § 96 Rn 1; *Rebmann/Roth/Herrmann*, § 96 Rn 1; *Dannecker/Biermann*, in: Immenga/Mestmäcker, GWB, § 86 Rn 4.

14 *Bohnert*, OWiG, § 96 Rn 1; *Göhler*, § 96 Rn 7; KKOWiG-*Boujong*, § 96 Rn 5.

nen zur Haftvermeidung ambulante Ersatzmaßnahmen angeordnet werden, § 98 OWiG. Anders als die Erzwingungshaft haben diese Auflagen Sanktionswirkung[15]. Ihre Anordnung beseitigt zwar die festgesetzte Geldbuße nicht, ihre Erfüllung führt aber zum Erlöschen der Bußgeldschuld[16].

5. Rechtsschutz des Betroffenen

7   Dem Betroffenen steht im Vollstreckungsverfahren als Rechtsbehelf der **Antrag auf gerichtliche Entscheidung** zu, § 103 OWiG. Mit diesem Rechtsbehelf kann er vor allem Einwendungen gegen die Zulässigkeit der Vollstreckung – z.b. den Einwand der Verjährung (§ 34 OWiG) oder des Bestehens sonstiger Verfahrenshindernisse – erheben, § 103 Abs. 1 Nr. 1 OWiG. Nicht geltend gemacht werden kann hingegen die Fehlerhaftigkeit der Bußgeldentscheidung, aus der vollstreckt wird. Dem steht die Rechtskraft der Entscheidung entgegen. Anders ist es nur, wenn die Bußgeldentscheidung nichtig ist[17]. Des weiteren können bestimmte Einzelanordnungen (§ 103 Abs. 1 Nr. 2 OWiG) sowie Maßnahmen bei der Vollstreckung eines Bußgeldbescheids (§ 103 Abs. 1 Nr. 3 OWiG) gerichtlicher Prüfung unterbreitet werden. Zuständigkeit und Verfahren sind in § 104 OWiG geregelt, für Kartellbußgeldsachen gilt die Sonderregelung des § 86 GWB. Das Gericht entscheidet ohne mündliche Verhandlung durch Beschluß, § 104 Abs. 2 OWiG. Dieser Beschluß ist grundsätzlich unanfechtbar. Unter den Voraussetzungen des § 104 Abs. 3 OWiG ist gegen die Entscheidung des Gerichts sofortige Beschwerde (§ 311 StPO) statthaft. Davon ausgenommen sind Kartellsachen, § 46 Abs. 1 OWiG, § 304 Abs. 4 S. 2 StPO[18].

II. Kosten

8   Kosten des Verfahrens wären kein Thema umfangreicher und komplizierter rechtlicher Normierung, wenn jeder am Verfahren Beteiligte den ihm dadurch entstehenden finanziellen Aufwand selbst zu tragen hätte. So ist es aber bekanntlich im Strafverfahren nicht: Der Verurteilte bekommt außer der Sanktion zur Entlastung des Staatshaushalts auch noch Verfahrenskosten aufgebürdet (§ 465 Abs. 1 StPO), während umgekehrt dem Freigesprochenen die eigenen Aufwendungen – z.B. das Honorar des Verteidigers – aus der Staatskasse erstattet werden, § 467 Abs. 1 StPO. Für das Bußgeldverfahren gilt prinzipiell nichts anderes. Daher gehören zu der Materie des Ordnungswidrigkeitenrechts auch Regelungen über Kosten und Auslagen.

9   Die Vorschriften der §§ 464 ff StPO gehören zu den „Allgemeinen Gesetzen", die gem. § 46 Abs. 1 OWiG auch in Bußgeldverfahren anwendbar sind, soweit

[15]   KKOWiG-*Boujong*, § 98 Rn 4.

[16]   KKOWiG-*Boujong*, § 98 Rn 22.

[17]   *Bohnert*, OWiG, § 103 Rn 2; *Göhler*, § 103 Rn 4; KKOWiG-*Boujong*, § 103 Rn 7; *Dannecker/Biermann*, in: Immenga/Mestmäcker, GWB, § 86 Rn 5.

[18]   *Dannecker/Biermann*, in: Immenga/Mestmäcker, GWB, § 86 Rn 8.

keine vorrangigen Sonderregelungen existieren. Daraus erklärt sich der Umstand, daß im zehnten Abschnitt des zweiten Teils (§§ 105 ff) des OWiG keine Vorschrift über die Kosten im **gerichtlichen Verfahren** zu finden ist. Es gelten für diesen Teil des Bußgeldverfahrens über § 46 Abs. 1 OWiG die §§ 464 ff StPO[19]. In der das gerichtliche Verfahren abschließenden Entscheidung muß über die Kosten entschieden werden, § 46 Abs. 1 OWiG, § 464 Abs. 1 StPO. Kommt Erstattung notwendiger Auslagen in Betracht, ist auch darüber eine Entscheidung zu treffen, § 46 Abs. 1 OWiG, § 464 Abs. 2 StPO. Wer in dem Verfahren unterliegt, hat die Kosten zu tragen[20]. Der Betroffene trägt also die Verfahrenskosten, wenn ihm im Urteil oder Beschluß (§ 72 OWiG) eine Geldbuße auferlegt wird, § 46 Abs. 1 OWiG, § 465 Abs. 1 StPO[21]. Seine eigenen Auslagen bekommt er nicht erstattet. Aus erzieherischen Gründen kann gegenüber einem Jugendlichen gem. § 46 Abs. 1 OWiG, § 74 JGG von der Auferlegung der Kosten abgesehen werden. Wird der Betroffene freigesprochen oder wird das Verfahren eingestellt, trägt der Fiskus außer den Verfahrenskosten auch die notwendigen Auslagen des Betroffenen, § 46 Abs. 1 OWiG, § 467 Abs. 1 StPO[22]. Die in § 467 Abs. 2 bis Abs. 4 StPO geregelten Ausnahmen von der Auslagenerstattungspflicht sind anwendbar. Daher kann etwa bei einer Einstellung des Verfahrens nach § 47 Abs. 2 OWiG davon abgesehen werden, dem Betroffenen die notwendigen Auslagen zu erstatten, vgl. § 467 Abs. 4 StPO[23]. Eine weitere Einschränkung zu Lasten des Betroffenen enthält § 109 a OWiG. § 109 a Abs. 2 OWiG reduziert die Auslagenerstattungspflicht des Staates, § 109 a Abs. 1 OWiG reduziert den Umfang der vom Staat dem Betroffenen zu erstattenden Auslagen[24].

Auch im **Verfahren der Verwaltungsbehörde** (§§ 35 ff. OWiG) ist über Kosten zu entscheiden, wie sich aus § 105 Abs. 1 OWiG ergibt. Auf die §§ 464 ff StPO wird hier allerdings nicht pauschal, sondern punktuell verwiesen. Gesetzessystematisch ist § 105 Abs. 1 OWiG also eine § 46 Abs. 1 OWiG verdrängende Spezialregelung. Die Einzelaufzählung verdeutlicht, daß die nichtgenannten Vorschriften im verwaltungsbehördlichen Verfahren unanwendbar sind[25].   **10**

Bei Erlaß eines jeden Bußgeldbescheids ist zugleich über die Kosten zu entscheiden[26]. Kosten sind Gebühren und Auslagen, § 107 OWiG. Die Höhe der Gebühr beträgt 5 % des in dem Bußgeldbescheid festgesetzten Bußgeldbetrags, mindestens 20 EUR, höchstens 7500 EUR, § 107 Abs. 1 S. 3 OWiG. Kostentragungspflichtig ist der Betroffene, § 105 Abs. 1 OWiG, § 465 Abs. 1 StPO[27]. Wird das Verfahren von der Verwaltungsbehörde eingestellt, ergeht keine Kostenentschei-   **11**

---

[19] *Bohnert*, Grundriß, S. 137; *ders.*, OWiG, § 105 Rn 1; *Göhler*, vor § 105 Rn 2; KKOWiG-*Schmehl*, § 105 Rn 3.

[20] *Bohnert*, OWiG, § 105 Rn 42.

[21] *Bohnert*, OWiG, § 105 Rn 43; *Göhler*, vor § 105 Rn 61.

[22] AG Bad Hersfeld, NZV 1998, 222 (223).

[23] *Göhler*, vor § 105 Rn 91.

[24] Kritisch dazu *Beck*, DAR 1981, 65 (69); *Kempf*, StV 1986, 364 (366).

[25] *Göhler*, vor § 105 Rn 2; KKOWiG-*Schmehl*, § 105 Rn 1.

[26] *Göhler*, vor § 105 Rn 9; KKOWiG-*Schmehl*, § 105 Rn 11.

[27] *Bohnert*, Grundriß, S. 137; KKOWiG-*Schmehl*, § 105 Rn 75.

dung[28]. Denn auch in der entsprechenden Lage eines Strafverfahrens – Einstellung des Ermittlungsverfahrens durch die Staatsanwaltschaft - wird über Kosten nicht entschieden. Der Anwendungsbereich des § 464 StPO beginnt erst mit Anhängigkeit der Sache bei Gericht[29]. Ausnahmsweise ist die Verfahrenseinstellung mit einer Kostenentscheidung verbunden, wenn nach § 25 a StVG dem Halter eines Kraftfahrzeugs die Verfahrenskosten aufzuerlegen sind. Die Gebühr beträgt in diesem Fall 15 EUR, § 107 Abs. 2 OWiG.

12   Eine Entscheidung über die Erstattung von Auslagen des Betroffenen kommt bei Einstellung des Verfahrens durch die Verwaltungsbehörde ebenfalls nicht in Betracht, da § 105 Abs. 1 OWiG nicht auf § 467 StPO verweist[30]. Anders ist es gem. § 105 Abs. 1 OWiG, § 467 a Abs. 1 StPO, wenn die Verwaltungsbehörde das Verfahren einstellt, nachdem sie einen erlassenen Bußgeldbescheid zurückgenommen hat. Eine entsprechende Regelung trifft § 108 a OWiG für den Fall, daß die Staatsanwaltschaft im Zwischenverfahren das Verfahren einstellt (§ 69 Abs. 4 S. 2 OWiG).

Kontrollfragen

1.	Wie unterscheidet sich die Rechtsnatur der Erzwingungshaft (§ 96 OWiG) von der Rechtsnatur der Ersatzfreiheitsstrafe (§ 43 StGB)? (Rn 6)
2.	Bekommt der Betroffene die Auslagen für die Beauftragung eines Verteidigers aus der Staatskasse erstattet, wenn die Verwaltungsbehörde das Bußgeldverfahren gegen ihn einstellt? (Rn 11)

---

[28]   *Bohnert*, Grundriß, S. 137; *ders.*, OWiG, § 105 Rn 6.
[29]   KKOWiG-*Schmehl*, § 105 Rn 12.
[30]   *Göhler*, vor § 105 Rn 15; KKOWiG-*Schmehl*, § 105 Rn 19.

Literaturverzeichnis

Achenbach, Hans/Ransiek, Andreas: Handbuch Wirtschaftsstrafrecht, 2004

Achenbach/Wannemacher (Hrsg.): Beraterhandbuch zum Steuer- und Wirtschaftsstrafrecht, 1999

Arzt, Gunther: Einführung in die Rechtswissenschaft, 1996

Arzt/Weber: Strafrecht Besonderer Teil, 2000

Baisch, Peter: Der Schutz des Opportunitätsprinzips im Ordnungswidrigkeitenrecht durch den Tatbestand der Rechtsbeugung, Diss. Tübingen 1992

Baumann, Jürgen/Weber, Ulrich/ Mitsch, Wolfgang: Strafrecht Allgemeiner Teil, 11. Aufl. 2003

Baurmann, Michael: Zweckrationalität und Strafrecht, 1987

Beulke, Werner: Strafprozessrecht, 7. Aufl. 2004

Bloy, René: Beteiligung als Zurechnungstypus im Strafrecht, 1985

Bohnert, Joachim: Ordnungswidrigkeitenrecht (Grundriß), 2. Aufl. 2004

Bohnert, Joachim: Ordnungswidrigkeitengesetz, Kommentar, 2003

Bohnert, Joachim: Ordnungswidrige Mietpreisüberhöhung, 2. Aufl. 1996

Braum, Stefan: Europäische Strafgesetzlichkeit, 2003

Brunner, Rudolf/Dölling, Dieter: Jugendgerichtsgesetz, 11. Aufl. 2002

Cramer, Peter: Grundbegriffe des Rechts der Ordnungswidrigkeiten, 1971

Drathjer, Johann: Die Abschöpfung rechtswidrig erlangter Vorteile im Ordnungswidrigkeitengesetz, 1997

Eidam, Gerd: Straftäter Unternehmen, 1997

Eisenberg, Ulrich: Jugendgerichtsgesetz, 10. Aufl. 2004

Erbs, Georg/Kohlhaas, Max: Strafrechtliche Nebengesetze, Stand 2004

Festschrift für Adolf Arndt zum 65. Geburtstag, 1969

Festschrift für Paul Bockelmann zum 70. Geburtstag, 1979

Festschrift für Karl Engisch zum 70. Geburtstag, 1969

Festschrift für Hans Joachim Hirsch zum 70. Geburtstag, 1999

Festschrift für Richard Lange zum 70. Geburtstag, 1976

Festschrift für Reinhart Maurach zum 70. Geburtstag, 1972

Festschrift für Hellmuth Mayer zum 70. Geburtstag, 1966

Festschrift für Gerd Pfeiffer zum 70. Geburtstag, 1988

Festschrift für Claus Roxin zum 70. Geburtstag, 2001

Festschrift für Rudolf Schmitt zum 70. Geburtstag, 1992

Festschrift für Günter Spendel zum 70. Geburtstag, 1992

Festschrift für Walter Stree und Johannes Wessels zum 70. Geburtstag, 1993

Festschrift für Herbert Tröndle zum 70. Geburtstag, 1989

Festschrift für Ulrich Weber zum 70. Geburtstag, 2004

Festschrift für Hans Welzel zum 70. Geburtstag, 1974

FK (Frankfurter Kommentar) zum Kartellrecht, hrsg. v. Glassen u. a., Stand 2003

Freund, Georg: Strafrecht Allgemeiner Teil, 1997

Fuhrmann, Heinz-Helmut: Das Begehen der Straftat gem. § 25 Abs. 1 StGB, 2004

Gedächtnisschrift für Dieter Meurer , 2002

Göhler, Erich: Ordnungswidrigkeitengesetz, 13. Aufl. 2002

Gropp, Walter: Strafrecht Allgemeiner Teil, 2. Aufl. 2001

Gropp, Walter: Deliktstypen mit Sonderbeteiligung, 1992

Güntert, Lothar: Gewinnabschöpfung als strafrechtliche Sanktion, 1983

Günther, Hans-Ludwig: Das Recht der Ordnungswidrigkeiten – Aufbruch zu neuen Ufern?,
    40 Jahre Bundesrepublik Deutschland, 40 Jahre Rechtsentwicklung, Tübinger Rechts-
    wissenschaftliche Abhandlungen, 1989, S. 381 ff.

Günther, Hans-Ludwig: Strafrechtswidrigkeit und Strafunrechtsausschluß, 1983

Gusy, Christoph: Polizeirecht, 5. Aufl. 2003

Haft, Fritjof: Strafrecht Allgemeiner Teil, 9. Aufl. 2004

Hellmann, Uwe/Beckemper, Katharina: Wirtschaftsstrafrecht, 2004

Hentschel, Peter: Straßenverkehrsrecht, 37. Aufl. 2003

Herzberg, Rolf Dietrich: Täterschaft und Teilnahme, 1977

Hillenkamp, Thomas: 32 Probleme aus dem Strafrecht Allgemeiner Teil, 11. Aufl. 2003

Hobe, Stephan: Europarecht, 2002

Horn, Norbert: Einführung in die Rechtswissenschaft und Rechtsphilosophie, 2. Aufl. 2001

Ignor, Alexander/Rixen, Stephan (Hrsg.): Handbuch Arbeitsstrafrecht, 2002

Immenga, Ulrich/Mestmäcker, Ernst-Joachim: Kommentar zum Kartellgesetz, 3. Aufl.
    2001

Jagow, Franz-Joachim/Burmann, Michael/Heß, Rainer: Straßenverkehrsrecht, 17. Aufl.
    2002

Jakobs, Günther: Strafrecht Allgemeiner Teil, 2. Aufl. 1991

Jescheck, Hans-Heinrich/Weigend, Thomas: Lehrbuch des Strafrechts, Allgemeiner Teil, 5. Aufl. 1996

Juristische Fakultät der Universität Potsdam (Hrsg.): Europäische Union und nationales Recht, 1999

KK (Karlsruher Kommentar) zum Ordnungswidrigkeitengesetz, 2. Aufl. 2000

KK (Karlsruher Kommentar) zur Strafprozessordnung. 5. Aufl. 2003

Kohlmann, Günter: Steuerstrafrecht, 7. Aufl. 1997

Krey, Volker: Deutsches Strafrecht Allgemeiner Teil, Band 1, 2001

Lackner, Karl/Kühl, Kristian: Strafgesetzbuch, 24. Aufl. 2004

Lecheler, Helmut: Einführung in das Europarecht, 2. Aufl. 2003

Lemke, Michael: Ordnungswidrigkeitengesetz, Kommentar, 1999

Lewisch, Peter: Verfassung und Strafrecht, 1993

LK (Leipziger Kommentar) zum Strafgesetzbuch, hrsg. von Jähnke/Laufhütte/Odersky, 11. Aufl. 1992 ff.

Mattes, Heinz: Untersuchungen zur Lehre von den Ordnungswidrigkeiten, Bd. 1. 1977, Bd. 2 1982

Maurach, Reinhart/Zipf, Heinz: Strafrecht Allgemeiner Teil, Teilband 1, 8. Aufl. 1992

Maurach, Reinhart/Gössel, Karl-Heinz/Zipf, Heinz: Strafrecht Allgemeiner Teil, Teilband 2, 7. Aufl. 1989

Meier, Bernd-Dieter: Strafrechtliche Sanktionen, 2001

Meier, Bernd-Dieter/Rössner, Dieter/Schöch, Heinz: Jugendstrafrecht, 2003

Meyer, Dieter: Juristische Fremdwörter, Fachausdrücke und Abkürzungen, 11. Aufl. 2002

Meyer-Goßner, Lutz: Strafprozessordnung, 47. Aufl. 2004

Mitsch, Wolfgang: Rechtfertigung und Opferverhalten, 2004

Mitsch, Wolfgang: Strafrecht Besonderer Teil II, Teilband 1, 2. Aufl 2002

Münchener Kommentar zum StGB, Bd. 1, 2003

Nierhaus, Michael: Kommunalrecht für Brandenburg, 2003

Rebmann, Kurt/Roth, Werner/Herrmann, Siegfried: Ordnungswidrigkeitengesetz, Kommentar, Stand 2003

Renzikowski, Joachim: Restriktiver Täterbegriff und fahrlässige Beteiligung, 1997

Röhl, Klaus F.: Allgemeine Rechtslehre, 2. Aufl. 2001

Roxin, Claus: Strafrecht Allgemeiner Teil 1, 3. Aufl. 1997

Roxin, Claus: Strafrecht Allgemeiner Teil, Teilband 2, 2003

Satzger, Helmut: Die Europäisierung des Strafrechts, 2001

Schmidt, Eberhard: Einführung in die Geschichte der deutschen Strafrechtspflege, 3. Aufl. 1965

Schmitt, Rudolf: Ordnungswidrigkeitenrecht, 1970

Schönke, Adolf/Schröder, Horst: Strafgesetzbuch, 26. Aufl. 2001

Schumann, Heribert: Zum Einheitstätersystem des § 14 OWiG, 1979

Stratenwerth, Günter/Kuhlen, Lothar: Strafrecht Allgemeiner Teil I, 5. Aufl. 2004

Streng, Franz: Jugendstrafrecht, 2003

Thieß, Uwe: Ordnungswidrigkeitenrecht, 2002

Tiedemann, Klaus: Tatbestandsfunktionen im Nebenstrafrecht, 1969

Tiedemann, Klaus: Wirtschaftsstrafrecht, 2003

Tröndle, Herbert/Fischer, Thomas: Strafgesetzbuch, 52. Aufl. 2004

Trunk, Stefan: Einheitstäterbegriff und besondere persönliche Merkmale, 1987

Vogel, Joachim: Juristische Methodik, 1998

Wank, Rolf: Die Auslegung von Gesetzen, 2. Aufl. 2001

Zieschang, Frank: Die Gefährdungsdelikte, 1998

Sachverzeichnis

Die fetten Zahlen verweisen auf das Kapitel, die mageren auf die Randziffern.

Durchsuchung **27**, 13

E

Eigenhändiges Handeln **7**, 13
Eignungsdelikt **7**, 15
Einheitstäterbegriff **13**, 14 ff.
Einsichtsfähigkeit **10**, 6, 7, 8, 10, 11
Einspruch **21**, 9; **22**, 4; **23**, 14; **28**,4;
    29, 1 ff.; **30**, 1, 6
Einstellung des Verfahrens **22**, 3;
    23, 10 ff.; **24**, 2, 19, 20, 21, 28 ff.;
    26, 8; **27**, 5; **28**, 1, 2; **29**, 3, 4; **31**,
    14
Einwilligung **9**, 11
Einziehung **6**, 9; **14**, l; **16**, 2; **18**,
    l ff.; **26**, 2, 8, 17; **27**, 1; **28**, 9
Entkriminalisierung **3**, 11, 13, 14,
    16; **4**, 6; **6**, 8
Entschuldigender Notstand **10**, 22
Entschuldigungsgrund **10**, 4, 20
Entziehung der Fahrerlaubnis **19**, 2,
    5, 6, 7, 19
Erfolg **5**, 14, 17; **6**, 6; **7**, 9, 15, 16;
    8, 5 ; **24**, 34
Erfolgsdelikt **7**, 15
Erkenntnisverfahren **3**, 1; **5**, 12
Erlaubnisirrtum **10**, 18
Erlaubnistatbestand **9**, 6, 7
Erlaubnistatbestandsirrtum **8**, 13; **9**,
    10; **10**, 18
Ermächtigung **24**, 8
Ermessen **3**, 13; **23**, 3, 7
Ermittlungsverfahren **26**, 2; **27**, 1 ff.;
    28, 1
Eröffnung des Hauptverfahrens **24**, 19
Ersatzfreiheitsstrafe **16**, 19; **33**, 6
    Erziehungsberechtigter **26**, 18,
    22; **29**, 5
Erzwingungshaft **15**, 20; **33**, 6
Europäische Union **1**, 9
Europäische Wirtschaftliche
    -Interessengemeinschaft **16**, 10
Europäisches Bußgeldrecht **1**, 9, 10
Europäisches Gemeinschaftsrecht **5**, 3, 15
Exterritorialität **24**, 10, 35; **25**, 3

F

Fahrlässigkeit **6**, 6, 10; **7**, 2, 3; **8**, 2, 3,
    7, 14 ff.; **9**, 9, 10; **10**, 4, 14, 16, 3
    ff.; **11**, 10; **12**, 10; **13**, 19, 24, 52 ff.
- bewusste **8**, 20, 21, 22, 26
- unbewusste **8**, 20, 21, 22, 26
Fahrlässigkeitsdelikt **15**, 4, 5; **24**, 31
Fahrverbot **14**, 1; **19**, l ff., 18; **25**,
    1; **26**, 2
fair trial **24**, 14
Festnahmerecht **9**, 27, 28
Freispruch **23**, 17; **24**, 18, 23, 24,
    29; **28**, 4; **30**, 22; **31**, 6

G

Garantenstellung **7**, 12, 20; **11**, 5, 8
    ff.; **13**, 39
Gefährdungsdelikt
- abstraktes **7**, 9, 15
- konkretes **7**, 9, 16
Geldauflage **3**, 4; **15**, 1
Geldbuße **3**, 4, 10, 12, 15; **4**, 5; **5**, 1,
    4, 12; **6**, 1, 3, 9; **8**, 18; **9**, 1; **10**, 1,
    9; **1**, 1; **15**, 1 ff.; **17**, 2; **18**, 3; **19**,
    1; **24**, 31; **26**, 2; **28**, 2, 9
Geldstrafe **3**,4, 12; **15**, 1; **16**, 3
Geltungsbereich des OWiG **5**, 12 ff.
- persönlich **5**, 13
- räumlich **5**, 15 ff.
- sachlich **5**,12
- zeitlich **5**, 14
Genehmigung **7**, 10, 38, 39
Generalprävention **15**, 10
Gericht **4**, 2; **21**, 14 ff.; **22**, 5; **23**, 5, 16, 17;
    26, 13, 14; **29**, 12; **30**, 1 ff.
Gesamtstrafe **19**, 4
Gesellschaft des Bürgerlichen Rechts **16**,
    10
Gesetz **5**, 1, 2
Gesetzgeber **5**, 6, 8 ff.
Gesetzeskonkurrenz **20**, 11 ff, 20, 21
Gesetzgebung **1**, 6 ff.; **3**, 13,14
Gesetzgebungskompetenz
- des Bundes **1**, 6, 7
- der Länder **1**, 8
Gesetzlicher Vertreter **26**, 22; **29**, 5; **31**, 7
Gewinnabschöpfung **15**, 6, 15; **16**, 15; **17**,
    1, 2; **19**, 13
Gewohnheitsrecht **5**, 7, 8; **9**, 4, 11, 18;
    11, 11

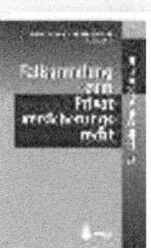

The manufacturer's authorised representative in the EU is Springer
Nature Customer Service Centre GmbH, Europaplatz 3, 69115 Heidelberg,
Germany. If you have any concerns regarding our products, please
contact ProductSafety@springernature.com

Printed and bound by CPI Group (UK) Ltd, Croydon, CR0 4YY
27/04/2026
02097638-0003